Film und Bewegtbild in Kultur und Gesellschaft

Reihe herausgegeben von
Alexander Geimer, Humboldt-Universität zu Berlin, Berlin, Deutschland
Carsten Heinze, Fakultät für Wirtschafts- und Sozialwiss, Universität Hamburg, Hamburg, Deutschland
Rainer Winter, Institut für Medien- und Kommunikationswissenschaft, Alpen-Adria-Universität Klagenfurt, Klagenfurt am Wörthersee, Österreich

Die Reihe „Film und Bewegtbild in Kultur und Gesellschaft" möchte die soziologische Auseinandersetzung mit dem Film intensivieren und eine Publikationsplattform für Soziolog_innen, aber auch Medien- und Kulturwissenschaftler_innen mit soziologischem Interesse schaffen. Dabei soll die Film- und Bewegtbildsoziologie in ihrem Profil sowohl theoretisch, methodologisch/methodisch wie empirisch gefördert werden und Platz für Differenzierung und Verstetigung filmsoziologischer Schwerpunkte geschaffen werden.

Weitere Bände in der Reihe http://www.springer.com/series/13426

Lutz Hieber · Rainer Winter
(Hrsg.)

Film als Kunst der Gesellschaft

Ästhetische Innovationen und gesellschaftliche Verhältnisse

Springer VS

Hrsg.
Lutz Hieber
Leibniz Universität Hannover
Hannover, Deutschland

Rainer Winter
Alpen-Adria-Universität Klagenfurt
Klagenfurt am Wörthersee, Österreich

ISSN 2524-3020 ISSN 2524-3039 (electronic)
Film und Bewegtbild in Kultur und Gesellschaft
ISBN 978-3-658-30460-7 ISBN 978-3-658-30461-4 (eBook)
https://doi.org/10.1007/978-3-658-30461-4

Die Deutsche Nationalbibliothek verzeichnet diese Publikation in der Deutschen Nationalbibliografie; detaillierte bibliografische Daten sind im Internet über http://dnb.d-nb.de abrufbar.

Planung/Lektorat: Barbara Emig-Roller
Springer VS ist ein Imprint der eingetragenen Gesellschaft Springer Fachmedien Wiesbaden GmbH und ist ein Teil von Springer Nature.
Die Anschrift der Gesellschaft ist: Abraham-Lincoln-Str. 46, 65189 Wiesbaden, Germany

Inhaltsverzeichnis

Analysen und Fallstudien

Einführung

Lutz Hieber und Rainer Winter

Seit langem sieht die hegemoniale Kultur des deutschen Sprachraumes eine hierarchische Ordnung der Künste vor. Oben steht die ‚hohe', die autonome Kunst, darunter liegt die angewandte Kunst, und weiter darunter folgen die Spezialmuseen für Weltkulturen (früher Völkerkunde), für Architektur, für Film, für Karikatur etc. Zur ‚hohen' Kunst zählen Opern, Schauspiel und Bildende Kunst. Ihr Rang drückt sich im Erscheinungsbild in den Städten aus. Kunstmuseen, Opern- und Schauspielhäuser sind pompöse Gebäude, die oft von namhaften Architekten entworfen und mit hohem finanziellem Aufwand realisiert wurden. Auf der Stufe darunter befindet sich die ‚angewandte' Kunst. In Köln beispielsweise erhielt im Jahre 1986 das *Museum Ludwig,* als Museum für Kunst des 20. und 21. Jahrhunderts, einen repräsentativen Neubau, im Jahre 2001 zog das *Wallraf-Richartz-Museum,* das Werke des 15. bis 19. Jahrhunderts beherbergt, in ein herausragendes neues Gebäude. Das *Museum für angewandte Kunst* befindet sich seither in dem alten Bau, das sich diese beiden Sammlungen früher geteilt hatten. In Köln gibt es ein *Haus der Architektur,* das allerdings sehr bescheiden daherkommt und nur je nach Veranstaltung geöffnet ist. Die Stadt leistet sich kein Filmmuseum, das nächstgelegene liegt in der Landeshauptstadt Düsseldorf.

L. Hieber (✉)
Hannover, Deutschland
E-Mail: hieber@ish.uni-hannover.de

R. Winter
Alpen Adria Universität Klagenfurt, Klagenfurt, Österreich
E-Mail: Rainer.Winter@aau.at

L. Hieber und R. Winter (Hrsg.), *Film als Kunst der Gesellschaft,* Film und Bewegtbild in Kultur und Gesellschaft,
https://doi.org/10.1007/978-3-658-30461-4_1

Spielfilme gelten in Deutschland weitgehend als Unterhaltung. Als Populärkultur haben sie oft keine besondere Wertschätzung. ‚Kunst' dagegen hat einen anspruchsvollen Nimbus, sie soll der Bildung dienen, und ein Bildungsbürgertum beschäftigt sich damit. Doch auch das filmische Medium ließ Kunstmuseum und Galerie nicht unberührt. Mit den technischen Fortschritten kam schließlich in den 1980erJahren das Video als Kunstgattung auf. Die *documenta 8* des Jahres 1987 setzte mit ihrer Abteilung Video-Kunst einen Meilenstein. Aber diese Großausstellung widmete sich nur einem schmalen Ausschnitt des filmischen Schaffens, denn ihr ging es keineswegs um Spielfilme, sondern eben um ‚Video-als-Kunst'. Diese Kunst-Gattung zeichnet sich dadurch aus, dass sie dem Paradigma der Beaux-Arts entsprechen muss. Bei ‚Video-als-Kunst' handelt es sich um autonome, allein dem Gestaltungswillen des Künstlers verpflichtete Werke. Filme für das Kino, die das Publikum gegen Bezahlung zu sehen bekommt, oder gar Werbefilme schließen die Konventionen der Kunstwelt aus, die seit dem 19. Jahrhundert Gültigkeit beanspruchen. Freilich werden sie heute angesichts der Kommerzialisierung der Kunst infrage gestellt.

Indem das schmale Spektrum des autonomen Films als eine Form künstlerischer Praxis einen Zugang zu Kunstvereinen und Kunstmuseen fand, begannen wohlhabende Sammlerinnen und Sammler sich für solche Werke zu interessieren. Ein herausragendes Beispiel ist die Sammlung Goetz in München. Aber diese Kunstwelt – wir sprechen noch immer vom deutschsprachigen Raum – zeigte keinerlei Interesse für Kino-Filme (oder gar für Fernsehfilme). Entsprechend schließt sie Filmplakate ebenso wie die Bedeutung von Filmstars als Leitfiguren beispielsweise der Modewelt aus.

In den kulturellen Metropolen der USA jedoch gehen die Uhren – wie auch in Frankreich, Luxemburg oder Belgien mit ihrer Tradition der cinémathèque – anders. Um sie zu verstehen, ist an die Avantgarden des frühen 20. Jahrhunderts zu erinnern. Während sich unsere Kunstwelt sich gegen deren Errungenschaften immer noch sträubt und traditionell bleiben möchte, griff sie das Museum of Modern Art in New York (MoMA) auf. Damit forderte dieses Leitmuseum auch in dieser Hinsicht das ‚alte Europa' heraus. Zu den historischen Avantgarden, die sich als Opposition gegen die Beaux-Arts verstanden, zählten, um ein paar Beispiele zu nennen, das Bauhaus in Deutschland, De Stijl in Holland oder die internationale Dada-Bewegung. Das MoMA griff deren Intentionen auf und unterzog sich einem Prozess der Avantgardisierung. Entsprechend richtete es bereits in den 1930er Jahren ein *film department* ein, parallel zu Fotografie- und Design-Abteilungen und zum gewohnten Sektor von Malerei und Skulptur. Die Film-Abteilung begann zeitlich mit der Stummfilm-Ära und sammelte Filme von

David W. Griffith, Charlie Chaplin, Fritz Lang, Georg Wilhelm Pabst, Sergej Eisenstein ebenso wie Walt Disney, und ging mit großen Tonfilmen weiter. Dabei ging es nicht um eine Unterscheidung von Filmen für die Elite und die Masse, im Sinne von ‚high' und ‚low' (wie sie beispielsweise durch höhere Wertschätzung von Independent-Film gegenüber Populärkultur möglich wäre), sondern um die Unterscheidung von ‚gut' und ‚schlecht'. Indem das MoMA als Leitmuseum den Kino-Film pflegte, wuchs ein Interesse von Sammlern für das Feld des Kinofilms, das auch Film-Plakate und die filmische Kostümgeschichte umfasst.

Kino-Filme als Kunstgattung zu betrachten, bedeutet nicht nur das Sammeln, sondern auch das Restaurieren von Filmen. Ebenso wie alte Gemälde müssen alte Filme gepflegt und immer wieder restauriert werden. In der Frühphase war Zelluloid das Filmmaterial. Dieses Material, mit Kampfer behandelte Nitrozellulose, zeichnet sich durch unzulängliche Haltbarkeit und leichte Entflammbarkeit aus. Das MoMA widmete sich diesen Aufgaben.

Da die Kunstwelt der US-Metropolen den Spielfilm als Kunstgattung betrachtet, und ihm entsprechend Wertschätzung entgegenbringt, wandern bedeutende Stücke in die USA. Dort hat die Museumskultur den Grundstein nicht nur für alltäglichen Gebrauch des Films als wichtigen Bestandteil der Gegenwartskultur gelegt, sondern auch für angemessene intellektuelle Beschäftigung. Die in den 1930er Jahren begründete Lebendigkeit der Beziehung von Kunstschaffen und Kunstgebrauch wirkt bis in unsere Gegenwart fort.

Während also die US-Kultur die Innovationen der Avantgarde aufnahm und innovativ weiterführte, feiern bundesrepublikanische Medien die Schaffung großartiger Institutionen der Hochkultur, wie der Elbphilharmonie in Hamburg, oder sie beschäftigt sich mit der Planung eines neuen Konzertgebäudes in München. Doch solche Prestige-Projekte sind noch fest im Kulturbegriff des 19. Jahrhunderts verankert, und deshalb sind sie entsprechend wenig geeignet als kulturelle Leuchttürme in einer stürmisch sich entwickelnden Kultur. Unser Band jedoch, der unterschiedliche Aspekte des Films als ästhetische Gattung beleuchtet, kann ein Baustein für ein Denken sein, das einer Kunstwelt den Weg bereitet, die dem frühen 21. Jahrhundert angemessen ist.

Dies ist umso mehr erforderlich, als dass die Digitalisierung auch im deutschen Sprachraum dabei ist, die Hierarchisierung in hohe und niedere Kunst infrage zu stellen. Die Vielfalt digitaler Technologien, die unser Leben heute bestimmen, scheint dazu zu führen, dass kulturelle Experten oder Eliten immer weniger gebraucht werden. Für die Millennials ist die ‚hohe' Kultur nur noch eine von vielen Optionen.

Gesellschaftliche Innovationen entstehen aber nicht nur durch neue Medien, sondern auch aus neuem Denken, und dazu können Wissenschaften beitragen.[1] Wenn es um Umdenken geht, stehen am Anfang oft wissenschaftliche Diskurse, die kaum ohne Kontroversen zu haben sind. Wenn es also, um wieder auf Kultur zu sprechen zu kommen, auf der einen Seite den Film als Kunst der Gesellschaft geht, und auf der anderen um verhärtete Strukturen der Kunstwelt, wird es nicht anders sein.

Ein Umdenken ist auch deshalb erforderlich, weil Filme heute vermehrt auf digitalen Plattformen abgerufen werden. Sie werden nicht mehr nur im Kino oder im Wohnzimmer rezipiert, sondern mittels digitaler Technologien überall. Filme sind so zu einem selbstverständlichen Aspekt unseres Alltags geworden. Vor diesem Hintergrund ist es erforderlich, zum einen Filme als wichtigen Teil der heutigen Kultur zu begreifen. Zum anderen müssen ihre künstlerischen Formen anerkannt und analysiert werden. Da sogenannte Kunstfilme („Arthouse movies") heute kommerzialisiert sind und nur eine kulturelle Ware unter vielen darstellen, muss auch deshalb die Vorstellung von Filmkunst erweitert werden. So können populäre Filme gute Kunst realisieren. Ebenso gibt es viele schlechte Kunstfilme. Wir plädieren also dafür, auch populäre Filme unter künstlerischen Aspekten zu beurteilen. Sie sind bereits Teil der sich herausbildenden digitalen Welten, in

---

[1]Dafür braucht man aber einen langen Atem. Zur Illustration dessen, was langer Atem heißt, kann die Diskussion um Atomenergie dienen. In den 1970er Jahren gab es in Westdeutschland große Demonstrationen gegen den Bau von Atomkraftwerken. Naturwissenschaftlicher Diskurs hatte den Boden bereitet. Physiker warnten vor den Schwierigkeiten des Umgangs mit Spaltprodukten, Geologen kritisierten die Ideologie, deren sichere Lagerung sei möglich, Mediziner und Biologen trugen Kenntnisse zu den Gefahren radioaktiver Strahlung bei. Dagegen argumentierten andere Wissenschaftler, die sich den Zukunftsperspektiven der Atomkraftwerk-Industrie anschlossen (damals flossen immense staatliche Mittel in Kernforschungszentren). Die Regierungen der Bundesrepublik stellten sich hinter die Interessen der interessierten Industrien, und die Gewerkschaften reihten sich – in vermeintlichem Kampf um Arbeitsplätze – in diese politische Linie ein. Es sollte drei Jahrzehnte dauern, bis eine Bundesregierung, nach der Nuklearkatastrophe von Fukushima, den Ausstieg aus der Atomenergie in die Wege leitete. Das Problem der radioaktiven Spaltprodukte, als Hinterlassenschaft der Reaktoren, ist bis heute nicht gelöst. Soviel zur Geschichte der Atomkraft in Westdeutschland. Ein Gegenmodell bietet das Nachbarland Frankreich. Die Wissenschaft dort blieb ruhig, anders als in der Bundesrepublik hatte es keine nennenswerte Anti-AKW-Bewegung gegeben. Deshalb spielen dort Atomkraftwerke für die Energieproduktion nach wie vor eine tragende Rolle.

der allerdings (wissenschaftliche) Experten kaum mehr beachtet werden. Auch unser Diskurs wird immer mehr zu einer spezialisierten Welt, der neben andern Spezialkulturen herläuft. Dennoch ist es wichtig, Film als Kunst zu begreifen, zu analysieren und zu diskutieren, weil es um eine Veränderung der hegemonialen Kultur geht. Da Kultur ein wesentliches Moment der gesellschaftlichen Entwicklung ist, kann es nicht gleichgültig sein, ob sie tragenden Institutionen auf dem Stand des vergangenen Jahrhunderts eingefroren bleiben oder sich weiterentwickeln können und neue Impulse aufgreifen.

Positionen

Kunstgattung Film

Lutz Hieber

Zusammenfassung

Dieser Entwurf einer ästhetischen Theorie des Films geht von der Geschichte der bildenden Kunst aus. Dabei geht es wesentlich um die sich entwickelnden Widersprüche seit dem 19. Jahrhundert, die spätestens mit Dada und Bauhaus aufbrechen. Seither stehen unterschiedliche Theorien der Ästhetik nebeneinander; sie sind durch tiefe Gräben getrennt, weil sie sich auf unterschiedliche künstlerische Praktiken beziehen. Drei Ansätze werden vorgestellt: Theodor W. Adorno (für den Kino-Filme im Wesentlichen keine Kunst sein konnten), Walter Benjamin (der im Film eine neue künstlerische Formation erkennt) und Erwin Panofsky (der als Kunsthistoriker den Film als neue lebendige Kunstgattung begrüßt). In diesem Zusammenhang geht es auch um die Auseinanderentwicklung der Kunstwelten diesseits und jenseits des Atlantiks, deren Ursache in der Emigration während der Nazi-Ära liegt. Während das *Museum of Modern Art* in New York ein Film-Department hat, das sich dem Kino-Film widmet, schließen die Kunstmuseen der Bundesrepublik diese Gattung nach wie vor aus.

Schlüsselwörter

Filmtheorie · Arts incohérents · Dada · Bauhaus · Spielfilm · Theodor W. Adorno · Walter Benjamin · Erwin Panofsky · Museumsufer Frankfurt/M. · Pinakothek der Moderne · Museum of Modern Art New York (MoMA)

L. Hieber (✉)
Hannover, Deutschland
E-Mail: hieber@ish.uni-hannover.de

L. Hieber und R. Winter (Hrsg.), *Film als Kunst der Gesellschaft,* Film und Bewegtbild in Kultur und Gesellschaft,
https://doi.org/10.1007/978-3-658-30461-4_2

Die Künste sind schon immer in vielfältiger Weise in gesellschaftliche Prozesse eingebunden. Das betrifft nicht nur die künstlerischen Techniken, die Ausdifferenzierung der Gattungen und die Themen der Werke, sondern auch die Konventionen, die ihre Verwendung, ihren gesellschaftlichen Stellenwert und ihre Wertschätzung bedingen. Selbstverständlich trifft dieses Verwobensein nicht nur für die Kunstgeschichte früherer Epochen zu, sondern gleichermaßen für die gegenwärtig bestehende Kunstwelt.

Pierre Bourdieu betont, „die Geschichte der Kunstgeschichte" sei als „eine Vorbedingung für die Benutzung der Produkte dieser Geschichte" zu erarbeiten (Bourdieu 2015, S. 37). In diesem Sinne möchte ich den Kunst-Begriff beleuchten. Er beansprucht überzeitliche Gültigkeit, trägt jedoch die Prägemale seiner Entstehungsgeschichte. Da sich die ästhetische Theorie im Zusammenhang mit der jeweils bestehenden Kunstwelt entwickelt, erscheint, wenn es um Filme geht, eine Rekonstruktion dieser Geschichte unverzichtbar. Deshalb möchte ich mich im Folgenden zunächst gründlich mit der Kunstgeschichte und dem sich in diesem Zusammenhang verändernden Kunst-Begriff befassen, um dann auf Ansätze ästhetischer Theorie im Zusammenhang mit der Kunstgattung Film zu sprechen zu kommen.

Beim Film handelt es sich um eine Erfindung des ausgehenden 19. Jahrhunderts. Ortsfeste Kinos für die Vorführung von *Spielfilmen* entstanden in großer Zahl in den Jahren um 1910. Wenn ich im Folgenden von Film spreche, beziehe ich mich auf dieses Genre, das sich mit dem technisch-industriellen Fortschritt weiterentwickelte und nach dem zweiten Weltkrieg auf den Fernsehbildschirm kam, und gegen Ende des letzten Jahrhunderts auf den Monitor des Computers oder auf das Smartphone.

1 Moderne

Da ich mich mit dem Film befassen möchte, beschränke ich den kunstgeschichtlichen Blick auf die historischen Entwicklungslinien der *Bilderwelten*. Das erscheint gerechtfertigt, weil der Film zum einen aus Erfindungen im Bereich der Bilder hervorging, und zum anderen beispielsweise auch die Musikkultur einen vergleichbaren kulturellen Wandel durchlaufen hat.

Für die Bildende Kunst steht für die Zäsur, welche die Moderne vom Ancien Régime scheidet, die Gründung des *Kunstmuseums* als Institution. Das Museum nimmt Kunst auf, und es verschließt sich allen Dingen, die nicht Kunst sind. Die Französische Revolution widmete das Palais du Louvre, die ehemaligen Residenz französischer Könige, durch Beschluss des Konvents im Jahre 1792 zum Musée du Louvre um. Die Geburtsurkunde weist es als bürgerliche Institution aus. Im 19. Jahrhundert folgte dem französischen Vorbild eine ganze Serie von Museumsgründungen in den europäischen Ländern.

In früheren Jahrhunderten, die vor der Etablierung des Museums als Institution lagen, war künstlerisches Schaffen in unterschiedliche Bereiche der Lebenspraktiken eingebunden. Die Maler arbeiteten als Auftragnehmer, wobei sie nicht lediglich Weisungen befolgten, sondern von Klienten wegen spezieller Fähigkeiten mit Aufgaben betraut wurden (und oft wegen ihrer Ingeniosität gesucht waren). Gemälde befanden sich als Altäre in Kirchen. Portraits schmückten die Ahnengalerien der Fürstenhäuser oder die repräsentativen Räume der wohlhabenden Bourgeoisie. Maler statteten die Schlösser des Adels mit Bildern aus, die der Dekoration oder auch der politischen Propaganda dienten.

Mit dem Museum des 19. Jahrhunderts begann jedoch eine neue Ära. Diese Institution versetzte die Werke, die es aufnahm, in einen veränderten Kontext. Damit musste die Kunstbetrachtung einer neuen Regie folgen, die von lebenspraktischen Bezügen absah.

Das Museum beruht bezüglich der Dinge, die es aufnimmt, auf einer Idee der Gemeinsamkeit, nämlich dass sie sich als Kunst ‚ästhetisch' erfahren lassen, eben als Dinge, die *um ihrer selbst willen* von Wert sind, ohne einem kunstfremden Zweck zu dienen (wie die Altartafel als Andachtsbild für Gläubige, oder das Fürstenporträt als Signum der Macht). Mit dieser Idee geht die Aufgabe der öffentlichen Förderung einher. Das 19. Jahrhundert verband mit dem Museum die Erfüllung einer sozialen Aufgabe, die vom Nutzen ästhetischer Erfahrung für Individuen und Gesellschaft ausgeht. „Die Absonderung der Kunst von der Alltagswelt", hebt der Historiker des deutschen Kunstmuseums James Sheehan hervor, sollte einen Rahmen bieten, „in dem die Besucher die Zusammenhänge zwischen Kunst, Wahrheit und Moral begreifen können" (Sheehan 2002, S. 15). Entsprechend gilt für Adorno: „Die Autonomie", die Kunst erlangte, „zehrte von der Idee der Humanität" (Adorno 1970, S. 9).

Im Museum treten die Werke früherer Epochen unabhängig von religiösen, politischen oder ökonomischen Zwecken auf, für die sie ehedem geschaffen worden waren. Hier gewinnt Kunst eine Autonomie, verweist einzig auf ihre eigene Geschichte und Dynamik. Deshalb kann ein Museum alter Kunst, wie beispielsweise das Wallraf-Richartz-Museum in Köln, Gemälde ungeachtet ihrer unterschiedlichen gesellschaftlichen Funktionen präsentieren: So beispielsweise das „Weltgericht", das Stefan Lochner um 1435 als ‚Gerechtigkeitstafel' für das Kölner Rathaus geschaffen hatte (Zehnder 1993), ebenso wie einen Altar für private Andacht, der aus der Werkstatt eines namentlich nicht greifbaren Malers mit dem Notnamen ‚Meister des Bartholomäus-Altars' stammt (Krischel

2001), oder ein Landschaftsgemälde von Jan van Goyen, das als Wandschmuck in einem wohlhabenden Bürgerhaus des holländischen 17. Jahrhunderts gedient hatte (Hieber 2018a). Das Museum neutralisiert den Gebrauchszweck, in den die Gemälde ehedem eingebunden waren. Als ästhetische Werke weisen sie, außer dass es sich eben um Kunst handelt, keine Verwandtschaft auf.

Im selben Atemzug, mit dem die Museumsidee materielle Gestalt angenommen hatte, entwickelte sich die Praxis der temporären Kunstausstellung. Jaques-Louis David machte den Auftakt mit der Präsentation seines Gemäldes „Die Sabinerinnen“[1] in einem eigens gestalteten Raum. In der Ausstellung, die am 21. Dezember 1799 eröffnete, konnten Besucher das unverkäufliche Bild gegen Bezahlung eines Eintrittsgeldes betrachten. Sie wurden auf die neuartige Rezeption durch einen Vorraum vorbereitet, in dem sie sich sammeln konnten, bevor sie durch eine Tür in den Ausstellungssaal gelangten, um das Werk als „ein Paradigma des Heldentums und der Tugend“ (Drechsler 1996, S. 83) zu betrachten. Im Mittelpunkt des Gemäldes steht Hersilia, Frau des Romulus, die in den Kampf der feindlichen Heere der Römer und Sabiner eingreift, wobei es ihr gelingt, die Heerführer Romulus und Tatius zu trennen.

Die aus der Museumsidee resultierende Herauslösung von Werken aus ihren Gebrauchszusammenhängen, der von nun an die künstlerische Produktion folgt, begründete das Kunstdasein der *Beaux-Arts.* Diese fasst die US-amerikanische ästhetische Theorie mit dem Begriff *modernism.* „Die Kunst, so wie wir heute über sie nachdenken“, entstand „erst im 19. Jahrhundert mit der Geburt des Museums und der kunsthistorischen Disziplin […] Die Vorstellung von Kunst als autonom, als losgelöst von allem Anderen, als dazu bestimmt, ihren Platz in der Kunstgeschichte einzunehmen, ist eine Entwicklung des Modernismus“ (Crimp 1996, S. 114 f.).

Die mit dem Museum etablierte Idee der Beaux-Arts schien zunächst überzeugend. Kunst sollte zur humanitären Bildung beitragen, indem sie dem in seinem beruflichen Alltagsleben auf zweckrationales Handeln beschränkten Bürger erlaubte, durch die Rezeption der Werke die Fülle seiner Anlagen und Begabungen zur Entfaltung zu bringen. Die Autonomie der Kunst sollte gewährleisten, dass kunstfremde Zwecksetzungen nicht in diese Welt hineinspielen. Doch dieser Idee war von Anfang an ein Widerspruch inhärent. Denn zweifellos erfüllt das Museum und die Ausstellungspraxis eine soziale Funktion, weil

[1]Das Gemälde befindet sich heute im Musée du Louvre, Paris.

die autonome Kunst nicht nur dem Bildungsauftrag dient, sondern zugleich dem kunstfremden Zweck der Klassenscheidung.

Pierre Bourdieu hat das Museum als Mittel der sozialen Distinktion beschrieben. Das Musée du Louvre war, wie erwähnt, in einem ehemaligen Palast eingerichtet worden. Dem Vorbild folgend stellten sich die europäischen Museumsgebäude, die ihm im 19. Jahrhundert nachfolgten, nicht weniger pompös dar. „Die Museen" verraten „schon in den geringsten Details ihrer Morphologie und Organisation ihre wahre Funktion [...] die darin besteht, bei den einen das Gefühl der Zugehörigkeit, bei den anderen das Gefühl der Ausgeschlossenheit zu verstärken" (Bourdieu 1974, S. 198). Die Unberührbarkeit der Gegenstände, die feierliche Stille, die weiträumigen Galerien, die weitläufigen Treppen und die beeindruckende Gestaltung der Säle verleiht dieser Welt der Kunst eine quasireligiöse Weihe. Da der Zugang zum „Kunstwerk besondere Dispositionen oder Prädispositionen erfordert, trägt es seinerseits dazu bei, jenen die ‚Weihe' zu verleihen, die diese Anforderungen erfüllen, jenen Erwählten, die sich selbst erwählt haben durch die Fähigkeit, diesen Ruf zu vernehmen und die Möglichkeit, ihm zu folgen" (Bourdieu 1974, S. 200). Diese Arrangements der Kunstwelt sind dem Selbstbewusstsein des Bildungsbürgertums verbunden, das auf seinen exklusiven Status pocht, ohne dabei in Widerspruch zum Ideal der formalen Demokratie geraten zu müssen.

Entsprechend waren und sind alle bedeutenden Ausstellungsereignisse mit Mechanismen der sozialen Distinktion verflochten. Für Paris, der kulturellen Hauptstadt des 19. Jahrhunderts, traf das selbstverständlich für den regelmäßig stattfindenden *Salon de Paris* zu. Das künstlerische Niveau dieser Ausstellungen sollte eine Jury sichern, die über die Zulassung der Werke entschied. Doch wie alle derartigen Veranstaltungen beschränkte sich der *Salon de Paris* nicht auf die Präsentation neuer Gemälde und Skulpturen, sondern war zugleich eine Angelegenheit des öffentlichen Interesses, bei der die ‚gehobene Gesellschaft' sich ihrer selbst vergewisserte und ihre Selbstdarstellung inszenierte. Emile Zola wies darauf in seinem Roman „L'Œuvre" (aus der Reihe Les Rougon-Macquart) anhand der Bedeutung des Luxus hin, den die Damen anlässlich einer Vernissage zur Schau stellten. „Die Pariser Eleganz präsentierte sich. Die Damen waren gekommen, sich und ihre durchdachte Garderobe mit der Absicht zu zeigen, am nächsten Tag in den Zeitungen zu sein" (Zola 1886, S. 403; Übers. L. H.). Zolas soziologischem Blick entging nicht, dass Kunstereignisse nicht nur eine Angelegenheit der individuellen Beschäftigung mit Ästhetik sind, sondern zugleich der öffentlichkeitswirksamen Abgrenzung der höheren Schichten gegen die Masse der einfachen Leute dienen.

2 Avantgarden

Zolas „L'Œuvre" war 1886 als Buch erschienen. In dieser Zeit ließen sich die Risse im Gebäude der Beaux-Arts nicht mehr übertünchen. Seit Proteste im Jahre 1863 den *Salon des Refusés,* als Ausstellung der von der Jury des *Salons* zurückgewiesenen Werke (darunter Edouard Manets „Le déjeuner sur l'herbe"), durchgesetzt hatten (Rewald 1979, S. 57–63), glitten die überkommenen Gepflogenheiten immer tiefer in eine Krise. Die Impressionisten versuchten den bestehenden Strukturen zu entkommen, wobei sie allerdings noch am Paradigma der autonomen Kunst festgehalten hatten. Da ihre Bemühungen zur Teilnahme am *Salon de Paris,* als der maßgeblichen Institution der Kunstwelt, immer wieder vergeblich blieben, hatten sie in den Jahren 1874 bis 1886 eine Serie selbstfinanzierter – allerdings wenig erfolgreicher – Ausstellungen bewerkstelligt. Radikaler ging in den 1880er Jahren der Schriftsteller Jules Lévy vor, der nun den Finger in die Wunde der Beaux-Arts-Idee legte. Er organisierte die kritische Gegenbewegung der *Arts incohérents,* die sich medienwirksam in einer Serie von Ausstellungen, Bällen und anderen Veranstaltungen manifestierte[2]. Das Plakat für die Schau des Jahres 1886 schuf Jules Chéret (Abb. 1). Die Ausstellungen der *Arts incohérents,* „die sofort als eine Art parodistischer Gegen-Salon wahrgenommen wurde" (Abélès 1992, S. 17; Übers. L. H.), entstanden indes nicht aus dem Nichts. In der illustrierten Presse bestand bereits eine Tradition der Karikatur, als kommerzielle Kunst, die jedoch stets auf den Rahmen des Zeitschriftenformats beschränkt blieb. „Die *Arts incohérents* fädelten sich in diese Linie ein, aber sie vollzogen einen radikalen Wandel. Zum ersten Mal [...] beanspruchte die Karikatur den Status des Kunstwerks, und zwar verbunden mit einer Änderung der Größenverhältnisse und der Präsentation: mit den *Arts incohérents* verließ sie die begrenzte Rahmung der Zeitschrift und ging an die Wände einer eigens eingerichteten Ausstellung" (Abélès 1992, S. 17; Übers. L. H.). Die von Lévy angeführte Gruppe ahmte die Gepflogenheiten des *Salon de Paris* nach, um diesen aufs Korn zu nehmen: Großformatige Plakate kündigten die aufeinanderfolgenden Ausstellungen der *Arts incohérents* an, sorgfältig gedruckte Ausstellungskataloge mit Abbildungen und Verzeichnis der Werke erschienen, und Journalisten wurden zu den Eröffnungen eingeladen. Die Pressekommentare lassen erkennen, dass die beabsichtigte Stoßrichtung gegen den *Salon de Paris* ihre Wirkung nicht verfehlte.

---

[2]Für Material und Hinweise danke ich Mireille Romand, Galerie Documents (Paris).

Abb. 1 Jules Chéret: Exposition des Arts incohérents du 18 Octobre au 19 Décembre 1886. Farblithografie, 122,5 × 87 cm. 1886. [Privatsammlung]

Bei den präsentierten Werken der *Arts incohérents* handelte es sich nicht nur um Karikaturen zu Themen des alltäglichen Lebens, sondern viele sahen prominenten Konservativen und den Konventionen des Kunstbetriebes auf die Finger. Ohne diese Gruppierung ausführlich zu behandeln, möchte ich ihre Intentionen kurz beleuchten. Eine betraf den akademischen Klassizismus, der auf dem *Salon de Paris* nach wie vor Triumphe feierte. Gemälde von William-Adolphe Bouguereau, einem Star des ‚Salon'-Stils (französisch: peinture pompier), trugen oft Titel aus den Themenkreisen der Klassischen Antike wie „Geburt der Venus", „Venus und Amor" oder „Bacchantin". Die Hauptfiguren von Bouguereaus Allegorien waren oft junge, makellose weibliche Akte mit harmonisch dahinfließenden Konturen. Auf der Ausstellung der *Arts incohérents* von 1886 nahm sich Ernest Kotek eines der klassischen Themen vor, die Allegorie von Herkules zwischen Voluptas (Wollust) und Virtus (Tugend), die auf eine Parabel des Xenophon zurückgeht und seit der Renaissance künstlerisch behandelt worden war (Hieber 2018b, S. 430). Koteks Zeichnung (Abb. 2) zielte gegen die Konventionen der *Salons,* also sowohl gegen die moralischen Prinzipien konservativer Bürgerlichkeit als auch gegen die gymnasialen Bildungskonventionen der ‚höheren Gesellschaft', einer „Kultur", die Salon-Maler „mit den Zöglingen der Jesuitenkollegs oder der Gymnasien gemeinsam haben" (Bourdieu 2015, S. 234). Andere Werke der *Arts incohérents* dieses Jahres richteten sich explizit auf politische Themen. Dazu zählt das Blatt „Boule en geai" von Alfred Choubrac (Abb. 3). Eine wörtliche Übersetzung von „boule en geai" lautet so etwa „Kugel in Eichelhäher", die Wortfolge liest sich jedoch phonetisch gleich wie „Boulanger". General Boulanger[3], vom konservativen Katholizismus und von Royalisten unterstützter Militarist, war im Januar 1886, dem Jahr, in dem die *Arts incohérents* die Choubrac-Zeichnung präsentierten, zum Kriegsminister ernannt worden.

In der kulturellen Metropole Paris äußerte sich in Gestalt der *Arts incohérents* die Opposition gegen die – für den Modernismus fundamentale – Idee, nur ein autonom geschaffenes Werk habe das Recht, in die Kunstwelt aufgenommen zu werden. Während die Akademien und Künstler-Assoziationen in anderen europäischen Hauptstädten weiterhin fleißig das staatlich gestützte französische Salon- und Museumsmodell nachahmten, wies diese künstlerische Bewegung bereits auf die Widersprüche zwischen Bildungsidee und sozialem Gebrauch

[3]Für diesen Hinweis danke ich Christophe Bouyssi, Leibniz Universität Hannover.

Abb. 2 Ernest Kotek: Hercule entre la Volupté et la Vertu (Herkules zwischen Wollust und Tugend). Catalogue de l'Exposition des Arts incohérents 1886, S. 71

Abb. 3 Alfred Choubrac: Boule en geai. Catalogue de l'Exposition des Arts incohérents 1886, S. 132

der Kunst hin. In Paris trafen die *Arts incohérents* auf ein aufnahmebereites Publikum, das den Konventionen des *Salons* kritisch gegenüberstand. Damit gelang dieser Gruppe die Begründung einer Kunstwelt[4], die den Grundstein für einen Kunst-Begriff legte, der auch kommerzielle Kunst goutiert. Sie wurde zu einer Art Vorläufer der historischen Avantgarden des frühen 20. Jahrhunderts.

Die *historischen Avantgarden* wiederum entstanden nicht allein aus kunstimmanenten Erwägungen, sondern wesentlich aus purer gesellschaftlicher Not: aus dem Kollaps der alten Ordnung in den Feuerstürmen des Ersten Weltkrieges. Die gewaltigen gesellschaftlichen Umbrüche des frühen 20. Jahrhunderts bewirkten erdbebenhafte Erschütterungen der bisherigen Kultur. Sie richtete sich in zwei Stoßrichtungen gegen den in das Modernismus-Paradigma eingewobenen Idealismus. Die eine Stoßrichtung bildete der Dadaismus als internationale Bewegung. Für die andere steht in Deutschland das – ebenfalls in länderübergreifende Kooperationen eingebundene – Bauhaus.

Bei den historischen Avantgarden handelte es sich um eine künstlerische Revolution. Dieser Begriff der künstlerischen Revolution ist allerdings von dem zu unterscheiden, den Howard S. Becker verwendet. Für Becker „führen künstlerische Revolutionen zu wesentlichen Veränderungen im Charakter der produzierten Werke und in den Konventionen, die zu ihrer Herstellung eingesetzt werden"; als Beispiele führt er „Impressionisten und Kubisten" an, die „die bis dahin übliche Bildsprache" veränderten (Becker 2017, S. 297). Den Bruch in der Stilentwicklung, den diese Künstlergruppen bewirkten, als Revolution zu bezeichnen, erscheint allerdings zu hoch gegriffen. Anders als Becker möchte ich die Begriffe der Rebellion und der Revolution auseinanderhalten. Eine *Rebellion* ist ein Aufbegehren gegen die Etablierten. Sie lassen das Haus stehen, verändern jedoch die Einrichtung. So verhielt es sich mit den Impressionisten und den Kubisten. Ihre Lehrer malten Staffeleibilder, und die Rebellen taten nichts anderes als Staffeleibilder zu malen, allerdings indem sie die bis dahin übliche Bildsprache grundlegend änderten. Die Gemälde der Älteren waren für das Galerie- und Museumssystem geschaffen, und die Jüngeren blieben auf diesem Weg. Im Unterschied zu Rebellionen handelt es sich bei *Revolutionen* um fundamentale Innovationen, die ein Haus, ohne Rücksicht auf Rechte an Grund und Boden,

[4]Der Begriff Kunstwelt bezeichnet sowohl die Bedingungen der Kunstproduktion und -distribution als auch die für die Rezeption von Werken relevanten Vorstellungen über Kunst.

mit verändertem Grundriss nach ganz neuen Bedürfnissen errichten. Thomas S. Kuhn, der wissenschaftliche Revolutionen untersucht hat (und auf den sich Becker bezieht) bezeichnet als Revolutionen solche Vorgänge, bei denen „der Neubau des Gebietes auf neuen Grundlagen" erfolgt (Kuhn 1967, S. 119). Er sieht eine „Parallele zwischen politischer und wissenschaftlicher Entwicklung [...]: Politische Revolutionen gehen darauf aus, politische Institutionen auf Wegen zu ändern, die von jenen Institutionen verboten werden" (Kuhn 1967, S. 129).

Man fasst den Begriff der Revolution indes nur dann richtig, wenn er in seinem historischen Gehalt verstanden wird. Gesellschaftliche Revolutionen erreichen ihre Ziele nicht in kurzen Zeiträumen. Die industrielle Revolution in England dauerte ein halbes Jahrhundert. Die Französische Revolution begann 1789, der angestrebte Erfolg, nämlich die Errichtung des bürgerlichen Staates, war erst ein knappes Jahrhundert später, nämlich 1871, in vollem Umfang erreicht. Im Gang revolutionärer Ereignisse folgen auf Phasen des progressiven Vorwärtsstürmens oft Reaktionen der gegenrevolutionären Kräfte, bis schließlich die ursprünglich formulierten Ziele erreicht sind. Erst dann haben sich nicht nur die gesellschaftlichen Strukturen verändert, sondern auch das Denken und die Lebensweisen. Entsprechend verhält es sich mit der künstlerischen Revolution, wie sie die Avantgardisten des frühen 20. Jahrhunderts begonnen haben. Die internationale Dada-Bewegung und ebenso das Bauhaus mit seinen Mitstreitern in anderen Ländern strebten die Etablierung eines neuen Paradigmas an. Sie standen am Anfang einer grundlegenden Neugestaltung künstlerischer Praktiken, des Denkens über Kunst sowie des Gebrauchs von Kunst.

Der *Dadaismus,* den eine Gruppe von Kriegsdienstverweigerern während des Ersten Weltkrieges im neutralen Zürich begründete, zielte auf die Grundlagen der hegemonialen Kultur. Sie sahen sich zur Attacke gegen eine Kunstwelt gedrängt, die nur das ‚autonome' Werk anerkennt und ästhetische Produkte der kommerziellen Alltagskultur ausgrenzt. Denn sie hatten im Krieg schmerzhaft erfahren müssen, Dass Bildung, die auf ‚autonome' besonderen Kunst Wert legt, in Sachen humanitärer Bildung versagt hatte.

Dada war eine internationale Bewegung, da Künstlerinnen und Künstler in allen kriegsführenden Ländern dieselben Erfahrungen verarbeiten mussten. Die Gruppe der Pariser Dadaisten, die später den Surrealismus begründeten, hatten den Vorteil, dass sie auf die *Arts incohérents* als Vorläufer zurückgreifen konnten (Goergen 2003).

Die propagandistisch aufgeheizte Kultur der Kriegsjahre hatte gelehrt, dass sich offenbar der hehre Idealismus der Kunstwelt ohne weiteres mit Hurra-Patriotismus und menschenverachtender Kriegstreiberei verbinden ließen. Die „deutsche Dada-

Bewegung hatte ihre Wurzeln in der Erkenntnis, die“, wie George Grosz schreibt, „manchen Kameraden und auch mir gleichzeitig kam, dass es vollendeter Irrsinn war, zu glauben, der Geist oder irgendwelche Geistige regierten die Welt. Goethe im Trommelfeuer, Nietzsche im Tornister, Jesus im Schützengraben [...] Der Dadaismus war keine ‚gemachte‘ Bewegung, sondern ein organisches Produkt, entstanden als Reaktion auf die Wolkenwanderungstendenzen der sogenannten heiligen Kunst, deren Anhänger über Kuben und Gotik nachsannen, während die Feldherren mit Blut malten“ (Grosz und Herzfelde 1925, S. 22 f.).

Vor allem die Berliner Dadaisten zogen die Konsequenz, sich von den Konventionen der Kunstwelt zu verabschieden. Sie fühlten sich nicht allein dem Hort der autonomen Kunst verpflichtet und übernahmen Auftragsarbeiten zu. Das Spektrum der Medien war damals noch recht schmal. Der zivile Rundfunk kam erst 1923. Im Bereich der Druckerzeugnisse standen als Betätigungsfeld Plakate, Zeitungen, illustrierte Zeitschriften und Populärliteratur zur Verfügung. Neben gedruckten Medien gab es den Film. Nach den Wanderkinos der Jahre 1895 bis 1906 waren ortsfeste Kinos entstanden, deren Zahl im Jahre 1921 auf knapp 4000 angewachsen war. Richard Huelsenbeck wandte sich in seinem dadaistischen Manifest (das er 1918 vorgetragen und zwei Jahre später in den Dada-Almanach aufgenommen hatte) voll Hohn und Spott gegen das konservative Bildungsbürgertum: „Der Hass gegen die Presse, der Hass gegen die Reklame, der Hass gegen die Sensation spricht für Menschen, denen ihr Sessel wichtiger ist als der Lärm der Straße und die sich einen Vorzug daraus machen, von jedem Winkelschieber übertölpelt zu werden“ (Huelsenbeck 1920, S. 37).

Im Jahre 1920 präsentierten Rudolf Schlichter und John Heartfield auf der Dada-Messe in der Kunsthandlung Dr. Otto Burchard in Berlin die unter der Decke schwebende Figur eines Generals mit Schweinskopf (Abb. 4), was zu einem Prozess und zur Verurteilung zu einer empfindlichen Geldstrafe führte. Heartfield wandte sich in der Dada-Epoche der Buchgestaltung zu, der er auch später treu blieb. George Grosz und Rudolf Schlichter gaben in dieser stürmischen Zeit die Malerei zwar nicht auf, arbeiteten aber gerne als Illustratoren für Bücher und Zeitschriften. Selbstverständlich widmeten sie sich – was angesichts ihrer kritischen Haltung gegenüber der Hochkultur kaum überrascht – auch populärkulturellen Werken. So stattete Schlichter die Wildwest-Geschichte „Das blutige Blockhaus“ mit Umschlag-Illustration und zwanzig Steinzeichnungen im Text aus (Abb. 5). Andere Avantgardisten wandten sich dem Film zu. Hans Richter, der sich während des Krieges in Zürich an Dada beteiligt hatte, arbeitete nach Kriegsende an Filmexperimenten. Er übertrug „die Eigenheiten seiner absoluten und abstrakten Filme in die Bereiche des Werbefilms und Dokumentarfilms“ (Zglinicki 1956, S. 596).

Eröffnung der ersten großen Dada-Ausstellung
in den Räumen der Kunsthandlung Dr. Burchard, Berlin, am 5. Juni 1920.
Von links nach rechts: Hausmann, Hanna Höch, Dr. Burchard, Baader, W. Herzfelde, dessen Frau, Dr. Oz, George Grosz, John Heartfield.

Abb. 4 Richard Huelsenbeck (Hg.): Dada Almanach, nach S. 128 „Dada-Ausstellung 1920"

Die Federführung der zweiten Stoßrichtung gegen das hegemoniale Kunst-Paradigma hatte in Deutschland nach dem Ende des Ersten Weltkriegs das *Bauhaus* übernommen. Diese Kunstschule litt während der gesamten Weimarer Epoche unter harten Attacken des kunstinteressierten Konservatismus, der den avantgardistischen Aufbruch mit allen Mitteln zu verhindern suchte, um die traditionellen Kunst-Konventionen zu bewahren. Nach der Vertreibung aus Weimar ging das Bauhaus nach Dessau, wo sich eine gewisse Zusammenarbeit mit dem in der Wärmetechnik und im Flugzeugbau tätigen Wissenschaftler und Unternehmer Hugo Junkers ergab. Als die politische Rechte auch in Dessau an die Hebel der Macht gelangt war, versuchte sich das Bauhaus noch nach Berlin zu retten, sah sich aber 1933 zur Schließung genötigt (Wingler 1975, S. 195). Der „überzeugte Demokrat und Pazifist" Junkers wurde von den Nazis entschädigungslos enteignet (Thomes und Dewes 2018, S. 179).

Abb. 5 Rudolf Schlichter: Buchumschlag Charles Sealsfield (d. i. Carl Anton Postl): Das blutige Blockhaus. Potsdam 1922

Das Bauhaus hatte – in internationaler Kooperation mit verwandten Bestrebungen – auf seine Weise die Idee verfolgt, den Kunstbegriff der untergegangenen Epoche einer Revision zu unterziehen. Auch in diesem Feld gab es Vorläufer: die internationale Stil-Bewegung, die im deutschen Sprachraum die Bezeichnung Jugendstil trägt. Diese Bewegung hatte gegen Ende des 19. Jahrhunderts eingesetzt, um auf dem Niveau handwerklicher Produktion eine Erweiterung der künstlerischen Praktiken über den Rahmen des Beaux-Arts-Paradigmas hinaus anzustreben. Die Jugendstil-Künstler opponierten gegen die Beaux-Arts-Doktrin, indem sie sich nicht mehr auf ‚autonome Werke' beschränkten, sondern sich gleichermaßen dem breiten Feld der Gestaltung von Gebrauchsgegenständen zuwandten, also den Kunstbegriff auf das Feld von Auftragsarbeiten erweiterten. So galten dem Jugendstil neben Gemälde und Skulptur auch Architektur, Möbel, Plakat, Schmuck und Buchillustration als Gattungen künstlerischer Betätigung. „Es ist bezeichnend, dass der Jugendstil am Interieur versagte, demnächst auch an der Architektur, aber auf der Straße, als Plakat oft sehr glückliche Lösungen fand“ (Benjamin 1991, S. 234). Ein Beispiel ist Alfons Muchas Werbung für eine Ausstellung des „Salon des Cent“ des Frühjahrs 1896 (Abb. 6). Muchas Muse stützt in sich versunken ihr Haupt in die eine Hand, während sie in der anderen Feder und Pinsel hält. Dass solche Plakate bei juristischen und kirchlichen Sittenwächtern Anstoß erregten, lassen die Reaktionen erkennen. „Plakate Toulouse-Lautrecs, Chérets oder Muchas waren gemeint, als die 1896 gegründete ›Union pour l'Action Morale‹ eine Kampagne gegen die Frivolität und Unsittlichkeit der Straßenreklame zu unternehmen versuchte“ (Thon 1977, S. XXX f.). Die Grundlagen, die der Jugendstil auf seine Weise geschaffen hatte, konnte die kulturelle Revolution nach dem Ersten Weltkrieg nutzen, um ein tragfähiges Fundament für den Neubau zu gestalten. „Alle die das Bauhaus bestimmenden Faktoren sind, so scheint es, schon einige Zeit vor seiner Gründung da gewesen“ (Wingler 1975, S. 139). Allerdings blieben noch große Schritte zu jener tragfähigen Idee zu tun, die nach dem Zusammenbruch der alten Ordnung, den aktuellen Anforderungen entsprach. Nach und nach entwickelte sich das Bauhaus zu einer Arbeits- und Bildungsinstitution, die sich den Bedingungen der industrialisierten Lebenswelt widmete. Seine Abteilungen befassten sich nicht nur mit Malerei, Druckgrafik, Skulptur und Theater, sondern auch mit Architektur, Fotografie, Reklame, Schmuck, Möbeln, Textilien, Tapeten, Kaffee- und Teeservices, Lampen, Typografie und Buchgestaltung. Zu den kulturindustriellen Produkten aus dem Bauhaus zählt der Stahlrohr-Sessel (Abb. 7) den Marcel Breuer 1925 entworfen hatte. Herstellung und Vertrieb übernahm damals die Berliner Firma Standard-Möbel (Wingler 1975, S. 429), er wird noch heute von der Firma Knoll produziert. László Moholy-Nagy, der am Bauhaus lehrte, hatte sich mit filmischen Ideen befasst (Moholy-Nagy 1927, S 120 ff.), aber für den Spielfilm fehlten die finanziellen Mittel bzw. die Verbindungen zur Filmwirtschaft.

Dada und Bauhaus hatten versucht – jeweils auf ihre Art – Schlussfolgerungen aus dem Untergang der traditionellen Ordnung des alten Europa zu ziehen. Sie zielten auf eine Erneuerung der Kultur, indem sie das Denken, allein das autonom geschaffene Werk sei kunstwürdig, über Bord warfen. Dabei wollten die Avantgardisten Kunst nicht vernichten, sondern sie „intendierten eine Aufhebung der Kunst – Aufhebung im Hegelschen Sinn des Wortes: Die Kunst soll nicht einfach zerstört, sondern in Lebenspraxis überführt werden“; sie versuchten gemeinsam mit der Opposition gegen die reaktionären Kräfte, die sich nach Ende des Ersten Weltkrieges formierte, an einem Strang zu ziehen, um „von der Kunst aus eine *neue* Lebenspraxis zu organisieren“ (Bürger 1974, S. 67).

Abb. 6 Alphonse Mucha: Salon des Cent XXeme exposition. 1896. Plakat, 63,8 × 42,6 cm. [Privatsammlung]

Abb. 7 Marcel Breuer: Stahlrohr-Sessel „Wassily“. 1925

3 Ästhetische Theorien und Film

Seit dem frühen 20. Jahrhundert besteht Kunst in unterschiedlichen Daseinsformen. Zum einen beherbergen unsere Museen jene Werke, die in früheren Jahrhunderten für Kirchen, fürstliche Schlösser oder Bürgerhäuser geschaffen worden waren. Zum anderen blieben aber bedeutende Gemälde und Skulpturen aus früheren Zeiten nach wie vor an den Orten, für die sie geschaffen wurden, wie beispielsweise den „Engelsgruß“ von Veit Stoß (1517/18) in der St. Lorenz-Kirche in Nürnberg (König 1985) oder Giovanni Battista Tiepolos Fresken im Treppenhaus der Residenz in Würzburg (Alpers und Baxandall 1996, S. 101 ff.). Außerdem konnten Werke der historischen Avantgarden in den Jahren ihres Entstehens als Momente einer lebendigen Bewegung rezipiert werden (später wurden viele davon dem Prozess der Musealisierung unterworfen). Darüber hinaus kam es dazu, dass Werke, die aus ein und demselben Kontext stammen, in nachfolgenden Jahrzehnten einer fachlichen Systematik und damit einer Trennung unterworfen wurden; dafür ist das Schicksal des Bauhauses in der Nachkriegszeit in Deutschland ein Beispiel, dessen Gebrauchsgüterdesign man in Museen für ‚Angewandte Kunst' findet, die Gemälde dagegen in ‚Kunst'-Museen. Ebenso grenzt das deutsche Kunstmuseum den Spielfilm aus, für diese Gattung wurden Film-Museen als spezielle Institutionen begründet. Und im Übrigen gibt es auch aktuelle Kunst, für die Kunstinstitutionen erst noch einen Sinn entwickeln müssen.

Wegen der Vielfalt der Daseinsweisen der Kunst tut, wer sich mit unterschiedlichen *Theorien der Ästhetik* beschäftigt, gut daran, die jeweilige *Erfahrungsgrundlage der Theoretiker* zur Kenntnis zu nehmen. Kunsterlebnis, Vorlieben und Zugangsmöglichkeiten zu den Künsten wirken sich auf die Theoriebildung aus.

Nach dieser Vorbemerkung, die sich auf meine Skizze der Linien der Kunstgeschichte bis ins frühe 20. Jahrhundert bezieht, soll es nun um Ansätze von drei Theoretikern gehen, soweit sie Film thematisieren, um Theodor W. Adorno, Walter Benjamin und Erwin Panofsky. Adorno hielt strikt an der Autonomie der Kunst fest, dagegen entwickelt Benjamin einen deutlich offeneren Kunstbegriff. „Die unterschiedliche Bewertung von Avantgarde und dem, was im angelsächsischen Bereich als ›modernism‹ bezeichnet wird, war […] einer der Hauptstreitpunkte zwischen Adorno und Benjamin in den 1930er Jahren" (Huyssen 1993, S. 43). Panofsky hatte einen ganz anderen Ausgangspunkt. Als Kunsthistoriker hatte er sich mit den Epochen seit der Gotik beschäftigt, interessierte sich aber auch für den Film.

Adorno verteidigte die Bastion des Modernismus. Für ihn konnte nur ein Werk als Kunst gelten, das autonom entstand, also ausschließlich durch den Gestaltungswillen des Künstlers bestimmt war. Er stellte zwar fest, „Museen sind wie Erbbegräbnisse von Kunstwerken", um dann aber doch die Unverzichtbarkeit dieser Institutionen zu betonen, denn das „Glück der Betrachtung […] ist doch auf die Museen verwiesen. Wer nicht selbst eine Sammlung besitzt – und die großen privaten Sammler werden zu Raritäten – kann Malerei und Plastik zu weitem Maß nur in Museen kennenlernen" (Adorno 1977a, S. 181). Und dort verhält sich den dargebotenen Gemälden gegenüber angemessen, „wer mit Stöcken und Schirmen die Reste seiner Naivität draußen abgegeben hat, genau weiß, was er will, zwei oder drei Bilder sich aussucht und vor ihnen so konzentriert verharrt, als wären es wirklich Idole" (Adorno 1977a, S. 194). Für Adorno gilt Kontemplation als angemessene Aneignungsweise eines Gemäldes. Damit folgt seine ästhetische Theorie uneingeschränkt dem Weg, den das klassische Museum seit dem 19. Jahrhundert vorgibt. Zu diesen Hallen haben Film und Filmplakat keinen Zutritt.

Bereits das Kulturindustrie-Kapitel[5] der *Dialektik der Aufklärung* von Horkheimer und Adorno feierte das autonom geschaffene Kunstwerk, um ihm die kulturindustriellen Produkte zu kontrastieren. Der Moloch Kulturindustrie ist durch Profitstreben bestimmt. „Die Abhängigkeit der mächtigsten Sendegesellschaft von der Elektroindustrie, oder die des Films von den Banken, charakterisiert die ganze Sphäre, deren einzelne Branchen wiederum untereinander verfilzt sind“ (Horkheimer und Adorno 1947, S. 147). Bis in sein Spätwerk folgt Adorno dieser Sichtweise: „Im Film klaffen“, schreibt er in der *Ästhetischen Theorie,* „die industriellen und ästhetisch-handwerklichen Momente, unter gesellschaftlich-ökonomischem Druck, auseinander. Die radikale Industrialisierung von Kunst, ihre ungeschmälerte Anpassung an die erreichten technischen Standards kollidiert mit dem, was an Kunst der Eingliederung sich verweigert“ (Adorno 1970, S. 322.). Während ihm zufolge Kunst ein Potenzial des Widerstandes gegen die hegemoniale Kultur besitzt, erscheint dieses beim Film glattgebügelt. Die Kulturindustrie verhindert, dass sich das verdinglichte Bewusstsein des Publikums verändert. „Die Konsumenten sollen bleiben, was sie sind, Konsumenten“, die Kulturindustrie „verlängert den Willen der Verfügenden in ihre Opfer hinein“ (Adorno 1977b, S. 361).

Benjamin dagegen durchdachte die Bildmedien, ohne den modernistischen Konventionen verhaftet zu bleiben (vgl. Hieber 2016). Seinen wichtigen Text *Das Kunstwerk im Zeitalter seiner technischen Reproduzierbarkeit* schrieb er im Exil in Paris. Dort stand er in regem Kontakt mit Surrealisten, die ihn als kritischen Denker schätzten (Moebius 2006, S. 371). Der Surrealismus, der seine Ursprünge im Dadaismus hatte, richtete sich – um daran zu erinnern – „gegen die Institution Kunst, die das ästhetische Potenzial im autonomen Werk verkapselt und es damit aus dem Alltag verbannt“ (Bürger 2002). Das entsprach Benjamins Haltung.

Er schätzte den Zugang zu Erfahrungen, die nur vermittels der technischen Möglichkeiten der Kamera erschlossen werden können. Zeitlupe oder Vergrößerung eröffnen einen Zugang zu dem, was Benjamin als das Optisch-Unbewusste bezeichnet. „Vom Optisch-Unbewussten erfahren wir erst durch sie“, die Kamera, „wie von dem Triebhaft-Unbewussten durch die Psychoanalyse“ (Benjamin 2012, S. 241).

Wie die Surrealisten folgte Benjamin den Erkenntnissen der Dadaisten, die Schlussfolgerungen aus dem Versagen des humanitären Bildungsanspruchs der

[5]Dieses Kapitel ist vorwiegend Adorno zuzuschreiben (Steinert 1998, S. 38).

Beaux-Arts angesichts des technisierten Massenschlachtens im Ersten Weltkrieg gezogen hatten. Ihm erschien die im bildungsbürgerlichen Habitus verankerte Haltung der Kunstrezeption, die Kontemplation, fragwürdig. „Die Versenkung" war „in der Entartung des Bürgertums" – damit meint er die Phase der blinden Kriegsbegeisterung – „eine Schule asozialen Verhaltens" geworden (Benjamin 2012, S. 243). Um diese Gefahr zu vermeiden, setzt er auf die Abkehr von der Kontemplation. Die *Arts incohérents* waren bereits in diese Richtung gegangen, indem sie die Versenkung durch das Lachen unterminierten, und Dada hatte – erschüttert durch die Kriegserfahrungen – die Schraube noch weiter gedreht.

Indem Benjamin diese Entwicklungen begrüßt, begibt er sich in Widerspruch zu Adorno, der Kontemplation für unverzichtbar hält. Da Benjamin diese Art der Aneignung von Kunst kritisch betrachtet, sind für ihn die bildnerischen Mittel wichtig, die diese Verhaltensweise nicht aufkommen lassen. Damit wird der ‚harte Schnitt' als Produkt der filmischen Montage wichtig, denn die schockartige Kollision unterschiedlicher Bilder unterbindet die Versenkung in das Werk. Dieses technische Mittel hat Wegbereiter, nämlich Dada. „Aus einem lockenden Augenschein oder einem überbordenden Klanggebilde" der Werke der Beaux-Arts, so Benjamin, „wurde das Kunstwerk bei den Dadaisten zu einem Geschoss" (Benjamin 2012, S. 243). Ebenso wirkt der ‚harte Schnitt' im Film, das Aufeinanderprallen von Bildern unterschiedlicher Ausdrucksqualität. Er verhindert die bildungsbürgerlich eingeübte Haltung gegenüber dem Kunstwerk. Darin liegt sein positives Moment.

> „Man vergleiche die Leinwand, auf der der Film abrollt, mit der Leinwand, auf der sich das Gemälde befindet. Das letztere lädt den Betrachter zur Kontemplation ein; vor ihm kann er sich seinem Assoziationsablauf überlassen. Vor der Filmaufnahme kann er das nicht. Kaum hat er sie ins Auge gefasst, so hat sie sich schon verändert [...] Kraft seiner technischen Struktur hat der Film die physische Chockwirkung, welche der Dadaismus gleichsam in der moralischen noch verpackt hielt, aus dieser Emballage befreit" (Benjamin 2012, S. 243 f.).

Solche Filme antworten auf die neuen Bildungsanforderungen. Als avancierte Kunstgattung können sie dazu beitragen, einen Rückfall in den bildungsbürgerlichen Habitus der vergangenen, problematischen Epoche zu vermeiden.

Bei der filmischen Montage, einem Angelpunkt für Benjamin, handelt es sich um ein instrumentelles Verfahren. Zu den Zeiten des Zelluloid-Films bestand die Montage im Aneinanderkleben von Aufnahmen. Aus den Filmstreifen wurden geeignete Teile herausgeschnitten und dann wieder in gewünschter Abfolge aneinandergefügt. Als Resultat der Montage entsteht eine technische Verbindung von zuvor Unverbundenem. Ihre technischen Verfahrensweisen bewegen sich zwischen den beiden Polen der ‚découpage classique' und dem ‚harten Schnitt'. Das Verfahren der ‚découpage classique' dient der Tempobeschleunigung von Vorgängen, indem Teile einer Bewegung herausgelassen werden, ohne deren organischen Zusammenhang zu stören. Dagegen sprengt der ‚harte Schnitt' geläufige Wahrnehmungsmuster schockartig auf. Im frühen 20. Jahrhundert zählten avantgardistische Regisseure wie Sergei Eisenstein (*Panzerkreuzer Potemkin*, 1925) oder Walther Ruttmann (*Berlin, die Sinfonie einer Großstadt*, 1927) zu denjenigen, die den ‚harten Schnitt' als filmisches Mittel zur Erzeugung bislang ungewohnter Seh-Erfahrungen ins Kino gebracht hatten.

Benjamin sieht das Signum der neuen Epoche im grundlegenden Wandel des Wahrnehmungsapparates. Als Treibstoff der Veränderung dienen die harte filmische Montage und Schocks. Die plötzlich und unversehens aufeinandertreffenden Bilder der Montage, die „den tiefgreifenden Veränderungen des Apperzeptionsapparats" entsprechen, sieht er im Zusammenhang der Schocks, „wie sie im Maßstab der Privatexistenz jeder Passant im Großstadtverkehr" erlebt (Benjamin 2012, S. 244).

In der ersten Hälfte des 20. Jahrhunderts war der *Kinosaal* der übliche Ort der Filmvorführung. Erst in den Jahrzehnten nach dem Zweiten Weltkrieg entstanden mit der Fernsehtechnik und dem Videogerät, später mit dem Monitor des Computers und dem Smartphone neue Rezeptionsweisen. Die damit gegebenen Vergleichsmöglichkeiten können deutlicher konturieren, was in der Zeit Benjamins das Wort ‚Schock' bedeutete. Für den Medienhistoriker Werner Faulstich partizipiert „der Zuschauer" im Kino „äußerlich zwar noch in Gemeinschaft, innerlich aber als einzelner, und die Dunkelheit des Raumes ist die Voraussetzung für diese individuelle Wahrnehmung der Filmmessage, für den Film als Spielfilm" (Faulstich 2004, S. 248). Doch diese Sichtweise trifft nicht das Wesentliche. Denn tatsächlich unterscheidet sich der Kinosaal vom Zimmer mit Fernsehgerät oder vom beliebigen Ort der Smartphone-Nutzung. Im Kinosaal nämlich löst eine schockartige Montage (mit entsprechender Filmmusik-Begleitung) bei den Menschen, die im Dunkel sitzen, immer wieder *unwillkürliche* Reaktionen des Erschreckens, der Erleichterung oder der Heiterkeit aus. Solche Gefühlsäußerungen können auf andere Anwesende wirken, sie anstecken und damit die Sensibilität der Einzelnen schärfen. Eine Gemeinsamkeit der Stimmung kann entstehen, die nach Verlassen des Kinos anhält. Sieht man indes einen Film, der im Kino ein Erlebnis war, einige Zeit später als DVD auf dem Monitor in der privaten Wohnung, kann er schal wirken, weil dort die Atmosphäre anders als im Kino ist. Quentin Taratinos Filme wie *Pulp Fiction* (1994), *Death Proof* (2007) oder *Inglorious Basterds* (2009) gehören zu den vielen Beispielen, die solche Unterschiede der Rezeptionssituation deutlich machen können.

Ob ein Film nun in einem Kino oder auf dem Monitor zuhause rezipiert wird, gilt prinzipiell, dass filmische Technik (Vergrößerung, Zeitlupe, Zeitraffung, ungewöhnliche Perspektive, harter Schnitt) besondere Anforderungen an den Wahrnehmungsapparat stellt. Deshalb greift jede Beurteilung eines Films zu kurz, die sich an Maßstäben des Literaturverständnisses orientiert, also allein die Erzählung würdigt. Für Benjamin verbinden gelungene Filme eine sinnvolle Filmhandlung mit der Bewältigung der abstrakten Formprobleme, die sich aus der Technik ergeben. Vor allem die Montage eröffnet eine Sichtweise, die „jeder anderen Erschließung sich entzieht", und insofern markiert der Film eine gewaltige „Bruchstelle der künstlerischen Formationen [...] Wirklich entsteht mit ihm *eine neue Region des Bewusstseins*" (Benjamin 1980, S. 752).

Adorno und Benjamin waren durch die nationalsozialistische Diktatur ins Exil getrieben worden. Beide waren Mitarbeiter des von Max Horkheimer geleiteten Instituts für Sozialforschung. Ihr Briefwechsel in der zweiten Hälfte der 1930er Jahre gibt ein Bild ihrer Kontroversen im Zusammenhang der Publikation von Benjamins Texten in der von Horkheimer herausgegebenen *Zeitschrift für Sozialforschung*.

Der Kunsthistoriker Erwin Panofsky zählte nicht zu diesem Kreis (vgl. Hieber 2020, i. E.). Er hatte an der Universität Hamburg gelehrt, sah sich aber endgültig zur Emigration gezwungen, nachdem die von einer Mehrheit der deutschen Bevölkerung gewählte nationalsozialistische Regierung im April 1933 das „Gesetz zur Wiederherstellung des Berufsbeamtentums" auf den Weg gebracht hatte, das der Entlassung ‚nicht-arischer' und ‚politisch unzuverlässiger' Staatsbediensteter diente. Im Jahre 1935 wurde er Mitglied des neu gegründeten *Institute for Advanced Studies* der Princeton University. Obwohl sich Panofsky vorwiegend mit Bildender Kunst früherer Jahrhunderte beschäftigte, ging er an den Bildmedien des frühen 20. Jahrhunderts nicht achtlos vorüber. Seine Kino-Besuche regten ihn an, sich mit Film zu beschäftigen. Die erste Fassung seines Textes zu diesem Thema erschien 1936 unter dem Titel „On Movies" im *Bulletin of the Department of Art and Archeology of Princeton University* (Lavin 1999, S. 10). Ein Jahr später brachte die Kunst-Zeitschrift *Transition* die zweite Fassung, nun mit dem Titel „Style and Medium in the Moving Pictures" (Panofsky 1937). In dieser *Transition*-Nummer[6], deren Cover Marcel Duchamp gestaltet hatte, befindet sich Panofskys Text neben Gedichten von Hans Arp und

[6]Für den Hinweis auf dieses *Transition*-Heft danke ich Gisela Theising.

Paul Eluard, Fotografien von Man Ray und Brassaï, Abbildungen von Gemälden Josef Albers', Joan Mirós und Wassily Kandinskys, Texten von Piet Mondrian und László Moholy-Nagy, sowie Aufnahmen aus dem Film „English Zoo Architecture" des Letztgenannten, und weiteren Beiträgen zur zeitgenössischen Kunst. Zehn Jahre später brachte *Critique,* eine Zeitschrift für Gegenwartskunst, die überarbeitete und auf den neuesten Stand gebrachte Fassung des Film-Textes unter Beibehaltung des vorangegangenen Titels, diesmal – um auch dieses Periodikum zu charakterisieren – in der Nachbarschaft von Ausstellungskritiken und von Beiträgen über Skulpturen Henry Moores und Gemälde Charles Howards und Galatea Jones' (Panofsky 1947). Die deutsche Übersetzung der *Critique*-Fassung von Helmut Färber erschien zwanzig Jahre später nicht in einer Kunst-Publikation, sondern in der auf Film spezialisierten Zeitschrift *Filmkritik* (Panofsky 1967).

Der Film war als technische Innovation entstanden, an deren Anfang die schlichte Befriedigung der Schaulust eines Publikums von Rummelplätzen und Varietés stand. Im Laufe von Jahrzehnten wurde daraus eine neue Kunst. „Heute ist offensichtlich", stellt Panofsky fest, „dass Spielfilme nicht nur ‚Kunst' sind – selten große Kunst, sicherlich, aber das ist in anderen Gattungen genauso – sondern außer der Architektur, der Karikatur und der Gebrauchsgrafik auch die einzige bildende Kunst, die wirklich lebt. Der Film hat wieder eine lebendige Beziehung hergestellt zwischen Kunstschaffenden und Kunstgebrauch" (Panofsky 1967, S. 353).

Dem Kunsthistoriker, der Werke aus mehreren Jahrhunderten erforscht hatte, war bewusst, dass Gemälde und Skulpturen in den vor-bürgerlichen Jahrhunderten nur als Auftragsarbeiten entstanden, wobei Einfluss der Auftraggeber unvermeidlich war. Zu erinnern ist beispielsweise daran, dass Auftraggeber und Maler der Renaissance vor dem Beginn der Arbeit Verträge schlossen. Die wichtigen Themen solcher Vereinbarungen bestimmten erstens was der Maler zu malen hat, oft durch dessen Bindung an eine Zeichnung, zweitens die Höhe der Bezahlung und den Zeitpunkt für die Ablieferung des fertigen Werkes, und drittens die Verpflichtung zur Verwendung guter Farben (Baxandall 1977, S. 16) Die moderne Annahme, ein Künstler schaffe ein Werk, um ausschließlich seine eigenen Erfahrungen und Erkenntnisse auszudrücken, trifft entsprechend nicht nur für die Renaissance nicht zu, sondern gleichfalls nicht für den Großteil der Kunstgeschichte. Malern oder Bildhauern früherer Jahrhunderte wäre es nicht in den Sinn gekommen, nach eigenen Vorstellungen zu arbeiten, schon weil die die zu verwendenden Materialien (Holztafel als Malgrund und aus der Natur gewonnene Farbpigmente für den Maler, Marmor für den Bildhauer) sehr kostspielig waren.

Wenn man diejenigen Kunstwerke in die Kategorie des Kommerziellen einordnet, die nicht autonom geschaffen sind, die also nicht ausschließlich dem Gestaltungswillen des Künstlers entstammen, „sondern den Ansprüchen des Auftraggebers oder des Käuferpublikums entsprechen sollen", dann trifft zu, dass kunsthistorisch betrachtet, „nichtkommerzielle Kunst mehr eine Ausnahme als eine Regel ist" (Panofsky 1967, S. 353). Als Kunsthistoriker betont Panofsky, dass sich bei einem Werk beispielsweise der Renaissance der ästhetische Wert mit seiner praktisch-gesellschaftlichen Aufgabe verbindet. „Michelangelos Medici-Kapelle ist in gewissem Sinne sowohl eine Einrichtung, die der Bestattung der Toten dient, als auch ein Mittel, das eine sehr komplexe Geschichte nicht nur über die Verstorbenen sondern auch über Leben und Schicksal im Allgemeinen erzählt" (Panofsky 1951, S. 45; Übers. L. H.). Wo der Bereich der nützlichen Gegenstände endet und wo der Bereich des ästhetischen Wertes eines Werkes anfängt, ist für Panofsky prinzipiell nicht abschließend zu definieren.

Er war sich darüber klar, dass die meisten Werke der Kunstgeschichte eine Vielzahl an Aufgaben zu erfüllen hatten, und fasste auch den Film in dieser Weise auf. Da er um die Abhängigkeit der Künstler früherer Epochen von ihren Auftraggebern wusste, kümmerten ihn die ökonomischen Bedingungen der Filmproduktion wenig, und eine besondere Wertschätzung des autonom geschaffenen Kunstwerks gegenüber dem Film bestand für ihn nicht. Panofsky beschäftigte sich mit dem jungen Medium, ohne den im 19. Jahrhundert festgezimmerten Konventionen der Kunstwelt verhaftet zu bleiben.

Auftraggeber früherer Jahrhunderte gehörten den herrschenden Klassen an. Sie verfügten nicht nur über finanzielle Mittel, sondern auch über Bildung. Wenn sie von einem Maler (und dessen Werkstatt) ein gelungenes und ansprechendes Werk wünschten, suchten sie sich einen erfahrenen und gebildeten Künstler, dessen Erfindungsreichtum und malerischen Fähigkeiten ihnen Freude bereitete. Entsprechend verfahren große Filmstudios, wenn sie die ausgetretenen Pfade verlassen wollen. Das Filmpublikum ist keine einheitliche Masse. Neben sozialen Milieus mit geringen Ansprüchen gibt es solche mit höheren Ansprüchen. Wenn die Filmwirtschaft ein fachkundiges Publikum erreichen möchte, investiert sie in kreative Regisseure, Schauspieler, Drehbuchautoren, Kameraleute, Beleuchter, Komponisten, Tontechniker, Kostümbildner, Maskenbildner, Editoren und all die anderen im Team arbeitenden Spezialisten. Für die Studios ist es immer wieder wichtig, Produkte zu bekommen, die nicht Langeweile erzeugen und nicht im Rahmen des Gewohnten und Gängigen bleiben, denn das würde Filminteressierte langweilen und sich entsprechend negativ auf den finanziellen Erfolg auswirken. Wie Kassenerfolge immer wieder gezeigt haben, finden gute Filme ein

Publikum, wenn dieses sie bekommt. „Es stimmt, dass für kommerzielle Kunst immer die Gefahr besteht, sich zu prostituieren, aber ebenso wahr ist, dass für nichtkommerzielle Kunst die Gefahr besteht, in unattraktive Weltfremdheit zu münden“ (Panofsky 1947, S. 18; Übers. L. H.)[7].

Autonome Kunst hat bedeutende Werke hervorgebracht, daneben indes auch solche, deren Gehalt sich einem weniger gebildeten Publikum entzieht. Dagegen können die kommerziellen Künste sowohl die Anspruchsvollen versorgen als auch Leute, die billige Unterhaltung wollen. Die Felder der autonomen und der populären Kunst unterscheiden sich deshalb in dieser Hinsicht. „Indem sie mitteilbar sein muss, ist kommerzielle Kunst vitaler als nichtkommerzielle, und deshalb hat sie weit mehr Möglichkeiten, im Guten wie im Schlechten“ (Panofsky 1967, S. 354). Wie Panofsky legte auch der aus einer anderen Denkrichtung kommende Walter Benjamin, der sich besonders für das Potenzial des Films für progressive Weichenstellungen in gesellschaftlichen Wendezeiten interessierte, Wert auf den Aspekt der Zugänglichkeit.

> „Die technische Reproduzierbarkeit des Kunstwerks verändert das Verhältnis der Masse zur Kunst. Aus dem rückständigsten, z. B. einem Picasso gegenüber, schlägt es in das fortschrittlichste, z. B. angesichts eines Chaplin, um. Dabei ist das fortschrittliche Verhalten dadurch gekennzeichnet, dass die Lust am Schauen und am Erleben in ihm eine unmittelbare und innige Verbindung mit der Haltung des fachmännischen Beurteilers eingeht“ (Benjamin 2012, S. 236 f.).

Filme entstehen in arbeitsteiligen Produktionsprozessen. Für Panofsky liegt der Vergleich mit einem Typus der Arbeitsteilung nahe, der aus der kunstgeschichtlichen Forschungen bekannt ist: mit dem Bau einer gotischen Kathedrale. Dabei reicht die Analogie zwischen den Produktionsweisen bis in einzelne Aufgabenbereiche.

> „Man könnte sagen, dass der Film, der durch eine gemeinschaftliche Anstrengung ins Leben gerufen wird, in welcher alle Beiträge den gleichen Grad von Dauer erreichen, am ehesten das moderne Äquivalent einer mittelalterlichen Kathedrale ist. Die Rolle des Produzenten entspricht, mehr oder weniger, der des Bischofs oder Erzbischofs; die des Regisseurs jener des leitenden Baumeisters; die des Drehbuchautors jener des scholastischen Beraters, der das ikonografische Programm aufstellt; und die der Darsteller, Kameraleute, Cutter, Toningenieure, Maskenbildner und der verschiedenen Techniker der Rolle jener, deren Arbeit die äußere Realität des ganzen Werkes vorbereitet, von den Bildhauern, Glasmalern, Bronzegießern,

[7]Die etwas holprige Formulierung von Helmut Färber in *Filmkritik* 6/1967 habe ich nach dem Original in *Critique* 1947 gemäß heutigem Sprachgebrauch übersetzt.

> Zimmerleuten und erfahrenen Maurern zurück bis zu den Steinbrechern und Holzfällern. Und jeder von denen, die zum Ganzen beitragen, wird einem *bona fide* sagen, dass gerade seine Tätigkeit die wichtigste sei – was ja insofern wahr ist, als sie unentbehrlich ist" (Panofsky 1967, S. 353).

Diese Sicht, die den arbeitsteiligen Produktionsprozess des Films kunstgeschichtlich verortet, begeisterte auch Siegfried Kracauer (1947a).

4 Museen als Bildungsinstitutionen

Der Wahlsieg des Nationalsozialismus im Januar 1933 hatte nicht nur politisch, sondern auch kulturgeschichtlich schwerwiegende Folgen. Die Diktatur entfernte die Werke, die den stockkonservativen Auffassungen der nun Mächtigen nicht entsprachen, aus den Museen, belegte Maler wie Otto Dix mit Arbeitsverbot und führte 1937 die Wanderausstellung „Entartete Kunst" durch. Konservative Funktionäre der Kunstinstitutionen, die nun freie Bahn hatten, ergriffen die Gelegenheit, die progressiven ästhetischen Strömungen im Inland zu vernichten. Doch damit konnten sie deren Ideen nicht den Garaus machen. Ein Großteil der Avantgardisten emigrierte in die USA. Viele entfalteten ihre Wirkung in unterschiedlicher Weise in der US-Kunstwelt, auch indem sie an Universitäten lehrten. Man könnte sagen, die Nazi-Diktatur schüttelte den Baum und die Früchte fielen in die USA.

In eben diesen Jahren, in denen die nationalsozialistische Diktatur wütete, forderte das *Museum of Modern Art* in New York (MoMA), unter der Leitung seines Gründungsdirektors Alfred H. Barr Jr., das konventionelle Kunstmuseum heraus, indem er eine Institution gemäß den Ideen der Avantgarden schuf, also ein *avantgardisiertes Museum.* Das im November 1929 eröffnete MoMA verstand sich nicht nur als Institution des Bewahrens und Präsentierens von Kunst, sondern auch als Forschungsstätte. In Übereinstimmung mit den Ideen der international kooperierenden Avantgarden widmete sich dieses Museum – über die Beaux-Arts hinaus – dem gesamten bildnerischen Spektrum. Das Programm des Gründungsdirektors Barr sah die Aufgaben des MoMA in „Drucken, Fotografie, Künsten von Gewerbe und Industrie, Architektur, Bühnengestaltung, Möbel, dekorativen Künsten" sowie der Schaffung eines „Film-Departments" (Breidecker 1996, S. 212; Übers. L. H.). Mit großzügiger Unterstützung von Förderern gelang Barr die Bildung einer Institution, die *alle* Gattungen der bildenden Künste umfasst. Während die Konvention der europäischen Kunstwelt seit dem 19. Jahrhundert die ‚angewandten Künste‘ säuberlich von der ‚freien Kunst‘ separiert hatte, ist diese Trennung im MoMA tendenziell überwunden.

Dieses Museum gab im November 1935, also vor der Princetoner Erstveröffentlichung von Panofskys Filmessay, die Gründung einer *Film Library* bekannt. Die Verlautbarung beginnt mit dem Satz: „Es gilt als allgemein erwiesen, dass der Film nicht nur wegen seines wachsenden sozialen Einflusses von großer Bedeutung ist, sondern auch weil in ihm eines der zwei lebendigsten zeitgenössischen Künste und die einzige neue Kunstform der modernen Zeit vorliegt“ (Anonym 1935; Übers. L. H.). Da das MoMA ohne staatliche Finanzierung auskam, bildete das Mäzenatentum der Rockefellers eine wesentliche Säule. Barr gelang es, drei entscheidende Mittler für die Verwirklichung seiner Idee der Film-Abteilung zu gewinnen. Edward Warburg übernahm als Gründungsmitglied und Schatzmeister des Museums den Vorsitz eines Vorbereitungskomitees. Barr engagierte Iris Barry, Cineastin und profilierte Filmkritikerin, als Kuratorin der aus Mitteln der Rockefeller Foundation finanzierten ‚Film Library‘ als Museumsdepartment. Erwin Panofsky, „der als akademisches Sprachrohr der Projekts fungierte“, blieb „diesem ersten Forschungsinstitut der Film- und Museumsgeschichte noch in den fünfziger Jahren als Mitglied des ›Film Library Advisory Committee‹ verbunden“ (Breidecker 1996, S. 213).

Anders als in New York entwickelten sich die Verhältnisse in der *Bundesrepublik* nach dem Ende des Zweiten Weltkrieges. Hier war von einem nennenswerten Neuanfang im Kulturleben nicht zu sprechen. Die Museumslandschaft wuchs aus dem Nachlass der nationalsozialistischen Diktatur. Die kulturpolitisch Maßgeblichen der Ära Adenauer vernachlässigten jede Bemühung, die Emigranten wieder zur Rückkehr nach Deutschland einzuladen. Vielmehr bemühten sie sich nach Kräften, Energie und Geld für die Rekonstruktion der durch Bombenangriffe im Krieg zerstörten Kunstmuseen, Opern- und Schauspielhäuser aufzuwenden. Einige Beispiele für die Wiederherstellung des vor dem Krieg bestehenden konventionellen Zustandes: das wegen eines Luftangriffs bis auf die Grundmauern ausgebrannte Opernhaus Hannover war 1950 im historischen Stil wiederaufgebaut, die Wiedereröffnung des Opernhauses Düsseldorf fand 1956 statt, das in den Bombennächten 1943 zerstörte Wallraf-Richartz-Museum in Köln konnte 1957 in neuem Gebäude eröffnet werden, das zerbombte Nationaltheater Mannheim erstand 1957 als Kombination von Großem Haus (Oper) und Kleinem Haus (Schauspiel) an neuer Stelle, der Wiederaufbau der stark beschädigten Alten Pinakothek München war ebenfalls 1957 abgeschlossen. So ging das Wirtschaftswachstum in der jungen Bundesrepublik einher mit der engagierten Restauration jener hochkulturellen Institutionen, die der Avantgardismus einst vehement bekämpft hatte. Diese Art des Wiederaufbaus zementierte die Weichenstellung in Richtung der Festigung des Beaux-Arts-Paradigmas, das die Nazi-Diktatur – durch Vernichtung der Avantgarden – wieder etabliert hatte.

Die restaurativen Anstrengungen blieben nicht auf die Wiederherstellung der alten Institutionen im Vorkriegs-Zustand beschränkt. So legt die Übersetzung von Siegfried Kracauers *From Caligari to Hitler* ins Deutsche, die 1958 bei Rowohlt erschien, Zeugnis von der Tatkraft ab, alles Unliebsame nicht ans Licht kommen zu lassen (Abb. 8). Die Rowohlt-Fassung erlitt gegenüber der Originalfassung von 1947 Kürzungen um ein gutes Drittel. Die Weglassungen hatten System. Ich möchte sie an ein paar Beispielen illustrieren. Bereits das Vorwort fiel unter den Tisch, und damit die Aussage, „dass mittels einer Analyse der deutschen Filme tiefe psychologische Dispositionen freigelegt werden können, wie sie in Deutschland von 1918 bis1933 vorherrschten […] und mit denen in der

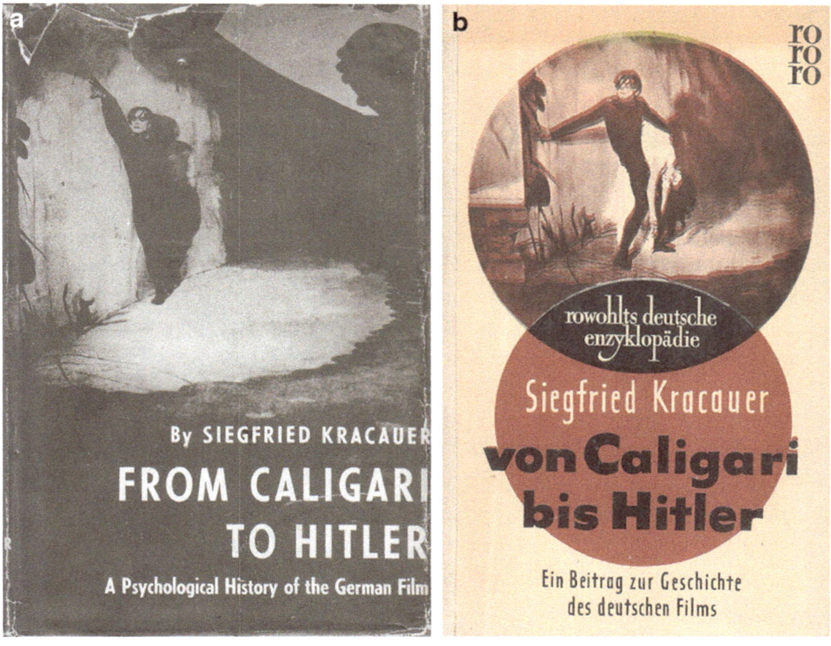

Abb. 8 Siegfried Kracauer: From Caligari to Hitler. Princeton NJ & London 1947. Siegfried Kracauer: Von Caligari bis Hitler. Hamburg 1958

Ära nach Hitler zu rechnen sein wird“ (Kracauer 2012, S. 9). Desgleichen verschwand der Abschnitt über die Folgen der Novemberereignisse 1918 und damit der Satz: „am 15. Januar 1919 ermordeten Freikorps-Offiziere Rosa Luxemburg und Karl Liebknecht – ein Verbrechen, dem bald eine Reihe berüchtigter Feme-Morde folgen sollte“ (Kracauer 2012, S. 55). Ebenso erging es dem Abschnitt zur „Angestellten-Klasse“, wo Kracauer von deren sozialen Abstieg spricht, und dass sie sich – weil „geistig obdachlos“ – abstrampelten, „ihren alten Mittelstandsstatus aufrechtzuerhalten“ (Kracauer 2012, S. 161). Außerdem fällt auf, dass diese Übersetzung noch immer einem völkischen Sprachduktus folgt: aus „the films of a nation“ (Kracauer 1947b, S. 5) des Originals wurde in der Übersetzung umstandslos „die Filme eines Volkes“ (Kracauer 1958, S. 7). Insgesamt folgte die Verstümmelung des Kracauer-Textes der in der Ära Adenauer herrschenden Tendenz jener ideologischen Verbrämung der Nazi-Epoche, die Hitler zum Verführer einer an sich harmlosen und unbelasteten Bevölkerung stilisierte. Gemäß der in der Ära Adenauer zurechtgezimmerten Ideologie sollte „die Periode der nationalsozialistischen Herrschaft“, wie Alexander und Margarete Mitscherlich kritisieren, „retrospektiv wie die Dazwischenkunft einer Infektionskrankheit in Kinderjahren“ erscheinen (Mitscherlich 1967, S. 25).

Kracauers Buch ist mittlerweile zufriedenstellend ins Deutsche übersetzt. Anders verhält es sich mit der deutschen Kunstwelt. Dort blieben die traditionellen Strukturen bestehen.

Die Unterschiede der Museen der kulturellen Zentren diesseits und jenseits des Atlantiks verweisen, das ist zu betonen, auf eine grundlegende *Auseinanderentwicklung der Kunstwelten* in der Nachkriegsepoche. Denn diese Institutionen sind relevant für Bildung. Sie sammeln und präsentieren Kunstwerke. Sie schließen Dinge aus, die nicht als kunstwürdig gelten. Und sie präsentieren Werke in einer besonderen Rahmung, um diese aus der Menge der uns umgebenden Gegenstände herauszuheben.

Menschen erwerben ästhetische Bildung durch Kunstvermittlung und unmittelbare Kunsterfahrung. Als Schule der Kunstbetrachtung bildet das Museum einen konstitutiven Faktor. Das durch diese Institution geprägte System von Denk- und Wahrnehmungskategorien bedingt den Habitus. „Der Habitus“ lässt sich „als ein System verinnerlichter Muster definieren, die es erlauben, alle typischen Gedanken, Wahrnehmungen und Handlungen einer Kultur zu erzeugen – und nur diese“ (Bourdieu 1974, S. 143). Für diejenigen, die entsprechende Bildungsgänge durchlaufen, gewinnt das Erlernte bald ein solches Maß an Selbstverständlichkeit, dass sie sich schließlich darin bewegen, als ob es ‚naturgegeben‘ sei. Es geht gewissermaßen ‚in Fleisch und Blut‘ über, wird Bestandteil ihres 'kultivierten Habitus'. Der Gebildete steht „zu seiner erworbenen wie zu seiner übernommenen Bildung in einem Verhältnis, das sich als das von ,tragen' und ,getragen werden' bezeichnen lässt, weil er sich nämlich nicht bewusst ist, dass die Bildung, die er besitzt, *ihn* besitzt" (Bourdieu 1974, S. 120; Hervorh. L. H.). Das durch Routine Verfestigte und Inkorporierte bezeichnet Bourdieu als das *kulturell Unbewusste.* Sigmund Freud hatte das psychologisch Unbewusste entdeckt. Im Unterschied zu diesem handelt es sich beim kulturell Unbewussten um ein soziales und historisches Unbewusstes.

Die Wertschätzung von ausgewählten Gegenständen als Kunst ist durch die bestehenden Kunstinstitutionen geprägt, hat also ihre Basis in sozialgeschichtlichen Prozessen. Diese verliefen in den kulturellen Zentren der USA anders als in der Bundesrepublik.

Das avantgardisierte Kunstmuseum in New York beherbergt ein breites Spektrum an Gattungen. Als jüngeres Beispiel aus der Geschichte des MoMA möchte ich die den gesamten 4. Stock des MoMA umfassende Ausstellung zu den *Sixties* mit dem Titel „From the Collection: 1960–1969", die vom März 2016 bis März 2017 lief, an exemplarischen Ausschnitten charakterisieren. Der Saal „1963" präsentiert Druckgrafik neben Gemälde und Gebrauchsgüter-Design aus diesem Jahr. Ein Satz Lithografien von Josef Albers (Abb. 9a) aus *Day and Night: Homage to the Square (Portfolio of ten litographs)* ist zu sehen, aus demselben Jahr, in dem die Yale University Press sein epochales Werk „Interaction of Color" publizierte (Albers 1963). Unweit davon an derselben Wand befinden sich eine Vitrine und darüber das Ölgemälde *Number 17* von Wojciech Fangor (Abb. 9b). Die Nahaufnahme der rechten Hälfte der Vitrine (Abb. 9c) zeigt das Radio *model TS 502* von Marco Zanuso & Richard Sapper (produziert von Brionvega, Italien), den Stereoplattenspieler *PS 2* von Dieter Rams (produziert von Braun, Deutschland) und den handlichen Wecker *Sfericlock* von Rodolfo Bonetto (produziert von Fratelli Borletti, Italien). Weitere Bildgattungen finden sich im Saal „1968": In Nachbarschaft von Fotografien, die Henri Cartier-Bresson während der Mai-Revolte in Paris machte (Abb. 10), stehen Film-Monitore.

Im Unterschied zum MoMA herrscht in der deutschen Museumslandschaft die institutionelle Trennung von ,Kunst' und ,angewandten Künsten' vor. Die saubere Trennung scheint dazu zu dienen, jede Kontamination der autonomen Kunst durch unmittelbar lebenspraktische Bezüge zu verhindern. Das Museumsufer in Frankfurt/Main ist ein Beispiel: geht man zu Fuß den Schaumainkai ausgehend vom Städel Museum, dem Kunstmuseum, entlang, kommt zuerst das Museum für Kommunikation, danach das Architekturmuseum, das Filmmuseum, das Weltkulturen-Museum, und schließlich erreicht man nach etwa acht Minuten

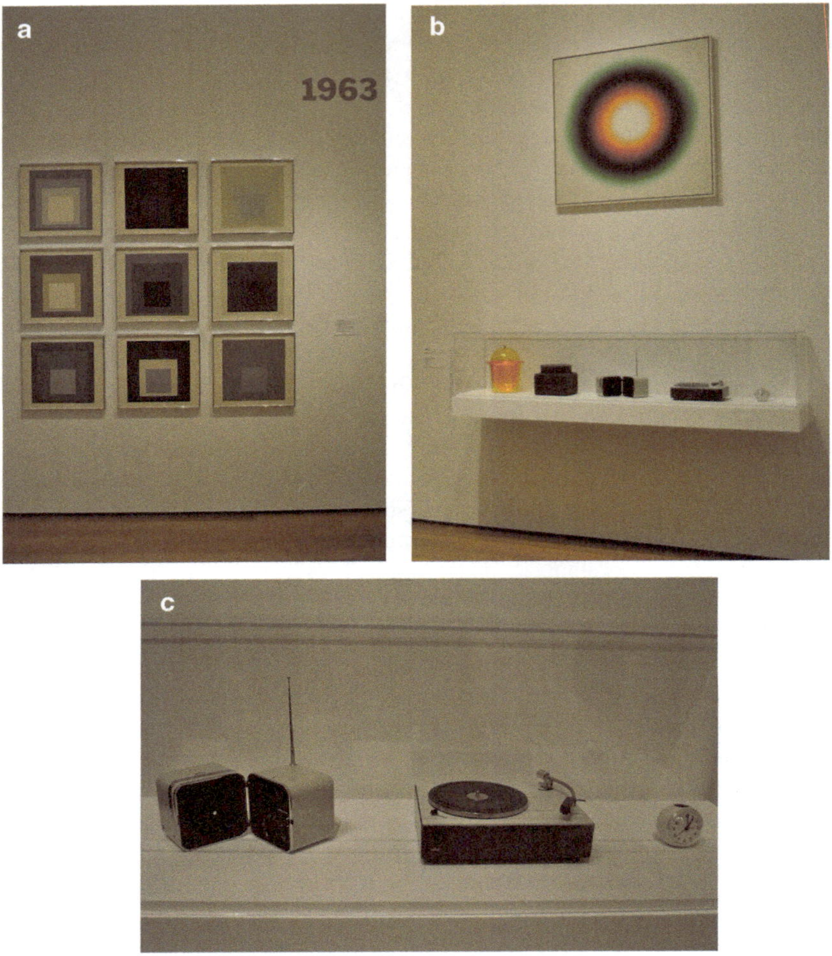

Abb. 9a–c Museum of Modern Art, New York: Exhibition „1960–1969“ (March 26, 2016–March 12, 2017), Details „1963“. (Foto L. H.)

das Museum für Angewandte Kunst. Diese Museumskultur ist der ummauerte Geltungsraum des noch dem 19. Jahrhundert verpflichteten Kunstbegriffs. Die unterschiedlichen Gattungen sind sauber getrennt. Ein anderes Beispiel bietet die Pinakothek der Moderne in München. Mit den „vier Museen zu Kunst,

Abb. 10 Museum of Modern Art, New York: Exhibition „1960–1969" (March 26, 2016–March 12, 2017), Detail „1968". (Foto L. H.)

Graphik, Architektur sowie Design unter einem Dach gehört die Pinakothek der Moderne zu den größten Sammlungshäusern Europas", ihre Website behauptet eine „transdisziplinäre Programmatik"[8]. Tatsächlich jedoch befinden sich die vier Museen zwar im gleichen Gebäude, haben aber, als jeweils autonome staatliche Institutionen, vier eigenständige Direktoren. Sie teilen sich auf unterschiedliche Gebäudebereiche auf, wobei Berührungen oder gar Verbindungen strikt vermieden werden. Eine transdisziplinäre Ausstellungspraxis wäre in der Pinakothek der Moderne zwar möglich, doch Kooperationen der vorhandenen Abteilungen bleiben aus. Ein Fall kann die Folgen dieser Trennungen beleuchten: Die stellvertretende Direktorin des Design Museums, Dr. Corinna Rösner, die um Überwindung der unsichtbaren Mauern kämpfte, doch erfolglos blieb, warf im Jahre

[8]https://www.pinakothek-der-moderne.de/ (08.02.2019).

2018 das Handtuch und begab sich in vorzeitigen Ruhestand[9]. Das Filmmuseum, das sich als Abteilung des Münchner Stadtmuseums dieser Kunstgattung widmet, liegt zwei Kilometer entfernt von der Pinakothek der Moderne. Zum Handschlag der beiden Häuser kam es bisher nicht.

Die Auseinanderentwicklung der Kunstwelten seit Ende des Zweiten Weltkrieges schlägt sich in unterschiedlichen Kunst-Begriffen nieder. Das MoMA repräsentiert einen offenen Kunst-Begriff, das Museumsufer in Frankfurt/M und die Pinakothek der Moderne in München stehen exemplarisch für einen engen, der auf Abgrenzung der Gattungen achtet und diese in ihren Schranken hält. Der offenere Kunst-Begriff hat die Errungenschaften der historischen Avantgarde nachvollzogen, der engere tat das nicht und blieb den alten Konventionen verhaftet.

Die Persistenz konservativer Strukturen kann man verstehen, wenn man die ästhetische Bildung genauer ins Auge fasst. Sofern nämlich Bildung das kulturell Unbewusste in sich trägt, ist ihr Kern der kritischen Reflexion entzogen. Deshalb konstatiert Pierre Bourdieu, „dass die Kunst heute der Ort eines Obskurantismus ist“, und er folgert: „Wenn Durkheim oder Weber wiederkommen würden, würden sie nicht weiter Religionssoziologie, sie würden Kunstsoziologie betreiben, weil viele der im Prophetentum, im Glauben usw. nachgewiesenen Logiken, die im religiösen Feld zu beobachten sind, heute im künstlerischen Feld herrschen“ (Bourdieu 2015, S. 183). Freud spricht von individuellen Abwehrmechanismen. Bourdieu geht davon aus, dass „kollektive Abwehrsysteme“ bestehen, „denen die Individuen durch individuelle ›Unaufrichtigkeit‹ verhaftet sind, und dieses Aggregat individueller Unaufrichtigkeit dient, wenn es institutionell gestützt wird, als Grundlage einer kollektiven Glaubenswelt“ (Bourdieu 2015, S. 184).

Damit komme ich zu den unterschiedlichen Kunstbegriffen von Adorno, Benjamin und Panofsky zurück. In den Jahren, in denen Benjamin im Pariser Exil seine Theorie zum Kunstwerk im Zeitalter seiner technischen Reproduzierbarkeit erarbeitete, setzte in New York die Avantgardisierung des *Museums of Modern Art* ein. Panofsky wirkte daran mit. In der Bundesrepublik dagegen festigte die Kulturpolitik den konventionellen Kunstbegriff. Jenseits des Atlantiks betonte Leslie Fiedler Ende der 1960er Jahre in einem epochalen Text, die Moderne sei tot, d. h. sie gehöre zur Geschichte und nicht zur Gegen-

[9]Mündliche Mitteilung von Corinna Rösner am 28.12.2018.

wart. Als Theoretiker der Postmoderne, also dem, was auf den Modernismus folgt, begrüßt er „die erfrischende neue Möglichkeit, Kunst als gut oder schlecht zu beurteilen, unabhängig von der Unterscheidung von *high* oder *low* mit der ihr immanenten Tendenz der Klassenscheidung" (Fiedler 1969, S. 256; Übers. L. H.). Dagegen steht für die hegemoniale Kultur der Bundesrepublik nach wie vor das modernistische Denken, also die Unterscheidung von ‚reiner Kunst' und ‚angewandter Kunst', im Zentrum.

Ein New Yorker kann, wenn er von klassischer Musik spricht, Jimi Hendrix oder Ludwig van Beethoven meinen. In Deutschland dagegen meint Klassik stets alte Hochkultur. Entsprechend hat ästhetische Theorie bei Douglas Crimp, Andreas Huyssen und anderen New Yorkern oft ihr Fundament in Benjamin, in der Bundesrepublik scheint immer wieder Adorno durch.

5 Kreativität

Kunst ist stets in unterschiedliche Formen des sozialen Gebrauchs eingebunden. Mit der Herausbildung des Kunstmuseums, das sich den Beaux-Arts widmet und alles andere ausschließt, entstand die modernistische Idee, allein das autonome Werk könne als Kunst gelten. Bald erwies sich indes, dass die Kunstwelt nur teilweise das tat, was sie vorgab zu tun, nämlich allein der Bildung des Publikums zu dienen. Da das Museum ebenso wie die großen Ausstellungen willkommenen Anlass boten, in die Mechanismen der sozialen Distinktion eingefädelt zu werden, regte sich Widerstand. Er artikulierte sich am frühesten – wie sollte es anders sein – in Paris, dem kulturellen Zentrum des 19. Jahrhunderts. Die *Arts incohérents* bemühten sich, die Gepflogenheiten des bildungsbürgerlichen Kunstbetriebes der Ironie preiszugeben. Nach der Katastrophe des Ersten Weltkrieges war Ernsthaftigkeit angesagt. Die internationalen Avantgardebewegungen arbeiteten daran, Schlussfolgerungen aus dem Bankrott des alten Wertesystems zu ziehen und neue Orientierungen zu entwerfen. Die daraus resultierende Abkehr von der ausschließlichen Wertschätzung der autonomen Kunst führte in Richtung der Erweiterung des Kunstbegriffes und der Kulturindustrie.

Die Avantgardisten der Zwischenkriegszeit waren jedoch, trotz aller Kritik an der traditionellen Kunstwelt, keineswegs intransigente Gegner der autonomen Kunst. Die Lehrenden des Bauhauses schufen ebenso wie Dadaisten, neben den neu erschlossenen Arbeitsfeldern, weiterhin autonome Werke. Denn in diesen konnten sie ihre individuellen Intentionen ausdrücken, unabhängig von Ansprüchen eines Auftraggebers oder eines Käuferpublikums. Entsprechend umfasste das MoMA in New York, als avantgardisiertes Museum, sowohl autonome Kunst als auch Gebrauchsgüterdesign und kulturindustrielle Produkte. Insofern bewahren die aus den Avantgarden entstandenen Ideen und Institutionen eine Verbindung zwischen den verschiedenen künstlerischen Tätigkeitsbereichen.

Dagegen erschweren klare Grenzziehungen zwischen den unterschiedlichen Kunstgattungen, und vor allem die ausschließliche Wertschätzung autonomer Werke als Kunst, jeden transdisziplinären Austausch. Solche Einhegungen der einzelnen Disziplinen behindern Kreativität.

Epochen, die strikte Trennungen aufrechterhalten, können vorhandene Potenziale nur unzureichend nutzen. Sie bewegen sich auf eher eingeschränktem Niveau. Werden dagegen Trennungen überwunden, können sich alle Bereiche gegenseitig befruchten und blühen auf. Möglicherweise liegt darin der Schlüssel zum Verständnis der Tatsache, dass wenn man heute von innovativen Ideen im Film spricht, vorwiegend solche aus den USA gemeint sind.

Literatur

Abélès, Luce. 1992. Naissance des Arts incohérents: une conjonture favorable. Im *Katalog zur Ausstellung „Arts incohérents, académie du dérisoire" im Musée d'Orsay*, Paris, 25.02.–31.05, p. 14–35. 1992.

Adorno, Theodor W. 1970. *Ästhetische Theorie*. Gesammelte Schriften Bd. 7, Frankfurt/M.: Suhrkamp.

Adorno, Theodor W. 1977a. *Valéry Proust Museum* [1953]. Gesammelte Schriften Bd. 10.1, 181–194. Frankfurt/M: Suhrkamp.

Adorno, Theodor W. 1977b: *Filmtransparente* [1966]. Gesammelte Schriften Bd. 10.1, 352–361. Frankfurt/M: Suhrkamp.

Albers, Josef.1963. *Interaction of Color*. New Haven and London: Yale University Press.

Alpers, Svetlana u. Michael Baxandall. 1996. *Tiepolo und die Inteligenz der Malerei*. Aus dem Englischen von Ulrik Bischoff. Berlin: Dietrich Reimer.

Anonym. 1935. The Founding of the Film Library. *The Bulletin of The Museum of Modern Art 2.3*, November 1935.

Baxandall, Michael. 1977. *Die Wirklichkeit der Bilder: Malerei und Erfahrung im Italien des 15. Jahrhunderts*. Aus dem Englischen von Hans-Günter Holl. Frankfurt/M: Syndikat.

Becker, Howard S. 2017. *Kunstwelten*. Aus dem Amerikanischen von Thomas Klein und Daniel Kulle. Hamburg: Avinus.

Benjamin, Walter. 1980. Erwiderung an Oscar A. H. Schmitz. *Gesammelte Schriften* Bd. II, 751–755. Frankfurt/M: Suhrkamp.

Benjamin, Walter. 1991. *Das Passagen-Werk*. Frankfurt/M: Suhrkamp.

Benjamin, Walter. 2012. Das Kunstwerk im Zeitalter seiner technischen Reproduzierbarkeit. *Werke und Nachlass* Bd. 16. Berlin: Suhrkamp.

Bourdieu, Pierre. 1974. *Zur Soziologie der symbolischen Formen*. Aus dem Französischen von Wolfgang Fietkau. Frankfurt/M: Suhrkamp.

Bourdieu, Pierre. 2015. *Manet. Eine symbolische Revolution*. Aus dem Französischen von Achim Russer und Bernhard Schwibs. Berlin: Suhrkamp.

Breidecker, Volker. 1996: „Ferne Nähe". Kracauer, Panofsky und „the Warburg tradition". In *Siegfried Kracauer – Erwin Panofsky, Briefwechsel*, hrsg. V. Breidecker, 129–226. Berlin: Akademie.

Bürger, Peter. 1974. *Theorie der Avantgarde*. Frankfurt/M.: Suhrkamp.

Bürger, Peter. 2002. Wider die Meisterwerke. *Frankfurter Allgemeine Zeitung* vom 12.10.2002.

Crimp, Douglas. 1996. *Über die Ruinen des Museums*. Aus dem Amerikanischen von Rolf Braumeis. Dresden–Basel: Verl. der Kunst.

Drechsler, Maximiliane. 1996. *Zwischen Kunst und Kommerz: Zur Geschichte des Ausstellungswesens zwischen 1775 und 1905*. München–Berlin: Deutscher Kunstverlag.

Faulstich, Werner. 2004. *Medienwandel im Industrie- und Massenzeitalter (1830–1900)*. Göttingen: Vandenhoeck & Ruprecht.

Fiedler, Leslie. 1969. cross the border, close the gap. *Playboy*, December 1969, p. 151 ff.

Goergen, Annabelle. 2003. „Der Kunst eine Nase zeigen" Die Arts incohérents (1882–1893): eine vergessene ‚inkohärente' Kunst mit Zukunft. *kritische berichte* 3/2003. S. 24–41.

Grosz, George u. Wieland Herzfelde. 1925. *Die Kunst ist in Gefahr*. Berlin: Malik.

Hieber, Lutz. 2016. Walter Benjamin (1892–1940). In *Klassiker der Soziologie der Künste*, hrsg. Christian Steuerwald, 253–280. Wiesbaden: Springer VS.

Hieber, Lutz. 2018a. Holländische Landschaftsmalerei des 17. Jahrhunderts. In *Gesellschaftsepochen und ihre Kunstwelten*, hrsg. Lutz Hieber, 45–76. Wiesbaden: Springer VS.

Hieber, Lutz. 2018b. Albrecht Dürer und die Ursprünge der Kulturindustrie. In *Ästhetischer Widerstand gegen Zerstörung und Selbstzerstörung*, hrsg. Aida Bosch u. Hermann Pfütze, 413–440, Wiesbaden: Springer VS.

Hieber, Lutz. 2020 (i. E.). Erwin Panofsky. In *Handbuch Filmsoziologie*, hrsg. Alexander Geimer et al. Wiesbaden: Springer VS.

Horkheimer, Max u. Theodor W. Adorno. 1947. *Dialektik der Aufklärung*. Amsterdam: Querido.

Huelsenbeck, Richard (Hg.). 1920. *Dada Almanach*. Berlin: Erich Reiss.

Huyssen, Andreas. 1993. Postmoderne – eine amerikanische Internationale? In *Postmoderne*, hrsg. Andreas Huyssen u. Klaus R. Scherpe (Hg.), 13–44. Reinbek: Rowohlt. S.

König, Eberhard. 1985. Stilgeschichtliche Überlegungen zum Englischen Gruß. In *Veit Stoß. Die Vorträge des Nürnberger Symposions*, hrsg. Rainer Kahsnitz, 193–206. München: Deutscher Kunstverlag.

Kracauer, Siegfried. 1947a. Brief an Erwin Panofsky vom 4. Februar 1947. In *Siegfried Kracauer – Erwin Panofsky, Briefwechsel,* hrsg. Volker Breidecker, 44 f. Berlin: Akademie.

Kracauer, Siegfried. 1947b. *From Caligari to Hitler: A Psychological History of the German Film*. Princeton NJ: Princeton University Press & London: Dennis Dobson.

Kracauer, Siegfried. 1958. *Von Caligari bis Hitler: Ein Beitrag zur Geschichte des deutschen Films*. Aus dem Amerikanischen von Friedrich Walter. Hamburg: Rowohlt.

Kracauer, Siegfried. 2012. *Von Caligari zu Hitler: Eine psychologische Geschichte des deutschen Films*. Aus dem Amerikanischen von Ruth Baumgarten, Karsten Witte und Sabine Biebl. *Kracauer Werke* Bd. 2.1. Berlin: Suhrkamp.

Krischel, Roland 2001. Triptychon. In *Genie ohne Namen: Der Meister des Bartholomäus-Altars*, hrsg. Rainer Budde, u. Roland Krischel, 498 f. Köln: DuMont.

Kuhn, Thomas S. 1967. *Die Struktur wissenschaftlicher Revolutionen*. Aus dem Amerikanischen von Kurt Simon. Frankfurt/M: Suhrkamp.

Lavin, Irving. 1999. Panofskys Humor. In *Erwin Panofsky: Stil und Medium im Film & Die ideologischen Vorläufer des Rolls-Royce-Kühlers,* 7–18. Frankfurt/M: Fischer.

Mitscherlich, Alexander und Margarete. 1967. Die Unfähigkeit zu trauern. München: Piper.

Moebius, Stephan. 2006. *Die Zauberlehrlinge: Soziologiegeschichte des Collège de Sociologie (1937–1939)*. Konstanz: UVK.

Moholy-Nagy, Laszlo. 1927. *Malerei Fotografie Film,* zweite veränderte Auflage. München: Albert Langen.

Panofsky, Erwin. 1937. Style and Medium in the Motion Pictures. *Transiton* No. 26, 121–133.

Panofsky, Erwin. 1947. Style and Medium in the Motion Pictures. *Critique: A Review of Contemporary Art*, Vol 1, No. 3, 5–28.

Panofsky, Erwin. 1951. Meaning in the Visual Arts. *Magazine of Art*, Vol. 44, 45–50.

Panofsky, Erwin. 1967. Stil und Stoff im Film. Aus dem Amerikanischen von Helmut Färber. *Filmkritik* 6/67, 343–355.

Rewald, John. 1979. *Die Geschichte des Impressionismus*. Köln: DuMont.

Sheehan, James J. 2002. *Geschichte der deutschen Kunstmuseen*. München: C.H. Beck.

Steinert, Heinz. 1998. *Kulturindustrie*. Münster: Westfälisches Dampfboot.

Thomes, Paul u. Tobias Dewes. 2018. „Unternehmen Wissenschaft" – Hugo Junkers als Wissenschaftsunternehmer zwischen Freiheit und Verantwortung. In *Forschung zwischen Freiheit und Verantwortung,* hrsg. Dominik Groß u. Julia Nebe, 167–186. Kassel: kassel university press.

Thon, Christina. 1977: Zur Geschichte des französischen und belgischen Plakats. In *Das frühe Plakat in Europa und den USA, Band 2,* hrsg. Klaus Popitz et al., XI–L. Berlin: Gebr. Mann.

Wingler, Hans M. 1975. *Das Bauhaus*. Bramsche–Köln: Gebr. Rasch–DuMont Schauberg.

Zehnder, Frank Günter. 1993. Weltgericht. In *Stefan Lochner – Meister zu Köln*, hrsg. Frank Günter Zehnder, 318 f. Köln: Locher.

Zglinicki, Friedrich v. 1956. *Der Weg des Films: Die Geschichte der Kinematographie und ihrer Vorläufer*. Berlin: Rembrandt.

Zola, Emile. 1886. *L'Œuvre. Les Rougon-Macquart*. Paris: G. Charpentier.

Siegfried Kracauers Filmtheorie in der zeitgenössischen Rezeption

Irmbert Schenk

Zusammenfassung

Der Beitrag befasst sich mit den unterschiedlichen Etappen von Kracauers Beschäftigung mit dem Film, von der Film- und Kulturkritik der Weimarer Republik zur Filmgeschichtsschreibung in Von Caligari zu Hitler 1947 bis zur Filmtheorie 1960. Dabei werden auch deren Widersprüche aufgedeckt. Die Filmtheorie wird sowohl im Hinblick auf ihre zeitgenössische Rezeption wie auf ihre Bedeutung heute untersucht.

Schlüsselwörter

Entwicklung von Kracauers Beziehung zum Film · Film- und Kulturkritik · Filmgeschichtsschreibung · Filmtheorie · Zeitgenössische Rezeption und Bedeutung heute

Man kann heuristisch (Schenk 2017, S. 470–486) Siegfried Kracauers Werk in mehrere Etappen einteilen.

In der ersten finden wir dann neben frühen Aufsätzen mehrere längere Schriften bis hin zu *Soziologie als Wissenschaft* (Untertitel *Eine erkenntnistheoretische Untersuchung*) 1922. Diese Schriften sind geschichtsphilosophisch

I. Schenk (✉)
Bremen, Deutschland
E-Mail: irmbert@uni-bremen.de

L. Hieber und R. Winter (Hrsg.), *Film als Kunst der Gesellschaft,* Film und Bewegtbild in Kultur und Gesellschaft,
https://doi.org/10.1007/978-3-658-30461-4_3

angelegt und kulturkonservativ und religiös fundiert.[1] Beklagt wird darin eine fundamentale Zivilisationskrise, die der Säkularisierung der Neuzeit und der Aufklärung geschuldet sei, erstrebt wird ein höherer Sinn jenseits von Vernunft und Rationalität. In seinen davorliegenden Schriften ist die Suche nach einer „religiösen Idee" resp. Erneuerung noch ausgeprägter, entsprechend auch die konservative Moderne- und Kapitalismuskritik (oder die Kriegsbegeisterung). Die Klage über die innere Leere des Menschen (Lukács' „transzendentale Obdachlosigkeit") und die ebenso leidende wie skeptische Gottsuche wird nicht zuletzt durch eigene Existenzangst und Identitätsprobleme Kracauers gespeist (nicht nur anekdotisch: er empfindet sich auch selbst als hässlich und vereinsamt und leidet unter extremem Stottern).

Dann folgt Kracauers realistisch-antimetaphysische Öffnung – als Feuilleton-Redakteur der Frankfurter Zeitung bis zur Emigration unmittelbar nach dem Reichstagsbrand 1933 – zu einer neuen Phänomenologie durch eine politischer werdende Ideologiekritik und eine vorsichtige Marx-Rezeption (über Lukács). *Der Detektiv-Roman – Ein philosophischer Traktat* 1925 lässt sich als Zwischenschritt begreifen: die weiterhin metaphysisch denkende Sinnsuche wird jetzt mit einem profanen Objekt der Alltagskultur verbunden als Zuwendung zur diesseitigen Lebenswelt, das Denken also protosoziologisch auf eine „Wirklichkeitswissenschaft" (Max Weber) hin konkretisiert. Sein ‚soziologischster' Text, *Die Angestellten. Aus dem neuesten Deutschland* von 1929/30, beschreibt die Funktions- und Identitätsverschiebungen der im Zuge der 1920er Jahren entstandenen neuen (und der depravierten alten) Mittelschichten. Sein feuilletonistischer und erzählerischer Duktus (er erscheint vor der Druckausgabe in Fortsetzungen im FZ-Feuilleton) täuscht leicht über die Genauigkeit der Beobachtung der dargestellten Erscheinungen hinweg. In diesen an die 2000 Texten finden wir – positiv gesprochen – eine außerordentliche Vielfalt und Entgrenztheit disziplinärer und methodischer Ansätze und Einflüsse und – negativ gesprochen – die Nicht-Zuordenbarkeit zu einer etablierten Schule und Denkrichtung: Deutscher Idealismus, Phänomenologie, Lebensphilosophie, Psychoanalyse, Marxismus – um in etwa in der lebensgeschichtlichen Reihenfolge zu bleiben. Architektur, Philosophie, Wissenschaftspublizistik, Journalismus, Filmkritik, Filmtheorie, Kulturgeschichte, Belletristik, Soziologie sind oft ineinander verwoben, was eine merkwürdige Mischung präziser analytischer Befunde und synthetischer Anmutungen zur Folge hat. Das hängt auch mit seiner an Simmel

[1]Zur religiösen Fundierung von Kracauers Denken vgl. Ausführlich Craver (2017).

anknüpfenden Beobachtung nebensächlicher Phänomene zusammen, aus denen Bedeutung für das Ganze hergestellt wird. Aus einem breiten Beziehungsgeflecht unterschiedlichster Oberflächenerscheinungen entsteht ein erklärungsoffenes Panorama der Gegenwart. Gekennzeichnet ist damit für die 1920er Jahre zunehmend ein Erkenntnisverfahren, das die horizontal gegliederte Vielfalt des Beobachteten mit der gleichberechtigten Vieldimensionalität und Multiperspektivität des Beobachtens verbindet. Es geht um eine komplexe Phänomenologie der Moderne, moderner Lebenswelt und ihren Erfahrungen.

Basis von Kracauers Phänomenologie der modernen Kultur ist ein Geschichtsverständnis, das der Mikrogeschichte einen zentralen Platz einräumt. In *Die Angestellten* heißt es: „Man entledige sich doch des Wahns, daß es auch nur in der Hauptsache die großen Geschehnisse seien, die den Menschen bestimmen. Tiefer und dauernder beeinflussen ihn die winzigen Katastrophen, aus denen der Alltag besteht, und gewiß ist sein Schicksal vorwiegend an die Folge dieser Miniaturereignisse geknüpft." (Kracauer 1930, S. 74, bzw. Kracauer 2006, S. 258) Und unter Kultur begreift er alle kulturellen Erscheinungen unter Einschluss der neuen Formen der Massenkultur, womit der bürgerliche Kunst- und Kulturbegriff des 19. Jahrhunderts obsolet wird.

Das unterscheidet ihn übrigens fundamental von den sonst mit Film befassten Autoren der Zeit wie Arnheim oder Balázs, die um den Film als Kunst kämpfen. Von Benjamin wiederum unterscheidet ihn, dass er bereits in dieser Phase dessen „medienutopischen" Optimismus nicht teilt und recht präzise die widersprüchliche Verankerung der Medien im ökonomischen wie im ideologischen Formationsprozess der Gesellschaft wahrnimmt.

Der historisch-erkenntnistheoretisch ausgerichtete Aufsatz *Das Ornament der Masse* von 1927 beginnt mit:

> „Der Ort, den eine Epoche im Geschichtsprozeß einnimmt, ist aus der Analyse ihrer unscheinbaren Oberflächenäußerungen schlagender zu bestimmen als aus den Urteilen der Epoche über sich selbst. Diese sind als der Ausdruck von Zeittendenzen kein bündiges Zeugnis für die Gesamtverfassung der Zeit. Jene gewähren ihrer Unbewusstheit wegen einen unmittelbaren Zugang zu dem Grundgehalt des Bestehenden. An seine Erkenntnis ist umgekehrt ihre Deutung geknüpft. Der Grundgehalt einer Epoche und ihre unbeachteten Regungen erhellen sich wechselseitig." (Kracauer 1990, S. 57)

Die nächste und letzte Etappe des Werks bilden die drei großen Bücher, wobei die ersten beiden zum Film schon während der Emigration (nach Frankreich und – im letzten Moment 1941 über Marseille – in die USA) trotz schwierigster Überlebensumstände begonnen wurden.

1 Filmgeschichtsschreibung: Von Caligari zu Hitler

Von Caligari zu Hitler erscheint 1947 und lässt sich als mentalitätshistorische Filmgeschichtsschreibung der Weimarer Republik charakterisieren, deren methodischer Einfluss auf Filmgeschichtsschreibung kaum überschätzt werden kann. Kracauer selbst beschreibt im Vorwort seinen Ansatz: „Ich behaupte, dass mittels einer Analyse der deutschen Filme tiefenpsychologische Dispositionen, wie sie in Deutschland von 1918 bis 1933 herrschten, aufzudecken sind [...].“ (Kracauer 2012a, S. 9, Vorwort) „Zweitens richten sich Filme an die anonyme Menge und sprechen sie an. Von populären Filmen – oder genauer gesagt, von populären Motiven der Leinwand – ist daher anzunehmen, dass sie herrschende Massenbedürfnisse befriedigen.“ (S. 14, Einleitung) „Was die Filme reflektieren, sind weniger explizite Überzeugungen als psychologische Dispositionen – jene Tiefenschichten der Kollektivmentalität, die sich mehr oder weniger unterhalb der Bewusstseinsdimension erstrecken.“ (S. 15)

Problematisch an dieser Geschichtsschreibung ist die teleologische Konstruktion des Geschichtsverlaufs vor 1933 aus dem Rückblick auf die NS-Geschichte 1933–1945 mit den 1947 daraus bezogenen Werturteilen. Das Buch endet folgendermaßen: „Rettungslos der Regression verfallen konnte der Großteil des deutschen Volkes nicht anders, als sich Hitler zu unterwerfen. Da Deutschland so verwirklichte, was in seinem Film von Anfang an bereits angelegt war, wurden auffällige Leinwandgestalten im Leben selbst wahr. Als personifizierte Tagträume, die Köpfen entsprangen, denen Freiheit ein tödlicher Schock und Jungsein ständige Versuchung bedeutete, füllten diese Figuren die Arena Nazideutschlands. Der leibhaftige Homunculus ging um. Selbsternannte Caligaris hypnotisierten zahllose Cesares zum Mord. Rasende Mabuses begingen fantastische Verbrechen und gingen straffrei aus, und irre Iwans erdachten beispiellose Folterungen. Mit dieser unheiligen Prozession wurden viele von der Leinwand bekannte Motive wirkliche Ereignisse. In Nürnberg erschien das ornamentale Muster der „Nibelungen“ in gigantischen Ausmaßen: ein Meer von Flaggen und Menschen, die kunstvoll arrangiert waren. Seelen wurden durch und durch manipuliert, wie um den Eindruck zu schaffen, das Herz vermittle zwischen Hirn und Hand. Tag und Nacht zogen Millionen über die Straßen der Städte und entlang den Landstraßen. Unaufhörlich erklang das Schmettern der Garnisonshörner, und den Spießern aus den Plüschwohnzimmern schwoll die Brust. Schlachten dröhnten, und Sieg folgte auf Sieg. Es war alles, wie es im Film gewesen war. Auch die dunklen Vorahnungen von einem endgültigen Untergang wurden erfüllt.“ (a. a. O., S. 326 f.) Die oben beschriebene neu errungene Erkenntnisrelativierung des Weimarer Kritikers durfte nach den persönlichen

Erfahrungen und der Kenntnis der historischen Ereignisse des deutschen Faschismus nicht mehr statthaben. Wahrnehmung und Interpretation werden nun – nach dem Holocaust – an einen teleologischen Blick gebunden, der eindeutige Kausalität und Finalität der Erklärung abfordert. Dabei gilt aber nach wie vor, dass die gegenständlichen und methodischen Fundamente von vor 1933 immer noch in Funktion bleiben, nur wird jetzt ihre Ausarbeitung einem finalen Erklärungsziel unterworfen. Was – im psychoanalytischen Duktus – einst manifester Inhalt und Wirklichkeitspartikel z. B. für Modernisierung oder soziale Veränderungsprozesse sein konnte, wird jetzt zum latenten Inhalt und verdächtig. Verdächtig sind damit alle vor 1933 in Deutschland gedrehten Filme. Unabhängig vom erkenntnistheoretischen Problem der Teleologie und dem damit verbundenen historischen Determinismus handelt es sich bei Von Caligari zu Hitler um die umfassendste mentalitätsgeschichtliche Filmgeschichtsschreibung, die wir kennen. In ihrer sozialpsychologischen Perspektive ist eo ipso eine soziologisch orientierte Filmhistoriografie impliziert.

Die beiden nächsten und letzten großen Schriften Kracauers, die Theorie des Films und die posthum erschienene History – the last things before the last (Geschichte – vor den letzten Dingen) würde ich vom Caligari-Buch abtrennen und als Alterswerk klassifizieren. Mit ihnen wollte sich Kracauer endlich in den Olymp der Intelligenz einschreiben, zumal ihm eine akademisch-universitäre Laufbahn, wie sie seine alten Freunde und Bekannten aus der Frankfurter Zeit schafften, schon wegen seines extremen Stotterns verwehrt war.

1.1 Theorie des Films. Die Errettung der äußeren Wirklichkeit

Theory of Film erscheint mit dem Untertitel *The Redemption of Physical Reality* 1960 im englischen Original und 1964 deutsch als *Theorie des Films* mit dem Untertitel *Die Errettung der äußeren Wirklichkeit.* Es ist eben diese vermeintlich unbedingte Anbindung des Films an die physische Realität, die dem Werk viel Kritik einbringt.

Kurzcharakterisierung: Kracauer bezeichnet das Buch explizit als „materiale", nicht „formale Ästhetik". Er entwickelt seine (inhaltsorientierte Realismus-) Theorie aus der Geschichte der Fotografie. Film ist für ihn deren Erweiterung mit einer besonderen „Affinität zur sichtbaren Welt" (Kracauer 2005, S. 17, Vorwort), die sich dann aufgespalten habe in eine realistische und eine formgebende Tendenz (Lumière und Méliès). Er schreibt ihm die Fähigkeit zu, den Menschen den Blick auf die Wirklichkeit der modernen Welt jenseits von Stereotypen und

Ideologien zu öffnen, Film fungiert also als adäquatestes Medium der Wirklichkeitsaneignung – durchaus an seine alte Phänomenologie und Geschichtstheorie der 1920er Jahre erinnernd.

Langcharakterisierung: Das Buch, dessen erster Verlagsvertrag aus dem Jahr 1950 stammt und dessen früheste Manuskripte im Marseiller Exil 1940 entstanden, hat 500 Seiten mit einer sehr systematisch-grundsätzlichen Argumentation und vielen Filmbeispielen. Das führt nicht nur dazu, dass der Lektüreaufwand groß ist, sondern auch dazu, dass sich viele Kritiker vorrangig mit der Lektüre des Vorworts und des Epilogs begnügen. Bevor wir uns ebenfalls deren Ausführungen zuwenden, soll hier die Beschreibung der dazwischen liegenden Argumentation stehen. Zunächst wird als lange Einführung die Geschichte der Fotografie abgehandelt, wie sie sich in theoretischen Äußerungen widerspiegelt. Dabei trennt Kracauer die Realisten unter den Fotografen von den Kunstfotografen. Am Schluss des Kapitels steht die „vielumstrittene Frage, ob Fotografie eine Kunst sei oder nicht“ (a. a. O., S. 58). Kracauer plädiert für Nein bzw. schlägt allenfalls vor, den „Begriff ‚Kunst‘ so lose anzuwenden, daßss er – wenn auch unzulänglich – die aus wahrhaft fotografischem Geiste entstandenen Leistungen umfaßt […]“. Das erste Kapitel über Film bestimmt die „Grundbegriffe“ des aus der Fotografie entstandenen Mediums. „Die Eigenschaften des Films lassen sich in Grundeigenschaften und technische Eigenschaften einteilen. Seine Grundeigenschaften sind mit denen der Fotografie identisch. Filme sind, anders gesagt, in einzigartiger Weise dazu geeignet, physische Realität wiederzugeben und zu enthüllen, und streben ihr deshalb auch unabänderlich zu.“ (a. a. O., S. 65) Mit „filmischen Techniken“ befaßsst sich das Vorliegende Buch nur dann“,

> „wenn sie wirklich das Wesen des Films betreffen, wie es sich in seinen Grundeigenschaften kundgibt oder aus ihnen ableiten läßsst. Mein Interesse gilt nicht dem Schnitt selbst, gleichgültig welchen Zwecken er dient, sondern dem Schnitt als einem Mittel, diejenigen Möglichkeiten des Mediums zu verwirklichen – oder, was auf dasselbe hinausläuft, zu verleugnen –, die seinen besonderen Beschaffenheiten entsprechen. Mit anderen Worten, meine Aufgabe ist es nicht, allen nur erdenklichen Montagemethoden um ihrer selbst willen nachzugehen, sondern besteht darin darzutun, was sie etwas zu filmisch bedeutungsvollen Leistungen beizutragen vermögen.“ (a. a. O., S. 67)

Es ist zum einen diese essenzialistische Art der Argumentation, die Kritiker allgemein verärgert, zum andern aber in diesem Fall natürlich auch die Zurückweisung der Montagetheorien, deren Anhänger darin gerade die Essenz des Filmischen sehen. Filmgeschichte wird sodann in zwei Haupttendenzen eingeteilt: Lumière und Méliès und Kracauer lässt im Folgenden keinen Zweifel daran, dass der Lumièrsche Weg der richtige sei. „trotz seines Filmverständnisses blieb Méliès der Theaterregisseur, der er gewesen war. Er benutzte Fotografie in einem vor-fotografischen Geiste – zur Reproduktion einer von Bühnentraditionen belebten Kulissenwelt." (a. a. O., S. 73) Grundsätzlich unterscheidet Kracauer zwischen der realistischen Tendenz und der formgebenden. Während erstere sich an die physische Realität hält, gilt für Regisseure der letztgenannten Tendenz, dass er „sein schöpferisches Streben auf Kosten der realistischen Tendenz" auslebt. (a. a. O., S. 77) „Detachierter Schöpferwillen entfernt sich so von den eigentlichen Interessen des Mediums." (a. a. O., S. 77) Auch diese apodiktische Form der Verneinung der Formtendenz – damit implizit vieler Gattungen des Spielfilms – befördert reichlich Kritik an Kracauers Filmtheorie. Am Schluss des Kapitels steht erneut die Kunst-Frage. Filme, sie sich eng an Künste anlehnen, wie der deutsche Expressionismus (bez. Malerei) oder Experimentalfilme setzen sich „oft über die physische Realität hinweg" oder sind „den eigentlich fotografischen Intentionen" fremd. (a. a. O., S. 82) Und erneut: „Der Begriff ‚Kunst' läßsst sich seiner festgelegten Bedeutung halber nicht auf wirklich ‚filmische' Filme anwenden – das heißt Filme, die sich Aspekte der physischen Realität einverleiben, um sie uns erfahren zu lassen." (a. a. O., S. 83) Das ganze Buch verfährt insgesamt etwas beckmesserisch mit der Kategorisierung der Filmgeschichte in filmische und „unfilmische" Filme. Dabei werden unendlich viele Einzelpunkte erörtert: Fantasie, Filmische Tricks, Kamera-Realität – die zum zentralen Scharnier der Argumentation wird, Schauspieler, Sprache und Ton, Musik, Experimentalfilm/Avantgarde, Tatsachenfilm (= dokumentarische Filmgenres), Story, Film und Roman; die Film-Montage wird nur in einem kurzen Abschnitt „Ein Grundprinzip des Schnitts" expliziert.

Das Kap. 9 im Teil II: Bereiche und Elemente ist mit *Der Zuschauer* überschrieben. Es ist filmsoziologisch am bedeutsamsten und beschäftigt sich praktisch in allen seinen Abschnitten mit der Filmwirkung. Kracauer geht davon aus, dass sich Filmbilder von anderen Bildern unterscheiden und „vorwiegend die Sinne des Zuschauers affizieren und ihn so zunächst physiologisch beanspruchen, bevor er in der Lage ist, seinen Intellekt einzusetzen." (a. a. O., S. 254) „Das Ich des Kinobesuchers, das die Quelle seiner Gedanken und Entscheidungen ist, zieht sich von der Szene zurück." (a. a. O., S. 256) Bezogen auf Propagandawirkung ist wie im *Caligari*-Buch von „Tiefenschichten des Bewusstseins" und „unbewußten Triebkräften" (S. 258) die Rede, zudem wird an die Bedeutung der Montage erinnert (Kuleschow-Experiment), wo jedem noch so realitätsnahen Dokumentarfilm eine Tendenz unterlegt werden kann. Nach der Erörterung der durch Filme angerührten Traumprozesse kommt Kracauer auf den Bedürfnisanspruch der Zuschauer und stellt – mit Verweis auf Hofmannsthals Text *Der Ersatz der*

Träume von 1921 – fest, „es ist das Leben in seiner Unerschöpflichkeit, das der Film den Massen bietet, die seiner bedürftig sind." (a. a. O., S. 270) Es herrsche ein „weitverbreiteter Hunger nach 'Leben'" und der Film sei besonders dafür geeignet, „ihn zu stillen." (S. 270). Dabei ist es vor allem der „Fluß" (a. a. O., S. 273) „der vergänglichen Phänomene der Realität", mit denen der Film die Sinne des Zuschauers „stimuliert" und ihm „Material für Träume" liefert (a. a. O., S. 273). Die „Rückkehr aus der Traumwelt", also der bewusste Umgang des Zuschauers mit dem Filmerlebnis, ist „eine Frage, die vorläufig unbeantwortet bleiben muß." (a. a. O., S. 275)

Im Vorwort von 1960 benennt Kracauer bereits so systematisch wie rigide die Leitlinien und Begrenzungen seines Buches. „Es befaßt sich ausschießlich mit dem normalen Schwarz-Weiß-Film, wie er sich aus der Fotografie entwickelt hat." (a. a. O., S. 15) „Mein Buch unterscheidet sich von den meisten Schriften dieses Gebiets darin, daß es eine *materiale* Ästhetik ist, nicht eine formale. Es befaßt sich mit Inhalten. Es beruht auf der Annahme, daß der Film im wesentlichen eine Erweiterung der Fotografie ist und daher mit diesem Medium eine ausgesprochene Affinität zur sichtbaren Welt um uns her gemeinsam hat. Filme sind sich selber treu, wenn sie physische Realität wiedergeben und enthüllen." (a. a. O., S. 17) Doch nun folgt eine Präzisierung, die zugleich an den Kracauer der 1920er Jahre denken lässt und immer wieder als Subtext in der Filmtheorie auftaucht: „Nun schließt diese Realität viele Phänomene ein, die wir kaum wahrnehmen würden, wenn die Filmkamera nicht die Fähigkeit besäße, sie sozusagen im Flug zu erfassen. Und da jedes Medium den Dingen besonders zugetan ist, die es allein darstellen kann, scheint das Kino vom Wunsch beseelt, vorübergleitendes materielles Leben festzuhalten. Leben in seiner vergänglichsten Form. Straßenmengen, unbeabsichtigte Gebärden und andere flüchtige Eindrücke sind seine Hauptnahrung." (a. a. O., S. 17 f.) Dazu passt auch der Rekurs auf den Begriff der Oberfläche, wie wir ihn aus dem Ornament der Masse kennen: „All dies heißt, daß Filme sich an die Oberfläche der Dinge klammern. Sie scheinen umso filmischer zu sein, je weniger sie sich direkt auf inwendiges Leben, Ideologien und geistige Belange richten." (a. a. O., S. 20) Und schon hier die Hinterfragung des Kunst-Begriffs:

> „Ich möchte hier schon erwähnen, daß alles, was sich aus der fotografischen Natur des Films ergeben mag, zu dem Problem des Verhältnisses zur Kunst hinführt. Geht man von der Annahme aus, daß das Kino die Hauptmerkmale der Fotografie beibehält, so wird man unmöglich den weitverbreiteten Glauben oder Anspruch gutheißen können, wonach Film im selben Sinne eine Kunst ist wie die traditionellen Kunstmedien." (a. a. O., S. 19).

Der fast 40-seitige Epilog als Kap. 16: *Film in unserer Zeit* nimmt die Schlussfrage des 9. Kapitels zum Zuschauer wieder auf: „welchen Wert hat die Erfahrung, die der Film vermittelt?" Zunächst beginnt er aber mit einer Darstellung der „intellektuellen Landschaft" (a. a. O., S. 142) und konstatiert die Schwächung respektive das Ende der Religion und den Zerfall der kulturellen Traditionen; „Der Mensch unserer Gesellschaft ist ideologisch obdachlos". (a. a. O., S. 444) Den mit Liberalismus und Wissenschaft aufgekommenen Hoffnungen auf den Sieg der Vernunft stellt Kracauer den Pessimismus der Todestriebtheorie des späten Freud entgegen. Sein kulturpessimistischer Rundblick konstatiert die Abstraktheit und die Vereinzelung des Menschen in der heutigen Lebenswelt – nicht zuletzt durch die Technik unter Einschluss der Medien. Auffällig, weil an seine Frühschriften erinnernd, sind dabei Begriffe wie „geistige Entitäten" (a. a. O., S. 451), „Werten und Entitäten", die sich „verflüchtigen"(a. a. O., S. 451 und 452), oder „relativistische Neigungen". (a. a. O., S. 452) Sein Fazit: „Dies also ist die Situation des modernen Menschen. Er enträt der Führung bindender Normen. Er berührt die Realität nur mit den Fingerspitzen." (a. a. O., S. 453) Es ist die „herrschende Abstraktheit" in „unserem Verkehr mit den Dingen in und um uns", die „unsere Versuche vereitelt, spiritueller Nacktheit zu entrinnen." (a. a. O., S. 455) Wir müssen uns also „von jener Abstraktheit freimachen, so gut es geht. Beim Versuch, dieser Forderungen nachzukommen, mögen wir immer noch nicht imstande sein, in ideologischen Gewißheiten Anker zu werfen, aber wir haben wenigstens die Chance, etwas zu finden, nach dem wir nicht Ausschau hielten, etwas, das unendlich wichtig in sich selber ist – die Welt, in der wir leben." (a. a. O., S. 455) „Was wir nötig haben, ist also, daß wir die Realität nicht nur mit den Fingerspitzen berühren, sondern sie ergreifen und ihr die Hand schütteln." (a. a. O., S. 456 f.) „Eines ist sicher: die Aufgabe mit ihr [den untersten Schichten der Realität] in Berührung zu treten, wird durch Fotografie und Film erleichtert, die beide das physisch Gegebene nicht nur isolieren, sondern in seiner Darstellung ihren Höhepunkt erreichen." (a. a. O., S. 458)

> „Der Film macht sichtbar, was wir zuvor nicht gesehen haben oder vielleicht nicht einmal sehen konnten. Er hilft uns in wirksamer Weise, die materielle Welt mit ihren psycho-physischen Entsprechungen zu entdecken. Wir erwecken diese Welt buchstäblich aus ihrem Schlummer, ihrer potentiellen Nichtexistenz, indem wir sie mittels der Kamera zu erfahren suchen. Und wir sind imstande, sie zu erfahren, weil wir fragmentarisch sind. Das Kino kann als ein Medium definiert werden, das besonders dazu befähigt ist, die Errettung physischer Realität zu fördern. Seine Bilder gestatten uns zum ersten Mal, die Objekte und Geschehnisse, die den Fluß des materiellen Lebens ausmachen, mit uns fortzutragen." (a. a. O., S. 460 f.)

Grundsätzlich ist hier auch die Zurückweisung der Kunst-Frage. „Kunst im Film ist reaktionär, weil sie Ganzheit symbolisiert und derart die Fortexistenz von Glaubensinhalten vorspiegelt, welche die physische Realität sowohl anrufen wie zudecken. Das Ergebnis sind Filme, die die herrschende Abstraktheit unterstützen." (a. a. O., S. 463)

Die abgehobene Argumentation des Epilogs führt auch zur mythischen Erzählung vom Haupt der Medusa, das Perseus nur abschlagen konnte, weil er es nur im Spiegel seines Schildes und nicht direkt sah. „Die Moral des Mythos ist natürlich, daß wir wirkliche Greuel nicht sehen und auch nicht sehen können, weil die Angst, die sie erregen, uns lähmt und blind macht; und daß wir nur dann erfahren werden, wie sie aussehen, wenn wir Bilder von ihnen betrachten, die ihre wahre Erscheinung reproduzieren." (a. a. O., S. 467 f.) Zugespitzt könnte man aus Kracauers Ausführungen im Epilog auch formulieren: Eine gerade noch lebenswerte Welt kann, wenn überhaupt, nur durch den Film und radikalen Realismus gerettet werden. In diesem Sinn beantwortet er – so abstrakt wie grundsätzlich – die am Ende vom Zuschauer-Kapitel und am Anfang des Epilogs selbst gestellte Frage nach der Erfahrung, die der Film vermittelt.

2 Rezeption der Filmtheorie

Hier nun ein – gänzlich unvollständiger – Blick auf die Rezeption des Buches.

Davor sei allerdings noch ein seine Entstehung betreffender Kontext angeführt, nämlich der Kalte Krieg und die McCarthy-Repression der 1950er Jahre. Nicht nur das von Kracauer selbst unmittelbar Erlebte der Hauptkatastrophen der Totalitarismen des 20. Jahrhunderts, sondern auch diese beiden, für ihn erneut existenziell bedrohlichen Momente veranlassen Kracauer zu seiner sehr systematisch-abstrakten Argumentationsweise mit dem inhaltlichen Rückzug auf eine letzte Bastion einer fast fundamentalistischen Realitätserfahrung als Hoffnungsperspektive.

Für die Rezeption des im Oktober 1960 ausgelieferten Buches gelten weitere Kontexte: Zum einen ist die Film-als-Kunst-Diskussion weiterhin voll im Gange, durchaus mit einem „turn against realism" (von Moltke 2016, S. 7), umrahmt von Debatten über die Populärkultur bzw. dem Verdikt der Kulturindustrie nach Horkheimer-Adorno.

Zugleich finden wir neue Wellen der praktischen Filmästhetik: die Nouvelle Vague in Frankreich und das neue italienische Kino zum Beispiel mit Antonioni, beide begleitet von grundsätzlichen theoretischen Äußerungen sowohl der Filmemacher (Politique des auteurs) wie der Filmkritiker und -theoretiker. Wozu, nicht zu vergessen, auch neue Ausformulierungen des Interpretations-Instrumentariums wie Semiotik und Strukturalismus kommen (später dann noch ergänzt um Screen- und Apparatus-Theorien). Das gilt für die englische Originalausgabe 1960 wie für die deutsche Ausgabe 1964. Alles keine günstigen Auspizien für das Erscheinen des Buches.

Positive Äußerungen finden wir bei älteren Autoren, mit denen sich Kracauer schon während der Entstehung des Buchs ausgetauscht hat, zum Beispiel Paul Rotha oder Richard Griffith, aber auch Auerbach, Schapiro oder Arnold Hauser. Sie und andere liefern Kracauer eine freundschaftliche Rückbestätigung über die bahnbrechende Bedeutung des Buches Das war es nämlich, was sich Kracauer davon als seinem *opus magnum* versprochen hatte. Insgesamt aber entspricht die Rezeption des Buches dieser großen Hoffnung bei weitem nicht.

Kracauer selber schreibt vor Erscheinen an Leo Löwenthal: „Of one thing I am sure: it will arouse violent controversies, and the art-minded will, all of them, be against it. Well this is as it should be". (Marbacher Magazin 47/1988, S. 117)

Und in der Tat sind viele der Kämpfer für die Filmkunst durch die eindeutige Ablehnung von Film als Kunst bei Kracauer befremdet bis empört.

Rudolf Arnheim, der mit seinem einflussreichen *Film als Kunst* schon 1932 zum Inbegriff der Kunstapologeten unter den Filmtheoretikern wird, dabei wahrnehmungs- und gestalttheoretisch bis ins hohe Alter – er stirbt 2007 mit 102 Jahren – zu Film und Kunst schreibt und mit dem sich Kracauer öfter ausgetauscht hat, argumentiert in seiner Rezension der *Theorie des Films* schwer verständlich und nicht eindeutig unter dem richtungsgebenden Titel *Melancholy unshaped* 1963 im *Journal of Aesthetics and Art Criticism* (Arnheim 2004). Er klassifiziert die Argumentation der Filmtheorie als sowohl ästhetisch wie philosophisch. Dabei setzt er sich insbesondere mit Kracauers Geringschätzung der Formgebung des Künstlers im Verhältnis zur geforderten Naturtreue von Kracauers Realismus als vorgeblicher Bedingung des Mediums auseinander. Die ästhetische Grundfrage des Buches rekapituliert er so: „[...] eine Verlagerung von der vom Menschen geschaffenen Form auf das ungeformte Rohmaterial der Erfahrung bedeute eine Rückkehr zur konkreten Realität, aus der einzig und allein neues Denken entstehen könne." (Arnheim 2004, S. 324) Dies weist Arnheim zurück: Der „echte Realismus" bestehe nämlich „aus der Interpretation des Rohmaterials der Erfahrung mit Mitteln bedeutungsvoller Form", weshalb „eine Beschäftigung mit der ungeformten Materie einer melancholischen Preisgabe gleichkommt und nicht etwa einer Wiedererlangung der Herrschaft des Menschen über die Realität." In der philosophischen Perspektive bietet er Kracauer einen pessimistischen Kompromiss an: „Vielleicht sind wir damit Augenzeugen der letzten Zuckungen einer erschöpften Zivilisation, deren verdünnte Begriffe die

Welt der Sinne nicht mehr erreichen. Es ist aber auch möglich, daß wir dadurch, daß wir den Geist von allen Formen befreien, auf den Tiefpunkt zugehen, den wir erst erreichen müssen, bevor es wieder aufwärts gehen kann." (a. a. O., S. 324 f.)[2]

Vielleicht mehr als nur anekdotisch interessant ist in diesem Zusammenhang, dass Kracauer 1932 Arnheims *Film als Kunst* rezensiert hat. Er lobt das Buch zwar als „umfassender Leitfaden der Filmästhetik", dessen „Stärke vorwiegend auf dem ausgeprägten Sinn für formale Strukturen" läge, „aber hinter seiner [Arnheims] Erkenntnis der filmischen Gestaltungsprinzipien steht die Fähigkeit, die Filminhalte selber zu interpretieren, entschieden zurück." „[…] ich glaube fast, es fehlt ihm noch an den notwendigen soziologischen Kategorien. Hier liegt die Grenze des Buches." (Kracauer 2004c, S. 17 und 18) Wenn man so will, dann liegen die beiden Rezensionen geradezu paradigmatisch über Kreuz: Arnheim fehlt die (Kunst-)Form 1963, Kracauer 31 Jahre früher der Inhalt beim jeweils anderen…Die Kritik an Kracauers Kunst-Zurückweisung ist zwar besonders breit aufgestellt, sie betrifft aber dennoch nur einen Teil der negativen Äußerungen. Eine andere Kritik macht sich schon am Stil des Buches fest, es sei altbacken und in seiner Übersystematisierung germanisch. Miriam Hansen, eine Bewunderin Kracauers, nennt ihn freundlich „grandfatherly", großväterlich.[3] Andrew Tudor spricht weniger freundlich von „teutonic epic" und erinnert an das „Heidelberg English" eines „bekannten Soziologen". Doch geht es bei ihm in der Regel um grundsätzliche Kritik an der Realismus-Grundthese des Buches und um die Klassifizierung von Filmen in seinem Realismus-Raster, wie sie Kracauer vornimmt. „As a practical guard to the gates of cinematic heaven his judgements are odd." (Tudor 1974, S. 82) Haupttenor vieler Positionen ist die Charakterisierung Kracauers als „naive realist".[4]

Das gilt auch für die in den 1960er Jahren einflussreich werdende US-Filmkritikerin Pauline Kael, deren lange Rezension in Sight and Sound nicht nur bezüglich des Stils vernichtend ist. Sie beginnt mit „Siegfried Kracauer is the sort of man who can't say „It's a lovely day" without first establishing that it is

[2]Eric Rentschler sieht den Tenor von Arnheims Rezension weit positiver als ich; vgl. Rentschler (2012, S. 71, Fn. 2).

[3]Miriam Bratu Hansen, ‚With Skin and Hair': Kracauer's Theory of Film, Marseille 1940. In: Critical Inquiry 19 (Spring 1995), 438; zit. nach Johannes von Moltke (2016, S. 6).

[4]Hansen (2012, S. 5) (allerdings benennt sie keine bestimmte Quelle dafür).

day, that the term day is meaningless without the dialectical concept of „night", that both these terms have no meaning unless there is a world in which day and night alternate, and so forth." Oder „It's always said of George Lucacs that his best stuff isn't in English; Kracauer's best stuff isn't in English either." (Kael 1994, S. 269) Und noch gehässiger in der Behauptung, dass manche Hitler-Flüchtlinge herübergekommen wären „carrying the worst of German pedantry in their heads." (a. a. O., S. 270) In einer Art bodenständiger Rückfragen versucht sie dann, Kracauers Begriffssystem als einseitig-dogmatisch und realitätsfremd zu entlarven. Seine Aufteilung der Filmgeschichte in gute und schlechte Filme hält sie für willkürlich, ausschließlich seinem lebensfremdem Theoriegespinst geschuldet Sein Realismus- und Natur-Begriff und der der „camera-reality" werden durchgängig mit Hilfe von Filmbeispielen infrage gestellt. Das wird zuweilen auch ironisch formuliert: für liebenswert hält sie Kracauers Versuch, das Musical, „which he obviously adores," so hinzubiegen, dass es „fit[s] his notion of cinema as nature in the raw. A man who likes Fred Astaire can't be all pedant." (a. a. O., S. 277) Oder in der Frage, warum De Sicas Umberto D. Kracauers Theorie befriedigt und Miracolo a Milano nie erwähnt wird, ob das nur an den Laienschauspielern gegenüber den Berufsschauspielern liege oder an der fantastischen Geschichte des letzteren, obwohl doch beide mit „unfortunate social conditions" zu tun hätten. (a. a. O., S. 284) Sie zieht zweierlei Fazit, eines als Frage „How can so many of the aspects of film – the very qualities that draw us to the medium – be improper to it?" (a. a. O., S. 191) und ein polemisches „There are men whose concept of love is so boring and nagging that you decide if that's what love is, you don't want ist, you want something else. That's how I feel about Kracauer's „cinema." I want somethng else." (a. a. O., S. 292)

Adorno-Anhänger beklagen, dass die „Dialektik der Aufklärung" nicht einmal erwähnt wird. Auch Adorno selbst wundert sich, dass die Rolle des Films „Chiffre gesellschaftlicher Tendenzen, von Gedankenkontrolle und ideologischer Beherrschung" in der Filmtheorie „merkwürdig zurücktritt". (Adorno 1966, Nachruf) In seinem zu Lebzeiten Kracauers 1964 geschriebenen „Der wunderliche Realist" schreibt er zunächst zum Ladenmädchen-Text „Er [Kracauer] hat in sich selbst etwas von der naiven Sehlust des Kinobesuchers; noch in den kleinen Ladenmädchen, die ihn belustigen, trifft er ein Stück seiner eigenen Reaktionsform." (Adorno 1977, S. 397) Was Adorno in seinem Nachruf in der FAZ zum Tod Kracauers so besonders – und vor allem zu Beginn unfreiwillig verdächtig ambivalent – betont, nämlich Kracauers in vielerlei Gesichtspunkten hartes Lebensschicksal, kommt bereits 1964 am Textende, wo es um die Filmtheorie geht, deutlich in einer auffälligen Psychologisierung zum Vorschein:

„Die Fixierung an die Kindheit, als eine ans Spiel, hat bei ihm die Gestalt von einer an die Gutartigkeit der Dinge; vermutlich ist der Vorrang des Optischen bei ihm gar nicht das erste, sondern die Folge dieses Verhältnisses zur Dingwelt. Im Motivschatz seiner Gedanken dürfte man Aufbegehren wider die Verdinglichung vergebens suchen. Einem Bewußsein, das argwöhnt, es sei von den Menschen verlassen, sind die Dinge das Bessere. An ihnen macht der Gedanke wieder gut, was die Menschen dem Lebendigen angetan haben. Der Stand der Unschuld wäre der der bedürftigen Dinge, der schäbigen, verachteten, ihrem Zweck entfremdeten; sie allein verkörpern dem Bewußtsein Kracauers, was anders wäre als der universale Funktionszusammenhang, und ihnen ihr unkenntliches Leben zu entlocken, wäre seine Idee von Philosophie. Das lateinische Wort für Ding heißt res. Davon ist Realismus abgeleitet. Kracauer hat seiner Filmtheorie den Untertitel The Redemption of Physical Reality verliehen. Wahrhaft zu übersetzen wäre das: Die Rettung der physischen Realität. So wunderlich ist sein Realismus." (Adorno 1974, S. 408)[5]

Adorno spricht im Nachruf von der Bedeutung Kracauers für die Wiederbelebung der Filmkritik in Deutschland. Tatsächlich spielt Kracauers Caligari-Buch und Das Ornament der Masse bei der Gründung der Zeitschriften Film 56 und dann Filmkritik im Januar 1957 eine entscheidende Rolle. Kracauers Dictum „Kurzum, der Filmkritiker von Rang ist nur als Gesellschaftskritiker denkbar" (Kracauer 2004c, S. 63) aus seinem Über die Aufgabe des Filmkritikers[6] von 1932 dient explizit als Leitmotiv der Zeitschrift, deren Bedeutung für die Befassung mit Film in der BRD kaum überschätzt werden kann. Umso enttäuschender dann für Kracauer die Rezension der Theorie des Films durch Enno Patalas in der FAZ. (Patalas 1965) Zu lesen ist zuerst Anekdotisches und laue Komplimente wie „Es ist eins der Bücher, von denen man sagen darf, niemand dürfe ‚daran vorbeigehen', der sich mit dem Gegenstand befaßt. Wie stark auch immer der Widerwille gegen den Systemzwang sein mag, den Kracauers Methode ausübt, er wird doch immer wieder gewaltlos gebrochen durch das Vergnügen, das die Einsichten vermitteln, die sie zutage fördert." „Doch kommt Kracauer dabei immer wieder an den Punkt, wo Verständnis umschlägt in Apologie." Es folgen Beispiele dafür

[5]Zum Briefwechsel Adorno-Kracauer im Zusammenhang des Filmtheorie-Buches vgl. Riedner (2012, 11 ff.).

[6]Der Text wurde vor der FZ am 21.5.1932 im Film-Kurier aus Anlass einer Tagung der Filmtheaterbesitzer in Frankfurt veröffentlicht, wo Kracauer im Vorspann als „der konsequenteste Verfechter der soziologischen Filmkritik" bezeichnet wird (Kracauer 2004c, S. 63).

und in der letzten Spalte dann die Breitseite gegen die Theorie des Films unter Bezugnahme auf Resnais, Godard, Truffaut.

> „Ich glaube nicht, dass der moderne Film den Weg gehen wird, auf den Kracauer ihn schicken möchte. Aussprüche wie die von Alain Resnais, daß man einen Film eher mit geschlossenen Augen als mit verstopften Ohren apperzipieren könne, besagen, daß die modernen Filmautoren von einem starken Mißtrauen gegen die „erlösende Kraft" des Filmischen erfüllt sind. Es charakterisiert die Oberfläche unserer Wirklichkeit, daß sie die Wahrheit über ihr Wesen nicht mehr preisgibt; der Blick der Kamera ist stumpf geworden; die „Schönheiten des alltäglichen Lebens" trügen; „diese Erde, die unsere Wohnstätte ist", ist Ideologie."

Woraufhin Patalas seine Vorstellungen über das Wesen des neuen Films darlegt. Entsprechend seiner Position in der damals in der Zeitschrift beginnenden Auseinandersetzung zwischen „Politischer Linker" und „Ästhetiker Linker", sprich zwischen denen, die an Kracauers Maxime der Gesellschaftskritik festhalten, und den Strukturalisten um Patalas und Frieda Graefe, die schließlich die Oberhand gewinnen. Leider mit der Folge, dass in der Zeitschrift immer stärker subjektivistische Strömungen zutage treten, bis diese schließlich ihr Ende bewirken (Vgl. Schenk 1998).

Selbst Karsten Witte, der sich dann als Herausgeber (und Übersetzer) Kracauers größte Verdienste erworben hat, unterliegt 1971 noch einer negativen Einstellung zu Kracauers Darstellungsweise: „(Als Pionier der sozialpsychologischen Analyse trat wiederum S. Kracauer, der sich mit der späten Theorie des Films starr auf die Position eines unvermittelten Realismus zurückzog, mit seinem Werk From Caligari to Hitler hervor.)" (Witte 1971, S. 11).

Dieter Prokop kritisiert 1969 in zwei Texten in der Zeitschrift *film* schon Kracauers Filmkritiken in der Weimarer Republik, dass dort immer weniger die sozioökonomischen Faktoren eine Rolle spielten. Das Caligari-Buch unterliege wie schon frühere Texte einem falschen Spiegel-Begriff und in der *Theorie des Films* „richte Kracauer sein Interesse allein auf filmästhetische Fragen. Dabei rechtfertige er seine dogmatische Theorie vom wesenhaft realistischen Film mit der Formel „Experience show[s]"" (Prokop 1967b, S. 39) resp. „Zur Legitimation seiner Ästhetik verwendet Kracauer die Formel „experience shows"" (Prokop 1967a, S. 21). Die Kritik des an Parson orientierten Soziologen Prokop an Kracauers Filmschriften der 1920er Jahre wird in seiner Soziologie des Films 1970 präziser: „Tatsächlich wurde die von Kracauer beobachtete Institutionalisierung des Films als Medium der Massenunterhaltung nicht so sehr durch das Bewußtsein kleinbürgerlicher Konsumenten initiiert, als vielmehr durch die strukturellen Erfordernisse der Filmwirtschaft im Oligopol.“ (Prokop 1974, S. 70)[7]

Aus der DDR seien zwei Befassungen mit der *Filmtheorie* dargestellt. Rudolf Jürschik, damals Aspirant/Doktorand an der Parteihochschule Karl Marx, später dort Professor für Filmtheorie und ab 1977 Chefdramaturg Spielfilm der DEFA, begründet 1967 seine Rezension mit der Seltenheit von zusammenhängenden Arbeiten zur Filmtheorie. Über den „vielen interessanten und aufschlussreichen Untersuchungen zu Teilproblemen“ (Jürschik 1967, S. 1520) bei Kracauer darf allerdings die „Kennzeichnung seiner philosophischen Position und unserer Abgrenzung zu ihr“ (a. a. O., S. 1518) nicht vergessen werden. Dem entspricht der Tenor der Rezension. Jürschik referiert detailliert und sachlich große Teile des Buches, um zugleich immer wieder auf Defizite aus DDR-Sicht hinzuweisen. Kracauers „Wesensbestimmung des Films als Wiedergabe physischer Realität um ihrer selbst willen“ sei „charakteristisch für die Philosophie des Positivismus.“ (a. a. O., S. 1524) Indem Kracauer „nicht von dem wirklichen Lebensprozess der wirklichen Menschen ausgeht, sondern sich leiten lässt von der Erfahrung der Oberfläche der Erscheinungen“ zeige sich „letztlich eine subjektive Spielart des Idealismus.“ (a. a. O., S. 1524) Er erkenne so nicht, dass sein Bild der Situation des modernen Menschen „Ausdruck totaler Entfremdung in einer hochentwickelten monopolistischen Gesellschaftsordnung“ (a. a. O.) sei und deren Aufhebung nicht „durch den Film erfolgen“ könne, „sondern die praktische Umwälzung der gesellschaftlichen Verhältnisse“ erfordere. (a. a. O., S. 1525) Kracauer verstehe unter ‚realistisch‘ das, „was wir mit ‚naturalistisch‘ bezeichnen.“ (a. a. O., S. 1527) Daher könne er auch nicht die Dialektik zwischen realistischer und ‚formgebender‘ Tendenz erfassen. Interessant ist, dass Jürschik den Verdacht äußert, dass die Grundbestimmung des Mediums mit „Fluß des Lebens“ Ausdruck von Ideologie sei und mit der „Lebensphilosophie des Existenzialismus“ korrespondiere. (a. a. O., S. 1528) “Dies ist der Punkt, wo Medienforschung eben auch zum Feld ideologischer Auseinandersetzung wird.“ (a. a. O.) Am Schluss steht eine arbeitsmethodische Kritik: Kracauer verfahre deduktiv, ziehe nur Filme heran, die „zur Illustration verschiedener Punkte seiner Theorie dienen“ anstatt gleichzeitig induktiv „von der Fülle des durch die Geschichte gegebenen Materials“ auszugehen (a. a. O., S. 1534).

Gegen Ende der DDR, 1988, erscheint eine Besprechung der filmtheoretischen Positionen Kracauers von Jörg Schweinitz, damals Nachwuchs-Filmwissenschaftler an der Akademie der Wissenschaft. Schweinitz spricht von

---

[7]Zu weiterer Kritik in der BRD vgl. Beyse (1977, S. 166 f.), und Lethen (1990, S. 197). Zur Rezeption in den USA und in der BRD vgl. Rentschler (2012).

der ‚Unübersichtlichkeit' des Werks von Kracauer mit dem – auch im Hinblick auf meine Darlegung interessanten – Hinweis darauf, „Dass sich im Laufe des Lebens sowohl Kracauers methodisches Herangehen als auch wichtige Akzentsetzungen innerhalb seiner Weltsicht wandelten." (Schweinitz 1988, S. 111) Für *Von Caligari zu Hitler*, vor allem aber für die Arbeiten der „späten zwanziger und der dreißiger Jahre" sieht er einen „Höhepunkt linker, antifaschistischer – ja antikapitalistischer – Politisierung" (a. a. O., S. 112 f.), während diese ab 1941 in den USA durch „psychoanalytische Ansätze (Fromm)" zurücktritt. In den 1950er Jahren „schließlich schwindet" „die linke Politisierung seiner Schriften". (a. a. O., S. 112) Zu Recht findet auch Schweinitz gleichzeitig einen „starken Strom an Kontinuität" und zwar als „wichtigste ideelle Konstante im Denken Kracauers" die „Faszination des Konkreten". Diese Kontinuität belegt er anhand zahlreicher Zitate Kracauers von den 1920er Jahren bis hin zu *Geschichte*. Danach stellt er die „radikal-demokratischen Positionen" Kracauers 1927 bis 1933 heraus, die „eindeutig im antireaktionären und antifaschistischen, ja kapitalismuskritischen Kontext" (a. a. O., S. 119) zu sehen seien. Bezogen auf den Film und die *Theorie des Films* betont die Rezension Kracauers „Begeisterung für die dokumentarische Potenz des Mediums" (a. a. O., S. 122) und das „Gespür für das *Kulturindustrielle Produkt* Film und dessen spezifische – unter anderem am Adressaten ‚Massen' orientierte – ästhetischen Maßstäbe." (a. a. O., S. 123) Nach der Darlegung von Kracauers Zurückweisung des Kunstbegriffs, dem „Verzicht auf ‚formgebende Interpretation'", und dem „Streben nach wertfreier, möglichst unmittelbarer Reflexion des konkreten Seins" verweist Schweinitz auf die von ihm eingangs skizzierten „erkenntnistheoretischen Widersprüche" des Buches verbunden mit „einer – aus heutiger Sicht mitunter befremdlichen – ästhetischen Normativität." (a. a. O., S. 124 f.) Das soll aber dessen „wichtigen Beitrag zur theoretischen Erschließung der realistischen Filmstilistik" nicht übersehen lassen. Zudem sei die *Filmtheorie* „innerhalb konkreter Betrachtungen wesentlich dialektischer als im theoretischen Ansatz" und mithin „wohl der letzte große, auf eine geschlossene Stilistik zielende Versuch einer systematischen Filmtheorie überhaupt." (a. a. O., S. 125) Eine sachkundige Darstellung von Kracauers filmtheoretischem Denken und zugleich eine der DDR-Dogmatik Ende der 1980er Jahre klug angepasste Darlegung. Zum Abschlussmeiner Ausführungen zur *Theorie des Films* und seiner Rezeption hebe ich noch einmal zwei Punkte heraus, der zwar von Teilen der Kritik nicht verstanden oder ebenfalls negativ bewertet wurden, in denen mir aber zentral ihre Zukunftsfähigkeit zu gründen scheint.

Kracauer preist die Slapstick-Filme von Keaton, Chaplin oder Lloyd, weil sie „die Errettung aus höchster Not als das Werk schieren Zufalls erscheinen" lassen. (Kracauer 2005, S. 116) „Die Affinität des Films zum Zufälligen zeigt sich am deutlichsten in seiner unwandelbaren Hinneigung zur ‚'Straße'" a. a. O., S. 116) „In diesem Zusammenhang interessiert die Straße [...} als derjenige Ort, an dem das Zufällige übers Planmäßige siegt und unerwartete Zwischenfälle fast die Regel sind." (a. a. O., S. 116) Kontingenz ist einer der – die Zunft störender – Anker von Kracauers Geschichtsphilosophie. So wie die Fokussierung auf die Oberfläche, auf das Nebensächliche in gewisser Weise Ambivalenz, jedenfalls vielfältige Interdependenz einschließt.

Damit zusammen hängt ein zweiter Denkstrang in der Filmtheorie, der zwar auf den ersten Blick nur untergründig, tatsächlich aber fundamental ist: der „Fluß des Lebens". „Filmische Filme" „beschwören" „eine umfassendere Wirklichkeit" als jene, „die sie faktisch abbilden. Sie weisen in dem Maße über die physische Welt hinaus, in dem die Aufnahmen oder Aufnahmefolgen, aus denen sie bestehen, vielfältige Bedeutungen mit sich führen. Dank dem fortwährenden Zustrom der so auf den Plan gerufenen psychophysischen Korrespondenzen deuten sie auf eine Realität hin, die passenderweise „Leben" genannt werden mag. Dieser Begriff, wie er hier benutzt wird, bezeichnet eine Art von Leben, das noch, wie durch eine Nabelschnur, auf engste mit den materiellen Phänomenen verbunden ist, aus denen seine emotionalen und intellektuellen Gehalte hervorgehen. Nun tendieren Filme, dazu, physisches Sein in seiner Endlosigkeit einzufangen. Dementsprechend kann man auch sagen, daß sie eine – der Fotografie versagte – Affinität zum Kontinuum des Lebens oder „Fluß des Lebens" besitzen, der natürlich identisch mit abschlußlosem, offenem Leben ist. Der Begriff

> „Fluß des Lebens? Umfaßt also den Strom materieller Situationen und Geschehnisse mit allem, was sie an Gefühlen, Werten, Gedanken suggerieren. Das heißt aber, daß der Fluß des Lebens vorwiegend ein materielles Kontinuum ist, obwohl er definitionsgemäß auch in die geistige Dimension hineinreicht. (Man könnte versuchsweise sagen, daß Filme dem Leben in der Form des Alltagslebens den Vorzug geben – eine Hypothese, die in dem Interesse des Mediums für die jetzt und hier gegebene Wirklichkeit einige Unterstützung findet." (a. a. O., S. 130)[8]

[8]Helmut Lethen greift mehrere dieser untergründigen Denkstränge Kracauers in seinem assoziativ ausschweifenden Aufsatz von 1990 auf (vgl. Lethen 1990, erneut Lethen 2014). – Ganz anders die sog. ‚Sensibilisten' der Münchner Filmhochschule um Wim Wenders Ende der 1960er Jahre, die (auf den ersten Blick tatsächlich ahistorisch-ontologisch erscheinende) Partikel von Kracauers Realismus-Theorie selektiv herausnehmen, um damit ihr subjektivistisches Verhältnis zu Film und Wirklichkeit theoretisch zu untermauern.

Nicht zufällig finden in diesem Zusammenhang auch Kracauers Lieblingsfilme immer wieder als Beispiel Erwähnung: der italienische Neorealismus und zwar insbesondere Vittorio De Sicas *Umberto D.* (der im Übrigen neben dem auch von Kracauer geschätzten *Los olvidados* von Bunuel auch einer meiner Lieblingsfilme ist). „Dem italienischen Neorealismus scheint ein Gefühl für dieses Fließen innezuwohnen. Für Rossellini, De Sica und Fellini ist das Leben, das uns betrifft, im wesentlichen die Art von Leben, die nur von der Kamera enthüllt werden kann." (a. a. O., S. 395), wozu viele weitere Erwähnungen von *Umberto D.* und *Fahrraddiebe* kommen. Und es ist auch kein Zufall, dass in jener Generation von zwar unterschiedlich, aber doch durchgängig realismusaffinen Filmtheoretikern und -historikern der italienische Neorealismus (zusammen mit den Russenfilmen) zu den filmgeschichtlichen Höhepunkten zählen (Arnheim, Aristarco, Bazin; Sadoul, Toeplitz u. a.) – ganz unabhängig davon, wie sie zur Kunstfrage stehen oder wie eng sie die Realitätsanbindung sehen.

3 Versuch eines Fazits

Ein vorsichtiges Fazit meinerseits geht in folgende Richtung: Auch wenn die einzelnen Werketappen durchaus als Brüche zueinander erscheinen, so ist doch eine untergründige Kontinuität zu sehen, die sich sowohl über die geschichtsphilosophisch-erkenntnistheoretische wie die analytisch-gegenstandsbezogene Ebene konstatieren lässt. In den beiden Alterswerken kehrt sozusagen die idealistisch und religiös grundierte, holistische Sinnsuche der frühen Schriften wieder, ohne dass jedoch die grundsätzlichen methodischen, skeptisch-relativistischen Infragestellungen der Weimarer Phänomenologie gänzlich verloren gegangen wären. Mehr noch als in Geschichte, wo bei aller versuchten akademischen Historiker-Gelehrsamkeit der Zufall, die Kontingenz, immer noch – wenn auch versteckt – einen zentralen Platz einnimmt, gilt das für die Filmtheorie. Holistisch ist ihre ontologische (aber eben auch historisch begründete) Dimension, ist die Absolutsetzung der Wirklichkeitsanbindung. Es bedeutet so etwas wie einen Pfeiler einrammen gegen den Verlust von Orientierung und Identität in der Welt, das Verlorensein des Menschen. Das hat Kracauer mit vielen Altersgenossen in Filmtheorie und Filmgeschichtsschreibung gemein, was auch für die von ihnen präferierten großen Beispielfilme (Italienischer Neorealismus, Russenfilme) gilt. Vielleicht ist Kracauers Realismustheorie radikaler als die anderer, weil seine Lebensgeschichte auch radikaler ist, unmittelbarer angebunden an die historischen Katastrophen des Jahrhunderts. Ihm geht es nicht nur um die Errettung der äußeren Wirklichkeit, sozusagen eines Maßes zur Welt- und Selbstwahrnehmung, sondern um die Rettung der Welt als solcher, ihrer minimalen Lebbarkeit. Dabei wird diese sehr schematisch, fast doktrinär vorgetragene Holistik aber zugleich von seiner Weimarer Welt- und Geschichtssicht gebrochen, weich gemacht. Dieser filmische Realismus soll nämlich gar nicht objektive Realität ‚wiederspiegeln', er soll vielmehr den Fluss des Lebens erfahrbar machen, den Zufall der Straße, der Slapsticks, der kleinen Ereignisse und Weichenstellungen der Lebenspraxis der Menschen, das paradigmatisch wiederholte „Zittern der Blätter" (über die sich Pauline Kael so lustig macht: „this ripple of the leaves theory", Kael 1994, S. 272). Und ganz am Grund liegt darin noch eine ganz andere Kontinuität zu den frühen Schriften: Die englische Redemption des Untertitels, im Deutschen abgemildert Errettung ist doch so etwas wie eine Erlösung, eine post religiöse, post-existenzialistische Heilshoffnung, jetzt nicht mehr im Rekurs auf Gott oder eine höhere Ordnung, sondern auf die bloße Wirklichkeit, die nackte Natur und das direkte Sein. Der filmische Film durchbricht Ideologie, Idealismus, Abstraktheit unmittelbar zur Erfahrung der Welt – etwas, was die traditionellen Künste nicht leisten können. Er eröffnet eine Art Utopie der Erfahrung der wirklichen Welt – jenseits von Abspaltung und Entfremdung, nach Holocaust und Hiroshima.[9] Filmtheorie wird so unausgesprochen zu einer Erfahrungstheorie, das solcherart realitätsverbundene Medium zu einem Erzeuger von Lebenssinn für Zuschauer. Eine zugleich harte und weiche Realismus- und Filmtheorie in einer weichen Geschichtsphilosophie.

---

[9]Vgl. dazu Heide Schlüpmanns lapidare Feststellung „In Von Caligari zu Hitler hatte Kracauer das Weimarer Kino dargestellt und zugleich die Entwicklung zum Nationalsozialismus im Spiegel des Films betrachtet; die Theorie des Films thematisiert Film nach Auschwitz – im subjektiven wie objektiven Sinne." (Schlüpmann 1998, S. 106).

Miriam Hansen 2013 und zuletzt Johannes von Moltke 2016 stellen ihre Interpretation der Theorie des Films zentral auf den Erfahrungs-Begriff ab. Hansen liest Kracauers Beschäftigung mit dem Film mehr als ‚Theorie der Filmerfahrung' denn als ‚Theorie des filmischen Realismus'. (Hansen 2012, passim; ich verwende die griffige Formulierung von Später 2016, S. 537) Für von Moltke kehrt „experience" in Kracauers Texten ab 1940 immer wieder und „[…] in Theory of Film it emerges as the book's conceptual telos." 160. So großartig seine vielfältigen Kontextualisierungen von Kracauers Leben und Arbeit in den USA sind (und damit auch eine wichtige Ergänzung zu Späters Biografie), so hinterfragbar bleibt doch seine fast hagiografische Einschätzung der Filmtheorie, Besonders interessant erscheint mir von Moltkes Spurensuche, die er für die Filmtheorie unter dem Schlagwort „nonanthropocentric, a-subjective ontology" bis zurück zur Weimarer Zeit verfolgt (181).

Auf diese Weise geschieht für den heutigen Leser etwas Seltsames: Auf der einen Seite stört nach wie vor die Rigidität der Darstellung des Realismus-Dogmas, was filmisch ist und was unfilmisch. Es ist heute nach Aufkommen der fast realitätsfreien Willkür des Digitalen in der Bildgestaltung noch viel störender als 1960. Auf der anderen Seite jedoch findet er zugleich durch die subkutane Einbringung von Kontingenz eine Art Befreiung von der Denk-Normativität der Moderne-Diskurse – quasi in Richtung auf postmoderne Denkfreiheiten. Und zu diesen Freiheiten zählt auch die Anbindung von Realität an die krude Existenz nackten Lebens. In jedem Fall lohnt bei Wahrnehmung dieser Widersprüchlichkeit die Re-Lektüre des Buches.

Literatur

Adorno, Theodor W., 1966. Siegfried Kracauer tot. In: FAZ 1.12.1966 (Feuilleton, S. 28)

Adorno, Theodor W., 1974. Der wunderliche Realist. In: Theodor W. Adorno: Noten zur Literatur, in: Gesammelte Schriften, Bd. 11, Frankfurt/M.: Suhrkamp

Arnheim, Rudolf, 2004. Ungeformte Melancholie. In: Rudolf Arnheim. Die Seele in der Silberschicht. Medientheoretische Texte. Photographie – Film – Rundfunk. Frankfurt/M.: Suhrkamp TB. Zuerst als Melancholy Unshaped. In: Journal of Aesthetics and Art Criticism, 1963, 21, 291–297; engl. auch in: Rudolf Arnheim. Toward a Psychology of Art. Collected Essays. Berkeley/Los Angeles: Univ. of California Press 1966

Beyse, Jochen, 1977. Film und Wiederspiegelung. Interpretation und Kritik der Theorie Siegfried Kracauers. Phil. Diss. Universität Köln

Brodersen, Momme, 2001. Siegfried Kracauer. Reinbek: Rowohlt Taschenbuch

Craver, Harry T., 2017. Reluctant Skeptic: Siegfried Kracauer and the Crises of Weimar Culture. New York/Oxford: Berghahn

Hansen, Miriam Bratu, 2012. Cinema and Experience. Siegfried Kracauer, Walter Benjamin and Theodor W. Adorno. Berkeley u.a.: Univ. of California Press 2012

Jürschik, Rudolf, 1967. Rezension zu Kracauer: Theorie des Film. In: Filmwissenschaftliche Mitteilungen, Jg. 1967, H. 4, S. 1517–1535

Kael, Pauline, 1994 [1962]. Is There a Cure for Film Criticism? Or, Some Unhappy Thoughts on Siegfried Kracauer's Theory of Film: The Redemption of Physical Reality. In: Pauline Kael. I lost it at the Movies. Film Writings 1954–1965. New York/London: Boyars; zuerst in: Sight and Sound 31, no. 2 (Spring 1962), 56–65

Kracauer, Siegfried. 1930. Die Angestellten. Aus dem neuesten Deutschland. Frankfurt/M.: Societäts-Verlag

Kracauer, Siegfried. 1990. Schriften. Band 5.2, Aufsätze 1927–1931. Frankfurt/M.: Suhrkamp

Kracauer, Siegfried. 2004a. Werke. Band 6.1, Kleine Schriften zum Film 1921–1927. Frankfurt/M.: Suhrkamp

Kracauer, Siegfried. 2004b. Werke. Band 6.2, Kleine Schriften zum Film 1928–1931. Frankfurt/M.: Suhrkamp

Kracauer, Siegfried. 2004c. Werke. Band 6.3, Kleine Schriften zum Film 1932–1961, Frankfurt/M.: Suhrkamp

Kracauer, Siegfried. 2005. Werke. Band 3, Theorie des Films [engl. 1960, dt. 1964]. Frankfurt/M.: Suhrkamp

Kracauer, Siegfried. 2006. Werke. Band 1, Soziologie als Wissenschaft. Der Detektiv-Roman. Die Angestellten. Frankfurt/M.: Suhrkamp

Kracauer, Siegfried. 2009. Werke. Band 4, Geschichte – Vor den letzten Dingen. Frankfurt/M.: Suhrkamp

Kracauer, Siegfried. 2012a. Werke. Band 2.1, Von Caligari zu Hitler. Berlin: Suhrkamp

Kracauer, Siegfried. 2012b. Werke. Band 2.2, Studien zu Massenmedien und Propaganda. Berlin: Suhrkamp

Lethen, Helmut, 1990. Sichtbarkeit. Kracauers Liebeslehre. In: Kessler, Michael, Thomas Y. Levin (Hg.). Siegfried Kracauer. Neue Interpretationen. Tübingen: Staufenberg

Lethen, Helmut, 2014. Der Schatten des Fotografen. Bilder und ihre Wirklichkeit. Berlin: Rowohlt

Marbacher Magazin 47/1988, Siegfried Kracauer 1989–1996. Marbach

Patalas, Enno, 1965. Der Philosoph vor der Leinwand. Siegfried Kracauers „Theorie des Films". In: FAZ 10.4.1965 (Literaturblatt)

Prokop, Dieter, 1967a. Wie tot ist Siegfried Kracauer? In: Film, Jg. 1967, H. 2 (Februar 1967).

Prokop, Dieter, 1967b. Plädoyer für eine soziologische Filmkritik. In: Film, Jg. 1967, H. 9 (September 1967)

Prokop, Dieter, 1974. Soziologie des Films. Darmstadt/Neuwied: Luchterhand (C 1970)

Rentschler, Eric, 2012. Krcauer, Spectatorship, and the Seventies. In: Gerd Gemünden, Johannes von Moltke (Hg.). Culture in the Anteroom. The Legacies of Siegfried Kracauer. Ann Arbor: Univ. of Michigan Press

Riedner, Johannes, 2012. Die Wahrheit der Bilder. Siegfried Kracauers Spätwerk als Beitrag zu einer Ontologie des Sichtbarwerdens. Phil. Diss. FU Berlin

Schenk, Irmbert, 1998. ‚Politische Linke' versus ‚Ästhetische Linke'. Zum Richtungsstreit der Zeitschrift „Filmkritik" in den 60er Jahren. In: Irmbert Schenk (Hg.): Filmkritik. Bestandsaufnahmen und Perspektiven. Marburg: Schüren

Schenk, Irmbert, 2017. Kracauers Ambivalenzen in Filmkritik und Filmgeschichtsschreibung. In: Wer ist Leonardo? Da Caligari al cinema senza nomi. Studi in onore di Leonardo Quaresima. Milano, Udine: Mimesis

Schlüpmann, Heide, 1998. Ein Detektiv des Kinos. Studien zu Kracauers Filmtheorie. Basel, Frankfurt/M.: Stroemfeld

Schweinitz, Jörg, 1988. Zu Grundlagen des filmtheoretischen Denkens Siegfried Kracauers. In: Beiträge zur Film- und Fernsehwissenschaft, Nr. 34, 1988, 29. Jg., 111–126

Später, Jörg, 2016. Siegfried Kracauer. Eine Biographie. Berlin: Suhrkamp

Tudor, Andrew, 1974. Theories of Film. London: Secker and Warburg/BFI von Moltke, Johannes, 2016. The Curious Humanist. Siegfried Kracauer in America. Oakland: Univ. of California Press

Witte, Karsten, 1971. Das Alte und das Neue. In: Karsten Witte (Hg.). Theorie des Kinos. Ideologiekritik der Traumfabrik. Frankfurt/M.: Suhrkamp

Die Kunst, keine Kunst zu sein. Film als Medium der Gegen-Kunst

Jörn Ahrens

Zusammenfassung

Als Medium ist der Film innovativ, weil er keine Kunst ist. Mit seiner abweichenden Produktions- und Distributionslogik und ästhetischen Form setzt er sich von den klassischen Künsten ab. Gerade der cineastische Film bleibt oft bei Manifest und Attitüde, weil er Codes der Kunst reproduziert. Die ästhetischen Brüche im Medium werden hingegen vom Mainstream gesetzt. So findet Jean Jacques Beneix in den 1980er Jahren zu einer konsequenten Bildästhetik, weil er die Kommodifizierung filmischer Bildwelten affirmiert; Quentin Tarantino überträgt in den 1990ern das Schnittprinzip auf die Dramaturgie und führt damit eine neue Formensprache ein. Beides sind revolutionäre Momente für eine Ästhetik des Films, die gerade deshalb möglich sind, weil Kunst höchstens noch als Zitat vorkommt.

Schlüsselwörter

Film · Kunst · Mainstream · Ästhetik · Kultur · Beneix · Tarantino

J. Ahrens (✉)
Justus Liebig Universität Gießen, Gießen, Deutschland
E-Mail: joern.ahrens@sowi.uni-giessen.de

L. Hieber und R. Winter (Hrsg.), *Film als Kunst der Gesellschaft,* Film und Bewegtbild in Kultur und Gesellschaft,
https://doi.org/10.1007/978-3-658-30461-4_4

1 Ist Film Kunst?

Ob der Film Kunst ist, ob das Medium Film generell oder in seinen Einzelwerken zu den Künsten gehört, wird diskutiert, seit es breitere Aufmerksamkeit auch unter den Gebildeten erlangt hat. In vergleichsweise kurzer Zeit ist es dem immer noch jungen Medium gelungen, zu einer weithin anerkannten Kunstgattung aufzuschließen. Nun lässt sich darüber streiten, ob, nicht nur mit Blick auf den Film, ein klassischer, an Gattungsdifferenzen orientierter Kunstbegriff noch sinnvoll und haltbar ist, ob nicht alle Künste auf Augenhöhe und miteinander unter einem Dach versammelt und gewissermaßen in Interaktion gebracht werden müssten. Man könnte aber auch fragen, ob nicht das Festhalten am Konzept „Kunst" an sich ein Fehler ist. Vielleicht sollten wir damit aufhören, von Kunst zu sprechen. Nicht etwa in einem ästhetischen, mithin phänotypischen Sinne; hier werden wir den Kunstbegriff ganz sicher auch weiterhin benutzen und benötigen. Aber als Ausdruck eines letztlich gesellschaftlichen Konzepts zur Sammlung bedeutsamer Symbolsprachen, Semiotiken. Möglicherweise lässt sich gerade am Film demonstrieren, dass vielleicht nicht die Kunst am Ende ist, dass aber ein Ende der Kunst wünschenswert wäre mit Blick auf die Realitäten und die Verfasstheit moderner Gesellschaften.

Nun ist aber die Filmkunst, also die eindeutige Integration des Mediums, der Gattung Film in das Feld der Künste seit längerem ein nachhaltig etablierter Begriff. Filmkunst will aufschließen zum Selbstverständnis des autonomen Kunstwerks. Als neue Kunst will der Film mit den bisher legitimen Künsten auf Augenhöhe operieren. Adorno hätte genau dies, gegen Benjamin und Kracauer, für unmöglich gehalten. Jedoch spricht Alexander García Düttmann (2007, S. 22) eigens und unter Bezugnahme auf Adorno von dem italienischen Regisseur Luchino Visconti, und explizit in Bezug auf dessen Filme, von einem „Künstler wie Visconti". Damit vollzieht Düttmann mit dem größten Selbstverständnis genau diese Geste: den Film, vertreten durch den Filmemacher, den Regisseur, völlig legitimerweise den autonomen Künsten beizugesellen. Aber das ist natürlich in doppelter Hinsicht falsch. Weder ist Adornos Blick auf den Film so gebaut, dass dieser für ihn problemlos zu den Künsten zählte, noch sollte es selbstverständlich sein, den Film überhaupt zu den Künsten zu zählen. Vom Film meint Adorno (1997, S. 357), dieser entkomme bei keiner Gelegenheit seiner gesellschaftlichen Funktion einer symbolischen Mimesis an die soziale Ordnung. Deshalb stehe die Ästhetik des Films auch im Gegensatz zur Kunst, zu der er oberflächlich aufschließen möchte. „Die Ästhetik des Films ist darum immanent, vermöge ihrer Stellung zum Objekt, mit Gesellschaft befasst. Keine Ästhetik des Films, auch keine rein technologische, die nicht seine Soziologie in sich einschlösse“. Indem er „Schemata kollektiver Verhaltensweisen“ vorführt, entspricht für Adorno der Film vollständig den Intentionen herrschender Ideologie und ist wenig mehr als ein Kommunikationsmedium des Spektakels, das dazu beiträgt, Konformität einzuüben. Deshalb sei das aufnehmende, wahrnehmende Individuum auch gar nicht berücksichtigt als Teil einer über den Film ausgelösten medialen Interaktion, sondern bleibe ganz Konsument. Kulturindustrie, resümiert Adorno, ist gerade „nicht Konsumentenkunst, sondern verlängert den Willen der Verfügenden in ihre Opfer hinein“ und sei schlicht „Ausdruck von Herrschaft“ (ebd., S. 361). Insofern gäbe es gar kein Entkommen aus dem hegemonialen Zugriff einer subtilen Herrschaft der Ideologie, die sich insbesondere über die symbolische Vermittlung mittels Medienformaten erhält und reproduziert.

Dies gelte für alle Filme, nicht nur für die aufwendigen Produktionen, die sich mit der Aura von Kunst umgeben würden, sondern gerade auch von den mediokren B-Pictures, bei denen man hätte vermuten können, sie würden sich als Repräsentanten einer neuen Kunst der Massenkultur aufstellen und seien „um so mehr Kunstwerke, je weniger sie als Kunstwerke auftreten“ (ebd.). Das gehe aber nicht auf, wie Adorno sogleich schlussfolgert, denn auch diese seien sehr „schlimm“, und er nennt Western, Krimi, deutsche Komödie und Heimatfilm. Nun ist es nicht so, dass der Text mit dem Titel *Filmtransparente,* für den Adorno dies notiert, gar keinen Ausweg ließe. 1966 erstmalig in der ZEIT veröffentlicht, reagiert er auf das vier Jahre zuvor verkündete Oberhausener Manifest des Neuen Deutschen Films und insbesondere auf die maliziöse Reaktion der Filmindustrie darauf. Den Königsweg des Films zur Kunst, als Dritten Weg jenseits von A- und B-pictures, markiert Adorno gleich auf der ersten Seite, indem er auf eine Differenz gegenüber der autonomen Kunst aufbaut und gleichwohl zu dieser aufschließen lässt. Die Kunst des Films findet Adorno in der gewollten Unvollkommenheit. Denn während in der „autonomen Kunst“ nichts von Wert sei, das hinter die erreichten (technischen) Standards zurückfalle, verhalte es sich innerhalb der Kulturindustrie genau umgekehrt, deren technische Bravour nur dazu da sei, kosmetische Oberflächenästhetik und generelle Standardisierung durchzusetzen. Hier würden solche Produktionen ein befreiendes Potenzial enthalten, die sich durchaus für's Dilettieren entschieden – „die ihre Technik nicht gänzlich beherrschen und darum ein Unbeherrschtes, Zufälliges tröstlich durchlassen“ (ebd., S. 353). Ob sie damit wirklich schon für Kunst gelten würden, bleibt dahingestellt, für Adorno aber widersetzen sie sich auf diese Weise dem ideologisch absoluten Verblendungszusammenhang des Kinos, wie er für ihn sonst über den Film exekutiert wird. Als Kunst begreift Adorno aber auch den Neuen Film damit noch keineswegs zwingend, er zeigt bloß einen Ausweg aus der standardisierten Hegemonie einer Medienökonomie des Kinos auf.

Nun muss man die dystopische Haltung, die Adorno der Massenkultur entgegenbringt, nicht teilen. Dass es in den Segmenten der Massen- und Populärkultur nicht lediglich um Modi von Standardisierung und Ideologie geht, konnte unterdessen weithin gezeigt werden. Ihre Halbwertszeit hat das Konzept der „Kulturindustrie" längst überschritten, das letztlich vor allem auf einer offenbaren Idiosynkrasie Adornos gegenüber der Unterhaltung als symbolischer Form gründet und nur mit der Unterstellung arbeiten kann, Kunst könne nur erlitten werden. Geht es also überhaupt um Fragen der Kunst, wenn wir den Film als Medium und als zentralen Bestandteil einer modernen Massenkultur als Medienkultur anschreiben? Setzt das Medium Film nicht jenseits jedes Diskurses über die Möglichkeit an, auch Teil einer sich als autonom verstehenden Kunst zu sein? Und letzteres nicht aufgrund der bekannten arbeitsteiligen Produktion des schlussendlichen Kulturguts Film – die ist in der Kunst bekanntlich, und vor allem ohne größere Vorbehalte, mindestens seit der Renaissance bekannt und wurde für die Gegenwart von Künstlern wie Jeff Koons oder Damien Hirst insbesondere merkantil vervollkommnet. Dennoch würde niemand deren Werken den Kunstcharakter absprechen, sondern eher fragen, ob diese Kunst tatsächlich noch den Maßstäben entspreche, die an eine Ästhetik autonomer Kunst heranzutragen seien. Wobei es natürlich gerade zu den Eigenschaften autonomer Kunst gehört, die Möglichkeiten ihrer Ästhetik, Performativität und Kommunikation massiv ausweiten und äußerst flexibel gestalten zu können. Wenn sich daher die Frage stellt, ob das Medium Film insgesamt nicht nur aus dem Kontext eines Verständnisses von Kunst herausgelöst, sondern dezidiert nicht als Kunst, als Medium sogar als Gegen-Kunst verstanden werden soll, dann ist diese Frage vielmehr generisch angelegt und zielt auf dessen mediale, kulturelle Eigenlogik ab.

Die angemessenere Frage heute scheint daher zu sein, ob die, wie es scheinen möchte, obsessive Fokussierung auf den Nimbus der Kunst für eine Positionierung des Films überhaupt notwendig, ja, wünschenswert ist. Mehr noch: Ob dieses Ansinnen angemessen ist. Vielmehr eröffnet der Film wohl ein neues, audiovisuelles Prinzip der Kultur in der Gesellschaft, bei dem es zwar nach wie vor um Fragen von Ästhetik und Wirkung geht, die aber nicht mehr zwingend im Modus eines klassischen Verständnisses des Kunstwerks vorgetragen werden müssen. So beginnt Martin Seel (2013, S. 9 f.) seine Studie über *Die Künste des Kinos* mit der These, das Kino übernehme von Anfang an „viele Verfahren" der etablierten Künste; „aber es lässt sie nicht so, wie sie dort sind. Es kann, was es kann, weil es das verkehrt und verwandelt, was die anderen Künste können". Demnach ist das Kino die verkehrte Kunst, und dieses Etikett wäre buchstäblich doppelbödig zu verstehen: Das Kino verkehrt die Künste, mit denen es umgeht, bei denen es sich bedient, in etwas anderes, neues; und es ist auch die verkehrte, weil falsche Kunst, eine Kunst, die keine Kunst ist. Aber es ist nicht deshalb keine Kunst, weil es nicht künstlerisch, nicht ästhetisch wäre, sondern weil es einem ganz anderen Prinzip der ästhetischen Vermittlung, Genese, Produktion und Distribution folgt.

Düttmann (2000, S. 8) hat an anderer Stelle versucht, Kultur näher zu bestimmen und sie insbesondere in Verbindung mit der Herausforderung gebracht: „Vielleicht gäbe es Kultur gar nicht ohne das Wahrnehmen von Herausforderungen, vielleicht ist Kultur nichts anderes als ein Name für die Möglichkeit, Herausforderungen wahrzunehmen, sie anzuerkennen". Damit führt er in das Selbstverständnis der Praktiken sowohl einer legitimen wie auch einer sich subversiv gebenden Kultur gleichermaßen ein agonales Element ein: das Bestreben, in neuer Weise auf bestimmte Konstellationen zu reagieren, das eine Dynamik der Kultur gewährleistet. Damit verbindet er eine markante Eigenschaft der Moderne, da einerseits in der Herausforderung immer ein „Moment des Elitären, der Vereinzelung, der Ausnahme und Herausnahme" liegt, das aber „in ein Moment des Egalitären" verwandelt werde (ebd., S. 9). Kultur, meint Düttmann, hänge „von einer solchen Verwandlung ebenso sehr ab wie von der Herausforderung" (ebd.). Die Frage, die sich an dieser Stelle aufdrängt ist, welche Form eine so verstandene Kultur annehmen müsste und ob sie sich im Format eines letztlich klassisch bleibenden Kunstverständnisses noch angemessen artikulieren kann.

2 Film ist keine Kunst

In dem eben skizzierten Sinne stellt der Film eine durchaus innovative kulturelle Ausdrucksform dar. Die Herausforderungen der modernen Gesellschaften, kulturelle Formen zu finden, die kompatibel sind für eine massengerechte Distribution und darin zugleich ästhetische Zugänge zu finden, nimmt der Film konsequent auf und verfolgt sie in mindestens zwei Richtungen: Erstens wirkt er innovativ in die Gesellschaft hinein, indem er neue, medial gesättigte Erfahrungen erlaubt, neue Wahrnehmungen ermöglicht, neue Perspektiven auf die Ordnungen der Dinge ermöglicht. Zweitens ist der Film ein rastloses Medium, das immer neu nach Ausdrucksweisen, Formensprachen, technischen Finessen und Zirkulationsmöglichkeiten sucht. Und zwar in beiden Fällen nicht zuletzt deshalb, weil der Film gerade nicht für sich beansprucht, zur Gattung des autonomen Kunstwerks zu zählen, sondern in aller Regel sehr genau weiß, dass er zunächst Teil einer auf die Fläche des Marktes orientierten Kommunikation ist, die nur solche Ästhetiken zulässt, die hier irgendwie integrierbar sind oder innerhalb des Mediums eine marginalisierte Position einnehmen. Als soziales Medium, das gerade nicht den Geist des autonomen Kunstwerks im Sinne eines klassischen Kunstverständnisses atmet, arbeitet speziell der Film tendenziell recht harsch gegen solche Marginalisierungen.

Festhalten lässt sich daher: Der Film ist innovativ, weil er keine Kunst ist. Aus den klassischen Künsten schert er endgültig aus, indem er einer radikal abweichenden Produktions- und Distributionslogik und ästhetischen Form folgt. Das unbedingte Kunstwollen im Film entwickelt daher häufig generische Blockaden, die einer Fortentwicklung seiner Formensprache entgegenstehen. So endet der auf das Signum autonomer Kunst abzielende cineastische Autorenfilm oft in Manifest und Attitüde, und zwar gerade weil er – in der von Adorno benannten Absicht, die Standards filmischer Medienökonomie bewusst zu verfehlen – Codes der Kunst bloß reproduziert. Den Akteuren dieser Spielart liegt Herablassung häufig nicht fern. So etwa, wenn jüngst im Interview mit dem SZ Magazin Michael Haneke exemplarisch austeilt: „Wir sind programmiert auf Berieselung durch Mainstream. Ich habe aber keine Lust, nur Konsumenten zu beliefern. Film kann wie Literatur auch Dialog sein, fruchtbare Auseinandersetzung" (2017). Hanekes idiosynkratische Haltung gegenüber demjenigen Segment, das er den „Mainstream" nennt, übersieht die gerade diesem Mainstream eigenen Qualitäten, was die „fruchtbare Auseinandersetzung" zwischen Medium, Publikum und Gesellschaft angeht; und er übergeht, dass es zwischen seiner Filmkunst oder seinen Kunstfilmen und dem Feld des Trash, das immer mitschwingt, wenn er vom Mainstream spricht, ein ziemlich breites, offenes Feld unterschiedlichster Produktionen gibt. Haneke, lässt sich sagen, anerkennt nicht im Ansatz das Potenzial des Mediums, mit dem er umgeht. Was hingegen der Mainstream zu leisten imstande ist, sowohl an gesellschaftsanalytischer als auch an formaler Innovationskraft, zeigt sich etwa am viel geschmähten Melodram. Gerade dessen im Zentrum des Mainstream befindliche Produktionen berühren häufig ungleich wirkungsvoller die brisanten Themen ihrer Gegenwart und können, gerade weil sie auf ein Massenpublikum abzielen, letztlich weit vehementer mit diesem in Dialog treten.

Die wegweisenden Film-Melodramen von Douglas Sirk sind dafür ein herausragendes Beispiel. So stellt Hermann Kappelhoff (2004, S. 138) zum Melodrama fest, dieses ziele natürlich und ganz offensichtlich auf die Lust des Publikums am Sensationellen und Interessanten, ohne darüber zu einer Form objektiver Wirklichkeit vorzustoßen. Daraus, und aus der kulturhistorischen Tradition, in welcher das Melodrama damit mit Blick auf Theater und Literatur steht, leitet er aber keinen Antagonismus ab, sondern insbesondere eine Legitimität der „Flüchtigkeit subjektiven Genießens" (ebd.). Anstatt daher eine unüberbrückbare Differenz zwischen einem ungehemmten Genuss von Kunst und Kultur, der mit der Formel des Kitschs verbunden wird, und einer bürgerlichen Kultur mitsamt ihrer „Reflexionsästhetik" (ebd.) aufzumachen, wirbt Kappelhoff nachdrücklich für die Überwindung dieser Spaltung, also der „Polarität von Hoch- und Populärkultur" (ebd.). Exemplarisch führt Kappelhoff dies schließlich aus für Sirks *Magnificient Obsession* aus dem Jahr 1953, das er gerade wegen der offenkundigen Banalität auf der Handlungsebene, verbunden mit einer Visualisierung, ja man könnte sagen Materialisierung, von Emotion, die er als „Affektbild" bezeichnet (ebd., S. 163 ff.). Die „Pathosform Melodrama" wirke parabolisch und beziehe sich geradezu programmatisch auf eine „offene semantische Struktur", die im Sinne etablierter Konventionen der Kunstrezeption eher als „mangelnde Signifikanz" eingeordnet werde (ebd., 159). Auch Thomas Elsaesser (2008, S. 26) leitet die Wirkmächtigkeit einer „Gefühlslogik des Melodrams" geradezu in Absetzung von einer Adressierung des Genres im speziellen, aber auch des Films im allgemeinen, als Kunst ab. Für die Gegenwart bezeichne das (Film-)Melodrama die „einzige Art von Tragödie, die uns zur Verfügung steht" (ebd., S. 33).

3 Lob des Mainstreams

Die wichtigen und wirkmächtigen ästhetischen Umbrüche des Mediums werden im Segment des Mainstreams gesetzt, und gerade nicht vom kunstwollenden Autorenfilm. Dies möchte ich an zwei Beispielen verdeutlichen. Im Jahr 1981 läuft Jean Jacques Beneix' *Diva* in den Kinos an. Zwar steht der Film in der Tradition eines immer ästhetisierenden französischen Kinos, an die Tradition etwa der klassischen Nouvelle Vague (die selbst dem Publikum keineswegs abhold gewesen ist) schert er aber aus, indem er diese in den Mainstream hinein radikalisiert, nicht etwa verflacht. Schon das Filmplakat könnte entweder ein Plattencover oder einem französischen Comic Magazin der Zeit entsprungen sein. Der Film entfaltet einen opulenten Farbrausch, der nicht nur mit der ausufernden Palette an Figuren und Handlungssträngen korrespondiert, sondern vor allem an die satte Farbwelt des Produktmarketing anschließt. *Diva* ist deshalb so ästhetisch innovativ, und, nebenbei bemerkt, kommerziell ausgesprochen erfolgreich, weil dieser Film den Warencharakter des Films generisch anerkennt und diese Erkenntnis in eine ästhetische Programmatik übersetzt. Beneix gelangt zu einer konsequenten Bildästhetik, weil er die Kommodifizierung filmischer Bildwelten affirmiert und Einstellungen wählt, die man bis dahin nur aus Werbespots kannte –

etwa der Leuchtturm im Sonnenaufgang, angeschnitten über den Kotflügel einer Limousine, getaucht in völlig irreale, überzogene Farben, wie sich dies bis dato nur das Melodram erlaubt hatte. Für den Film erschließt *Diva* eine seinerzeit neuartige Dialogizität zwischen ästhetischer Form und Marktkompatibilität. Die Akzente, die der Film mit Blick auf Techniken der Kadrierung und der Farbkomposition setzt, sind bis heute von nachhaltiger Bedeutung. Eine moderne Farbästhetik des Kinos wäre ohne die Leistung von Beneix' Film undenkbar.

Anfang der 1990er Jahre liest Quentin Tarantino Sergei Eisenstein, sofern er ihn überhaupt gelesen und nicht bloß gattungskonform gesehen hat, gegen den Strich, überträgt das Prinzip der filmdirektiven Montage auf die Dramaturgie und führt so eine neue Formensprache ein, eine Semiotik des Kinos, die bis dahin unbekannt war. Nur sind die Effekte ganz anderer Natur als bei Eisenstein. So folgen Eisensteins auseinandergerissene, wieder neu zusammengesetzte Bilder der Funktion einer didaktischen Führung des Publikums, stehen also dezidiert im Dienste einer politisch ausgerichteten Gesellschaftspädagogik, mithin von Ideologie, als deren Kommunikator er den Film zeitgemäß begreift. Im zeitgenössischen Kontext finden sich ähnliche Ansätze zur Konzeptionalisierung des Films etwa in medientheoretischen Überlegungen bei Brecht. Der Film erscheint hier als eine moderne Technologie zur Regierung von Individuen. Das Schnittprinzip, angewandt auf die Dramaturgie selbst, so wie Tarantino es sich postmodern zu Eigen macht, reißt den Film als kohärentes Format hingegen auseinander. Über die Verwirrung, die dies etwa bei einem Film wie *Pulp Fiction* (1994) beim Publikum auslöst, kann die Lust, das Amüsement, die Spannung verstärkt und damit der Erfolg des Films noch gesteigert werden. Das trifft jedoch nicht auf die ideologische Führung des Films zu, wie sie Eisenstein praktiziert. Das Schnittprinzip, sofern es übersetzt wird in einen generisch dramaturgischen Ansatz, verträgt sich nicht weiter mit einer ideologischen Passung des Mediums, weil es jede Möglichkeit einer geradlinigen Kommunikation, die für diese Ausrichtung nötig wäre, konsequent unterläuft. Schnitt und Montage bei Eisenstein hingegen sind primär narrativ funktionale Elemente. Zwar stehen auch die in Diensten der Dramaturgie als Komposition des Filmaufbaus; ihr wesentlicher Effekt liegt aber darin, Botschaften zu generieren, die jenseits der Dramaturgie liegen und auf vom Film letztlich abgelöste Felder verweisen – Emotionen, Bedürfnisse, Ethiken, Aktionen – und, vor allem über das Element der Rhythmisierung, eine Syntax des Films zu schaffen (Gotto 2011). Hier zeigt sich in besonderer Weise, wie sich gerade der explizit als Kunst intendierte Film in den Dienst von Ideologie stellen lässt, während demgegenüber der Mainstreamfilm in der Lage ist, einen Emanzipationsschub zu initiieren, der in der medialen Kompetenz zugleich gesellschaftliche Optionen spiegelt. Viel stärker als jede andere Filmgattung reagiert letztlich das Mainstreamsegment seismografisch auf Krisen, laufende Prozesse oder auch (Zeitgeist-)Phänomene in Gesellschaft und Kultur. In seinen Produktionen stellt es diese nicht nur dar, sondern unterzieht sie teils groben, teils äußerst subtilen Analysen und Kommentierungen. In diesem Kontext ist es schließlich gerade der Mainstreamfilm, der einerseits Akzente setzt in Richtung realer gesellschaftlicher Transformationen, andererseits aber auch Szenarien erstellen kann, die, sei es dystopisch oder utopisch, darauf reflektieren, was Gesellschaft auch sein könnte. Damit wäre an diesem Punkt auch eine klare Positionierung gegen die zu Beginn dieses Textes angeführten Bemerkungen Adornos zum Verhältnis von Film und Kunst geführt. Nicht nur ist der Film daher keine Kunst, ganz wie das auch Adorno findet. Vielmehr soll er auch keine solche sein und ist geradezu von einem medialen Imperativ getragen, sich mit Kunst nicht zu identifizieren. Deshalb liegt die Stärke des Films schlussendlich da, wo Adorno sie niemals vermutet hätte, nämlich sowohl in den „piekfeinen, zumal psychologischen A-pictures“ (Adorno 1997, S. 361), als auch in den demgegenüber standardisierteren B-Produktionen; jedoch gerade nicht in den ambitionierten Werken der Filmkunst. Der Mainstream fängt über seine medienspezifischen Formate der Narration und Ikonografie ein Potenzial ein, das gerade nicht Ideologie vermittelt, sondern über diese hinausweisen kann. Das liegt daran, dass er letztlich freier ist im Umgang mit seinem Material, nicht einer eindeutig zugeschnittenen Aussage verpflichtet. Auch wenn das natürlich nicht heißt, dass dies auf jeden Mainstream Film zuträfe (natürlich gibt es auch hier eine Vielzahl tendenziöser Produktionen), so ist doch eben dieses Spiel des Mainstream mit einer Subversion der gewohnten und zur Konvention gewordenen Formen und Codes extrem bemerkenswert. Das kulturell interessante und wegweisende Potenzial des Films liegt in jedem Fall deutlich und eindeutig jenseits der Kunst.

Im Vergleich dazu verfügt der Kunst insinuierende Film über ein vergleichsweise geringes Innovationspotenzial. Der hier innovativ aktiven Avantgarde, wie etwa der französische Film der 1950er und 60er Jahre, kann man freilich nicht vorwerfen, publikumsscheu gewesen zu sein. Die Hypothese ließe sich aufwerfen, die freilich, was hier nicht leistbar ist, näher zu belegen wäre, dass dieses Unvermögen genuin am Anspruch dieser Filme liegt, eine Nähe zur Kunst aufzubieten oder sogar selbst Kunst zu sein. Dieses Kunstverständnis ist jedoch erstaunlich konservativ und wenig experimentierfreudig ausgelegt, experimentierfreudig mit Blick auf die immanenten Möglichkeiten des Mediums. Vielmehr orientiert sich das zugrunde liegende Konzept von Kunst, das in der Regel zugleich eines von Intellektualität sein soll, einerseits an den Erzählstrategien beziehungsweise an der Textdominanz der klassischen Literatur, was sich auch an experimentelleren Arbeiten wie etwa Alain Resnais' Filme *Letztes Jahr in*

Marienbad oder *Hiroshima, mon amour* zeigt, oder aber an den ästhetisch betont statischen, bewegungslosen, wortlastigen Filmen, wie sie etwa Eric Rohmer vorgelegt hat. Ästhetisch verharren diese Arbeiten im Wesentlichen in der Anlage und ikonografischen Formensprache des klassischen Gemäldes und konservieren damit auf eigenartige Weise in einem bewegten Medium des 20. Jahrhunderts das Kunstverständnis des 19. Jahrhunderts und der unbewegten Darstellung. Dies Verständnis scheint immer noch wirksam zu sein, wenn es um die Formulierung von Dispositiven des Kulturellen auch in der Gegenwart geht. Für die Kultur, und speziell für die Medien, lässt sich so gesehen von einem sehr langen, womöglich von einem anhaltenden 19. Jahrhundert sprechen. Hingegen wird innerhalb des betreffenden Segments kaum ein cineastischer Blick gefunden, und wohl auch nicht gesucht, schon weil dieser das Publikum und das Medium Film gleichermaßen als genuin kommerziell organisiertes Feld akzeptieren müsste.

4 Ästhetik des Films

Beide zuvor angeführten Fälle, Beneix' *Diva* und Tarantinos *Pulp Fiction,* sind, so darf man sagen, revolutionäre, zumindest wegweisende Momente für eine Ästhetik des Films, die gerade deshalb möglich sind, weil in ihnen Kunst höchstens noch als Zitat vorkommt. Diese Filme operieren von einem Standpunkt aus, der sich von dem der klassischen Filmkunst deutlich unterscheidet, ohne deshalb mit der Aufgabe von Qualitätsstandards einher zu gehen. Sie verorten sich nicht nur konsequent innerhalb der populären Kultur, sondern sie begreifen sich ganz offensichtlich offensiv als genuinen Teil der populären Kultur. Diese Filme wurden ausdrücklich gemacht, um populäre Kultur zu sein, in ihr zu wirken und über die Form und das Ausdrucksvermögen der Populärkultur ein Publikum, und damit auch gesellschaftliche und kulturelle Codes zu erreichen, mithin zu transformieren. Indem diese Produktionen ihre Eigenschaft als Ausdrucksform eines massenkulturellen, populärkulturellen Mediums offensiv einsetzen, setzen sie eine klare Zäsur gegenüber dem cineastischen Kunstwollen und erreichen auf weit konsequentere Weise als diese eine eigenständige Formensprache des Films. Deren Möglichkeit ist, um hier noch einmal den Aspekt von Gesellschaft und Vergesellschaftung zu streifen, nicht denkbar ohne Berücksichtigung der gesellschaftlichen Rahmenbedingungen des Films, d. h. einer Produktions- und Distributionsform, die generell auf ein größeres bis großes Publikum abzielt, die auf ökonomischen Gewinn kalkuliert ist und die im Film ihr Primärmedium für Akte symbolischer Kommunikation gefunden hat. Die Ästhetik und vor allem die spezifische Perspektivik des Werbefilms, lange vor dem ästhetischen Ausbau des

Musikvideos, in das Spielfilmformat zu übersetzen, gelingt nur, wenn der Werbeclip ästhetisch auf Augenhöhe veranschlagt und nicht lediglich als nachrangiges, letztlich triviales Produkt einer kommodifizierten Gesellschaft abqualifiziert wird. Der Film muss sich also seine intrinsische Kommodifizierung ästhetisch und dramaturgisch zu eigen machen. Anders kann er nicht zu neuen Möglichkeiten finden. Das zeigt sich bei Tarantino ganz genauso, der in seinen ersten Filmen konsequent an Elemente des konventionellen Genres und des Pulp anschließt und aus deren exponierter, aber klug zerlegter Zusammenstellung etwas Neues schafft.

Vor diesem Hintergrund müssen wir die Frage stellen, ob im Fall eines Mediums wie des Films der Fokus auf das Kunstwollen nicht nur nicht notwendig, sondern geradezu hinderlich ist, wenn es darum geht, das ästhetische, dramaturgisch-narrative und performative Potenzial des Mediums auszuschöpfen. Verstellt also der Fokus auf die Kunst letztlich den Fokus auf den Film? Der Film ist keine Kunst, was eben nicht bedeutet, dass der Film nicht ästhetisch, narrativ, etc. hochgradig ambitionierte Produktionen vorlegen kann. Als Massenmedium, eingelassen in die Netze der populären Kultur, geht er letztlich über das klassische Verständnis von Kunst deutlich hinaus. Damit soll nicht etwa der Spieß umgedreht und die Populärkultur zur eigentlichen und am Ende besseren Kunst verklärt werden. Vielmehr erfordert die Gemengelage massenkultureller Kommunikationen, die als Populärkultur nicht nur auf ganz anderem Wege ihr Publikum suchen, sondern die letztlich ein ganz anderes Publikum suchen, einen Zugriff auf kulturelle Artefakte, deren Herstellung und Performativität, der sich vom klassischen Konzept der Kunst dezidiert unterscheidet und daher mit einer Integration in Richtung Kunst auch nicht mehr aufgefangen werden kann. Soziologisch gesehen, war der frühe Drang des Mediums Film und seiner Akteure, als Kunst anerkannt und integriert zu werden, ganz sicher konsequent und nachvollziehbar. Insofern ist ein Dokument, wie das Oberhausener Manifest nach wie vor extrem bedeutsam. Dieser Zug reicht aber nicht aus, weil der Film als Medium damit letztlich hinter sich selbst zurückfällt. Erst die Überwindung der Kunst eröffnet einem populären Medium wie dem Film auch die Möglichkeit, zu eigenständigen Ausdrucksformen zu gelangen.

Literatur

Adorno, Theodor W. 1997. Filmtransparente. In: Ders.: *Gesammelte Schriften 10.1: Kulturkritik und Gesellschaft I*, hrsg. R. Tiedemann 353–361. Frankfurt a.M.: Suhrkamp.

Düttmann, Alexander García. 2007. Visconti. Einsichten in Fleisch und Blut. Berlin: Kadmos.

Düttmann, Alexander García. 2000. Kunstende. Drei ästhetische Studien. Frankfurt a.M.: Suhrkamp.
Gotto, Lisa (Hrsg.). 2011. Eisenstein Reader. Die wichtigsten Schriften zum Film. Leipzig: Henschel.
Elsaesser, Thomas. 2008. Melodrama: Genre, Gefühl oder Weltanschauung? In: *Das Gefühl der Gefühle. Zum Kinomelodram,* hrsg. M. Frölich et al., 11–34. Marburg: Schüren.
Haneke, Michael. 2017. „Jeder von uns ist nett und auch ein Arschloch". Interview von Tobias Haberl. *Süddeutsche Zeitung Magazin*, 40, 6. Oktober 2017, 9–13.
Kappelhoff, Hermann. 2004. Matrix der Gefühle. Das Kino, das Melodrama und das Theater der Empfindsamkeit. Berlin: Vorwerk 8.
Seel, Martin. 2013. Die Künste des Kinos. Frankfurt a.M.: S. Fischer.

Überlegungen zur kontemporären Position des Films im Feld der Kunst und im sozialen Raum

Jan Weckwerth

Zusammenfassung

Ausgehend von Pierre Bourdieus Theorie der sozialen Felder diskutiert der vorliegende Beitrag aktuelle Feldregel- und Positionsveränderungen des Films im Feld der Kunst. So sind gerade für den Spielfilm als lediglich halb-konsekrierte Kunstform Verschmelzungen zwischen dem künstlerisch-homonomen und dem kommerziell-heteronomen Feldbereich zu konstatieren, was vielschichtige Konsequenzen für die Rezeption und deren Distinktionspotenzial bereithält. Aufgrund der Ubiquität filmischer Produkte manifestieren sich zunehmend feinere Unterschiede bei der Aneignung, die sich nicht mehr in der Bevorzugung einzelner Filme oder Filmgenres erschöpfen. In diesem Zusammenhang wird auch der populäre Begriff des subkulturellen Kapitals einer kritischen Betrachtung unterzogen.

Schlüsselwörter

Film · Soziales Feld · Kunstfeld · Bourdieu · Aneignung · Distinktion · Subkulturelles Kapital

J. Weckwerth (✉)
Berlin, Deutschland

L. Hieber und R. Winter (Hrsg.), *Film als Kunst der Gesellschaft,* Film und Bewegtbild in Kultur und Gesellschaft,
https://doi.org/10.1007/978-3-658-30461-4_5

1 Einleitung

Das Verhältnis von Pierre Bourdieu – sowie der akademischen Forschung über Bourdieu – zum Film ist von einer gewissen Ambivalenz geprägt. So wurde vielfach ausgeführt, dass Bourdieu dem Film und dem Kino innerhalb seines Kanons bemerkenswert wenig spezifische Aufmerksamkeit gewidmet hat (vgl. etwa Schroer 2008; Heinze 2015; Austin 2016). Gleichwohl haben in jüngerer Zeit die Filmwissenschaft und die Filmsoziologie Bourdieu verstärkt für sich entdeckt: im engeren Sinne mittels Anwendungen praxeologischer Konzeptionen auf den Film, gewissermaßen als Soziologie *durch* den Film (vgl. etwa Moldenhauer 2006; Prinz und Clauss 2011; Berli 2012; Weckwerth 2017a, b), darüber hinaus in einer Auseinandersetzung mit seiner grundlegenden Einordnung des Films als bzw. innerhalb der Kunst (vgl. Heise und Tudor 2007; Heinze 2015; Austin 2016). Chris Cagle (2016) merkt indes kritisch an, dass sich die Beschäftigung mit Bourdieu insgesamt hauptsächlich auf die Rezeptionssphäre und (zu) wenig auf die Produktion filmischer Güter bezieht.

Bourdieu selbst verhandelte den Film insbesondere als Teilbereich der Kunst in seiner (Re-)Konstruktion des Kunstfeldes. Wenngleich er sich seine gesamte akademische Laufbahn hindurch mit Kunst auseinandergesetzt hat (für eine biografisch orientierte Zusammenstellung vgl. Wuggenig 2017), stellen seine Analysen der Funktion künstlerischer Werke für die symbolische Distinktion der oberen Klassen über den Ausdruck scheinbar individueller Lebensstile und Geschmackspräferenzen gewissermaßen den Knotenpunkt dar (vgl. insb. Bourdieu 1982). Kunst(geschmack) fungiert demnach als Instrument zur alltäglichen Aufrechterhaltung des Status quo, zur Absicherung der Herrschaft der oberen Klassen. Entsprechend hierarchisch segmentiert skizziert er die Kunst an sich: die hochkulturell-elitären und damit Distinktion verleihenden Kunstformen und -werke für den legitimen Geschmack, die weniger anerkannten Werke der hohen Kunstformen und die mittleren Kunstformen für den mittleren Geschmack sowie die leichten, unterhaltenden Kunstformen für den populären Geschmack (vgl. ebd., S. 36 ff.). Aufgrund des „kulturellen Schismas" (ebd., S. 65) scheinen alle künstlerischen Werke jeweils quasi-natürlich zum Zielpublikum zu passen.

Nun sind seit Bourdieus empirischen Untersuchungen einige Jahrzehnte vergangen, in denen Kunstproduktion und -rezeption einen radikalen Wandel erfahren haben (vgl. Zahner 2006), ganz zu schweigen von der Zirkulation und beinahe ubiquitären Verfügbarkeit kultureller Produkte. Wie alle sozialen Felder befindet sich auch das Feld der Kunst in einem beständigen Wandel; dies betrifft unter anderem die Kriterien für den Zugang ins Feld, die Regeln des Feldes und die (positive wie negative) Sanktionierung von Positionierungen, also Stellungnahmen im Feld.

Dabei wurde aus verschiedenen Warten insbesondere die Veränderung der Rezeptionsgewohnheiten und -präferenzen beleuchtet. Richard A. Peterson (1992) prägte den Begriff des *cultural omnivores* für heutige gesellschaftliche Eliten, die sich längst nicht mehr nur hochkulturellen Künsten hingeben, sondern durchaus Gefallen an populärer Kultur finden, während die unteren Schichten als *cultural univores* weiterhin nur ihren ‚angestammten' Geschmäckern nachgehen (spezifisch für den Film vgl. Chan und Goldthorpe 2005; kritisch unter anderem Holt 1997; Atkinson 2011; Robette und Roueff 2014; Flemmen et al. 2018).[1] Omar Lizardo und Sara Skiles (2012) beurteilen die Appropriation statusminderer kultureller Güter eher als innovative Strategie kulturell kompetenter Oberschichten für eine vor allem horizontale (also gegenüber anderen Oberschichten) sowie intergenerationale Grenzziehung. In der Milieuforschung wird eine stärkere Lebensstilpluralisierung vor allem als Phänomen der modernisierten, stärker selbstbestimmten Milieus der Mittel- und Oberschichten begriffen und ist damit ebenfalls nur für einen Teilbereich des oberen sozialen Raums zu konstatieren (vgl. Vester et al. 2015).

Unabhängig von Fragen der Validität und universellen Transferierbarkeit derartiger Befunde entspringen hieraus potenziell weitreichende Implikationen: Trotz der – oftmals als postmodern veranschlagten – Ausdifferenzierung von Lebensstilen und Lebensentwürfen sind die sozialen Barrieren zwischen Milieus, Schichten und Klassen ja weiterhin relativ unvermindert wirksam. Organisiert und manifestiert sich Distinktion (im Sinne von *Unterscheidbarkeit*) in Gesellschaften, in denen kulturelle Präferenzen nicht mehr ‚automatisch' als ansatzweise fixer *Code* für eine von anderen Lagen hierarchisch abgegrenzte soziale Lage herhalten, nun also impliziter? In Bourdieus Feld- und Lebensstiltheorie kommt Kunst ja nur vereinzelt und mittelbar als *divergierende* soziale Praxis bezüglich *desselben* Mediums oder Artefakts vor – also das, was gemeinhin als Aneignungsstrategien und Aneignungskontexte bezeichnet wird.

Die Relevanz (noch) feinerer Möglichkeiten zur Distinktion dürfte indes besonders prominent filmische Produkte betreffen. Schließlich haben diese aufgrund der postulierten heutigen „social centrality of visual culture" (Austin 2016, S. 2) eine die Gesellschaft durchziehende Sichtbarkeit inne, die für den

[1]Unter Kultur werden im vorliegenden Beitrag in der Regel explizite (im Sinne von absichtsvoll produzierte) Kulturprodukte gefasst. Selbstverständlich ist jedwede Praxis eines Akteurs grundlegend als Kultur zu verstehen.

Großteil der Akteure ein *in Beziehung setzen* zumindest nahelegt. In diesem Sinne fokussiert der vorliegende Beitrag dreierlei: 1) eine theoretische Neujustierung des Produkts Film im Feld der Kunst, 2) eine theoretische Neujustierung der gesellschaftlichen Aneignung filmischer Produkte und daran anschließend 3) Überlegungen zur Veränderung der Distinktions*voraussetzungen* sowie der Etablierung neuer Distinktions*strategien*.

Entsprechend folgt der Beitrag einem verschachtelten Aufbau: Zunächst werden kursorisch Bourdieus Konzeptionen zu sozialen Feldern und zum Sonderfall Feld der Kunst vorgestellt und auf dieser Basis der Film als Subfeld im Feld der Kunst verortet. Im Anschluss werden theoretische Aktualisierungen diskutiert, die das Kunstfeld und den Film als Kunst betreffen, auch und insbesondere unter Berücksichtigung der Filmrezeption. Inwiefern schlägt sich also eine Ausfächerung der Lebensstilelemente in einer Ausdifferenzierung der Felder und Subfelder nieder – und umgekehrt? Daran anknüpfend wird eruiert, ob – und wenn ja, in welcher Form – sich neue Distinktionsstrategien herausgeschält haben. In diesem Zusammenhang soll auch der zu Prominenz gelangte Begriff des subkulturellen Kapitals einer Bewertung unterzogen werden, welcher der stärkeren Ausdifferenzierung in Sparten und Genres Rechnung trägt und diese jeweils mit spezifischen distinktionsgenerierenden Ressourcen verknüpft. Der Ausblick auf weitere potenzielle oder anstehende Entwicklungen beschließt die Überlegungen.

2 Feld – Kunstfeld – Film: Bourdieus theoretische Konzeptionen

2.1 Theorie der sozialen Felder

Innerhalb des sozialen Raums, der die Gesellschaft als Ganzes mit all ihren Akteuren und Institutionen sowie deren relativen Positionen zu anderen Akteuren und Institutionen abbildet, existiert eine große Anzahl sozialer Felder. Bourdieu führt hier etwa die Felder der Politik, der Kultur, der Ökonomie, der Religion und der Wissenschaft an, die jeweils aus Subfeldern bestehen, welche wiederum unterteilbar sind.[2] Felder fungieren als „relativ autonome soziale Mikrokosmen"

[2]Bourdieu bedient sich bei der Einteilung in Felder und Subfelder keiner einheitlichen Heuristik. So ist beispielsweise das Feld der Kultur nach einigen Ausführungen ein Subfeld der Philosophie, nach anderen ein Feld neben der Philosophie. Ähnlich verhält es sich

(Bourdieu und Wacquant 1996, S. 127) und weisen daher eigene Logiken und Kräfteverhältnisse auf, die sich nicht nur von denen anderer Felder, sondern auch von der Struktur des sozialen Raums mitunter beträchtlich unterscheiden können. Bourdieu (2015, S. 351) bezeichnet dies als „Übersetzungs- oder Brechungseffekt", dessen Stärke insbesondere von der Autonomie des Feldes gegenüber äußeren Einflüssen abhängt.

Im vorliegenden Beitrag kann eine tiefergehende Diskussion der Feldtheorie nicht erfolgen (vgl. hierzu insb. Bourdieu 1993, S. 107 ff.; Bourdieu und Wacquant 1996, S. 124 ff.). Zwei grundlegende Eigenschaften von Feldern erweisen sich für die folgenden Überlegungen als besonders relevant:

1. Innerhalb der Felder wird um spezifische Interessenobjekte oder Profite gerungen, beispielsweise im ökonomischen Feld um (monetären) Gewinn, im wissenschaftlichen Feld um Erkenntnis, im religiösen Feld um (richtigen) Glauben. Die Position der Akteure im Feld ergibt sich dabei aus der Verfügung über die jeweils geeigneten Ressourcen (also die spezifischen Ausprägungen der Kapitalsorten), die den Zugang zu diesen Profiten erleichtern oder gar sichern. Jedoch entscheidet nicht nur die Menge an feldrelevanten Ressourcen über den Erfolg, sondern auch das Gespür für den *richtigen* – im Sinne von lohnenden – Einsatz dieser Ressourcen. Dieses Gespür hängt wiederum von den habituellen Dispositionen der Akteure ab. Diese agieren dann am erfolgreichsten, wenn sich ihr Habitus zum Feld (bzw. seinen Eigenheiten) homolog verhält, also strukturelle Übereinstimmungen aufweist. Bourdieu (1989, S. 397) bezeichnet dies als „vorreflexive Komplizenschaft" von Habitus und Feld, welche die Positionen als natürlich erscheinen lässt und die diesen zugrunde liegenden Kämpfe verschleiert.
2. Es findet eine ständige Auseinandersetzung statt zwischen den bereits im Feld Etablierten, gewissermaßen den Herrschenden, die den Status quo der Positionen und Regeln weitestgehend bewahren wollen, und den „Anwärtern" auf Herrschaft, die sich einen Zugang zu den privilegierten oder monopolisierten Positionen erkämpfen wollen und demzufolge die hergebrachten Regeln zumindest partiell infrage stellen (vgl. Bourdieu 1993,

---

mit der Einordnung der Musik oder der Literatur neben die Kunst oder als Teil des Kunstfeldes. Allerdings betont er, dass der Begriff Feld für verschiedene „Aggregationsebenen" anwendbar ist (Bourdieu und Wacquant 1996, S. 135). Hier wird auf zu kleinteilige Verästelungen verzichtet und lediglich von Feldern und – wenn nötig – Subfeldern gesprochen.

S. 107). Insofern entspricht die Struktur eines Feldes immer den aktuellen Machtverhältnissen der am Kampf beteiligten Akteure und Institutionen sowie dem „Stand der Verteilung des spezifischen Kapitals, das im Verlauf früherer Kämpfe akkumuliert wurde und den Verlauf späterer Kämpfe bestimmt“ (ebd., S. 108).

2.2 Das Feld der Kunst

Das Feld der Kunst nimmt gegenüber allen anderen gesellschaftlichen Feldern eine Sonderrolle ein – sowohl von seiner inneren Strukturierung als auch von den dieser zugrunde liegenden Prinzipien und damit zusammenhängenden Produktionsweisen (vgl. Bourdieu 1970, 1999; weiterhin etwa Diaz-Bone 2010; Schumacher 2011; Magerski 2011; Danko 2012; Wuggenig 2017).

Bourdieu betrachtet das Kunstfeld zunächst als *Feld der künstlerischen Produktion* und trennt dieses in zwei Subfelder mit diametral entgegengesetzten Logiken (vgl. die Grafik in Bourdieu 1999, S. 203):[3] Das eine Subfeld ist nach dem *homonomen* oder *autonomen Prinzip* aufgebaut. Dabei geht es um die ‚reine‘ und unabhängige Kunst in Abgrenzung zu etwaigen externen wirtschaftlichen oder politischen Interessen. Bourdieu hat hierfür die Begrifflichkeit *L'art pour l'art* geprägt, also Kunst um der Kunst willen. Dieses Subfeld funktioniert als „spiegelverkehrtes Gegenbild der ökonomischen Welt“ (Bourdieu 1999, S. 342): Anerkennung – er spricht auch von „Konsekration“, also Weihung – erhalten KünstlerInnen und ihre Werke nur, indem sie dem kommerziellen Erfolg entsagen. Wenn überhaupt, darf dieser nur zufällig und nicht-intendiert eintreffen und sollte in einem solchen, vorgeblich ‚unglücklichen‘ Fall explizit abgelehnt werden. Wer sich der Unabhängigkeit vom Markt nicht vollkommen verschreibt, büßt in diesem Subfeld Ansehen und Prestige ein. Bourdieu (1999, S. 136) formuliert daher: „Auf symbolischem Terrain vermag der Künstler nur zu gewinnen, wenn er auf wirtschaftlichem Terrain verliert (zumindest kurzfristig),

[3] Auch hier sind Bourdieus Termini uneindeutig. Die von ihm identifizierten Teilbereiche des *Feldes der künstlerischen Produktion* bezeichnet er ebenfalls als Subfelder, obwohl eine solche Feldeinteilung gewissermaßen ‚quer‘ zu den verschiedenen Kunstformen (als Subfelder des *Feldes der Kunst*) liegt. In Anbetracht fehlender Alternativen wird hier jedoch an seinen Bezeichnungen festgehalten.

und umgekehrt (zumindest langfristig)." Oder in kürzer: „Wer verliert, gewinnt" (ebd., S. 345). Was hier gewonnen wird, ist feldspezifisches symbolisches Kapital, also eine Anerkennung der eigenen Praxis *im* Feld (vgl. zur Funktionsweise des symbolischen Kapitals im Feld grundlegend Sander und Weckwerth 2019).

Dieser Feldbereich wird als *Subfeld der eingeschränkten Produktion* bezeichnet. Die Produktion künstlerischer Werke orientiert sich nicht an einer etwaigen Nachfrage, sondern ist in der Regel gewissermaßen feld-referentiell auf die ProduzentInnen selbst (oder andere Kunstwerke) bezogen. Entsprechend wird die Anerkennung über eine interne Hierarchisierung geregelt: Die KünstlerInnen selbst sowie ‚ihre' Institutionen (von Kunstkritik bis zu Ausstellungen und Museen) entscheiden über die Feldhierarchie und orientieren sich dabei nicht an ‚feldöffnenden' Logiken wie Publikumserfolg, Reichweite oder kommerziellem Gewinn.

Im zweiten Subfeld der künstlerischen Produktion ist das *heteronome Prinzip* wirkmächtig. Hier entscheidet je nach Kunstform die Quantität der Auflage, des Verkaufs oder des Besuchs über eine hohe Feldposition. Die künstlerischen Werke erscheinen insgesamt weniger anspruchsvoll und leichter zugänglich. Bourdieu nennt dies das *Subfeld der Massenproduktion.* Die Produkte werden für eine zuvor bestehende (oder vermutete) Nachfrage geschaffen und sind dergestalt konzipiert, dass sie von möglichst vielen Menschen genossen werden können; ein übermäßig spezifisches Wissen oder Verständnis für die Kunst ist nicht notwendig. Dieser Feldbereich folgt einer externen Hierarchisierung, da vorrangig feldexterne Kriterien (insbesondere der wirtschaftliche Erfolg, zudem Publikumspreise o. ä.) über die Anerkennung eines Werkes entscheiden. Die nach dieser Logik produzierten Kunstwerke landen in der Regel nicht im Kanon der legitimen Kunstwerke und werden trotz – oder gerade wegen – ihres Erfolgs schnell wieder vergessen. Hier gilt gewissermaßen das entgegengesetzte Prinzip: „Wer gewinnt, verliert" – und zwar vor allem langfristig, da diese Werke und KünstlerInnen im autonomen Feldbereich nicht anerkannt werden und letztlich auch kaum unterscheidbar sind.

In den sozialen Kämpfen um Anerkennung innerhalb des Feldes hat sich also weithin die Feldlogik des homonomen Subfeldes durchgesetzt und im gesamten sozialen Raum soweit etabliert, dass auch alltagssprachlich bei Kunstwerken nach dem heteronomen Prinzip oftmals kaum von Kunst die Rede ist. Die symbolisch herrschenden KünstlerInnen haben sich gegen die ökonomisch Herrschenden gewissermaßen ein eigenes Universum geschaffen, in dem die übliche, kapitalistischen Gesellschaften zugrunde liegende Kapitalienhierarchie auf den Kopf gestellt ist.[4]

2.3 Der Film im Feld der Kunst

Der vorgestellte Feldaufbau gilt nach Bourdieu für alle Subfelder der Kunst, wenngleich in unterschiedlichem Maße: davon abhängend, wie groß und dominant der homonome Teilbereich ausgeprägt ist, was wiederum mit der Legitimität einer Kunstart im Vergleich zu anderen Künsten korreliert.

Der Film wird von Bourdieu im Feld der Kunst mittig platziert – zwischen der *wirklich* legitimen Kultur (klassische Musik, Malerei, Bildhauerei, Literatur, Theater) und der nicht-legitimen Kultur (Kleidung, Kosmetik, Küche, Einrichtung). Legitimation misst sich dabei vor allem an der Etablierung fester und anerkannter Legitimationsinstanzen: Die legitimen Künste sind flächendeckend an Hochschulen mit entsprechend renommierten Lehrstühlen verankert und besitzen eigens institutionalisierte (Kultur-)Kritiken fernab des heteronomen Pols. Derartige Instanzen können auch als Belege einer hohen Autonomie verstanden werden. Die nicht-legitime Kultur befindet sich in der Sphäre der „segmentarischen Legitimität", gründet also eher – zumindest oberflächlich betrachtet – auf willkürlichen Bevorzugungen und ist stärker an den klassischen Konsum gekoppelt, zudem lediglich mit nicht-legitimierten Legitimationsinstanzen wie etwa der Werbung ausgestattet.[5] Der Film verbleibt dazwischen

[4]Diese „paradoxe Struktur" (Schumacher 2011, S. 124) des künstlerischen Feldes gründet darin, dass sich das Kunstfeld zugleich *in der* und *gegen die* bürgerliche Welt herausgebildet hat. Nach Bourdieu (1970, S. 162 f.) gelang die Autonomisierung des Feldes zum einen durch die Professionalisierung der KünstlerInnen, zum anderen durch die Befreiung von „sozialer Nutzanwendung" im Sinne von Auftragsarbeiten für eine höhere Instanz (Kirche, Politik). So erklärt sich auch das in diesem Subfeld vorherrschende Primat der Form über die Funktion durch die explizite Zurückweisung letzterer. Der seinerzeit gewonnene Kampf um die Feldregeln wird bis heute bewahrt. Bourdieu (1999, S. 134) dazu: „Denn sie [die KünstlerInnen; JW] können im Kampf um die Kontrolle über den Sinn und die Funktion künstlerischer Tätigkeit über den „Bourgeois" nicht triumphieren, ohne ihn zugleich als potentiellen Kunden abzuschaffen." Die strukturelle Analogie zu den ‚horizontalen' Distinktionsstrategien des Bildungsbürgertums gegenüber dem Wirtschaftsbürgertum ist sicherlich kein Zufall.

[5]Davon unberührt bleibt, dass diese eher anwendungsorientierte Kunst in der Praxis bzw. in ihrer Verwendung durchaus signifikante Distinktionsgewinne bereithält – lediglich nicht als Kunst *per se*. Schließlich sind kulturelle Produkte niemals „univok", es existiert also keine Entsprechung zwischen einem Produkt und seiner Verwendung, sondern „es gewinnen die

– ähnlich wie die Fotografie – in einer Sphäre „potenzieller Legitimation" verhaftet und ist somit halb-konsekrierte, also halb-geweihte Kunst *(art moyen):* Er ist mit einem Set an legitimierenden Instanzen ausgestattet, die jedoch noch nicht vollständig etabliert und im Feld einhellig als solche anerkannt sind (vgl. insb. Bourdieu 1970, S. 105 ff.; zusammenfassend Wuggenig 2017, S. 745). Somit befindet sich der Film „auf dem Weg zur Konsekration" (Bourdieu 2011, S. 62).

Diese Legitimationshierarchie der Künste ist indes weit mehr als nur eine rein quantifizierbare Institutionalisierung bzw. Autonomisierung, sondern hat eine praktische Entsprechung im Bereich der Rezeption. So hält legitimierte Kunst einen ständigen Distinktionsgewinn für ihr Publikum bereit: Je legitimer die Kunst und je homonomer ihre Produktionsweise, desto größer ist die Tendenz zu einem Primat der Form über die Funktion, der Darstellungsweise über das Dargestellte. Besonders abstrakte Formen können nur diejenigen schätzen, die im Sozialisationsprozess gelernt haben, was es daran zu schätzen gibt. Wie allen anderen habituell ausgebildeten und im Lebensstil manifestierten Äußerungen wohnt dem Kunstgeschmack eine Verschleierungsfunktion inne, die dessen Basis in der sozialen Herkunft unsichtbar werden lässt. Auf diese Weise wird verkannt, dass es sich hierbei nicht um eine „Denkgemeinschaft" handelt, die zufällig oder subjektiv demselben hochkulturellen Geschmack anhängt und sich an abstrakter Kunst erfreuen kann, sondern um eine „Bildungsgemeinschaft" (vgl. Bourdieu 1970, S. 108).[6]

Die hochkulturell versierten Akteure haben die Instrumente bzw. das „Rüstzeug" (Bourdieu 1970, S. 163) in langwierigen Lernprozessen von klein auf inkorporiert, mit dem man sich dieser Art Kunst nähert – genauer: mit denen es *legitim* ist, sich zu nähern. Sie besitzen anscheinend ein „Aufnahmeorgan"[7], das dem überwiegenden Teil der Menschen nicht zur Verfügung steht. Allein anhand

meisten Produkte ihren gesellschaftlichen Wert erst über den sozialen Gebrauch, der von ihnen gemacht wird" (Bourdieu 1982, S. 45).

[6]Für Bourdieu (1970, S. 176 ff.) hängt die Lesbarkeit eines Kunstwerks von der Distanz zwischen dem Emissionsniveau des Kunstwerks und dem Rezeptionsniveau des/der BetrachterIn zusammen: je höher das Emissionsniveau, also die Komplexität sowie die immanenten *Codes,* die für das Verständnis des Werks notwendig sind, desto höher muss das Rezeptionsniveau – verstanden als entsprechendes Wissen oder schlicht Bildung – ausfallen.

[7]Bourdieu (1982, S. 61 f.) bezieht sich hier explizit auf die Ausführungen von Jose Ortega y Gasset zur Schaffung zweier verschiedener Gruppen von Menschen *durch* die Kunst.

dieser Ausführungen wird ersichtlich, warum Film und Fotografie sich nicht ohne Weiteres zu vollständig legitimierten Künsten entwickeln konnten. Da zumindest oberflächlich betrachtet keine besonderen Fähigkeiten, kein spezielles Wissen und kein demgemäßes Aufnahmeorgan benötigt werden, um diese Kunstarten konsumieren zu können (sowie im Falle der Fotografie produzieren zu können), mangelt es ihnen tendenziell an Exklusivität und somit an Distinktionspotenzial (vgl. zur Fotografie insb. Bourdieu et al. 2014). Film und Foto sind schlicht zu *lebensnah* und *lebensabbildend.*

In der inneren Struktur des Subfelds Film lässt sich die typische Zweiteilung des Feldes der künstlerischen Produktion lokalisieren. Die Trennlinie zwischen dem homonomen und dem heteronomen Feldbereich verläuft entlang der Begrifflichkeiten *auteur cinema* und *genre cinema* (vgl. Austin 2016, S. 8): auf der einen Seite eben die eingeschränkte Produktion für die ‚wahren' KennerInnen, auf der anderen Seite die massenproduzierten Werke, die sich an den Genrekonventionen orientieren und damit die bereits bestehenden Erwartungen des Publikums erfüllen – eben durch das jeweils bekannte Set an Narrationsmustern, der typischen Genreikonografie, den sich ähnelnden Geschichten etc. Am äußeren Ende dieses Pols sind die Hollywood-Blockbuster lokalisiert.

Jedoch ist an dieser Stelle ein gewichtiger Einschub vorzunehmen: Bourdieu hat keineswegs negiert, dass sich auch hochkulturell orientierte Menschen mit ‚populärer' Kunst wie Film oder Fotografie beschäftigen (können). Nur unterscheidet sich ihr Umgang damit sowie ihre Inszenierung des Umgangs bedeutend. Die Dispositionen, die sie – qua Elternhaus und Bildungsinstitutionen – im Umgang mit dem Kanon der wirklich legitimen Kultur herausgebildet haben, werden auf Produkte wie den Film transferiert. Dies äußert sich in einem *Détachement,* einer Art „ästhetischer Distanzierung": So kann ein Akteur beispielsweise Distinktion generieren, indem er sich weniger für die Filmcharaktere oder die Handlung interessiert, sondern für die Form oder die künstlerischen Effekte – und diese scheinbar *mühelos* mit anderen Werken vergleichen kann (vgl. Bourdieu 1982, S. 68). Eine der wenigen empirischen Untersuchungen, die Bourdieu (ebd., S. 53) zu Film und Kino vorgenommen hat, bestätigt diese Annahmen:

„Erklärlich wird damit, warum Neigung und Fähigkeit, scheinbar ‚zweckfreies' und ‚sinnloses' Wissen wie Namen von Filmregisseuren anzuhäufen, in einem sehr viel engeren und exklusiveren Zusammenhang mit dem Bildungskapital steht als mit dem bloßen Kino-Besuch, der weit mehr von Einkommen, Wohnort und Alter abhängt."

Entscheidend ist hier also weniger das konkrete Aneignungsobjekt, sondern die *Art* der Aneignung.[8] Dieser tendenzielle Vorrang des *Wie* über das *Was* – im Bourdieu'schen Duktus: des dispositionellen Umgangs mit den konkreten Lebensstilelementen über die Lebensstilelemente *per se* – hat, so die zentrale These dieses Beitrags, in heutigen Zeiten stärkerer kultureller Ent- und Ausdifferenzierung zunehmend an Relevanz gewonnen. Ähnlich formuliert Douglas Holt (1997, S. 103 f.): „To express distinction through embodied tastes leads cultural elites to emphasize the distinctiveness of consumption practices themselves, apart from the cultural contents to which they are applied."

3 Theoretische Anschlüsse und Aktualisierungen

3.1 Das Subfeld der erweiterten Produktion

Bourdieus Konzeptionen des Kunstfeldes beziehen sich größtenteils auf seine Untersuchungen der 1960er und 1970er Jahre in Frankreich. Insofern sind sowohl Einschränkungen als auch Adjustierungen vorzunehmen, die durch synchrone Studien im Ländervergleich und diachrone Studien im Zeitverlauf beleuchtet worden sind. Zunächst ist einzuwenden, dass die starre Dichotomie zwischen Hoch- und Populärkultur brüchiger geworden ist – und in anderen Gesellschaften womöglich nie derart wirkmächtig existiert hat. So zeigten Michèle Lamonts (1992) Untersuchungen der kulturellen Prägungen der oberen Mittelklasse in den USA und in Frankreich unter anderem, dass der Genuss hochkultureller Werke in den USA eine geringere Relevanz für den Distinktionsgewinn und die symbolische Grenzziehung nach unten aufweist. In Deutschland wiederum blieb historisch betrachtet der bildungsbürgerliche Kanon nicht auf den kulturell bestimmenden Teil des Bürgertums beschränkt, sondern wurde vom Wirtschaftsbürgertum adaptiert und entwickelte sich so gewissermaßen zu einem „verbindlichen gemeinbürgerlichen Ideal" (vgl. Wehler 1995, S. 714) – wenngleich sicher unter leicht veränderten Aneignungs- und Inszenierungsvorzeichen – während die Demarkation nach unten weitgehend stabil blieb (vgl. ähnlich die Studie von

[8]Laut derselben Untersuchung korreliert die Kenntnis von SchauspielerInnen übrigens deutlich weniger mit Bildung und kulturellem Kapital, sondern eher mit der Anzahl der gesehenen Filme. Dies ist insofern folgerichtig, da diese – im Gegensatz zu RegisseurInnen oder auch filmischen Stilen – bei der Filmrezeption *konkret erfahrbar* sind.

Hans Neuhoff (2001) zu Konzertbesuchen, die die eingangs erwähnte *cultural omnivore*-These für Deutschlands Oberklassen zurückweist).

Um den fluideren Grenzen zwischen autonomer Kunst und kommerziell orientierter Massenkultur Rechnung zu tragen, haben Christoph Behnke und Ulf Wuggenig (1994) sowie daran anknüpfend Nina Tessa Zahner (2006) den Aufbau des Feldes der künstlerischen Produktion um ein drittes Subfeld ergänzt: den sogenannten Bereich der „erweiterten Produktion", der zwischen dem Subfeld der eingeschränkten Produktion und dem Subfeld der Massenproduktion situiert ist. Die erweiterte Produktion lässt sich gewissermaßen als Synthese der Feldlogiken und -regelwerke der beiden Subfelder begreifen. Das Ziel dieses Feldbereichs besteht in der Akkumulation von *sowohl* feldspezifischem symbolischen Kapital *als auch* ökonomischem Kapital. Die KünstlerInnen formulieren einen Anspruch auf Hochwertigkeit und knüpfen an bestehende künstlerische Stile, Linien und Traditionen an, orientieren sich gleichwohl auch an wirtschaftlichen Prinzipien. Somit ist zwar die künstlerische Autonomie im Vergleich zum Bereich der eingeschränkten Produktion geringer, der symbolische Wert des Werks im Vergleich zum Bereich der Massenproduktion gleichwohl höher. Zahner (2006, S. 281) bezeichnet die so produzierte Kunst als „einzigartiges Werk mit Erscheinungsbild des Massenproduzierten." Der Antagonismus zwischen sofortigem (auch kommerziellen) Erfolg und langfristiger symbolischer Wertsteigerung kommt hier zumindest partiell zum Erliegen. Im Subfeld Film haben beispielsweise Regisseure wie Quentin Tarantino oder aktuell Denis Villeneuve zwar (auch) Kassenschlager produziert, ihre Ausflüge in die Nähe des heteronomen Feldbereichs haben der Anerkennung ihrer Werke als Kunst jedoch nicht einschneidend geschadet. Sprich: Wer gewinnt, verliert zumindest nicht mehr automatisch.

Die Gründe für die prominente Herausbildung dieses dritten Feldbereichs sind vielschichtig: 1) *Feldintern* hat der Einfluss der ökonomischen Sphäre – und damit auch der feldexternen Logiken – deutlich zugenommen. Schon Bourdieu (1999, S. 275) erkannte eine steigende Abhängigkeit der KünstlerInnen von einem „Komplex an Institutionen", die zunehmend Zirkulation und Wert eines Werkes mitbestimmen (heute etwa Agenturen, Kunsthandel, Ausstellungswesen, Kunstkritik; vgl. Zahner 2006). Das Kunstfeld unterliegt so einem „institutionellen Ausdifferenzierungs- und Transformationsprozess" (ebd., S. 90). 2) *Feldexterne,* den gesamten Sozialraum betreffende Entwicklungen wie die Bildungsexpansion und der Wandel der massenmedialen Landschaft führten zu einer Erweiterung und Ausdifferenzierung des Kunstpublikums. So gewannen die Mittelschichten zunehmend Interesse an zuvor höheren sozialen Lagen vorbehaltenen Kunstformen. Zwar verfügten sie größtenteils nicht über die zur

Decodierung der Kunst nötige ästhetische Bildung (vgl. Lash 1990; Behnke und Wuggenig 1994), mit ihrem Eintritt in das Feld speisten sie aber neue, größtenteils lebensweltlich geprägte Aneignungsstrategien in das autonome Subfeld ein, die zu einer partiellen Veränderung der Feldlogiken führten und damit die Synthese des autonomen und heteronomen Feldbereichs im Subfeld der erweiterten Produktion beförderten.

3.2 Konsequenzen für das Filmfeld

Die das Kunstfeld betreffenden Aktualisierungen und Modifizierungen erweisen sich insbesondere für das Subfeld Film als äußerst relevant, gerade aufgrund der Stellung des Films als halb-konsekrierte Kunst. Hier bestand schon immer ein tendenziell größerer Einfluss der ökonomischen Sphäre (oder allgemeiner: feldexternen Einflüssen), selbst im vergleichsweise autonomen Feldbereich. Darüber hinaus ist anzunehmen, dass die Institutionalisierung und damit tendenzielle Legitimierung des Films in den vergangenen Jahrzehnten weiter vorangeschritten ist und nicht immer derselben Logik folgt. Shyon Baumann (2001) zeigt etwa für den Fall der USA auf, dass durch feldexterne Faktoren (Aufkommen des Fernsehens, Bildungsexpansion) und feldinterne Institutionalisierung von Ressourcen und Praktiken (etwa: Akademisierung, Aufkommen von Filmfestivals etc., Ablösung des *studio systems* und damit auch institutionelle Stärkung des/der RegisseurIn als *auteur*, später Entstehung von filmspezifischen Diskursen und Kritiken) Filme bereits ab den 1960er Jahren verstärkt als Kunst wahrgenommen wurden (vgl. auch Allen und Lincoln 2004; Hicks und Petrova 2006). Für David Gomery (1992) war das Aufkommen des *art cinema* in der USA weniger explizit gegen die kommerzielle Kunst gerichtet als vielmehr innerhalb ihrer Logik zu verorten (und zwar primär, um den Zuschauerrückgang der Kinos aufzuhalten). Paul Lopes (2015) wiederum zeichnet für die USA in der Mitte des 20. Jahrhunderts die Entstehung eines filmischen Subfeldes nach, das sowohl aus dem (sich als autonom gerierenden) Avantgardefilm als auch aus dem Independent-Film der Populärkultur gespeist wurde und somit einer Melange aus Autonomie und Subkultur entsprang.

Innerhalb des Filmfelds ist daher zunächst eine Neubetrachtung und -einordnung des *genre cinemas* vorzunehmen, welches seine Positionierung im Filmfeld sukzessive verändert und aufgefächert hat. Was grundsätzlich und grundlegend in der dichotomen Trennung von autonomem *auteur cinema* auf der einen Seite und *genre cinema* als vorgestanzte massenkulturelle Produkte auf der anderen Seite missachtet wurde, sind die Genreentwicklungen und

-weitererzählungen, insbesondere in der aufkommenden filmischen Postmoderne. Genres verändern sich nicht nur, sie beginnen verstärkt Selbstbezüge herzustellen und inkludieren Momente von Intertextualität, Parodie, Pastiche etc. (vgl. Winter 1992; Fiske 2011). Bourdieu selbst hat in seinem späteren Werk Modifikationen bezüglich der Position des *genre cinemas* eingeräumt, die kontemporär noch an Relevanz gewonnen haben dürften:

> „Eine Gattung, in der die Zahl der Verweise auf die Geschichte der Gattung ständig zunimmt, erfordert eine nur dem Eingeweihten vorbehaltene Lektüre zweiten Grades, bei der die Nuancen und Feinheiten des Werks erst über den Bezug auf die Vorgängerwerke fassbar werden: Das Spiel der gattungsinternen Anspielungen [...] ermöglicht durch seine subtilen Abweichungen von den vermeintlichen Erwartungen und seine feinen Variationen sowohl das unmittelbare Einverständnis ersten Grades als auch die illusionslose und distanzierte Wahrnehmung, die Analyse des Kenners oder das Augenzwinkern des Ästheten" (Bourdieu 2011, S. 54).

Hieran wird zweierlei offensichtlich: Die künstlerischen Werke dieser Machart weisen bezüglich ihrer Referenzialität und Zitierung strukturelle Ähnlichkeiten mit dem *L'art pour l'art*-Prinzip auf, insofern der bestehende Kanon des Genres hauptsächlicher Bezugspunkt ist.[9] Der Unterschied besteht jedoch darin, dass diese Werke weiterhin grundständig auf die ‚äußere Welt' und das ‚Leben' verweisen und damit auf Rezeptionsseite *auch* ein breites Publikum anvisieren, sodass die Beschäftigung damit nicht unbedingt unter Zuhilfenahme der hochkulturell etablierten Instrumente erfolgen muss. Letztlich beschreibt Bourdieu hier in seinem Duktus einen Teilbereich der Polysemie kontemporärer kultureller Produkte: Die Werke können aufgrund ihrer Vielschichtigkeit (auch sozialstrukturell) verschiedene Publika bedienen, deren Lesarten und Gebrauchsweisen sich mitunter beträchtlich unterscheiden.

In diesem Zusammenhang ist allerdings eines der Paradigmen des populären Geschmacks zumindest zu relativieren. Bourdieu führte hierzu aus:

[9]Zudem nähern sich Genrewerke damit einem weiteren Charakteristikum der Hochkultur: „[D]ie legitimen Kunstwerke [sind] die am stärksten *klassifizierenden* und *Klasse verleihenden*, weil sie nicht nur in ihrer Gesamtheit distinktiven [...] Charakter tragen, sondern kraft des Spiels der Teilungen und Unterteilungen in Gattungen, Epochen, Stilrichtungen, Autoren, Komponisten etc. eine endlose Reihe an *distinguos* zu erzeugen gestatten" (Bourdieu 1982, S. 36).

> „‚Populäre Ästhetik' [gründet] sich darauf, zwischen Kunst und Leben einen Zusammenhang zu behaupten (was die Unterordnung der Form unter die Funktion einschließt). […] Die Feindseligkeit der unteren Klassen so gut wie der sozial und bildungsmäßig unterprivilegierten Mittelschichten gegenüber jedwedem formalen Experiment äußert sich gleichermaßen in Fragen des Theaters und der Malerei; und noch entschiedener, da der Legitimitätsgrad dieser Künste geringer ist, in Fragen der Photographie und des Films. […] Der Wunsch, einbezogen zu werden, sich mit Freud und Leid der Personen auf der Bühne oder Leinwand zu identifizieren, an deren Schicksal Anteil zu nehmen, deren Hoffnungen und – gute – Sache zu den eigenen zu machen, kurzum, deren Leben zu leben, gründet in einer Art Besetzung […], einer Voreingenommenheit für, oder wenn man will, einem vorgängigen Entschluss zu Naivität, Offenheit und Leichtgläubigkeit […], der Formexperimente und genuin ästhetische Effekte nur dann hinzunehmen geneigt ist, wenn diese sich in Vergessenheit bringen und die Wahrnehmung des Gehalts eines Werkes nicht behindern" (Bourdieu 1982, S. 64 f.).

Für die heutige Zeit sind fundamentale Veränderungen bezüglich des Geschmacks zu konstatieren, die eine zwangsläufige Präferenz für ein lebensnah-naives Vergnügen der unteren Milieus infrage stellen. Bestimmte Formexperimente behindern das Vergnügen mittlerer und unterer Schichten keineswegs mehr, selbst wenn sie einen demgemäßen Wunsch nach Realismus unterlaufen und so die Fiktionalität des Werks besonders herausstellen. Ein bekanntes Beispiel dürfte die seinerzeit als ästhetische Innovation gefeierte *Bullet Time* im Spielfilm *The Matrix* (1999) sein, die die abgeschossenen Projektile einfrieren oder in Superzeitlupe bewegen lässt und so zum einen für das Auge der RezipientInnen sichtbar macht, zum anderen aus dem umgebenden Raum und der Zeit herauslöst, da die Kamera sich dabei um die statischen Objekte bewegen und sie aus verschiedenen Einstellungen visieren kann. Dieser Spezialeffekt löste große Faszination aus, weist aber zugleich – selbst für einen Science Fiction-Film – einen starken Verfremdungseffekt aus, der RezipientInnen für einen Moment aus der Diegese reißt. Jason Mittell (2015) hat überdies für das sogenannte *Quality TV* herausgestellt, dass insbesondere die stärkere Gewichtung formaler ästhetischer sowie narrativer Strategien und Spezialeffekte *(operational aesthetics)* als (weiterer) Faktor für deren übergreifenden Siegeszug gelten muss.

Mittels des Subfelds der eingeschränkten Produktion kann innerhalb des Bourdieu'schen Kosmos veranschaulicht werden, dass Akteure verschiedener Klassen und Milieus Gefallen an denselben filmischen Produkten haben *können* – wenngleich auf jeweils unterschiedliche Weisen. Hier knüpft zwangsläufig die eingangs gestellte Frage nach möglichen neuen Distinktionsstrategien an, da der Wille zur Distinktion durch die tendenzielle Entdifferenzierung der Produkte im Feld ja nicht obsolet geworden ist. Erweisen sich hierfür nun vor allem das

Wissen um den (Genre-)Kanon und das Erkennen der Bezüge zu vorgängigen Werken als geeignet – oder bricht sich Distinktion noch auf anderen Wegen Bahn?

3.3 Subkulturelles Kapital zur Distinktion in der (Film-) Aneignung?

Der Begriff „subcultural capital" ist ursprünglich von Sarah Thornton (1995) geprägt worden, die darunter die spezifischen Ressourcen der britischen *Club Culture* in Abgrenzung zum Mainstream fasste. Dabei weist das Verhältnis von Subkultur und Mainstream in der Zuschreibung Parallelen auf zu dem Verhältnis von homonomem und heteronomem Subfeld: Dem Mainstream wird fehlende Individualität, kein definierter Geschmack und Orientierung an der Massenware vorgeworfen (vgl. Thornton 1997; Jancovich 2002; Jensen 2006). Der Mainstream fungiert – ähnlich wie die heteronome Kunst – als „inauthentic Other" (Jancovich 2002, S. 312): Distinktion qua Exklusivität und Rarität, mit der die Masse als im weitesten Sinne ‚unwissend' gelabelt werden kann. Nur sind es hier größtenteils subalterne Gruppen, die diese Bewertungen vornehmen, sodass diese Codes außerhalb der Subkultur mitunter einen komplett gegenteiligen Effekt haben und negativ sanktioniert werden können, also nicht einfach in extern gewinnbringende Kapitalien konvertierbar sind.

Thornton orientiert sich an Bourdieu, indem sie die distinktionsgenerierenden Formen dieses Kapitals und ihre Anwendung herausarbeitet, löst diese unter Verweis auf die relativ große Autonomie vom Mainstream jedoch partiell von der Klassenlage. Subkulturelles Kapital kann zwar demnach wie kulturelles Kapital in objektivierter (Frisur, Kleidung, Plattensammlung etc.) und inkorporierter Form (subkulturell relevantes Wissen) vorliegen (aufgrund der gesellschaftlich unterprivilegierten Position aber seltener in institutionalisierter Form), allerdings ist es weniger klassengebunden als das ‚übliche' kulturelle Kapital: „Subcultural capital is the linchpin of an alternative hierarchy in which the axes of age, gender, sexuality and race are all employed in order to keep the determination of class, income and occupation at bay" (Thornton 1997, S. 207).[10] Diese geringere

[10]Insgesamt fällt bei Thornton die Abgrenzung zwischen Ressourcen, Dispositionen und Praxis uneinheitlich aus: Beispielsweise fasst sie „Hipness" als Form subkulturellen Kapitals auf, was jedoch eher als zugeschriebene *Anerkennung* der feldspezifisch richtigen Ressourcen sowie Verwendung dieser Ressourcen als symbolisches Kapital zu verorten

sozialstrukturelle Rückbindung missachtet, dass die Akkumulation sowie der dispositionell vermittelte Gebrauch des subkulturellen Kapitals eben auch von der sozialen Position abhängen können (vgl. ähnlich Carrington und Wilson 2004), ebenso wie die ungleich verteilte Möglichkeit, in einem derart fluiden ‚Subfeld' zu definieren, was überhaupt als Ressource, also als legitimes subkulturelles Kapital taugt (vgl. auch Jensen 2006).[11]

Abseits von den theoretischen Schwächen könnte sich das Konzept als geeignet erweisen, die diskutierten Leerstellen zu füllen: das durch die starke Ausdifferenzierung der künstlerischen Subfelder (und nach entsprechendem Genre Subsubfelder etc.) neue Potenzial zur – wenngleich kleinteiligeren – Distinktion. Entsprechend ist das subkulturelle Kapital auf das Feld des Films, seine Auffächerung in Genres und Fankulturen transferiert worden (vgl. Jancovich 2000, 2002; Hills 2015). Durch den Besitz von objektivem subkulturellem Kapital (Video- oder DVD-Sammlungen, Filmplakate, möglicherweise gar Requisiten vom Set) und inkorporiertem subkulturellem Kapital (Genrewissen) in Verbindung mit den für dieses Subfeld adäquaten habituellen Dispositionen (Gespür für den Einsatz und Art des Einsatzes dieser Ressourcen) ließe sich für das betreffende Subfeld Distinktionsgewinne generieren. Der entsprechende Akteur wäre als ‚Insider' anerkannt.

Dennoch schwindet aufgrund der beinahe ubiquitären Verfügbarkeit von filmischen Produkten – sowie Informationen über diese – das Distinktionspotenzial

---

wäre. Auf der anderen Seite merkt sie korrekterweise an, dass der Gebrauch des Kapitals entscheidend für dessen Wirksamkeit ist („Nothing depletes capital more than the sight of someone trying too hard"; Thornton 1997, S. 203), geht der Frage aber nicht weiter nach, inwiefern ein solch betont ‚lässiges' Verhältnis zum Gegenstand eben doch primär eine klassengebunden-habituelle Eigenschaft ist.

[11]Bei aller Kritik ist zumindest grundsätzlich zu berücksichtigen, dass die akademische Beschäftigung mit subkulturellem Kapital oftmals Jugendkulturen fokussiert, denen naturgemäß eine hohe Fluidität eigen ist, durch die sozialstrukturelle Dimensionen vordergründig an Sichtbarkeit einbüßen. Sune Jensen (2006, S. 266) spricht daher nur von Semi- oder Quasi-Feldern, da die Stabilität der Relationen und Beziehungen innerhalb des Feldes zu gering ausfällt. Dies erwiese sich partiell als anschlussfähig an die stark auf Autonomie pochenden hedonistischen Milieus der Milieuforschung, die sich vorrangig aus jungen Menschen zumindest horizontal verschiedener Milieus zusammensetzen und sich in einer bestimmten biografischen Phase expressiv von ihren Herkunftsmilieus abgrenzen, obwohl sie deren Prägung nicht vollständig abstreifen können (vgl. Vester 2015).

solcher Ressourcen.[12] Matt Hills (2015, S. 103) hat die Rolle der sozialen Medien im Zeitverlauf bei der Akkumulation von subkulturellem Kapital untersucht und äußert die Vermutung: „New media might support new modes of subcultural distinction rather than merely challenging established taste hierarchies." Es geht also weniger um einen anderen Geschmack als das Gros des (Mainstream-) Publikums, sondern um das distinktive Potenzial in der Aneignung. So hatte beispielsweise ein Akteur in den 1980er Jahren mit einer VHS-Sammlung der sogenannten *video nasties* im Subfeld Horrorfilm eine beträchtliche Menge objektiviertes subkulturelles Kapital, da diese Filme verboten waren und es einige Mühe (und ‚Wissen') erforderte, an diese zu gelangen.[13] Heutzutage ist es durch die sozialen Medien deutlich erleichtert, ‚abseitige' Filme zu entdecken, indes ergeben sich *im Gebrauch* dieser Medien neuartige Möglichkeiten zur Akkumulation von subkulturellem Kapital durch eine Bandbreite von aktiven Aneignungsstrategien und Reproduktionen, sei es durch Mash-ups, Re-enactments, Memes, Videoblogs etc. (vgl. ebd., S. 107). Rainer Winter (2010) hat für den Horrorfilmbereich anhand der beiden Fantypen Buff und Freak illustriert, dass diese Distinktionen eben nicht nur gegenüber dem Mainstream, sondern auch zur Differenzierung innerhalb der Fankultur dienen.

Obwohl die vorgestellte Heuristik prinzipiell nachvollziehbar ist, lässt sich die demgemäße Verwendung des Begriffs subkulturelles Kapital kritisch diskutieren. Unter anderem nach der Lesart der Cultural Studies beinhaltet das „Sub" in Subkultur eben auch eine gesellschaftliche Positionsbeschreibung. In diesem Sinne sind Subkulturen mit – auf einer nicht-privilegierten Stellung basierenden – Widerständigkeit verbunden, die sich unter anderem in einer spezifischen Aneignung und Umdeutung der zur Verfügung stehenden kulturellen Ressourcen äußert (vgl. überblickshaft Pilipets und Winter 2017). Insofern erscheint eine Transferierung auf filmische (Sub-)Genres und deren Fankulturen zumindest problematisch. Daher wäre in Bezug auf filmische (oder serielle) Spartenkulturen eher von *filmfeldspezifischem* oder *genrespezifischem Kapital* zu sprechen.[14]

---

[12]Wenngleich natürlich bereits die Fähigkeit, die relevanten Informationen zu erkennen und sie sich zu beschaffen, sozialstrukturell ungleich verteilt ist.

[13]Interessanterweise trug gerade die mediale Dämonisierung der *video nasties* – zunächst von konservativer Seite, dann teilweise strategisch von den ProduzentInnen selbst übernommen – zur Genese einer filmischen Subkultur bzw. Schaffung eines Publikums bei (vgl. Jancovich 2002).

[14]Die vorgeschlagenen Begrifflichkeiten sind zugleich enger und weiter zu fassen als etwa das filmspezifische kulturelle Kapital nach Jörg Rössel und Kathi Bromberger (2009), welches sich auf das allgemeine filmspezifische Wissen, also das inkorporierte Kapital

Aus der allgegenwärtigen Zirkulation und Zugänglichkeit filmischer Produkte und ihrer Ausdifferenzierung in verschiedenste Genres und daran gekoppelte Fankulturen lässt sich ja eben gerade nicht vorschnell auf eine sozialräumliche Entstrukturierung schließen – so deviant manche Subgenres und die damit präferierten Praktiken oberflächlich betrachtet wirken mögen. Mark Jancovich (2002) betont die generische Ähnlichkeit und parallele Herausbildung von *cult movie fandom* und *academic film studies*. Somit gründen die Aneignungsdiskurse und -instrumente vorrangig auf den Dispositionen der akademisch gebildeten Mittelklassen. Trotz der grundsätzlich geringeren Schranken beim Feldzutritt bleibt eben doch von entscheidender Relevanz, wer das Feld im wahrsten Sinne des Wortes bestellt hat.

4 Ausblick

In den vergangenen Jahrzehnten hat sich der Gebrauch künstlerischer Produkte tendenziell, wenngleich nicht vollständig, von festen sozialen Lagen gelöst: nicht nur im Sinne eines ‚trickle down'-Effekts, nach dem die Lebensstilelemente der oberen Klassen *peu a peu* in untere Soziallagen hineintröpfeln, sondern auch durch die größere sozialräumliche Dispersion sowie Aufwärtsmobilität vormals als niedrig bewerteter Güter, die sich in der Feldstruktur durch eine Verbindung der beiden Subfelder der künstlerischen Produktion manifestiert. Dies betrifft insbesondere halb-konsekrierte Kunst wie den Film, der durch alle Soziallagen hindurch konsumiert – und bewertet – wird und aufgrund seiner polysemen Struktur unterschiedliche Arten von Vergnügen bereitet – ohne damit zwangsläufig sein Distinktionspotenzial zu verspielen. In Kombination mit der multiplen Auffächerung in Genres und Subgenres mit ihren eigenen Regeln ist davon auszugehen, dass die Logik eines genrespezifischen Kapitals (immer verknüpft mit dem Gespür für den lohnenden Einsatz desselben) als Distinktionsressource an Wirkmächtigkeit gewonnen hat.

Am Beispiel der TV-Serien lässt sich für einen wesentlich kürzeren Zeitraum als beim Film nachzeichnen, wie sich ein künstlerisches Produkt von

---

der Akteure, bezieht und nach ihrer Untersuchung unter anderem eine leichte positive Korrelation zum Genuss von Arthousefilmen aufweist. Das hiesige filmfeldspezifische Kapital kann sich durchaus nur auf ein bestimmtes Genre beziehen, allerdings ist in jedem Fall objektiviertes kulturelles Kapital mitgemeint.

einem beherrschten und größtenteils im äußersten heteronomen Feldbereich lokalisierten zu einer zumindest halb-konsekrierten Kunstform entwickelt hat. Galten die massenproduzierten Serien zuvor – wenn überhaupt – als eine Art *guilty pleasure* der oberen Schichten, die nur mit (vorgeblich) großer Distanz rezipiert werden konnten (vgl. etwa Ang 1986; Bury 2008), findet im *Quality TV* aktuell eine spannende Verschmelzung statt: Diese neuen Werke, die einen hohen künstlerischen Anspruch aufweisen, werden (mittlerweile) von einem großen Publikum rezipiert, teilweise sogar transnational bzw. global. Da aufgrund der Menge an Akteuren, die diese künstlerischen Werke genießen, kaum Distinktionspotenzial durch die Rezeption *per se* verbleibt, kommt es eben auf die *Art* der Rezeption und ihre *Inszenierung* an. Diese Unterscheidungen und Unterscheidbarkeiten in der Kunstaneignung werden insbesondere bei filmischen Produkten künftig wohl noch feiner und impliziter ausfallen.

Literatur

Allen, Michael Patrick und Anne E. Lincoln. 2004. Critical Discourse and the Cultural Consecration of American Films. *Social Forces* 82: 871–894.

Ang, Ien. 1986. *Watching Dallas. Soap opera and the melodramatic imagination*. London/New York: Methuen.

Austin, Guy. 2016. Introduction. Bourdieu on Media and Film. In *New uses of Bourdieu in film and media studies*, hrsg. Guy Austin, 1–12. New York: Berghahn.

Atkinson, Will. 2011. The context and genesis of musical tastes: Omnivorousness debunked, Bourdieu buttressed. *Poetics* 39 (3): 169–186.

Bauman, Shyon. 2001. Intellectualization and Art World Development: Film in the United States. *American Sociological Review* 66: 404–426.

Behnke, Christoph und Ulf Wuggenig. 1994. Heteronomisierung des ästhetischen Feldes. In *Das symbolische Kapital der Lebensstile. Zur Kultursoziologie der Moderne nach Pierre Bourdieu*, hrsg. Ingo Mörth und Gerhard Fröhlich, 229–253, Frankfurt/New York: Campus.

Berli, Oliver. 2012. Grenzen des Aufstiegs. Soziale Ungleichheit und kulturelle Unterschiede als Gegenstand des Films. In *Perspektiven der Filmsoziologie*, hrsg. Carsten Heinze, Stephan Moebius und Dieter Reicher, 330–351. Konstanz: UVK.

Bourdieu, Pierre. 1970. *Zur Soziologie der symbolischen Formen*. Frankfurt am Main: Suhrkamp.

Bourdieu, Pierre. 1982. *Die feinen Unterschiede: Kritik der gesellschaftlichen Urteilskraft*. Frankfurt am Main: Suhrkamp.

Bourdieu, Pierre. 1989. Antworten auf einige Einwände. In *Klassenlage, Lebensstil und kulturelle Praxis*, hrsg. Klaus Eder, 395–410. Frankfurt am Main: Suhrkamp.

Bourdieu, Pierre. 1993. *Soziologische Fragen*. Frankfurt am Main: Suhrkamp.

Bourdieu, Pierre. 1999. *Die Regeln der Kunst: Genese und Struktur des literarischen Feldes*. Frankfurt am Main: Suhrkamp.

Bourdieu, Pierre. 2011. *Kunst und Kultur. Zur Ökonomie symbolischer Güter. Schriften zur Kultursoziologie 4*. Konstanz: UVK.

Bourdieu, Pierre. 2015. *Kunst und Kultur: Kunst und künstlerisches Feld. Schriften zur Kultursoziologie 4*. Frankfurt am Main: Suhrkamp.

Bourdieu, Pierre und Loïc Wacquant. 1996. *Reflexive Anthropologie*. Frankfurt am Main: Suhrkamp.

Bourdieu, Pierre, Luc Boltanski, Robert Castel, Jean-Claude Chamboredon, Gerard Lagneau und Dominique Schnapper. 2014. *Eine illegitime Kunst: Die sozialen Gebrauchsweisen der Fotografie*. Hamburg: CEP Europäische Verlagsanstalt.

Bury, Rhiannon. 2008. Praise You Like I Should. Cyberfans and Six Feet Under. In *It's Not TV. Watching HBO in the Post-Television Era*, hrsg. Marc Leverette, Brian L. Ott und Cara Louise Buckley, 190–208. London: Routledge.

Cagle, Chris. 2016. Bourdieu and Film Studies: Beyond the Taste Agenda. In *New uses of Bourdieu in film and media studies*, hrsg. Guy Austin, 35–50. New York: Berghahn.

Carrington, Ben und Brian Wilson. 2004. Dance Nations. Rethinking Youth Subcultural Theory. In *After Subculture. Critical Studies in Contemporary Youth Culture*, hrsg. Andy Bennett und Keith Kahn-Harris, 65–78. New York: Palgrave.

Chan, Tak Win und John Goldthorpe. 2005. The Social Stratification of Theatre, Dance and Cinema Attendance. Cultural Trends 14: 193–212.

Danko, Dagmar. 2012. *Kunstsoziologie*. Bielefeld: transcript.

Diaz-Bone, Rainer. 2010. *Kulturwelt, Diskurs und Lebensstil. Eine diskurstheoretische Erweiterung der Bourdieuschen Distinktionstheorie*, 2. Aufl. Wiesbaden: VS.

Fiske, John. 2011. *Television Culture*. 2. Aufl. London/New York: Routledge.

Flemmen, Magne, Vegard Jarness und Lennart Rosenlund. 2018. Social space and cultural class divisions: the forms of capital and contemporary lifestyle differentiation. *British Journal of Sociology* 69 (1): 124–153.

Gomery, David. 1992. *Shared Pleasures. The History of Movie Exhibition in the United States*. Madison: University of Wisconsin Press.

Heinze, Carsten. 2015. Bourdieu und der/im Film. Vorüberlegungen zu den Konzepten der „Symbolischen Herrschaft", der Feld-, Habitus- und Symboltheorie als Deutungsperspektive für die Filmsoziologie und zu Legitimationskämpfen im filmwissenschaftlichen Feld. *LiTheS. Zeitschrift für Literatur- und Theatersoziologie* 8: 65–95.

Heise, Tatiana und Andrew Tudor. 2007. Constructing (Film) Art. Bourdieu's Field Model in a Comparative Context. *Cultural Sociology* 1 (2): 165–187.

Hicks, Alexander und Velina Petrova. 2006. Auteur Discourse and the Cultural Consecration of American Film. *Poetics 34*: 180–203.

Hills, Matt. 2015. Cult Cinema and the 'Mainstreaming' Discourse of Technological Change. Revisiting Subcultural Capital in Liquid Modernity. *New Review of Film and Television Studies* 13 (1): 100–121.

Holt, Douglas B. 1997. Distinction in America? Recovering Bourdieu's theory of taste from its critics. *Poetics* 25 (2): 93–120.

Jancovich, Mark. 2000. A Real Shocker. Authenticity, Genre and the Struggle for Cultural Distinction. *Continuum* 14 (1): 23–35.

Jancovich, Mark. 2002. Cult Fiction: Cult Movies, Subcultural Capital and the Production of Cultural Distinction. *Cultural Studies* 16 (2): 306–322.

Jensen, Sune Qvotrup. 2006. Rethinking subcultural capital. *Young. Nordic Journal of Youth Research* 14 (3): 257–276.

Lamont, Michèle. 1992. *Money, Morals and Manners. The Culture of the French and American Upper-Middle Class.* Chicago: University of Chicago Press.

Lash, Scott. 1990. *Sociology of Postmodernism.* London: Routledge.

Lizardo, Omar und Sara Skiles. 2012. Reconceptualizing and Theorizing "Omnivorousness". *Sociological Theory* 30 (4): 263–282.

Lopes, Paul. 2015. The heroic age of American avant-garde art. *Theory and Society* 44: 219–249.

Magerski, Christine. 2011. *Theorien der Avantgarde: Gehlen – Bürger – Bourdieu – Luhmann.* Wiesbaden: VS Verlag.

Mittell, Jason. 2015. *Complex TV: The poetics of contemporary television storytelling.* New York, London: New York University Press.

Moldenhauer, Benjamin. 2006. „You can change your life in a dance class." Körper und Schicksal am Beispiel des Films Rhythm Is It. In *Willkürliche Grenzen. Das Werk Pierre Bourdieus in interdisziplinärer Anwendung*, hrsg. Mark Hillebrand, Paula Krüger, Andrea Lilge und Karen Struve, 197–217. Bielefeld: transcript.

Neuhoff, Hans. 2001. Wandlungsprozesse elitärer und populärer Geschmackskultur? Die „Allesfresser-Hypothese" im Vergleich USA/Deutschland. *Kölner Zeitschrift für Soziologie und Sozialpsychologie 53* (4): 751–772.

Peterson, Richard A. 1992. Understanding Audience Segmentation. From Elite and Popular to Omnivore and Univore. *Poetics* 21: 243–258.

Pilipets, Elena und Rainer Winter. 2017. Mainstream und Subkulturen, In *Handbuch Populärkultur*, hrsg. Thomas Hecken und Marcus S. Kleiner, 284–293. Wiesbaden: VS.

Prinz, Sophia und Mareike Clauss. 2011. „A Head for Business and a Bod' for Sin." Klasse und Geschlecht im Hollywood-Frauenfilm. In *Pierre Bourdieu und die Kulturwissenschaften. Zur Aktualität eines undisziplinierten Denkens,* hrsg. Sophia Prinz, Hilmar Schäfer und Daniel Šuber, 157–178. Konstanz: UVK.

Robette, Nicolas und Olivier Roueff. 2014. An eclectic eclecticism: Methodological and theoretical issues about the quantification of cultural omnivorism. *Poetics* 47 (1): 23–40.

Rössel, Jörg und Kathi Bromberger. 2009. Strukturiert kulturelles Kapital auch den Konsum von Populärkultur? *Zeitschrift für Soziologie* 38 (6): 494–512.

Sander, Tobias und Jan Weckwerth. 2019. Kompetenzen als symbolisches Kapital in beruflich-sozialen Feldern? Ein Vergleich des soziologischen Kompetenzbegriffs mit den theoretischen Konzepten Pierre Bourdieus. In *Das Personal der Professionen*, hrsg. Tobias Sander und Jan Weckwerth, 55–80. Wiesbaden: VS.

Schroer, Markus. 2008. Einleitung: Die Soziologie und der Film. In *Gesellschaft im Film*, hrsg. Markus Schroer, 7–13. Konstanz: UVK.

Schumacher, Florian. 2011. *Bourdieus Kunstsoziologie.* Konstanz: UVK.

Thornton, Sarah. 1995. *Club Cultures. Music, Media and Subcultural Capital.* Oxford: Polity Press.

Thornton, Sarah. 1997. The Social Logic of Subcultural Capital. In *The Subcultures Reader*, hrsg. Ken Gelder und Sarah Thornton, 200–209. Routledge: London.

Vester, Michael. 2015. Die Grundführung der alltäglichen Lebensführung und der Alltagskultur der sozialen Milieus. In *Handbuch Freizeitsoziologie*, hrsg. Renate Freericks und Dieter Brinkmann, 143–187. Wiesbaden: VS.

Vester, Michael, Peter von Oertzen, Heiko Geiling, Thomas Hermann und Dagmar Müller. 2015. *Soziale Milieus im gesellschaftlichen Strukturwandel: Zwischen Integration und Ausgrenzung*. 4. Aufl. Frankfurt am Main: Suhrkamp.

Weckwerth, Jan. 2017a. Das ‚Wissen' um Differenz. Bourdieus Habitus- und Lebensstilkonzept als Bedeutungsgenerator zwischen Produkt und Rezeption – am Beispiel des Horrorfilmgenres. In *Die Herausforderungen des Films. Soziologische Antworten*, hrsg. Alexander Geimer, Carsten Heinze und Rainer Winter, 107–125. Wiesbaden: VS-Verlag 2017.

Weckwerth, Jan. 2017b. „Aluminum and Ash". Repräsentationen und Laufbahnen sozialer Milieus in True Detective. In: *Geschlossene Gesellschaften. Verhandlungen des 38. Kongresses der Deutschen Gesellschaft für Soziologie in Bamberg 2016*, hrsg. Stephan Lessenich. http://publikationen.soziologie.de/index.php/kongressband_2016/article/view/610. Zugegriffen: 25.09.2019.

Wehler, Hans-Ulrich. 1995. *Von der „Deutschen Doppelrevolution" bis zum Beginn des Ersten Weltkrieges 1849–1914*. München: Beck.

Winter, Rainer. 1992. *Filmsoziologie: Eine Einführung in das Verhältnis von Film, Kultur und Gesellschaft*. München: Quintessenz.

Winter, Rainer. 2010. *Der produktive Zuschauer: Medienaneignung als kultureller und ästhetischer Prozess*, 2. Aufl. Köln: Herbert von Halem.

Wuggenig, Ulf. 2017. Pierre Bourdieu (1930–2002). Die Feld-Kapital-Habitus Theorie der Künste. In *Klassiker der Soziologie der Künste: Prominente und bedeutende Ansätze*, hrsg. Christian Steuerwald, 731–798. Wiesbaden: VS.

Zahner, Nina Tessa. 2006. *Die neuen Regeln der Kunst: Andy Warhol und der Umbau des Kunstbetriebs im 20. Jahrhundert*. Frankfurt: Campus.

Gattungen

Der Essayfilm als Kunst der Gesellschaft

Marzena Chilewski

Zusammenfassung

Im vorliegenden Artikel wird der gleichzeitige Zusammenhang von Ästhetik und Aufklärung beleuchtet, mit dem Ziel, bestimmte Essayfilme als Kunst der Gesellschaft in den Fokus zu rücken, die einen Teil an Aufklärung und der Erkenntnis an der Befreiung von Herrschaft leisten möchten, ohne jedoch selbst zum Rettungsanker der Kritik verabsolutiert oder verdinglicht zu werden. Im Gegensatz zur heutigen sogenannten politischen Kunst, die oft als politische Intervention in die Gesellschaft begriffen wird, jedoch nicht mehr bewirkt als die permanent geforderte Kreativität im Spätkapitalismus anzuregen, wird mithilfe Theodor W. Adornos Konstellation ausgeführt, inwiefern der Essayfilm als Erkenntnismedium dienen kann und sich gerade deshalb als eine Kunst der Gesellschaft eignet.

Schlüsselwörter

Essayfilm · Konstellation · Theodor W. Adorno · Negative Dialektik · Ästhetik · Kunst · Gesellschaft · Kritik · Aufklärung · Rechtspopulismus

M. Chilewski (✉)
Hamburg, Deutschland

L. Hieber und R. Winter (Hrsg.), *Film als Kunst der Gesellschaft,* Film und Bewegtbild in Kultur und Gesellschaft,
https://doi.org/10.1007/978-3-658-30461-4_6

1 Einleitung

Ein Blick auf das derzeitige Weltgeschehen lässt schnell erahnen, dass die Gesellschaft im 21. Jahrhundert weiterhin von Ungleichheit und Herrschaftsverhältnissen geprägt ist. Die elementaren Bedürfnisse – ein besseres und menschlicheres Leben – bleiben für viele Menschen bis heute unerfüllt, eine Aufklärung im Sinne von Vernunft, Freiheit, Mündigkeit und Fortschritt ist bei weitem nicht erreicht[1]. Diese Unzulänglichkeit der gesellschaftlichen Wirklichkeit weder zu negieren noch zu beschönigen, sondern sich kritisch mit ihr auseinander zu setzten wäre folglich die Aufgabe eines Films, wenn er eine Kunst der Gesellschaft sein möchte. Demgemäß wird in diesem Artikel der gleichzeitige Zusammenhang von Ästhetik und Aufklärung beleuchtet, mit dem Ziel, einen Film als Kunst der Gesellschaft in den Fokus zu rücken, der einen Teil an Aufklärung und der Erkenntnis an der Befreiung von Herrschaft leisten möchte, ohne jedoch selbst zum Rettungsanker der Kritik verabsolutiert oder verdinglicht zu werden[2]. Diese Herangehensweise versucht somit nicht den Essayfilm als Kunst der Gesellschaft soziologisch zu erklären, ihn empirisch zur Erhebung von Daten zu verarbeitet oder einen technischen Fortschritt ausfindig zu machen. Ebenso wenig wird eine wie auch immer geartete Publikumswirkung oder ein Publikumsgeschmack untersucht. Stattdessen wird der Frage nachgegangen was

[1]Aufklärung wird in diesem Artikel nicht als eine historische Epoche aufgefasst sondern, im Sinne Adornos, als Herausbildung mündiger Subjekte.

[2]Dementsprechend darf die *Kunst der Gesellschaft* wie sie im Folgenden demonstriert wird nicht mit jener sogenannte politischen Kunst verwechselt werden wie sie heutzutage vor allem auf großen Ausstellungen wie der Berlin Biennale oder der documenta zu sehen ist, die ausdrücklich einen politischen Anspruch erhebt. Ausstellungspraxis, Kunst und künstlerische Praxis werden dabei oft als politische Intervention in die Gesellschaft verstanden. Doch trotz des guten Willens bleibt oft fraglich, inwiefern solch eine Kunst überhaupt emanzipatorisch ist. Denn auch wenn Kunst sich selbst als politischer Machtfaktor sieht, respektive nicht machtlos sein will bleibt sie doch allzu oft der bürgerlichen Ordnung verhaftet: Die Auflehnung und der Protest in der Kunst regen lediglich die permanent geforderte Kreativität im Spätkapitalismus an.

der Essayfilm an der Gesellschaft, der er entstammt, verstehbar und Brüche sichtbar machen kann, anstatt eine falsche Totalität vorzutäuschen[3].

Um diesem Anspruch einer Kunst der Gesellschaft als einer Kritik an der bestehenden Gesellschaft gerecht zu werden eilt den nachstehenden Ausführungen die Annahme voraus, dass ohne die Begriffe der Erkenntnistheorie, der praktischen Philosophie und der Kritik der Politischen Ökonomie eine Kritik der Verhältnisse nicht möglich ist. Die Verknüpfung von Erkenntnis- und Gesellschaftskritik wurde von Theodor W. Adorno ganz konsequent vorgenommen. Vor diesem Hintergrund ist Adornos zentrales Vorgehen, neben dem Projekt der Aufklärung und der Kapitalismuskritik ebenso eine Philosophie des Nichtidentischen[4] in den Fokus zu rücken, für die weiteren Ausführungen in diesem Artikel interessant. Denn die Ausrichtung auf das Nichtidentische, das Nichtbegriffliche steht entgegengesetzt zu der Herstellung einer widerspruchsfreien Gleichheit und nimmt sich gleichzeitig dem Problem der Darstellung an. Dem Erkenntnis- und Darstellungsdilemma von Wissenschaft im Allgemeinen und Philosophie im Besonderen gelingt es Adorno mithilfe der *Konstellation* entgegen zu treten. Diese eignet sich insofern besonders gut als eine angemessene Erkenntnispraxis, da sie das Besondere in seiner Besonderheit und gleichzeitig auch in seiner Vermittlung durch das Ganze darzustellen vermag.

Das Darstellungsproblem ist auch für eine Kunst der Gesellschaft von Bedeutung. Denn wie lässt sich eigentlich Freiheit in der verwalteten Welt darstellen? Oder wie die Erfahrungen des zweiten Weltkriegs im Allgemeinen und die Shoa als geschichtliche Katastrophe im Besonderen? Wie lässt sich das Grauen der Vernichtung überhaupt darstellen ohne ihm zuzustimmen oder es zu beschönigen? Wie kann dem Nicht-Darstellbaren und Nicht-Sagbaren ein Raum

---

[3]Nun scheinen Brüche der Gegenwartskunst ohnehin immanent, denn die klassischen ästhetischen Kategorien, wie beispielsweise das selbstgenügsam in sich geschlossene Werk, können in der Gegenwartskunst ebenso als obsolet betrachtet werden wie der Bezug auf nur *eine* Kunstgattung. Vielmehr sind die Grenzen zwischen den Künsten offen und die gegenwärtigen Werke hybrid. Dennoch ist nicht jede Gegenwartskunst, die vermeintlich mit den alten Traditionen bricht oder die Grenzen zwischen den traditionellen Kunstgattungen aufweicht eine Kunst der Gesellschaft wie sie hier in den Fokus gerückt werden soll. Vielmehr kann festgehalten werden, dass es sich heute bei der meisten Gegenwartskunst um einen leeren Eklektizismus handelt der von Gleichgültigkeit und Langeweile geprägt ist und lediglich einem subjektivistischen Retrogeschmack dient.

[4]Auf Adornos Philosophie der Nichtidentität wird unter Punkt 2. *Konstellation* näher eingegangen.

eröffnet werden? Demnach wird im Folgenden der Versuch unternommen aufzuzeigen ob bestimmte Essayfilme[5] das Potenzial besitzen das Nicht-Darstellbare und Nicht-Sagbare auf eine andere Weise zur Sprache zu bringen und mithilfe der *Konstellation* als einer Form der Darstellung im Sinne Adornos[6] über das Darstellbare hinaus eine Erkenntnis zu ermöglichen.

Aufzuzeigen gilt einerseits inwiefern dem Essayfilm – möchte er eine radikal[7] -kritische Kunst der Gesellschaft sein – die Neuaneignung der Tradition dem Wiederentdecken und Verwenden (vergessener) Kunst(-werke) und dessen Materialien dient, um dadurch ein komplexes Verständnis von Geschichte überhaupt erst zu ermöglichen. Und andererseits, ob bestimmte Essayfilm das Potenzial besitzen die Dialektik von Form und Inhalt konsequent zu meistern und gerade dadurch dem Nicht-Darstellbaren und Nicht-Sagbaren einen Raum eröffnen.

2 Konstellation

Um das charakteristische und damit kritische Potenzial der *Konstellation im Essayfilm* im Sinne Adornos aufzuzeigen, wird zunächst kurz Adornos Auffassung der *Konstellation* skizziert.

[5]Die Definition was genau einen Essayfilm ausmacht ist nicht eindeutig. Diese Offenheit soll hier weder widerlegt noch der Essayfilm als ein neu aufsteigendes Gattungsgenre untersucht werden. Ebenso wenig wird jedoch schlichtweg jedem Film der sich – als Selbst- oder Fremdbezeichnung – Essayfilm nennt per se ein kritisches Potenzial zugesprochen. Dazu äußerte sich ebenso der Essayfilmer Harun Farocki kritisch: „Wenn im Fernsehen viel Musik gespielt wird, und man sieht Landschaften, dann nennt man das mittlerweile auch schon Essayfilm. Viel Stimmungsmäßiges und nicht eindeutig Journalistisches ist schon Essay." (Harun Farocki 2000). Im Folgenden rücken jene Essayfilme in den Fokus, die sich einer konstellativen Darstellung bedienen und dadurch das Potenzial besitzen eine filmische Kunst der Gegenwart zu sein.

[6]Im vorliegenden Text wird lediglich auf die *Konstellation* oder *Konstellationenerstellung* im Sinne Theodor W. Adornos eingegangen. Aufgrund der Kürze des Artikels kann leider der Einfluss sowie der grundlegende Gegensatz zu Walter Benjamins Idee des konstellativen Verfahrens auf Adorno nicht aufgezeigt werden.

[7]Radikal im Sinne von an der Wurzel ansetzend.

Allgemein lässt sich Adornos Konstellation als eine anti-hierarchische Darstellungsweise seiner philosophischen Überlegungen[8] beschreiben, um dem Erkenntnis- und Darstellungsdilemma von Wissenschaft im Allgemeinen und Philosophie im Besonderen entgegen zu treten. Ausgangspunkt bildet Adornos Ablehnung jeglicher Identitätsphilosophie, da diese behauptet durch den Begriff sich der Sache voll gewiss zu werden, wodurch identifizierendes Denken[9] selbst ein Ausdruck von Herrschaft wird. „Identitätsdenken entfernt sich von der Identität seines Gegenstandes um so weiter, je rücksichtsloser es ihm auf den Leib rückt" (Adorno 1975, S. 152). Im Sinne des identifizierenden Denkens ist das Ziel von Erkenntnis und Wissen die Beherrschung von Dingen und Menschen. Laut Adorno ist „Identitätsdenken, auch wenn es das bestreitet, subjektivistisch" (Adorno 1975, S. 184). Die „Gegenstände werden in der Erkenntnis auf das reduziert, was für das Subjekt handhabbar ist" (Gimmel 2015, S. 44 f.). Festhalten lässt sich: Je rücksichtsloser und vollständiger eine Sache als erkannt behauptet wird, desto weiter entfernt sich die begriffliche Bestimmung letztlich von dem zugrunde liegenden Gegenstand. Wenn Begriffe nun immer ein Allgemeines sind, dadurch Besonderheiten des Gegenstandes abschneiden und somit der Qualität des Objekts nicht gerecht werden, inwiefern ist dann Erkenntnis möglich? Und wie können Begriffe überhaupt noch verwendet werden? Wie kommt zur Sprache, was normalerweise im Text (als Resultat) wissenschaftlicher oder/und philosophischer Fixierung fetischisiert unterschlagen bleibt, ja bleiben muss, da der „Begriff (…) bestimmbare Fehler" (Adorno 1965/66, S. 220) aufweist? Adornos Lösung ist die Ausrichtung auf das Nichtidentische, welche als Faszination am Unbekannten, am Fremden und als Neugierde zu verstehen ist. Es ist gerade die Differenz des Begriffs zu seinem Gegenstand, die es zu wahren gilt, anstatt eine widerspruchsfreie Gleichheit herzustellen. Zum Ausdruck gebracht werden soll somit ein Nichtbegriffliches, ein Nichtidentisches (vgl. Gimmel 2015, S. 44). Das Ausrichten auf das Nichtidentische „will sagen, was etwas sei, während das Identitätsdenken sagt, worunter etwas fällt, wovon

---

[8]Adornos Idee von Konstellationen und Konfigurationen (er benutzt die Begriffe synonym) durchzieht sein gesamtes Werk: „Die Aktualität der Philosophie", „Thesen über die Sprache der Philosophie", „Negative Dialektik" oder in den Nachschriften zu seiner nicht mehr vollendeten „Ästhetischen Theorie". Das konstellative Schreiben, als *in* Konstellationen schreiben lässt sich bei Adorno am besten in seinem Essay „Der Essay als Form" und seiner unvollendet gebliebenen „Ästhetischen Theorie" nachvollziehen.

[9]Identifizierendes Denken meint die Identität des Begriffs mit seinem Gegenstand, wodurch die Identifikation wesentlich durch Exklusion – also dem Abschneiden der Besonderheiten des Gegenstandes – vollzogen wird.

es Exemplar ist oder Repräsentant, was es also nicht selbst ist“ (Adorno 1975, S. 44). Adorno setzt sich dem hegelschen System ebenso entgegen wie dem identifizierenden Denken, das abstrahierend sowie widersprüchlich[10] ist. „Das einigende Moment überlebt, ohne Negation der Negation, doch auch ohne der Abstraktion als oberstem Prinzip sich zu überantworten, dadurch, dass nicht von den Begriffen im Stufengang zum allgemeineren Oberbegriff fortgeschritten wird, sondern sie in Konstellation treten“ (Adorno 1975, S. 164). Adornos Idee der *Konstellation* ist somit auf das Problem von Nichtidentität und begrifflicher Erkenntnis zurückzuführen. Anstatt den Begriff gänzlich zu verwerfen, löst Adorno seine eigenen elementaren Erkenntnisansprüche „gegen Wittgenstein zu sagen, was nicht sich sagen läßt“ (Adorno 1975, S. 21) und schafft mithilfe der Konstellationen „über den Begriff durch den Begriff hinaus [zu] gelangen“ (Adornos 1975, S. 27). Die Unzulänglichkeit des Begriffs „veranlaßt zu seiner Korrektur durch andere. Die Hoffnung des Namens liegt in der Konstellation der Begriffe, die ein jeder zu seiner Korrektur um sich versammelt“ (Adorno 1965/67, S. 220). Den Unterschied von Allgemeinem und Besonderem, von Objekt und Subjekt, will Adorno nicht schlichtweg aufheben. Vielmehr sollen die Unterschiedenen in ihrer gegenseitigen Vermittlung gesehen werden. „Auch die Antithese von Allgemeinem und Besonderem ist notwendig sowohl wie trügend. Keines von beiden ist ohne das andere, das Besondere nur als Bestimmtes und insofern allgemein, das Allgemeine nur als Bestimmung von Besonderem und insofern besonders“ (Adorno 2003a, b, c, S. 756). Der Zusammenhang der Sache kann folglich von einer Konstellation von Begriffen dargelegt werden, die zwar diesen Zusammenhang entwickelt, aber eben nicht von einem einzelnen Begriff (vgl. Sommer 2016, S. 83). Durch Konstellation lässt sich somit darstellen „was nicht unmittelbar, was nicht in einem einzelnen Satz oder in einzelnen Sätzen, sondern nur in einem Zusammenhang sich sagen lässt“ (Adorno 1965/67, S. 112). Dabei sind Konstellationen mitnichten „Denkpraktiken“[11] die der negativen Dialektik einfach entgegen gesetzt sind (vgl. Sommer 2016, S. 83). Vielmehr sind Konstellationen als „Einlösung des Erkenntnisziels negativer Dialektik“ zu

[10]Der Widerspruch entsteht im Begriff indem er sich identifizierend vor eine Sache schiebt und der Begriff eben nicht die Sache selbst ist. „Der Hegelsche Gebrauch des Terminus konkret, demzufolge die Sache selbst ihr Zusammenhang, nicht ihre pure Selbstheit ist, registriert das, ohne doch, trotz aller Kritik an der diskursiven Logik, diese zu mißachten“ (Adorno 1975, S. 165).

[11]Wie es Ruth Sonderegger im Adorno-Handbuch in ihrem Eintrag zum „Essay und System“ falsch darstellt (vgl. Sonderegger 2011, S. 429). Vgl. hier ebenso Sommer (2016, S. 83).

verstehen, „dem Nichtbegrifflichen in der Sphäre des Begriffs gerecht zu werden, es begrifflich zu erfassen, ohne es auf seinen Begriff zu reduzieren" (Sommer 2016, S. 83). Wenn Worte nun so gesetzt und in Konstellationen gebracht werden, dann wird es möglich mit dem Alten darüber hinaus Neues erscheinen zu lassen. Erkenntnis ist somit bei Adorno wesentlich an das Phänomen der Vermittlung gebunden: „Das Einzelphänomen ist nur bestimmbar über die Vermittlung durch das Ganze, denn diese Vermittlung macht das Einzelne und Besondere erst zu dem, was es ist. Umgekehrt ist zur Erkenntnis des Ganzen wiederum die mikrologische Insistenz unverzichtbar. Das Ganze selbst ist niemals unmittelbar zu erkennen, sondern nur in seiner Erscheinungsform, gleichsam in seiner Wirkung im Einzelnen" (Sommer 2016, S. 79).

Zusammengefasst handelt es sich bei Adornos Konstellation weder um ein austauschbares noch ein beliebiges Verfahren oder Methode. Vielmehr wird aufgezeigt, dass an der Form-Inhalt-Vermittlung kein Weg vorbeiführt und wir uns in den uns vorgegeben Zwängen ein Maximum an Freiraum erarbeiten müssen. Das geht wiederum nur, wenn die Zwänge nicht geleugnet, sondern in die Auseinandersetzung und in die Kritik genommen sowie (ansatzweise) durchbrochen werden. Dies impliziert, dass die vorgegebene traditionsbelastete Terminologie der Philosophie verwendet werden muss, da sie gerade auch deswegen einen Wahrheitsgehalt besitzt, weil dort herrschende Ideologie zu finden ist und das falsche Ganze sich in ihr ausdrückt (vgl. Lehr 2000, S. 117 f.).

Im Folgenden werden die Grundgedanken der Konstellation[12], die Adorno selbst der Kunst entnahm (vgl. Rath 1982, S. 102) für die weiteren Ausführungen zum Essayfilm zentral. Missverständlich wäre es im weiteren Verlauf jedoch anzunehmen es ginge um eine Gleichsetzung des Essayfilms mit dem philosophischen Denken. Den Essayfilm als eine Kunst der Gesellschaft zu ver-

[12]Neben dem Schreiben *in* (wie es beispielsweise im „Essay als Form" oder der „Ästhetischen Theorie" der Fall ist) und *über* (wie beispielsweise in der „Negativen Dialektik) Konstellationen nutze Adorno das Verfahren ebenso zur Interpretation von Kunstwerken. Dabei geht es Adorno weder um eine plumpe Widergabe des Inhalts, noch um eine korrekte Interpretation des Werks. Vielmehr dient Adorno das konstellative Vorgehen als wesentliche Form den „Erkenntnischarakter der Kunst" (Adorno 1970, S. 383) philosophisch zu vermitteln.

stehen, ersetzt keineswegs die Theorie der kritischen[13] Theorie, sondern soll komplementär zur theoretischen Erkenntnis betrachtet werden. Gleichwohl ist weder Kunst im Allgemeinen noch der Essayfilm im Besonderen als Vehikel bestimmter gesellschaftlicher Interessen zu verstehen[14]. Vielmehr wird der Essayfilm im Sinne eines Codes aufgefasst, der die Gesellschaft in anderer Weise als die Theorie zu entschlüsseln vermag. Dementsprechend geht es nicht um die Frage, ob der Essayfilm es schafft das Bestehende oder die gesellschaftlichen Verhältnisse direkt zu verändern oder inhaltlich zu erklären, sondern inwiefern es dem Essayfilm gelingt aufgrund seiner Form-Inhalt-Vermittlung und damit der Darstellung des Nichtdarstellbaren die Erinnerung an die Möglichkeit der Veränderung des Bestehenden zu eröffnen.

3 Essayfilm

Auffällig ist, dass sich der Essayfilm zwar fiktionaler und dokumentarischer Elemente[15] bedient, gleichzeitig aber keine Untergattung des Dokumentar- oder des fiktionalen Films ist. Vielmehr stellt der Essayfilm etwas ganz Eigenes dar, das die Elemente des Fiktionalen und Dokumentarischen gleichzeitig verwendet sowie verwirft. Ein ausschlaggebender Unterschied zwischen dem Essayfilm

[13]Hier ist nicht nur die mit großem ‚K' geschriebene Kritische Theorie gemeint, die explizit mit dem in Frankfurt am Main 1924 gegründeten Institut für Sozialforschung verbunden ist, sondern eine ‚kritische Theorie der Gesellschaft' wie sie in zwei Aufsätzen (Traditionelle und kritische Theorie und Philosophie und kritische Theorie 1937) von Herbert Marcuse und Max Horkheimer eingeführt wurde.

[14]Adorno selbst wendet sich gegen jeglichen Versuch „Kunst zum Vehikel bestimmter gesellschaftlicher Interessen zu machen (‚sozialistischer Realismus' als Norm) oder nur als solches Vehikel zu erklären (‚sozialistischer Realismus' als Deutungsmuster)" (Rath 1982, S. 103).

[15]Auch wenn *fiktionale Filme* nicht real sind oder sein müssen, wird dennoch besonders auf die Identifikation mit den Charakteren geachtet, um dadurch die Anschlussfähigkeit zu garantieren. Obwohl die erdachte, den fiktionalen Film ausmachende Erzählung von den Zuschauer*innen erwartet wird, hat sie dennoch insofern eine Wirkung auf den realen Menschen, als sie nicht selten Wünsche und Sehnsüchte in der Gesellschaft produzieren und/oder das Dasein bestätigt. An den *Dokumentarfilm als nichtfiktionalen Film* wird hingegen der Anspruch erhoben, authentisch zu sein und scheinbar das wirkliche Leben auf die Leinwand zu bringen. Von der Zuschauer*in wird eine auf Wirklichkeit basierende Erzählung erwartet, Ereignisse der Zeitgeschichte werden darin verdeutlicht oder rekonstruiert. Die suggerierte objektive Wahrheit wird teilweise mit Lösungsvorschlägen eines „so könnte es besser sein" gepaart.

auf der einen und dem fiktionalen Film und Dokumentarfilm auf der anderen Seite ist die ästhetische Kategorie der Darstellung. Der Essayfilm stellt nämlich keine Einheit der Handlung oder Einheit der Zeit und des Ortes dar. Vielmehr verzichtet der Essayfilm gänzlich auf eine aufsteigende Handlung, sinnvolle Ordnung oder einen Höhepunkt. Folglich ist der Essayfilm nicht als ein neu aufsteigendes Gattungsgenre zu betrachten, sondern als eine ganz eigene Form, die das Potenzial besitzt die Darstellung infrage zu stellen.

Auch wenn es bereits vor dem zweiten Weltkrieg Vorläufer des Essayfilms gab, so ist sein Erscheinen auf die zweite Hälfte des 20. Jahrhunderts zu datierten. In diesem Sinne kann der Essayfilm ebenso als eine Antwort auf die Nichtdarstellbarkeit der geschichtlichen Katastrophe, der Shoa betrachtet werden[16]. Denn das Bewusstsein über die geschichtliche Differenz vor dem zweiten Weltkrieg und der Shoa und danach äußert sich im Essayfilm (schließlich) als Differenz der Darstellbarkeit überhaupt[17].

Bevor aufgezeigt wird inwiefern die Darstellung des Undarstellbaren gerade durch die Konstellation erst möglich wird, möchte ich kurz auf das im Essayfilm verwendete Material und die besondere Aufgabe der Montage eingehen. Das Material und die Montage sind insofern interessant, als mithilfe der Montage das Material im Essayfilm zur Konstellation montiert wird und dadurch erst das Undarstellbare darzustellen vermag.

4 Material

Das im Essayfilm verwendete Material setzt sich nicht selten aus Archiv-Materialien wie beispielsweise Fotos, Dokumentarstücken, Fernsehbildern, sowie Texten und Tonaufnahmen zusammen. „Eines der konstitutiven Merkmale des Essayfilms ist seine Auseinandersetzung mit überlieferten kulturellen Wissensbeständen, vor allem mit literarischen Texten und anderen Filmen, aber auch mit Kunstwerken und verschiedenartigen Zeugnissen der Populärkultur“ (Scherer 2001, S. 43). Solch ein materiell-physikalisches sowie geistig-ideelles Material ist immer historisch präformiert. Zum Einsatz kommt das Material im Essayfilm als Zitat, Paraphrase, Anspielung oder in der Auseinandersetzung mit beispielsweise vergangenen Formprinzipien

[16]Vgl. hierzu ebenso Thomas Todes Ausführungen zu *Wie den Tod filmen?* (Tode 2011, S. 37 f.) in seinem Buchartikel „Abenteuer Essayfilm – 60 Jahre Fieber und Träume“.

[17]Denn erst durch das Scheitern der Darstellung wird es möglich das historische Scheitern erscheinen zu lassen.

oder Produktionstechniken. Somit ist das Ziel des Essayfilms nicht in erster Linie neues Material zu erschaffen oder neue Bild-, Ton- oder Medienquellen zu erfinden[18]. Vielmehr versucht der Essayfilm in den von uns vorgegebenen Zwängen ein höchstes an Freiheit zu erreichen. Ähnlich der vorgegebenen traditionsbelasteten Terminologie der Philosophie, die verwendet werden muss, besitzt ebenso das vorgegebene Material und die Produktionsmittel gerade auch deswegen einen Wahrheitsgehalt, weil dort herrschende Ideologie zu finden ist und das falsche Ganze sich in ihnen ausdrückt.

5 Montage

Die Hinwendung zur Montage wird im weiteren Verlauf weniger als handwerklich mechanische, als „Schnitt", sondern vielmehr als kreativer Akt der Anordnung des Materials betrachtet. Wichtig ist die Betrachtung der Montage im Essayfilm insofern, als sie auf das prekäre Spannungsverhältnis zwischen purem Reflex und kritischer Reflexion zu untersuchen ist. Denn sobald die Montage als innovatives und dadurch per se radikales Verfahren betrachtet wird, sie auf den Schock ausgelegt ist oder ihr eine sinnstiftende oder gar pädagogische Aufgabe zugeschrieben wird, erzeugt die Montage nicht mehr als einen puren Reflex. Auf diese Aspekte der Montage soll im Folgenden kurz eingegangen werden:

Das Hinterfragen der Montage als per se innovatives Verfahren meint die Reflexion darüber, dass das Verfahren der Montage kein Neues ist, im Film seit Ende des 19. Jh und in der bildenden Kunst seit den 1920er Jahren[19] angewandt wird. Das Neue der Montage stellt mittlerweile also nichts Neues mehr dar. Möglicherweise erzielt die Montage heute vielleicht noch Effekte, die die bürgerliche Gesellschaft ein wenig aufzuregen vermögen, jedoch ist sie nicht in der Lage diese radikal genug infrage zu stellen, wodurch das Resultat der Montage

[18]Das bedeutet im Umkehrschluss jedoch nicht, dass Essayfilme, die selbstgedrehtes Material verwenden, wie beispielsweise *Rainbow's Gravity* (Mareike Bernien/Kerstin Schroedinger, 2014, 33 Min), kein Potenzial besitzen das Undarstellbare darzustellen. Denn auch selbstgedrehtes Material ist insofern schon immer präformiert, als die Filmemacher*in ein Teil der Gesellschaft ist und somit kein nicht-empirisches Material herstellen kann. Vielmehr ist immer wieder das Zusammenspiel wichtig und zu untersuchen ob und inwiefern das Material und die Montage zur Konstellation gebracht werden.

[19]Damals war es die aufgekommene Collage- und Assamblagetechniken der bildenden Kunst.

zwangsläufig im Kunstfeld verbleibt[20]. Da die Montage heute nicht mehr per se als innovatives Verfahren zu sehen ist, besitzt sie ebenso wenig das Potenzial aus sich heraus eine kritische Reflexion anzuregen. Ähnlich verhält sich die Montage, wenn sie als Schockmittel dienen soll. Es steht außer Frage, dass das Befremdliche, Verstörende, Befremdende und Schockierende eben kaum seine augenblickliche Wirkung überschreitet und sich somit schnell abschleift. Eine nachhaltige kritische Reflexion ist damit nicht zu bekommen[21]. Schließlich äußern sich die engen Grenzen der Montage, wenn die Montage als sinnstiftende eingesetzt wird. Denn dient die Montage zur Schaffung eines wie auch immer gearteten Sinns oder der Stimmigkeit von Einzelmomenten, um das Ausgangsmaterial zu einer vermeintlich abgeschlossenen Ganzheit zu montieren oder einen sinnhaften Rahmen hervorzubringen, dann ist das lediglich der Bezug auf die überholte Sinnbildung, die nur durch ein geschlossenes Werk oder Kohärenz zu bekommen war. Die Montage als Sinnproduktion fungiert in diesem Verständnis durchaus pädagogisch. Nicht die Reflexion steht hier im Vordergrund, sondern das pädagogische Durchleiten durch den Film[22].

---

[20]Dies ist ferner der Tatsache geschuldet, dass die Montage immer in der bürgerlichen Gesellschaft gefangen bleibt und sich Besucher*innen in der Kunstwelt bekanntlich gleichzeitig als tolerant wie ignorant erweisen können. Schließlich weiß jede*r Kunstgenießer*in, dass im Kunstfeld sowieso weder etwas Revolutionäres passiert noch die Konstitution essenziell berührt wird.

[21]Als Beispiel sei hier die von Mikhail Romm in seinem Film „Der gewöhnliche Faschismus" (1965) verwendete *Montage der Attraktionen* (Eisenstein) angemerkt. Bereits am Anfang des Films wird die auf Schock ausgerichtete Montage erkennbar: Man sieht Kinderzeichnungen, einen fröhlichen Kater, einen Bären und Eltern mit ihren Kindern in Moskau, Warschau und Berlin. Aus dem Off ist zu hören: „Jeder sieht die Welt ein bisschen anders, aber jeder ist Mensch." Plötzlich wird diese harmonische Stimmung durch einen Schuss unterbrochen und es ist ein Wehrmachtssoldat zu sehen der eine Frau mit einem Kind in ihrem Arm erschießt. So sehr die Intention dieser Form von Montage nachvollziehbar ist, so stellt sich dennoch die Frage inwiefern der Schock, der in diesem Moment erzeugt wird sich zu schnell abschleift und somit keine kritische Reflextion anzuregen vermag. Vor allem in Anbetracht des heutigen Erstarken des Rechtspopulismus und Rassismus in Deutschland wird deutlich, dass die auf Schock ausgerichteten Filme oder schockierenden Bilder von Leichenbergen in Auschwitz, die Schüler*innen in Deutschland während ihrer Schulzeit im Geschichtsunterricht zu sehen bekamen, die augenblickliche Wirkung wohl nicht zu überschreiten vermögen.

[22]Vgl. hierzu Marc Grimms Ausführungen zum Film *Schindlers Liste* in seinem Artikel „Ware, Kunst, Autonomie. Ästhetik und Kulturindustrie bei Theodor W. Adorno". Grimm stellt sehr gelungen und nachvollziehbar dar inwiefern Spielbergs Film sich u. a. einer pädagogischen Montage bedient, um die Zuschauer*innen an das Grauen zu gewöhnen und dadurch jegliche Reflexion über das Grauen unmöglich macht (vgl. Grimm 2009, S. 80 ff.).

Mit diesem kritischen Blick auf die Montage als Erzeugerin eines puren Reflexes lässt sich jedoch für den Essayfilm argumentieren. Denn in bestimmten Essayfilmen ist die Montage – also die Art und Weise wie das Material angeordnet wird – nicht auf den Schock oder die Sinnstiftung ausgelegt und wird ebenso wenig als neues und dadurch per se radikales Verfahren betrachtet. Vielmehr wird durch die Montage das Ausgangsmaterial zu einer Konstellation, einem dichten Gewebe montiert, wodurch eine kritische Reflexion erst ermöglicht wird. Und gerade aufgrund des dichten Gewebes schafft es der Essayfilm „durch Zündung Kommunikation zwischen Ästhetischem und Außerästhetischem zu bewirken" (Adorno 1970, S. 169); anstatt lediglich im Kunstfeld respektive im Feld des Films zu verbleiben. In diesem Sinne dient die Organisation des Materials in bestimmten, der Konstellation sich bedienenden Essayfilmen keiner ästhetischen oder logischen Einheit. Entgegen des Identitätszwangs übernimmt die Montage in diesen Essayfilmen die Aufgabe die Linearität und Finalität im Essayfilm zu unterlaufen und das Objekt ins Zentrum zu rücken. Die Montage ist somit keine sinnstiftende, sondern eine, die dem*der Filmemacher*in dazu dient, das Material so lange zu wenden und zu drehen bis es sagt, was es ist[23] – und dadurch dazu gezwungen wird seine begrenzte Reichweite zu erkennen zu geben.

6 Konstellation im Essayfilm

Im Sinne Adornos lässt sich für manche Essayfilme sagen: Wenn nun das Ausgangsmaterial im Essayfilm mithilfe der Montage „um ein Geringes versetzt" wird tritt es „in neue Konstellationen (…), um ihre rechte Stelle zu finden" (Adorno 1970, S. 199). Durch das versetzte, gruppierte und zu einer neuen Konstellation angeordnete Material wird der Essayfilm „zum Schema gesellschaftlicher Praxis" (Adorno 1970, S. 339). Praxis ist der Essayfilm folglich insofern, als er die Möglichkeit eröffnet das verdinglichte Bewusstsein zu durchbrechen (vgl. Adorno 1970, S. 292) und dazu beiträgt ein anderes Bewusstsein

[23]Ähnlich Adornos Ausführungen zum theoretischen Gedanken, zum Begriff und zum Zahlenschloss: „Als Konstellation umkreist der theoretische Gedanke den Begriff, den er öffnen möchte, hoffend, daß er aufspringe etwa wie die Schlösser wohlverwahrter Kassenschränke: nicht nur durch einen Einzelschlüssel oder eine Einzelnummer, sondern eine Nummernkombination" (Adorno 1975, S. 166).

herauszubilden (vgl. Adorno 1970, S. 361)[24]. Die Aktualität des Essayfilms äußert sich somit nicht darin, indem die Filmemacher*in versucht etwas völlig Neues herzustellen. Im Gegensatz, es wird gezielt mit bereits vorhandenem empirischem Material gearbeitet[25]. Ebenso wenig trägt der Inhalt weder zur Aktualität bei noch wird versucht einzig über den Inhalt Kritik an der Gesellschaft zu vermitteln. „Das Geformte aber, der Inhalt, sind keine der Form äußerlichen Gegenstände, sondern die mimetischen Impulse, welche es zu jener Bilderwelt zieht, die Form ist“ (Adorno 1970, S. 213). Die Aktualität des Essayfilms äußert sich über die Form seiner Darstellung, die Konstellation, worin sich eben eine Kritik an der Form von Gesellschaft und Denken artikuliert. Dies impliziert, dass im Essayfilm Gesellschaft über die Form der Darstellung verhandelt wird anstatt ihr eine plumpe Absage zu erteilen[26]. Gleichwohl wird das Neue nicht über den Inhalt produziert, sondern die Bedingungen der Artikulation von Neuem werden geschaffen. Aufgrund des zur Konstellation gebrachten Materials wird nicht vorgegeben was wahrzunehmen sei, sondern es eröffnen sich neue Bedingungen der Wahrnehmung. Somit gelingt es dem Essayfilm eine Kritik an Ursprungsdenken, Eindeutigkeit, Kohärenz, Linearität und Kausalität zu formulieren und jeglicher zusammenhängender Erzählstruktur zu entsagen[27]. Indem der Essayfilm keine sinnvollen Zusammenhänge mehr produziert, lässt sich der Essayfilm nicht

[24]Hier geht es einerseits um die Kritik des aus der kapitalistischen Gesellschaftsform entspringenden Bewusstseins und andererseits um das Aufscheinen eines Bewusstsein jenseits dieser Gesellschaftsform – welches, solange der Kapitalismus vorherrschend ist, lediglich wie ein Feuerwerk kurz aufscheinen kann. Das andere Bewusstsein ist eben keines das vorher bereits gewusst ist.

[25]Wie bereits weiter oben erwähnt bleibt sowieso dahin gestellt inwiefern es überhaupt nichtempirisches Material geben kann, denn schließlich ist die Filmemacher*in und jegliches Material das diese benutzt immer ein Teil respektive aus der Gesellschaft, also schon immer präformiert. Ein Außerhalb des Kapitalismus gibt es schließlich nicht.

[26]Wenn die Form temporär in den Vordergrund gerückt wird, dann darf das nicht als plumper Formalismus oder als Überhöhung der Form an sich missverstanden werden. Vielmehr zeigt sich durch die Form die Entfaltung einer anderen immanenten Gesetzlichkeit, die entgegengesetzt zum kapitalistischen Tauschprinzip steht. „Das Tröstliche der großen Kunstwerke liegt weniger in dem, was sie aussprechen, als darin, daß es ihnen gelang, dem Dasein sich abzutrotzen“ (Adorno 1951, S. 253). Und somit kennzeichnet der Formbegriff „die schroffe Antithese der Kunst zum empirischen Leben, in welchem ihr Daseinsrecht ungewiß ward“ (Adorno 1970, S. 213).

[27]In diesem Sinne teilt der Essayfilm ebenso die von Adorno in seinem Essay *Der Essay als Form* aufgeführte Kritik an den Cartesianischen Regeln (vgl. Adorno 1958a, S. 22 ff.).

einfach durch Identifikation verstehen. Sein Denken in Kategorien wird für einen Augenblick durchbrochen, wodurch Nichtbegriffliches oder Unvorhergesehenes erscheinen kann. „Becketts Stücke sind absurd nicht durch Abwesenheit jeglichen Sinnes – dann wären sie irrelevant – sondern als Verhandlung über ihn. Sie rollen seine Geschichte auf" (Adorno 1970, S. 230 f.). Sich der Konstellation bedienende Essayfilme stellen, wie es Becketts Stücke tun, andere Bedingungen von Wahrnehmung auf der einen und Artikulation auf der anderen Seite her. Und genau darin liegt das Potenzial dieser Essayfilme.

7 Konstellation im Essayfilm Boat People (Sarah Wood, 2016, 23 min)

Im Folgenden wird der Essayfilm *Boat People* (2016) der britischen Filmemacherin Sarah Wood besprochen, der sich im Allgemeinen den Themen Flucht und Heimatlosigkeit widmet. An Woods Film gilt es exemplarisch aufzuzeigen[28], inwiefern es der Filmemacherin aufgrund der konstellativen Darstellung gelingt, das Besondere in seiner Besonderheit darzustellen und dadurch aufzuzeigen wie es durch das Ganze vermittelt ist.

Während Rechtspopulisten europaweit erstarken, einseitig die Schuld bei „den Etablierten" suchen und feindselige Stimmungen gegen Geflüchtete zunehmend in der bürgerlichen Öffentlichkeit verbreitet werden, setzt Wood die Themen Flucht und Heimatlosigkeit in einen größeren Kontext. Hierzu favorisiert Wood in ihrem Essayfilm weder eine stringente Erzählform[29], um die Anschlussfähigkeit zu garantieren, noch bedient sie sich einer Montage die pädagogisch durch den Film leitet. Es geht ebenso wenig um eine authentische Darstellung oder Wahrheit, die es zu vermitteln gilt. Vielmehr bringt Wood komplexe und vielschichtige Materialien auf Grundlage einer konstellativen Darstellung in ein Verhältnis zueinander. In diesem Sinne zielt die Behandlung des Themas Flucht in ihrem

[28]Aus dem in diesem Artikel vorher ausgeführten sollte ersichtlich sein, dass es sich bei der folgenden Besprechung des Essayfilms weder um eine plumpe Widergabe des Inhalts noch eine korrekte Interpretation des Film handelt. Vielmehr soll aufgezeigt werden inwiefern die Konstellation als wesentliche Form der Darstellung in Woods Essayfilm zur Erkenntnis beiträgt.

[29]Auch wenn Woods Essayfilm in zehn Kapitel unterteilt ist, umkreisen die einzelnen Kapitel eher ein Zentrum und sind ineinander verwoben, anstatt einer zwingend logisch-schlüssigen Argumentation zu folgen.

Essayfilm weder auf einen Begriff ab oder auf eine einfache Begriffsbestimmung, noch soll am Schluss ein genügsames Urteil oder Resultat stehen. Es geht vielmehr um die Artikulation eines Zusammenhangs der nicht nur auf der Text- oder Bildebene verdeutlicht wird, sondern sich ebenso in der Form der Darstellung äußert. Wood hebt die Verschränkungen von Gegenwärtigem und Vergangenem, von Gesellschaft als Ganzem und dem darin lebenden einzelnen Subjekt hervor. Sie verhindert mithilfe ihrer gewählten Form der Darstellung – der Konstellation – eine inhaltliche Verkürzung des Themas.

Aus dem Off sind in *Boat People* durchgehend Geräusche und Geräuschfetzen zu hören: Meeresrauschen, Vögel, das Knarren und Quietschen eines Holzboots, *Rule, Britannia!*-Fußballgesänge, Sirenen, Geheule und verzerrte Sounds. Der gesprochene Text wird über die Sounds gelegt. Woods Recherche nach der Vergangenheit, der Gegenwart und ihrer eigenen Geschichte, ihrer Herkunft wird immer wieder in ein Verhältnis zueinander montiert. Die festgefahrene Narration der Geschichte des Landes, aus dem man kommt, die Konstruiertheit der Geschichte, sowie die eigene Nationalität werden ständig infrage gestellt. Indem die Filmemacherin wiederkehrend auf ihre eigene Herkunft verweist positioniert sie sich selbst. Dadurch gelingt es Wood der von ihr montierten Konstellation durchgehend einen selbstreflexiven Charakter zu verleihen. Neben Woods eigener (Herkunfts-)Geschichte werden Einzelschicksale von Geflüchteten erzählt, Geschichten, die Menschen vor, während und nach ihrer Flucht tatsächlich so erlebten[30]. Die Einzelschicksale werden jedoch in einen größeren Kontext eingebettet, indem den persönlichen Geschichten die gesamtgesellschaftliche Geschichte gegenübergestellt wird. So werden die ausbeuterischen Verhältnisse im Kapitalismus weder als Normalzustand angenommen noch gesellschaftliche Konflikte, Flucht oder Heimatlosigkeit am Einzelfall behandelt und dadurch verharmlost. Trotz dieser Gegenüberstellungen geht Wood in ihrem Essayfilm zugleich mikrologisch vor. Sie behandelt die Gebiete Flucht und Heimatlosigkeit weder vollständig noch gibt sie *vor* die Themen vollständig zu bearbeiten.[31] Doch gerade darin zeigt sich die Stärke ihres Films: Aufgrund ihrer mikrologischen Ausgangspunkte entwirft Wood Modelle „von denen aus dann über das Gesamtgebiet allerdings ein derartiges Licht fällt, dass dadurch in gewisser Weise das Gesamtgebiet auch modifiziert oder bestimmt wird“ (Adorno 1958b, S. 240).

[30]Eine erzählte Fluchtgeschichte in Woods Film ist an eine Geschichte aus dem Buch „Human Cargo“ von Caroline Moorhead angelehnt. Die anderen Geschichten stammen aus Gesprächen die die Filmemacherin mit Geflüchteten führte oder dem UN Refugee Stories Project entnommen wurden.

[31]So wie es manche Dokumentarfilme fälschlich glaubhaft machen wollen.

Die auf der Textebene getroffenen Aussagen und Erläuterungen werden auf der Bildebene einerseits nachvollzogen andererseits ist kein Zusammenhang zu erkennen. Wood wählt ihr Bildmaterial aus beispielsweise Humphrey Jennings Film „Family Portrait“ (1950)[32], Alfred Hitchcock „Lifeboat“ (1944)[33] oder aus dem Schulungsvideo „Immigration“ (1946)[34] der Encyclopaedia Britannica Films. Filme, meist britischer Herkunft die die Themen Flucht, Krieg, Vertreibung oder die Bildung der britischen Nationalität behandeln. Gleichwohl ist das Bildmaterial aus Derek Jarmans Film „The Garden“ (1990)[35] in Woods Essayfilm überaus präsent, oder „Malibu Mermaid“ (1950)[36]. Ferner wechseln sich Farb- und Schwarzweißfilm ab um im nächsten Moment einen völlig schwarzen Bildschirm zu präsentieren.[37] An anderen Stellen verzerrt und fragmentiert die Filmemacherin das Bildmaterial bis zur Unkenntlichkeit, wenn beispielsweise aus dem Off zu hören ist: „At home they were targeted. They were someone's enemy. Bombs were hidden in their car. The torturer said 'we will make you wish you were dead, but that time will never come'“(13:00 Min). Indem Wood weder das Grauenhafte in der Welt darzustellen, noch schlichtweg mit Kunst, respektive Film zu bewältigen versucht, reflektiert sie die materialen Bedingungen ebenso wie die Grenzen der Darstellbarkeit. Weil der Inhalt nicht direkt mit der sinnlichen Wirklichkeit zusammenfällt produziert ihn Wood lediglich abstrakt durch das ästhetische audio-visuelle Material. Die verschiedenen Gedankenstränge, Sounds und Bilder ergänzt und verwebt sie sowohl

[32]Jennings gilt als der Vater des britischen Dokumentarfilms. Family Portrait wurde für das Festival of Britain 1951 in Auftrag gegeben. Das Hauptanliegen des Films ist aufzuzeigen inwiefern Kunst und Wissenschaft Großbritannien geformt haben.

[33]Hitchcocks Film behandelt den in Europa tobenden Zweiten Weltkrieg und setzt sich mit dem drohenden Untergang der Demokratie auseinander.

[34]Dieser 1946 produzierte Film sollte nach dem Zweiten Weltkrieg in England den britischen Patriotismus und Jingoismus vermitteln und behandelt zudem die Migration in die Vereinigten Staaten von 1890 bis 1924. Als Animation zu sehen sind Mauern, die Amerikas West- und Ostgrenzen schützen.

[35]Der Film behandelt Homosexualität und das Christentum vor dem Hintergrund Jarmans trostlosem Küstenhaus von Dungeness in Kent, seinen Garten und der nahe gelegenen Landschaft um ein Kernkraftwerk. Die Umgebung vergleicht Jarman mit dem Garten Eden oder Garden of Gethsemenae.

[36]In dem zweieinhalbminütigen Modefilm ist die ansonsten unbekannte Adele Doleman sitzend im Meer zu sehen wie sie ihren Badeanzug präsentiert und immer wieder von Wellen überrascht wird.

[37]Dies ist der Fall wenn beispielsweise aus dem Off zu hören ist: „Because you are a wanderer, stateless, an exile you are not recognised as a citizen, a person with legitimacy, equality, rights. It's the Cyclops' power to make you nobody“ (18:24 Min).

komplementär als auch bestimmt negierend ineinander, ohne die Trennschärfe der einzelnen preiszugeben oder der bloßen Form der Darstellung zu opfern (vgl. Lehr 2000, S. 122 f. FN 357). So gelingt es der Filmemacherin die Form, die Darstellbarkeit sowie das audio-visuelle Material als das spezifische Artikulationsmittel des Films stets in ein Verhältnis zueinander zu bringen. Durch die spezielle Organisation des Materials stimmt *Boat People* dem gesellschaftlichen Sein weder zu noch versucht der Film das erfahrene Leid menschlich zu machen. Aufgrund der Konstellation und der dadurch fehlenden sinnvollen Abfolge, Kausalität und Eindeutigkeit verwehrt Woods Essayfilm seiner Form nach sich mit den Charakteren zu identifizieren, wodurch die Zuschauer*innen auf sich selbst zurückgeworfen werden. Und gerade die Unabgeschlossenheit in *Boat People* ermöglicht der Zuschauer*in einen eigenen Standpunkt. Der Essayfilm schafft es aufgrund seiner Darstellung den Widerspruch zwischen einer brüchigen Wirklichkeit einerseits und einer gesellschaftlich bestimmten Wahrnehmung von sinnvoller Ordnung andererseits darzustellen. Somit hat der Essayfilm *Boat People* nicht zum Ziel mit seiner Anordnung schlicht die gesellschaftliche Realität abzubilden, da dadurch nicht mehr erreicht wäre als die Verdopplung der Gegenwart. Vielmehr schafft es Wood mithilfe der Montage das Material zu Konstellationen zu bringen und dadurch das Undarstellbare darzustellen.

8 Ausblick

Kunst im Allgemeinen und der Essayfilm im Besonderen dürfen weder als plumpes Spiegelbild der Gesellschaft noch als ein Allheilmittel gegen die gesellschaftlichen Verhältnisse missverstanden werden. Ebenso wenig darf man sich dem Trugschluss hingeben, Kunst könne machtvoll in reale politische, gesellschaftliche oder historische Ereignisse eingreifen. Es ist somit nicht die Aufgabe des Essayfilms Handlungsalternativen zu akzentuieren oder die Rezipient*innen zu mobilisieren. Durchaus sind das im Essayfilm verwendete Material, die Produktionsbedingungen oder das Künstler*innensubjekt ein bereits vorgeformtes, da sie Teil der Gesellschaft und somit Teil der empirischen Realität sind. Doch obwohl der Essayfilm aus der empirischen Realität hervorgeht, erzeugt er auf der einen Seite nichts Reales[38] und ist gleichzeitig auf der anderen Seite mehr als rein Fiktionales.

[38]Reales im Sinne als könne er direkt in die Gesellschaft eingreifen.

Die vermeintliche Authentizität im Medium Film und die darin vollzogene Rekonstruktion der Wirklichkeit als einfaches Spiegelbild der Gesellschaft wird in bestimmten Essayfilmen nicht zuletzt durch die Konstellation infrage gestellt und von unmittelbar politischer Kunst abgegrenzt. Denn solch ein auf Konstellation ausgerichteter Essayfilm beugt sich weder dem Zwang unvermittelt Sinn zu produzieren, noch dem*der Rezipienten*Rezipientin etwas liefern zu müssen. Indem das vorhandene empirische Material mithilfe der Montage neu angeordnet, verschoben und dadurch in Konstellation gebracht wird schaffen es gelungene Essayfilme „durch nichts anderes als ihre Gestalt, dem Weltlauf [zu] widerstehen, der den Menschen immerzu die Pistole auf die Brust setzt“ (Adorno 1965, S. 413). Durch seine Form-Inhalt-Vermittlung ermöglicht der Essayfilm die Nichtidentität mit der Gesellschaft erfahrbar zu machen, wodurch sich ebenso die Möglichkeit der Erfahrung eröffnet die Identitätszwänge in der Gesellschaft zu hinterfragen. In diesem Sinne eröffnet die Konstellation im Essayfilm dem Nicht-Sagbaren und dem Nicht-Darstellbaren den Raum, wodurch bestimmte, sich dieser Konstellation bedienenden Essayfilme sich besonders gut als Erkenntnismedium eignen. Solch gelungene Essayfilme sind insofern eine Kunst der Gesellschaft, als sie das Potenzial besitzen zu „sagen, was mehr ist als das Seiende, einzig, indem sie zur Konstellation bringen, wie es ist, ›Comment c'est‹“ (Adorno 1970, S. 200) und dadurch die gesellschaftlichen Verhältnisse aufzuzeigen und zu kritisieren vermögen.

Literatur

Adorno, Theodor W. 1951: Minima Moralia. Reflexionen aus dem beschädigten Leben. Hrsg. Rolf Tiedemann unter Mitwirkung von Gretel Adorno, Susan Buck-Morss und Klaus Schultz 2003, Gesammelte Schriften Bd 4, Frankfurt a. M., Suhrkamp

Adorno, Theodor W. 1958a: Der Essay als Form. Noten zur Literatur. Hrsg. Rolf Tiedemann unter Mitwirkung von Gretel Adorno, Susan Buck-Morss und Klaus Schultz 2003, Gesammelte Schriften Bd 11, Frankfurt a. M., Suhrkamp

Adorno 1958b: Einführung in die Dialektik. Hrsg. Ziermann, Christoph 2010 NaS IV 2, Frankfurt a. M.

Adorno, Theodor W. 1965: Engagement. Noten zur Literatur. Hrsg. Rolf Tiedemann unter Mitwirkung von Gretel Adorno, Susan Buck-Morss und Klaus Schultz 2003, Gesammelte Schriften Bd 11, Frankfurt a. M., Suhrkamp

Adorno, Theodor W. 1965/67: Vorlesung über Negative Dialektik. Fragmente zur Vorlesung, Hrsg. Rolf Tiedemann 2003 NaS IV 16, Frankfurt a. M.

Adorno, Theodor W.: Zu Subjekt und Objekt. Hrsg. Rolf Tiedemann unter Mitwirkung von Gretel Adorno, Susan Buck-Morss und Klaus Schultz 2003, Gesammelte Schriften Bd 10.2, Frankfurt a. M., S. 741–758

Adorno, Theodor W. 1970: Ästhetische Theorie. Hrsg. Rolf Tiedemann unter Mitwirkung von Gretel Adorno, Susan Buck-Morss und Klaus Schultz 2003, Gesammelte Schriften Bd 7, Frankfurt a. M.

Adorno, Theodor W. 1975: Negative Dialektik. Jargon der Eigentlichkeit. Hrsg. Rolf Tiedemann unter Mitwirkung von Gretel Adorno, Susan Buck-Morss und Klaus Schultz 2003, Gesammelte Schriften Bd 6, Frankfurt a. M.

Farocki, Harun, „Obdachlose am Flughafen. Sprache und Film. Filmsprache. Der Filmemacher Harun Farocki im Gespräch mit Rembert Hüser", Jungle World 46, 8.11.2000.

Gimmel, Jochen 2015: Konstellationen negativ-utopischen Denkens. Ein Beitrag zu Adornos aporetischem Verfahren. Feiburg/München: Verlag Karl Alber

Grimm, Marc 2009: Ware, Kunst, Autonomie. Ästhetik und Kulturindustrie bei Theodor W. Adorno. In: Müller, Stefan 2009: Probleme der Dialektik Heute. Wiesbaden. VS Verlag für Sozialwissenschaften, S. 63–84

Lehr, Andreas 2000: Kleine Formen: Konstellation/Konfiguration, Montage und Essay bei Theodor W. Adorno, Walter Benjamin und anderen. Freiburg

Rath, Norbert 1982: Adornos Kritische Theorie. Vermittlungen und Vermittlungsschwierigkeiten. Paderborn/München/Wien/Zürich: Ferdinand Schöningh

Scherer, Christina 2001: Ivens, Marker, Godard, Jarman. Erinnerung im Essayfilm. München: Fink

Sommer, Marc Nicolas 2016: Das Konzept einer negativen Dialektik. Adorno und Hegel. Tübingen: Mohr Siebeck

Sonderegger, Ruth 2011: Essay und System. In: Klein, Richard/Kreuzer, Johann/Müller-Dohm, Stefan Hrsg. 2011: Adorno-Handbuch. Leben – Werke – Wirkung. Stuttgart/Weimar, Verlag J.B. Metzler, S. 427–430

Tode, Thomas 2011: Abenteuer Essayfilm – 60 Jahre Fieber und Träume. In: Kramer, Sven/Tode, Thomas (2011): Der Essayfilm. Ästhetik und Aktualität. Konstanz. UVK Verlagsgesellschaft mbH. S. 29–44. Hier: S. 37 f.

Zwischen gesellschaftlicher Beobachtung und künstlerischer Praxis: Realismus, Fiktion und das Imaginäre in dokumentarischen Filmen

Carsten Heinze

Zusammenfassung

Der Beitrag beschäftigt sich mit dem Zusammenhang von dokumentarischen Filmen und Kunst unter besonderer Berücksichtigung der Begriffe Realismus, Fiktion und dem Imaginären. Damit greift der Beitrag Debatten um jüngere Entwicklungen in der Dokumentarfilmforschung auf, die das Performative und den Inszenierungsaspekt des Dokumentarischen stärker fokussieren. Durch die Einführung der Begriffe Realismus, Fiktion und Imaginäres werden herkömmliche theoretische Dokumentarfilm-Ansätze herausgefordert und kritisch beleuchtet. Aus (medien-/film-) soziologischer Perspektive werden diese Diskussionen insofern relevant, da dokumentarische Filme den Anspruch erheben, gesellschaftliche Prozesse und Diskurse abzubilden; jedoch wird mit der Einführung der drei Begriffe Realismus, Fiktion und Imaginäres dieser mimetischen Vorstellung entgegengearbeitet und berechtigter Weise die Frage aufgeworfen, inwieweit es sich bei dokumentarischen Filmen um „Film als Kunst der Gesellschaft" handelt.

Schlüsselwörter

Dokumentarfilm · Dokumentarischer Film · Dokumentarische Kunst · Dokumentarische Fiktion · Dokumentarischer Realismus · Radikal Imaginäres · Dokumentarfilmtheorie · Soziologie des dokumentarischen Films

C. Heinze (✉)
Universität Hamburg, Hamburg, Deutschland
E-Mail: Carsten.Heinze@uni-hamburg.de

L. Hieber und R. Winter (Hrsg.), *Film als Kunst der Gesellschaft,* Film und Bewegtbild in Kultur und Gesellschaft,
https://doi.org/10.1007/978-3-658-30461-4_7

1 Einleitung

Obwohl bei genauerer Betrachtung kaum befriedigend angegeben werden kann, was dokumentarische Filme als solche ausmacht und inwiefern sie sich von fiktionalen Filmen unterscheiden (Kreimeier 2004, S. 431), werden mit ihnen doch, anders als bei Spielfilmen, Vorstellungen von „objectivity and transparency" hervorgerufen (Ward 2005, S. 10). Dokumentarische Filme lassen sich, folgt man Bill Nichols, als „discourses of sobriety" charakterisieren und gegenüber Unterhaltungsformaten abgrenzen, da sie in ernsthafter Absicht etwas über die reale Welt mitteilen wollen (Nichols 1991, S. 3). Glaubwürdigkeit („believe me") bildet den „contract" zwischen Filmemacher*innen und Zuschauer*innen (Beattie 2004, S. 11), womit dokumentarische Filme auch eine ethische Dimension aufweisen. Inhalte des dokumentarischen Films haben in einem gewissen Sinne ‚wahr' zu sein. Wie aber können derartige Vorstellungen glaubwürdig realisiert und filmisch umgesetzt werden? Mit welchen Strategien versuchen dokumentarische Filme die an sie gestellten kommunikativen (ethischen) Anforderungen zu erfüllen?

In dokumentarischen Filme zeigen sich einige Funktionen von Medientechniken auf eine spezifische Art und Weise: Aufzeichnung, Reproduktion, Speicherung, Übertragung, Vervielfachung, Wiedergabe zur Erweiterung der menschlichen Wahrnehmung und Erfahrung (Neumann-Braun 2000, S. 30) über eine nichtfilmische Welt. Das im dokumentarischen Film Gezeigte gilt als nicht erfunden, es ist nicht fiktiv und hat damit eine kontingente Struktur, die keinen Anfang und kein Ende kennt. Im Kern der theoretischen Debatten geht es denn auch um eine Begründung der potenziellen „Wahrheitsfähigkeit" des dokumentarischen Films, über die dokumentarische Repräsentationen der realen Welt erst möglich werden (Arriens 1999). Dürfen bzw. können *Repräsentationen der realen Welt* in einem künstlerischen Sinne ‚schön' sein? Inwiefern kann Kunst Bestandteil des Dokumentarischen sein?

Dokumentarische Filmformen werden jenseits theoretischer Diskussionen und abgrenzender Haarspalterei genutzt, um, zumeist in öffentlich aufklärerischer, kritischer Absicht, etwas über die reale Welt zu erzählen; die idealtypisch gedachten Zuschauer*innen wiederum lassen sich umgekehrt auf die bekannten Konventionen dokumentarischer Methoden ein, um diese entsprechend als Darstellungen der realen Welt zu lesen. Das Dokumentarische ist mithin ein spezifisch ausgeprägter Kommunikationscode. So nennt Eva Hohenberger als Eingrenzungskriterien des dokumentarischen Films, dass dieser institutionell anders verankert und distribuiert sei als der Spielfilm, zudem den Anspruch verfolge, „Aufklärung und Wissen über die real existierende Welt“ zu vermitteln, sich durch „Nicht-Fiktionalität seines Materials“ auszuzeichnen und „realitätsbezogene Schemata“ bei den Zuschauer*innen zu aktivieren (2006b, S. 20 f.). Es ist unschwer zu erkennen, dass sich daraus komplexe Fragen zu den Möglichkeiten und Grenzen der medialen Darstellbarkeit der Welt ergeben: Was sind bzw. woraus bestehen „Aufklärung und Wissen“ im dokumentarischen Film? Dürfen diese ästhetisiert, somit auch ‚schön‘ sein? Und schließlich: In welcher Relation steht die „real existierende Welt“ zum dokumentarischen Film, der sich aus ihr scheinbar unmittelbar bedient? Je mehr man sich auf diese Fragen einlässt, desto unschärfer scheinen die Unterscheidungskriterien zu werden, die man hierfür in Anschlag zu bringen versucht. Umgekehrt: Je schwieriger die Grenzen zu ziehen sind, desto nachdrücklicher erscheinen angesichts einer Durchdringung der medialen Kommunikation mit dokumentarischen Formen ein angemessenes Verständnis ihrer Inszenierungsstrategien.

Ein dauerhafter Diskussionspunkt innerhalb der theoretischen Debatten um den Status dokumentarischer Filme ist die Frage nach der Differenz zum fiktionalen Film. Wie diese (instabile) Differenz begründet wird, hängt vom jeweils gewählten epistemologischen Zugang ab, der produktions-, text- oder rezeptionsorientiert ausgearbeitet sein kann (siehe dazu die Textauswahl in Hohenberger 2006a). Trotz unterschiedlicher Konturierung in den Argumentationen wird eine Differenz zwischen fiktionalen und nichtfiktionalen Filmen kaum bestritten, sei sie formal, pragmatisch, ästhetisch oder inhaltlich begründet.

So scheint es sowohl im Produktions- als auch Rezeptionsprozess dokumentarischer Filme eine Intuition für Reales und Nicht-Reales zu geben, die sich nur schwer begründen lässt, auf visuellen Konventionen beruht, aber bei genauerem Hinschauen Unsicherheiten in der Beurteilung auszulösen vermag. Zugespitzt und aus einer empirischen Notwendigkeit formuliert: Die kommunikationspragmatische Aufrechterhaltung der Differenz ist notwendig, um das „Vertrauen“[1][1]Zur Bedeutung des „Vertrauens“ in der Weltvermittlung durch den Film, siehe Früchtl (2013). in die Möglichkeit der rationalen Nutzung von Technik zur Erfassung und Kommunikation über reale Sachverhalte in der Welt gegen die bloß unterhaltende und nicht ‚wahrheitsfähige‘ Inszenierung von Geschichten und der Fiktionalisierung der Welt im Spielfilm zu schützen.

[1]Zur Bedeutung des „Vertrauens“ in der Weltvermittlung durch den Film, siehe Früchtl (2013).

Angesichts der aktuellen politischen Weltlage und des Ge- und Missbrauchs medialer Kommunikationsformen (mit dokumentarischem Anspruch), so etwa in verschwörungstheoretischen ‚dokumentarischen' Filmen wie ZEITGEIST (US 2007), scheint dieser Versuch, die Differenz aufrechtzuerhalten, dringender denn je. Zur Ruhe kommen die durch dokumentarische Ansprüche – hier im Hinblick auf das Filmische – ausgelösten Irritationen aber nicht, denn postmoderne Skepsis, die in alle funktionalen Bereiche diffundiert ist und weder vor den Wissenschaften noch den Alltagsdiskursen haltmacht, weist die Möglichkeit einer aufrichtigen Kommunikation zurück, was, sofern zutreffend, erhebliche Auswirkungen auf den weiten Bereich der „Wirklichkeitserzählungen" hat (Klein und Martinez 2009).

Diese Dynamisierung und Flexibilisierung der Frage nach dem Dokumentarischen lässt sich auch in ihrer Diskurs-Geschichte nachweisen: So haben sich die Diskussionen um dokumentarische Filme immer stärker in Richtung einer zunehmenden Unschärfe bewegt und treten überhaupt erst zu einem bestimmten Zeitpunkt auf. Zwar ist der Wandel innerhalb der Diskussionen in einem nicht unerheblichen Maße den veränderten technischen Möglichkeiten und Entwicklungen der Bildproduktion und Bildverarbeitung geschuldet (Müller 2012), die jeweils die dokumentarischen Praktiken beeinflussen. Wie Brian Winston beschreibt, haben sich diese technischen Möglichkeiten ständig erweitert und verändert, und damit einhergehend auch das Bewusstsein der Zuschauer*innen darüber, was unter „dokumentarisch" verstanden werden kann (2015, S. 2). Aber diese technologischen Veränderungen gelten für alle Formate des Filmischen. Insofern lohnt es, die Fragestellung zu soziologisieren und danach zu fragen, für welches gesellschaftliche Problem der Dokumentarfilm eine Lösung anbietet.

Medienentwicklung und Welt*anschauung* stehen offenbar in einem unmittelbaren Verhältnis zueinander. Die Brisanz einer solchen vermuteten Veränderungsdynamik, sollte sie denn zutreffen, liegt dann darin, dass dem Dokumentarischen trotz wachsender Sensibilität gegenüber der Instabilität der Bilder nach wie vor eine hohe Glaubwürdigkeit zugeschrieben wird, die sich aus der Unmittelbarkeit und Suggestionskraft des dokumentarischen Bildes ergibt, hinter der die Medialität des Vermittelten oftmals weitgehend zu verschwinden droht (Rimmele und Stiegler 2012, S. 11 f.).[2] Die unmittelbare und direkte Zeigefunktion des

[2]In einem Kunstprojekt zum dokumentarischen Film wird folgende Annahme formuliert: „Am Beginn des Projekts steht ein Verdacht: Im Dokumentarfilm wird etwas zum Verschwinden gebracht. Die soziale Praxis der Dokumentation mit Hilfe der Kamera, die

dokumentarischen Bildes überschreibt offensichtlich dessen konstruktiven Charakter.

Quasi im Gegenzug lässt sich im zeitgenössischen Dokumentarfilm eine hohe Künstlichkeit und Kunsthaftigkeit beobachten, eine Kunsthaftigkeit, die im Vergleich zum Spielfilm weitaus komplexere Formen annehmen kann. Die facettenreiche ‚Schönheit' der Bilder (teilweise über erschreckende Lebensumstände) eines Michael Glawogger, Ulrich Seidl, Volker Koepp, Christoph Hübner, Peter Nestler, einer Gabriele Voss, Heike Misselwitz, Christine Brückner u. v. a., um nur im deutschsprachigen Raum zu bleiben, entstehen nicht aus der Schönheit der Welt, die sie zeigen, sondern der Art und Weise, wie Alltag ‚poetisch' ins Bild gestellt wird. Da Wirklichkeitsbilder in ihrer Rezeption eine distanzierte Mediensensibilität benötigen, die erlaubt, ihren subjektiven Konstruktionscharakter zu erkennen, scheint diese künstlerisch-kritische Auseinandersetzung mit „nichtfiktionalen Materialien" darauf angelegt zu sein, jene Sensibilität zu fördern.

In dieser zunehmend künstlerischen Formierung des Dokumentarischen geraten dann aber auch Bezeichnungen, die sie vom Fiktionalen diskriminieren sollen, ins Rutschen, weil sie selbst auf so etwas wie Fiktion(alität), Imagination oder gar das Imaginäre verweisen. Daran knüpft die Frage an, welche Rolle die Imagination und das Imaginäre sowie das Fiktionale in der dokumentarischen Praxis spielen, aber auch auf welches (neue) gesellschaftliche Problem sie reagieren und Lösungen anzubieten versuchen?

2 Dokumentarische Filme zwischen Realität und Kunst

Filme (und bewegte Bilder im weitesten Sinne) werden nach Gattungen und Genres unterschieden, die auf der Herausbildung bestimmter formaler Konventionen und Gebrauchsweisen beruhen. Diese Konventionen, die für die Wahrnehmung und Einordnung dieser Gattungen und Genres und deren Beurteilung

Inszenierung >vor Ort< und das konkrete Setting beim Dreh, die Montage als Schnittverfahren, verschwinden weitgehend von der Oberfläche der Kinoleinwand und der Fernsehbildschirme." (Lammer 2002, S. 13) Auch, wenn dies für weite Teile der dokumentarischen Filme gelten mag, lässt sich diese Annahme nicht pauschalisieren, so etwa nicht für den „reflexive mode" (Bill Nichols), der gerade die Konstruktionen seiner Herstellung sichtbar zu machen versucht; ebenso wenig trifft dies auf den Essayfilm zu.

wichtig sind, gehen auf formale, ästhetische und inhaltliche Standardisierungen zurück, die sich im Laufe der Zeit herausgebildet haben (Mikos 2008, S. 262 f.) und sich verändern können.

Eine wesentliche Unterscheidung zur Differenzierung von Gattungen wird zwischen *Fiktion* und *Nicht-Fiktion* und damit der Frage nach den Realitätsbezügen filmischer Bilder und ihrer Herstellung/Herkunft getroffen (Borstnar et al. 2002, S. 19; Hickethier 2007, S. 181 f.). *Fiktion* wird dabei als ‚frei' Erfundenes und Inszeniertes, *Nicht-Fiktion* in Abgrenzung dazu als Nicht-Erfundenes und mit einem privilegierten Bezug zur Realität Ausgestattetes verstanden.

In Bezug auf den dokumentarischen als nicht-fiktionalen Film gehen mit dieser Unterscheidung Fragen nach der ‚Echtheit', ‚Glaubwürdigkeit' und letztlich ‚Authentizität' dokumentarischer Bilder einher, die dieser Art von Bildern zugeschrieben werden. Dabei kann das Dokumentarische weder auf seinen Inhalt noch auf seine Form reduziert werden, denn beides hängt unmittelbar miteinander zusammen. Mit der Form geht gleichzeitig eine bestimmte Art des Zugangs zur Realität einher, zugespitzt formuliert: In der Wahl der Form drückt sich im Rahmen dokumentarischer Filme ein spezifisches Verhältnis und eine spezifische Auffassung über Zugänglichkeit und Verfasstheit des Realen und der Möglichkeit seiner medialen Vermittlung aus. Dokumentarische Filme und Kunst bzw. dokumentarische Filme *als* Kunst sind demnach auf den ersten Blick aus theoretischen und empirischen Gründen nur schwer miteinander vereinbar.[3]

Die ersten Filme der Filmgeschichte waren dokumentarisch, die Motivation zur Verbesserung der frühen Filmtechnik hatte wissenschaftliche Hintergründe (Musser 2006, S. 80 ff.). Seit Beginn der frühen Filmtheorie-Kontroversen wurde um den Film einerseits als getreue Wiedergabe der Realität (der äußeren ‚Natur'), andererseits als künstlerische Form diskursiv gerungen (Diederichs 2004; Arnheim 2002 [1932]). So bittet der ungarische Filmtheoretiker Béla Balázs „um Einlass" des Films in den hohen Bereich der Kunst und ästhetischen Betrachtung in einer frühen Phase seiner Entwicklung (2001/1924, S. 9 f.). Denn trotz seiner reproduktiven Technik gelingt es dem (dokumentarischen) Film durch seine spezifische Ästhetik

[3]Dem Dokumentarfilmer Michael Glawogger wird der Vorwurf der kunstvollen Inszenierung gemacht, die bei der Wahl seiner Themen, etwa in der Trilogie Megacities (A/CH 1998), Working Men's Death (A/D/INO/F 2005), Whore's Glory (D/A/THAI 2011) umso schwerer zu wiegen scheint, da es hier um globale Ausbeutung menschlichen Lebens und ihrer Arbeitskraft geht. In seinen Filmen setzt Glawogger Kontrapunkte durch die Schönheit seiner Bilder, die schreckliche (Über-)Lebensverhältnisse zeigen.

und Bildproduktion von Anfang an, humane Facetten des Gesellschaftlichen aus dem unerbittlichen Fluss der Zeit festzuhalten und ins Bild zu setzen. Interessanter Weise ist es gerade Siegfried Kracauer, der in seiner Theorie des Films zwar die realistischen gegen die formgebenden Tendenzen im Film verteidigt (1985 [1964], S. 57 ff.), dem Realismus des dokumentarischen Films aber (aufgrund der seinerzeit formalistischen Tendenzen und belanglosen Themen, wie er meint) mit äußerster Zurückhaltung und Skepsis begegnet (Heinze 2018, S. 7 ff.).

Filmsoziologisch betrachtet, kann der dokumentarische Film (und die Fotografie) als *die* bildgebende Form der Moderne verstanden werden, weil sie rationale Beherrschung, Aneignung und Darstellung der äußeren Natur der Dinge und Ereignisse verspricht, da mithilfe der Kameratechnik reale Ereignisse aufgezeichnet, festgehalten, vermittelt und – ein entscheidender Punkt – der fortwährenden Wiedervergegenwärtigung und Wiederaneignung (einer vergangenen, filmisch festgehaltenen Realität) zugeführt werden können. Sie dienen als sozialtechnisches Beobachtungs-, Aufzeichnungs- und Selbstvergegenwärtigungsinstrument der medialen Selbstbeobachtung der modernen Gesellschaft (Luhmann 1995), das bis in die Anfänge der Sozialfotografie zurückverweist (Schändlinger 1998, S. 25 ff.).[4] In dieser Funktion können dokumentarische Aufnahmen aber von Anfang an auch zur sozialen Kontrolle und Disziplinierung dienen. Gleichzeitig – in ihrem ebenfalls ausgeprägten sozial- und gesellschaftskritischen Impetus – entstehen dokumentarische Filme, die das Abseitige und Verdrängte sichtbar machen wollen. Bereits hieran wird deutlich, wie sehr die Absichten der Filmmachenden zur thematischen Selektion von gesellschaftlichen Ausschnitten führen, die zudem durch Bilderwahlen sowie sprachliche und musikalische Kommentierungen absichtsvoll vereinseitigt werden. Versehen mit dem Realitätsanspruch, zeigen sich hier die problematischen Seiten des Dokumentarischen, die zwischen Manipulativem und Aufklärerischem changieren.

Für eine an der Produktionsseite dokumentarischer Filme interessierten Medien- und Filmsoziologie ist daher die Frage nach Art und Weise der in Filmen und Bewegtbildern vermittelten Gesellschaftsbilder und Gesellschaftsentwürfe und ihr Zustandekommen von Relevanz, um den epistemologischen Wert der damit zusammenhängenden Wissensproduktion einschätzen und analysieren zu

[4]Diese Auffassung der rationalen Aufzeichnungs- und Erfassungsfunktion hält sich beharrlich auch im Wissenschaftsfilm (Reichert 2007), dem ethnografischen Film (Ballhaus 1995) und der Videographie (Tuma et al. 2013), der die sozialwissenschaftliche Methode der Beobachtung ergänzt und erweitert.

können. Zur Beurteilung und Analyse von Filmen ist offenbar entscheidend, ob es sich bei diesen um die kreative Hervorbringung von Fantasien und Imaginationen (und damit um ‚Vergnügen' und Unterhaltung) handelt oder die Kamera nichtfilmische Wirklichkeit einzufangen und darzustellen behauptet und damit bis zu einem gewissen Grad ‚Wahrheit' und Aufklärung verspricht. Die hierin mitlaufende Unterscheidung von Schönheit als illusionärem Schein und wahrer objektiver Erkenntnisbildung scheint – wie Michael Renov (1993, S. 14) deutlich macht – konstitutiv für die westliche Moderne zu sein: Wissenschaft sowie sachliche Informationsvermittlung auf der einen und Kunst als ‚schöner Schein' auf der anderen Seite sind in diesem Denken nicht miteinander vereinbar. Die italienische Soziologin Elena Esposito hat für die Dynamik der modernen Wissenschaften deshalb herausgearbeitet, dass nur quantitative Studien „wirklich als empirische Untersuchungen" über die Wirklichkeit akzeptiert seien, weil man ihnen eine höhere Glaubwürdigkeit zuschreibe als qualitativen oder hermeneutischen Methoden (2007, S. 75).

Wenn man nun die Dynamik dokumentarischer Filme betrachtet, dann gilt hier, dass sie – im Gegensatz zu den modernen Wissenschaften – die binäre Aufstellung kreuzen und sich immer stärker auf der Seite des Künstlerischen positionieren. Damit wird aber auch die einfache Unterscheidung zwischen dem fiktionalen und dokumentarischem Film infrage gestellt, nach der Erfundenes und Ausgedachtes den fiktionalen Formen und Information und Aufklärung den dokumentarischen Formen zugeschreiben werden. Aber dient eine derart binäre Differenzierung nicht vielmehr einem nachgelagerten Systematisierungsversuch, um „Ordnung" in die Sache zu bringen, die von dem Problem ablenkt, dass Fiktion und Imagination, letztlich Kunst/künstlerische Praxis in dokumentarischen Formen ebenso wie Aufklärung, Information und Wissen in fiktionalen Filmen stecken?

Der „neue Realismus in den Künsten der Gegenwart" hat sich diesem epistemologischen Problem seit einiger Zeit angenommen und experimentiert mithilfe unterschiedlicher Formgebungen mit dokumentarischen, nichtfiktionalen Materialien und ihren Wirklichkeitsgehalten (Linck et al. 2010; Marszałek und Mersch 2016a; Hohenberger und Mundt 2016). Die Form des Realismus in den verschiedenen Künsten wird als Reaktion auf den Verlust metaphysischer Gewissheiten und der Bedrohung durch eine anscheinend immer undurchsichtiger werdende Welt verstanden (Öhlschläger et al. 2012, S. 8 f.; Knaller und Müller 2011), eine These, die bereits Siegfried Kracauer in seiner realistischen Theorie des Films starkgemacht hat (1985) [1964], indem er dem Film ‚eschatologische' Qualitäten zuschreibt. Das Motiv der „Errettung" von Wirklichkeit ist für den dokumentarischen Film von besonderer Bedeutung, erfolgt diese doch in vielfacher Hinsicht, jedoch nicht als reales ,Abbild'. Vor diesem Hintergrund mag es dann nicht weiter erstaunen, dass dokumentarische Filme gegenwärtig als „one of the most important of contemporary aesthetic media" (Aitken 2013, S. 1) bezeichnet werden.

Während man in den 1990er Jahren noch von einem Bedeutungsverlust dokumentarischer Filme sprach, ihr Nischendasein in der Filmtheorie bedauernd feststellte (Schillemans 1995, S. 11 ff.), ist man mittlerweile davon überzeugt, dass es sich um eine der wichtigsten medialen Darstellungsformen, auch und vor allem in der gegenwärtigen Kunst, handelt (Stallabrass 2013, S. 12), die jedoch auch die mediale Alltagkommunikation in erheblicher Weise beeinflusst. Und gleichzeitig treffen diese auf ein zunehmend wachsendes Interesse an dokumentarischen Filmformen in der Öffentlichkeit. Es scheint, als fülle sich das „creative treatment" in John Griersons berühmter Dokumentarfilm-Bestimmung mit neuem Leben, jedoch in einem etwas anderen Sinn, als der ,Vater des Dokumentarfilms' dies gemeint haben mag (Lee-Wright 2010, S. 3).

3 Dokumentarfilmische Realitätsebenen und ihre Modulationen

Die Auffassung darüber, was dokumentarische Filme charakterisiert und auszeichnet, hat sich historisch immer wieder gewandelt und überholt, hat aber von ihrer grundlegenden Bedeutung zur Beurteilung seiner Inhalte nichts verloren. Nach allgemeiner Überzeugung ist der dokumentarische Film „a movie about real life" (Aufderheide 2007, S. 2). Bill Nichols differenziert den Bezugsrahmennochweiteraus: „Documentaries are about reality", „Documentaries are about real people", „Documentaries tell stories about what happens in the real world". (2010, S. 7 ff.) Es geht demnach um Realität, um real lebende Personen und um Ereignisse, die in der realen Welt passieren bzw. passiert sind – aber auch: passieren könnten. Das „about" ist dabei der entscheidende Aspekt, der ein direktes und unmittelbares Abbildverhältnis relativiert und auf die Subjektivität und audio-/visuelle Produktion dokumentarischer Bilder verweist (ebenso wie der Hinweis auf die „story"). „And that is precisely the problem: documentaries are *about* real life, they are not real life. They are not even windows onto real life. They are portraits of real life, using real life as their raw material." (Aufderheide 2007, S. 2) Im „about" (und der „story") drückt sich demnach die Frage nach der formalästhetischen Umsetzung, der künstlerischen Transformation, also der Montage/dem Schnitt, der Themenwahl, der eingenommenen Perspektive, der selektiven Materialauswahl, der Materialherstellung, der Erzählweise des dokumentarischen Films und den dadurch evozierten Wirklichkeitseindrückenaus.

Die Realitätsebenen, auf denen dokumentarische Filme entstehen und worauf sie sich beziehen, unterteilt Eva Hohenberger in *nichtfilmische Realität, vorfilmische Realität, Realität Film, filmische Realität* und *nachfilmische Realität* (1988, S. 26 ff.). Zwischen diesen Ebenen kommt es zu transformierenden audiovisuellen Konstruktionen und korrespondierenden Artikulationen von Realität auf Grundlage der Selektion des herangezogenen Materials. Auch wenn die verschiedenen Realitätsebenen nur idealtypisch und schematisch unterschieden werden können (Hißnauer 2011, S. 37 ff.), zeigen sie doch die Potentiale künstlerischer Transformation an, mit denen dokumentarische Bilder aus der nichtfilmischen Realität hergestellt und zur Realität Film verarbeitet werden. Die Realitätsbezüge sind eingebettet in einen kommunikativen Kontext, da dokumentarische Filme etwas über ihre nichtfilmischen Kontexte mitteilen möchten. Auch wenn die Ebenen empirisch nur schwer voneinander zu trennen sind, bieten sie doch einen Überblick darüber, wie komplex sich die Prozesse der ‚Realitätsübersetzungen‘ in den dokumentarischen Film darstellen. Darüber hinaus liefert das Modell eine anschauliche Grundlage für die Einsetzung des Realismus, der Imagination und des Imaginären sowie der Fiktion(alität).

Die *nichtfilmische Realität* bildet den grundsätzlich unendlichen Horizont möglicher thematischer Weltbezüge, aus denen sich die Inhalte des dokumentarischen Films durch Auswahl und Selektion ergeben. Zeitlich betrachtet, können die Themen in der Gegenwart liegen oder die Vergangenheit als Geschichte(n) behandeln, wobei jedoch die Gegenwart den Blick in die Vergangenheit mitkonstituiert und der ‚historische Sinn‘ sich aus der Gegenwartsperspektive ergibt. Zudem ist auch das (Archiv-)Material beschränkt, was den Zugang zur primär nicht mehr zugänglichen Vergangenheit begrenzt – wovon die Guido Knopp’sche Nationalsozialismus-TV-Geschichtsfabrikation trefflich zeugt.

Auch die Zukunft kann, obwohl ebenfalls (noch) nicht beobachtbar und grundsätzlich unzugänglich, zum Gegenstand gemacht werden, wie beispielsweise der Film INTO ETERNITY (FIN/S/DK 2009) über die Zukunft des Atommülls zeigt. Zugleich ist die *nichtfilmische Realität* begrenzt durch politische und ideologische Rahmenbedingungen des Sag-, Denk- und Darstellbaren zu einer bestimmten Zeit. Das kommunikative Verhältnis von *nichtfilmischer* und *filmischer Realität* ist diskursiv gestaltet, indem die Themenwahl und die Art ihrer medialen Verarbeitung im dokumentarischen Film auf eine nichtfilmische Realität verweisen.

Die *vorfilmische Realität* bezieht sich auf das, was im Moment der Kameraaufnahme aufgenommen wird, welcher Ausschnitt und welche Perspektive selektiv gewählt, oder auch, welche Inszenierungen von Szenen vorgenommen werden. Die *vorfilmische Realität* wird einerseits durch die *nichtfilmische Realität* bestimmt, denn nur aus ihr kann die *vorfilmische Realität* hervorgehen; zugleich ist sie durch die *Realität Film* eingeschränkt und determiniert. Sie liefert letztlich das „raw material" zur späteren Weiterverarbeitung in der Postproduktion.

Die *Realität Film* bezeichnet die äußeren Produktionsbedingungen des Films, wozu dessen Organisation, seine Finanzierung, die üblichen Arbeitsweisen, Techniken, Schnitt, Montage, aber auch die Distribution und die Werbung gehören. Es handelt sich um die Kontextbedingungen der Herstellung und des Vertriebs, die sich aus der Filmtechnik und der Filmökonomie ergeben. Die *Realität Film* liefert auch die Möglichkeit einer medienkulturellen Positionsbestimmung des dokumentarischen Films vor dem Hintergrund anderer Filmgattungen zu einer bestimmten Zeit.

Die *filmische Realität* (der filmische Text) ist das Endprodukt, das den Zuschauer*innen im Kino oder anderen Abspielorten präsentiert wird. Der Film kann ein relatives Eigenleben jenseits der ihn determinierenden Bedingungen im Verlauf seiner Rezeption- und Aneignungsgeschichte(n) entwickeln und auf unterschiedliche Arten unabhängig von den Intentionen der Produktionsseite wahrgenommen werden. Auch wenn in der *filmischen Realität* die Produktionsbedingungen weitgehend unsichtbar gemacht worden sind, beinhaltet der Film doch die unumgänglichen äußeren Begrenzungen, die während des Produktionsprozesses in ihn eingegangen sind. Gleichzeitig aber kann der Film als kommunikatives Artefakt sinnliche Assoziationen und Projektionen auslösen, die in der *nachfilmischen Realität* ihre nichtintendierten Wirkungen entfalten. Hier öffnen sich dokumentarische Filme hin zur Imagination und dem Imaginären.

Die *nachfilmische Realität* umfasst nicht nur den Akt des eigentlichen Filmerlebens im Zeitpunkt seiner Rezeption, sondern auch alle weiterführenden Anschlusskommunikationen in Rezensionen, Kritiken, Blogs etc., aber auch in anderen Kommunikationskontexten. Sie ist der kontingente Resonanzraum des dokumentarischen Films. Darüber hinaus wirkt die *nachfilmische Realität* auf spätere Filmproduktionen ein.

Die Differenzierung der verschiedenen Realitätsebenen des dokumentarischen Films in diesem Modell, das an das Kommunikationsmodell von Stuart Hall („Encoding/Decoding") erinnert (ohne dass hier denkbare/präferierte Lesweisen in der *nachfilmischen Realität* ausbuchstabiert werden), verdeutlicht, wie komplex man sich die medialen Transformationsprozesse des Realen und dessen Rezeption im dokumentarischen Film vorzustellen hat. Zugleich bietet das Modell eine Grundlage zur weiteren Diskussion über Realismus, Imagination und das Imaginäre sowie Fiktion(alität) im dokumentarischen Film und wo diese einsetzen.

Während bei Hohenberger die Prozesse der Transformationen der Realität in den dokumentarischen Film und darüber hinaus beschrieben werden, vertritt Bill Nichols einen filmimmanenten, modulativ-transformatorischen Produktionsansatz, der verschiedene Modi des Dokumentarischen und damit der filmischen Realitätsverarbeitung und -vermittlung unterscheidet (und deren Herausbildung er an spezifische historische Phasen in der Entwicklungsgeschichte des dokumentarischen Films bindet) (1991, S. 32 ff.). Hier werden verschiedene Möglichkeiten der filmischen Umsetzung, die von Nichols aus der dokumentarischen Filmgeschichte herausgearbeitet werden, idealtypisch beschrieben. Auch im Folgenden geht es weniger um eine Kritik oder Diskussion dieses Ansatzes (etwa bezüglich der filmhistorisch abgeleiteten, idealtypischen Differenzierungen der Modi), sondern vielmehr darum, unterschiedliche Darstellungsweisen des dokumentarischen Films zu unterscheiden.

Der „expository mode" richtet sich früh in der Dokumentarfilmgeschichte gegen den illusionären Schein des Spielfilms (Grierson, Flaherty u. a.). Sachlichkeit und Information, auch wenn in einem didaktischen oder romantisierenden Stil vorgetragen, sollen der normativen Ausstellung der Welt dienen, der „Voice-of-Godcommentary" das Dargestellte verständlich und zugleich nachvollziehbar einordnen.

Der „observational mode" (beeinflusst vom *Direct Cinema*) nutzt die neuen technischen Möglichkeiten, die seit den frühen 1960er Jahren die dokumentarfilmische Arbeit erleichterte und sowohl visuell als auch auditiv flexibler und beweglicher machte. Zurückhaltende, nicht eingreifende Beobachtung sozialer Situationen und Ereignisse („fly on the wall") und eine damit Form von Objektivität gegenüber den sozialen Sachverhalten soll gegen den pädagogisierenden und moralisierenden Ansatz des „expository mode" in Anschlag gebracht werden, um eine realitätsangemessenere Darstellung zu erreichen. Der „observational mode" folgt vordergründig einem stark antiästhetischem, sich vordergründig der filmischen Illusion verweigernden Impuls und weist alle äußeren Eingriffe des/der Filmemachenden zugunsten eines unaufdringlichen investigativen und sozialaufklärerischen Aufdeckungsimpulses zurück.

Der „interactive mode" ist eine Reaktion auf die daraus entstehenden situativen und spontanen Begrenzungen des „observational mode" (auch bekannt als ‚Cinéma Vérité'). Auch dieser Modus nutzt die neuen flexiblen technischen Möglichkeiten, greift aber mit ihrer Hilfe aktiv in das Geschehen vor der Kamera durch Intervention, Provokation oder ausgefeilte Interviewtechniken ein, um reale Reaktionen seitens der Befragten zu provozieren. Ein klassisches Beispiel ist der Film CHRONIQUE D' UN ÉTÉ (F 1961) von Jean Rouch und Edgar Morin, in dem französische Mentalitätslagen (aus Sicht der Arbeiterklasse) zur Sprache gebracht und die Interviewten mit direkten Fragen zu einer unmittelbaren Reaktion angeregt werden. Anders als im rein der gegenwärtigen Beobachtung verpflichteten „observational mode" nutzt der „interactive mode" auch Archivaufnahmen oder Zeitzeugen-Interviews, sogenanntes ‚found footage', wodurch in der erzählten Zeit des Films und seiner historischen Ausrichtung eine größere Flexibilität entsteht.

Der „reflexive mode" macht die Konstruiertheit dokumentarfilmischer Aufnahmen in der filmischen Darstellung selbst sichtbar, indem der Prozess der Bildherstellung thematisiert wird, wie beispielsweise in DzigaVertovs klassischem Film Человек с киноаппаратом (deutsch: Der Mann mit der Kamera, R 1929), bei dem die Kamera als eigenständig handelndes Subjekt selbst inszeniert und mit einem wesenhaften Eigenleben ausgestattet wird. Der „reflexive mode" zielt darauf ab, die Realitätsdarstellungen im Film als mediale Konstruktionen zu entlarven und damit den Eindruck filmisch direkt vermittelter Wirklichkeit zu irritieren (dazu auch Meyer 2005). In einer weiteren Ausarbeitung dieser Modi durch Bill Nichols wird der „interactive mode" dann auch als „participatory mode" bezeichnet, um der Nähe der Filmemachenden als Begleiter*innen der Ereignisse vor der Kamera und dem partizipatorischen Charakter der Aufnahmen gerecht zu werden. Hinzu kommt, dass sich das verwendete (archivalische) Filmmaterial aufgrund der Digitalisierung weiter ausdifferenziert und damit neue Partizipationsmöglichkeiten geschaffen hat (2010, S. 179 ff.).

Des Weiteren hat Bill Nichols den Modi des dokumentarischen Films noch zwei weitere hinzugefügt: den „poetic mode" (2010, S. 162 ff.) und den „performative mode" (1995, S. 149 ff.). Der „poetic mode" öffnet die dokumentar filmische Asthetik zu kunstlerischen Praktiken am ehesten und intendiert eine asthetische Form der Wissensvermittlung: „The poetic mode is particularly adept at opening up the possibility of alternative forms of knowledge to the straightforward transfer of information, the prosecution of a particular argument or point of view, or the presentation of reasoned propositions about problems in need of solution. This mode stresses mood, tone, and affect much more than displays of factual knowledge or acts of rhetorical persuasion. The rhetorical element remains underdeveloped but the expressive quality is vivid." (2010, S. 162) Damit rückt das sinnlich-visuelle Erfahrungsmoment als ästhetisierte Form der dokumentarischen Wissensvermittlung stärker in den Vordergrund, was zu Lasten der rationalisierbaren Sachlichkeit und des kommunizierten Informationsgehaltes geht, gleichzeitig aber über die visuelle Inszenierung des Blicks (und des Hörens) für seine Themen sensibilisiert und für Assoziationen und Imaginationen seitens der Zuschauer*innen offen bleibt. Der „poetic mode" richtet sich darüber hinaus gegen die ideologische Anfälligkeit, die sich aus dem „Voice-of-God commentary“ als sprachlich-diskursiv hergestellte Hegemonie des Wortes über die Bilder ergibt. Die Macht der gesprochenen Sprache wird zur Macht der Bilder verschoben.

Der „performative mode“ schließlich löst sich von seiner referentiellen Gebundenheit an eine nicht-filmische Wirklichkeit und rückt damit näher an Formen des fiktionalen Films heran (Nichols 1995, S. 151). Damit werden die Grenzen zwischen fiktionalem und nicht-fiktionalem Film weiter verwischt; die Zuschauer*innen und ihr Imaginationsvermögen werden zum eigentlichen Referenten der Inszenierung (ebd., S. 151 f.). Die dargestellte Realität wird „verlagert, gebrochen und hintangestellt“ (ebd., S. 154), um bewusst über Verfremdungen Irritationen bei den Zuschauer*innen auszulösen. Dadurch wird weniger die dargestellte Welt als vielmehr der Prozess ihrer dokumentarfilmischen Evokation selbst zum Thema gemacht und damit die Frage gestellt, wie sich das Verhältnis von *(vor-)filmischer* und *nichtfilmischer* Realität verhält. Der „performative mode“ rückt am nächsten an die Praktiken der ‚neuen Realismen‘ in Kunst und Philosophie heran. Diese Modi des Dokumentarischen treten allerdings selten in Reinform auf, sondern können sich in ein und demselben Film überschneiden.

Die Politisierung des dokumentarischen Films und ein weit verbreiteter Glaube an das dokumentarische Bild haben trotz dieser stilistischen Ausdifferenzierungen, die spätestens seit den Infotainment- und Reality TV-Formaten des Privatfernsehens und den Filmen von Michael Moore auch in ihren stärker unterhaltenden Ausrichtungen bekannt sein dürften (Hoffmann 2012, S. 21 ff.), dazu geführt, dass Zuschauer*innen und auch Programmverantwortliche (sowie Journalist*innen) an der „Objektivität des dokumentarisch Gezeigten“ festhalten (Hickethier 2007, S. 183). Es gehört zu einer nach wie vor weit verbreiteten Auffassung: „Das Dokumentarische soll die Welt zeigen, ‚wie sie ist‘“ (ebd., S. 183).

Gegen die Auffassung eines „objektiven“ und „wertfreien Dokumentarfilms“, der schon immer mehr Fiktion als Realität war, wurde früh Stellung bezogen und dagegen mit den subjektiven, technischen und ästhetischen Dimensionen der dokumentarfilmischen Praxis argumentiert (Wember 1972, S. 9 ff.). Es ist vor allem das *Direct Cinema,* das die Differenz zu fiktionalen Formen starkmacht und in der Medienkommunikation verankert. Auch wenn dieses in einem medienpolitisierten Kontext die Abkehr vom bürgerlichen Illusionismus und eine „Stimme für die Unterprivilegierten“ zu sein versprach (Roth 1982, S. 61 ff.), handelte es sich bei Ihren Vertreter*innen um hoch sensibilisierte (Langzeit-)Beobachter*innen, die sich über Detailgenauigkeit auf die Poetik des Alltags einzulassen wussten. Selbst strenge Vertreter*innen des *Direct Cinema,* die

die ‚reine' Beobachtung von Wirklichkeit ohne Einflussnahme der Aufnahmearbeit als Ziel dokumentarischen Arbeitens entwickelten („observational mode"), erkennen in dieser Methode durchaus poetische Momente, die in der Politisierung des dokumentarischen Films in jener Zeit und der Ablehnung eines (bürgerlichen) Ästhetizismus jedoch unterzugehen drohten. Es gilt demnach, der alltäglichen, nicht immer schönen Wirklichkeit ihre transzendenten Momente zu entlocken.

Hier findet, nebenbei bemerkt, auch ein Bruch mit der klassischen Vorstellung statt, nach der Ästhetik und Wahrheit nicht zueinander passen. So schreibt Klaus Wildenhahn, einer der wichtigsten deutschen Vertreter des *Direct Cinema:* „Festhalten muß man: der dokumentarische Film ist seiner Arbeitsmethode nach ein dichterisches Produkt. Das hat überhaupt nichts mit einem zusätzlich aufgesprochenen Text zu tun. DRIFTERS, BORINAGE, MUSIKANTEN, EIN ARBEITERCLUB IN SHEFFIELD sind dichterische Produkte in der dem Film gemäßen Form. Die intensive Beobachtung, die einer alltäglichen Existenz ihre spürbarem wesentliche, ‚poetische' Bedeutung entlockt, ist dichterische Arbeit. Wer denkt: Kamera einfach hinhalten reicht, zeigt Ignoranz." (1973, S. 121) Diese Bemerkung leitet über zur Frage des Realismus und des Imaginären im dokumentarischen Film und seinem künstlerischen Status.

4 Realismus, Fiktion(alität) und das Imaginäre in dokumentarischen Filmen

„Nichts ist fiktiver als das Bild, das wir von einer Sache haben! Aber durch die Emanzipation des ganz Alltäglichen, wie sie die Künstler seit Mitte des 19. Jahrhunderts erstritten, gibt es heute eine adäquate Ausdrucksform zur Erkenntnis unserer immer komplexeren Lebenswirklichkeit. Die Bilderflut der Digitalisierung dehnt den Bereich des Privaten aus und fordert ganz massiv unsere Wahrnehmungsmuster heraus. Es bleibt also reichlich Material, um auch künftige Generationen mit dem ‚Abenteuer der Wirklichkeit' zu fesseln." (Christine Lange 2010, S. 203)

Der aus der Literaturtheorie und Kunst stammende Begriff des Realismus' unterliegt bislang nicht aufgelösten Definitionsproblemen und weist unterschiedliche, historisch sich verändernde Bezüge auf, die auf eine Epoche, ein literarisches Programm, seine funktionale Gebrauchsweise oder einen übergeordneten Stil verweisen (Aust 2006, S. 3). Darüber hinaus wird der Begriff auch in angrenzenden Disziplinen epistemologisch als Grundkategorie verwendet, so in der Soziologie als materialistischer Gegenspieler des

Konstruktivismus[5], oder in der Philosophie, wo er unter dem Begriff „neuer Realismus" seit einiger Zeit eine Renaissance erfährt, die sich bewusst von klassischen Realismus-Auffassungen unterscheidet (Gabriel 2014). Realismus als Stil und Methode ist schon daher ein schillernder Begriff, da er sich auf so unterschiedliche Kunstformen wie die Literatur, die Malerei, das Theater, die Fotografie oder den Film beziehen lassen kann und dort jeweils stilistische Ausprägungen bezüglich seiner Form und Inhalte entfaltet: Der Realismus der Literatur folgt bekanntlich anderen Darstellungsbedingungen als der der Malerei (Foltinek 2002, S. 1575).

Obwohl der Realismus, anders als der Idealismus, der seine Auswahl des Dargestellten vorwiegend nach rein künstlerischen Gesichtspunkten vornimmt, eine ideelle Übersteigerung oder geistige Verklärung der Wirklichkeit verfolgt und auf die Innerlichkeit des ästhetischen Eindrucks setzt, durchaus fiktive bzw. fiktionale Elemente beinhalten kann, ist er durch eine „wirklichkeitsgetreue, detailgenaue Darstellung der gegebenen Tatsachen, natürl. Verhältnisse und sinnl. erfahrbaren Vorgänge" (von Wilpert 2001, S. 662) gekennzeichnet. Der Realismus weist Ähnlichkeiten und Überschneidungen mit dem Naturalismus auf und steht in unmittelbarer und spannungsreicher Beziehung mit mimetischen Stilen in der Kunst, die seit der Antike existieren (Kohl 1977). Ob der Realismus eine von der subjektiven Wahrnehmung zu unterscheidende objektiv-materiale Welt voraussetzt, wird unterschiedlich beurteilt. Es geht dem Realismus nicht nur um die realistischen Schilderungen einer äußeren dinglichen Welt, sondern es werden auch die nicht-materialen, „inneren Realitäten" der Subjekte ausgeleuchtet, die angesichts einer materialistischen Entwertung der äußeren Realität durch die Abstraktionsprozesse der gesellschaftlichen Modernisierung aufgewertet werden (Foltinek 2002, S. 1581 f.).

Spielarten des Realismus sind nicht nur künstlerisch und literarisch von Bedeutung, sondern werden auch zu anderen (politischen) Zwecken eingesetzt, sodass man einen „bürgerlichen Realismus" (siehe dazu die Textsammlung von Plumpe 1985), der sich im 19. Jahrhundert entfaltet und seinen Niederschlag in der Entwicklung des Romans findet, von einem „marxistischen Realismus" (etwa bei Lukács 1948) oder auch „sozialistischen Realismus", der die konkrete Darstellung des revolutionären Prozesses zum Ziel hat, unterscheidet. Im sozialistischen Realismus soll der Prozess der revolutionären Entwicklung deutlich gemacht werden, wodurch ein idealistisches Moment Einzug in den

[5]In den Sozialwissenschaften als „antirealistische Wissenschaftsauffassung" bezeichnet (Lehner 2011, S. 26).

Realismus hält (Kohl 1977, S. 146 ff.). Der Realismus erschöpft sich daher als Kunstrichtung nicht in sich selbst (l'art pour l'art), sondern wird auch als gesellschaftsbezogene Darstellungsmethode zur Durchsetzung politischer und sozialer Interessen ästhetisch verwendet und immer wieder neu ausbuchstabiert.

Die Rezeptionsdimension spielt innerhalb des Realismus sowohl historisch als auch soziologisch eine zentrale Rolle, da Realismus als Realitätseffekt beim Publikum bestimmte, zur jeweiligen Zeit gültige Realitätsauffassungen[6] und herrschende Einstellungen zur Realität unterstellt (Herman 2001, S. 539). Damit verspricht die Rezeptionsdimension, Aufschluss über vorherrschende Wirklichkeitsvorstellungen und die selektiven Ausschnitte realitätsorientierter Themen zu einer bestimmten Zeit zu geben und damit einen Zugang zu inhaltlich-konkreten Wirklichkeitsbildern einer bestimmten Zeit zu erhalten. Es sind vor allem die Leser*innen, die Zuschauer*innen, das Publikum, das bestimmte Werke zu einer bestimmten Zeit und vor einem bestimmten Hintergrund als realistisch auffasst und entsprechend liest, ihnen einen realistischen Gehalt zuschreibt. Diese realistischen Zuschreibungen beschreibt Roland Barthes (für die auf Sprache basierende Literatur) als „Wirklichkeitseffekte", die als Resultat der „referentiellen Illusion" eines literarischen Stils zu begreifen sind (2006, S. 171). Für Barthes ist es das sinnentleerte Detail in der literarischen Beschreibung, welches das Wesen der Darstellung im Realismus ausmacht und sich damit auf eine anti-sinnhafte Weise nur durch sich selbst entfaltet. Dies entspräche der strengen Beobachtung im dokumentarischen Film.

In der Literatur- und Kunstgeschichte wurde der Realismus als Bezeichnung häufig abwertend verwendet, da die Sujets des Realismus und sein Stil nicht den jeweils zeitgenössischen herrschenden Kunstauffassungen entsprachen. Diese Abwertung der ‚realistischen' Darstellungsweise lässt sich von der Fotografie über den Film bis zum Reality TV beobachten (Heinze 2015, S. 153 ff.). Der Realismus hat sich auch gegen angrenzende Erkenntnisbereiche wie den Historismus und den Positivismus positioniert, obwohl es mit beiden Richtungen einige Überschneidungen gibt; ebenso hat sich der Realismus gegen Konstruktivismus und Dekonstruktion sowie die damit einhergehende poststrukturalistische Sprach- (und letztlich auch) Bildkritik zu verteidigen, Ansätze, die sich jedoch nicht zwangsläufig ausschließen (Aust 2006, S. 34 ff.). Weder ist der Realismus einer bloßen Wiedergabe des Realen verpflichtet noch kann angesichts seiner

[6]Wie bereits beschrieben, spricht Eva Hohenberger im Zusammenhang der Bestimmungskriterien dokumentarischer Filme rezeptionsseitig von der „Aktivierung realitätsbezogener Schemata" bei den Zuschauer*innen (2006b, S. 20 f.).

historischen Veränderungen von einem formalen Stillstand gesprochen werden, da der Realismus (auch unter medialen Gesichtspunkten) herrschende Realitätsvorstellungen immer wieder herausfordert. Vielmehr arbeitet der Realismus in sich wandelnden, den jeweiligen Wirklichkeitsauffassungen gemäßen Formen an der *Interpretation* und *Aufdeckung* des Wirklichen – ähnlich dem Detektiv-Roman, der im (literarischen) Realismus Kracauers analysiert wird (1979). Zur realistischen „Methode gehört es, dass er [der Realismus, C. H.] eingefahrene Identifikationsmuster nicht einhält" (Kohl 1977, S. 226). Realismus bestätigt nicht Realität, sondern stellt sie in Frage.

In die Literatur(theorie) werden unterschiedliche literarische Stile (von der Erzählliteratur bis zur Lyrik) vom Realismus berührt und mit den Veränderungen der modernen Gesellschaft in Verbindung gebracht. Realistische Literatur, die als frühen Stichwortgeber etwa auch auf die Soziologie von Ferdinand Tönnies verweist, hat die „spezifisch gesellschaftlich formierte Welt" zum Gegenstand (Aust 2006, S. 20). In ihren Mittelpunkt rücken „der Gegensatz zwischen menschlichem Bedürfnis und gesellschaftlichen Zwang" (ebd., S. 21) – ein Aspekt, der auch innerhalb der soziologischen Rollentheorie Beachtung findet und von Ralf Dahrendorf als „ärgerliche Tatsache der Gesellschaft" bezeichnet worden ist (1974, S. 17). Darüber hinaus bildet dieser Gegensatz ein beständiges Thema im dokumentarischen Film.

Realismus gilt als kultureller Ausdruck der Moderne und ist deshalb nach Form und Inhalt medien-, film- und literatursoziologisch von außerordentlicher Bedeutung: „Das realistische Konzept verwirft transzendente, metaphysische, mythologische und deterministische Muster der Weltdeutung; stattdessen geht es von der Möglichkeit einer rationalen Erkenntnis, selbstverantwortlichen Gestaltung und förderlichen Aneignung der Welt aus." (Aust 2006, S. 3) Der moderne Realismus entwickelt sich als Variante vor dem Hintergrund weitreichender gesellschaftlicher Veränderungen (Foltinek 2002, S. 1586 f.). Die kunsttheoretische Brisanz des modernen Realismus (so beginnend bei dem französischen Maler Gustave Courbet, 1819–1877) in Abgrenzung zum klassischen Kunstverständnis liegt in der Auswahl der Sujets, die das ‚ungeschminkte' Leben und den harten (Arbeits-) Alltag unterprivilegierter Schichten zeigen, die zuvor aus der Kunstwelt ausgeschlossen waren. Dem Realismus wurden, darin heutigen Vorwürfen an das Reality TV nicht unähnlich, „Hässlichkeit, Schamlosigkeit, Unordnung und fehlende Moral" vorgehalten (Ohlsen 2010, S. 21). Provokativ und zutiefst modern war die Abkehr von der zeitlosen Ideenlehre und dem Glauben an eine höhere (göttliche) Ordnung, die durch den Glauben an die Fakten und damit einem säkularisierten Glauben im Diesseits ersetzt wurde. Im Realismus steckt demnach eine gesellschaftskritische

Dimension, die sich heute in soziologischen Konzepten wie dem „kapitalistischen Realismus“ zeigt, dem das epistemologische Potenzial zugeschrieben wird, den Kapitalismus über künstlerische Positionen kritisch zu befragen (Neckel und Titton 2010, S. 13; Fisher 2009).

Während der Realismus der Literatur sich mit sprachlichen, die Malerei mit formalen Darstellungsproblemen auseinanderzusetzen hatte, bringen die technisch-reproduktiven Medientechniken eine neue sinnliche Wahrnehmungsform in den audiovisuellen Realismus und führen die realistische Malerei in eine Krise.

In der Fotografie spielt der Realismus eine zentrale Rolle, die Fotografie ist nach herrschender Auffassung „das technische Medium des Realismus“ (Stiegler 2010a, S. 21). Mit ihr wird es möglich, das, was in Kunst und Literatur bisher nur über entsprechende künstlerische Schreib- und Malverfahren zu erreichen war, mithilfe technischer Geräte über die Intentionslosigkeit der Kamera unmittelbar herzustellen und das reproduzierend einzufangen, was sich zum Zeitpunkt der Aufnahme vor ihrem Objektiv befindet. Analoge Fotografien erzeugen indexikalische Spuren; das Digitale löst diese dann zumindest aus technischer Sicht auf (Richter 2008), was allerdings die gesellschaftlichen Gebrauchsweisen und Ansichten und auch die Praktiken der Fotografie sowie den Glauben an ihren Realismus kaum berührt hat (Stiegler 2010b, S. 16 f.). Trotz der zeichenhaften Eigenlogik des Bildes und der Künstlichkeit des Medialen stehen diese im dokumentarischen Zusammenhang für medial transformierte Spuren des Realen, die sich in sie einschreiben. Im Anschluss an Siegfried Kracauer und Walter Benjamin werden Fotografien als Gedächtnis- und Erinnerungsmedien beschrieben, die die äußeren Hüllen der Natur der Dinge einfangen, ohne jedoch ihr inneres Wesen festhalten und durchleuchten zu können.

Für Roland Barthes, der sich in seinem Foto-Essay selbst als Realist bezeichnet (1989, S. 99), wird der Fotografie eine Beleg-Funktion („Es-ist-so-gewesen“) zugeschrieben (ebd., S. 86 f.). Zugleich aber spielt in Barthes‘ autobiografischer Betrachtung der Fotografie das Imaginäre auf Seiten der Betrachter*innen (assoziativ ausgelöst durch das Bild seiner Mutter) eine hervorgehobene Rolle. Die Auflösung der Grenzziehung zur Kunstfotografie kann dem Realitätsstatus der Fotografie wenig anhaben: „Die gezielte Inszenierung fotografischer Ereignisse bedeutet keine Preisgabe des Dokumentarischen, vielmehr verschafft sie einen alternativen Zugang zum Faktischen. Insofern zeichnet sich hier eine *positive* Bestimmung der Inszenierung ab: Das Künstliche, Komponierte und Hergestellte gilt nicht länger als Beweis für einen schwachen Wirklichkeitsbezug oder als Entlarvung falscher Wahrheitsansprüche, sondern als eine Form der Ermöglichung dieses Bezugs.“ (Geimer 2009, S. 206) Die Fotografie ist eine enge Vertraute des Dokumentarischen (Films). Michael Renov bezeichnet den dokumentarischen Film als ‚Nachkommen' („progeny") der Fotografie (2015, S. 349).

Mit der Ausbreitung realistischer Formen und deren wachsender medienkultureller Dominanz wird der referentielle Bezugsrahmen, die ‚Realität', als mediale Konstruktion zunehmend brüchig und fragwürdig. Die Realität gerät unter Fiktionsverdacht. Künstlerische Reflexionen des ‚neuen Realismus' greifen die viel diskutierte ‚Krise der Repräsentation' auf (Sandkühler 2009) und schaffen durch Bearbeitungen ihres Materials einen ironischen „Realismus zweiter Ordnung" in Abgrenzung zur „Naivität der Repräsentation" (Marszałek und Mersch 2016b, S. 18). Die Vorstellungen des Realismus als künstlerisch-philosophisches Konzept werden selbst einer kritischen Revision unterzogen: Gerhard Schweppenhäuser unterscheidet einen „alten" von einem „mittleren" und „neuen" Realismus (2018), wobei vor allem der neue Realismus paradoxerweise eine Rückkehr des Realismus und gleichzeitig die Erosion des Realen anzeigt (in übersteigerter Form zu finden in den Simulationsthesen Jean Baudrillards) – angetrieben von schematisierten Fernsehformaten eines hypertrophen *Reality TV* bzw. *Scripted Reality*.

Auch auf anderen Praxisfeldern wie dem Handyfilm wuchern die dokumentarischen Bilder und führen zu einer bodenlosen Vervielfachung und Zerstückelung des Realen. Mit Blick auf das bewegte Bild spricht Hito Steyerl von einer Allgegenwart der dokumentarischen „Unschärfe", die sich heutzutage in „wackligen, dunklen oder unscharfen Gebilden" zeige: „Je näher wir der Realität zu kommen scheinen, desto unschärfer und verwackelter wird sie" (2010, S. 7 f.) Der Prozess der dokumentarischen Materialherstellung und der Be- bzw. Verarbeitung wird in den künstlerischen Praktiken des neuen Realismus reflexiv, wie Marszałek und Mersch behaupten: „[…] Vielmehr wird in einem poststrukturalistisch aufgeklärten Sinne die Krise der Repräsentation und damit ‚des Realen' zum Ausgangspunkt von Darstellungsweisen, die nichts anderes zu leisten versuchen, als die Praktiken der Darstellung unter Einschluss der filmischen Apparatur selbst in Augenschein zu nehmen." (2016b, S. 19) Anstatt allerdings die mediale Differenz zwischen Fakten und Fiktionen zu verneinen, wie dies in einer poststrukturalistischen Variante der „Panfiktionalismus" geschieht (Konrad 2014, S. 235 ff.), indem dieser epistemologisch die Ununterscheidbarkeit in den medialen Repräsentationen auf die Spitze treibt, wird das nichtfilmische Material im neuen Realismus einer künstlerischen Bearbeitung und Auseinandersetzung unterzogen, ohne dessen referenziellen Anspruch grundsätzlich zu verabschieden. Für den Kunstbereich bedeutet dies, dass die dokumentarischen Praktiken der „Archivierung, Klassifizierung, Zeugenschaft, Authentifizierung, Beweisführung, Exemplifizierung, Didaktisierung, Information, Referenzialisierung" (Knaller 2010, S. 175) reflexiv unter die Lupe genommen werden und auf ihre damit verbundenen „Wahrheitszuschreibungen" künstlerisch-epistemologisch untersucht werden. Damit einhergehend werden in einem erweiterten Rahmen dann aber auch medien- und gesellschaftskritische Aspekte ausgelotet: „In jedem Fall geht dem Dokument eine Sachverhaltschaft voraus, und es ist selbst auch eine. Es verweist auf ein Faktum und wird – sozusagen im Verlust dieses Sachverhalts – selbst zum Sachverhalt, der in eine Praxis eingebunden ist. In dieser doppelten Funktion hat das Dokumentarische großes künstlerisches Potential, das erkenntnistheoretische und ontologische Überlegungen ebenso wie gesellschaftskritische Funktionen umschließt. Es vermag Realitätsbegriffe, Zeitformen, Wahrheitsmodelle und Authentizitätsdiskurse zur Diskussion zu bringen." (ebd.)

Diese künstlerischen Selbstreflexionen über die mediale Beschaffenheit und Materialität des Realen im Dokumentarischen berühren damit auch elementare Fragen der Filmsoziologie, nämlich wie und in welcher Form die „gesellschaftlichen, ökonomischen oder politischen Momente in das [filmische, C. H.] Kunstwerk gelangen" (Mai 2006, S. 24), aber auch, wie sie wieder hinaus in das Imaginäre der Vorstellungswelten und Lebenswirklichkeiten der medialen Akteur*innen und Nutzer*innen gelangen. Dass vor diesem Hintergrund in unseren Lebenswirklichkeiten das *Imaginäre des Dokumentarischen* mit einer Öffnung zum Fiktionalen unsere Vorstellungen über die Welt nachhaltig prägt, dürfte nicht weiter verwundern.

Der Film und das bewegte Bild gelten mehr noch als die Fotografie als realistische Medien, da zur technisch-reproduktiven Abbildbarkeit durch die Kamera noch die Bewegung und der Ton hinzukommen (zum Realismus des Tons im dokumentarischen Film, siehe Kamensky und Rohrhuber 2013). Der Ton, vor allem in seiner intradiegetischen Form, fördert den Eindruck des Gesehenen als Realen. Realismus in Bezug auf den Film meint einerseits allgemein den „Realismus des Films", der sich aus seinen spezifischen medientechnischen Möglichkeiten ergibt, andererseits den „Realismus im Film" als eine spezifische filmische Erzählform (Kirsten 2013). Die „Realisten" unter den Filmtheoretikern erklären ihren deliberativen Fokus durch die „(Semi-)Transparenz des filmischen Mediums", die eine „scheinbar direkte Zeugenschaft ermöglicht" (Elsaesser und Hagener 2007, S. 10). Der Realismus ist auch mit Blick auf den Film eine spezifische Darstellungsweise mit medien- und auch gesellschaftspolitischen Implikationen (Kappelhoff 2008). Der filmische Realismus lässt sich in einen inhaltlichen Darstellungsbereich, der die „illusion of realism" ideologisch herunterzuspielen versucht, und einen „aesthetically motivated realism" unterscheiden (Hayward 2006, S. 334). Während die erste Form in der Theorie des Films von Siegfried Kracauer zu finden ist, der als Film gemäße Sprache die „realistische Tendenz" gegenüber der „formgebenden Tendenz" präferiert (1985 [1964], S. 57 ff.), wird mit der zweiten Form der ästhetische Darstellungsrealismus von André Bazin verbunden.

Der Realismus hat im Film unterschiedliche Strömungen hervorgebracht, die sich zwischen den 1920er und 1960er Jahren entfalteten: vor allem den russischen (sozialistischen) Realismus, den französischen Realismus und den italienischen Neorealismus. Im Zeichen aktueller Diskussionen um den neuen Realismus hat sich auch in den USA ein neuer realistischer Filmansatz entwickelt (Landsgesell et al. 2012). Neben der thematischen Ähnlichkeit der Sujets gibt es auch in der Inszenierung gewichtige Überschneidungen zum dokumentarischen Film, auch wenn Geschichte und Figuren im filmischen Realismus fiktiv sind. Jedoch erheben auch die (fiktiven) Filme des Realismus den Anspruch, reale Bezugsrahmen aufzuweisen und Themen der Realität zu verarbeiten. So kann der Film Die Halbstarken (D 1956), der im Vorspann auf seine realen Vorlagen und Bezugsrahmen verweist, als auf eine zeitgenössische Realität jugendlicher Kulturen bezogener Film im Stil des Realismus und als Dokument seiner Zeit gelesen werden, ebenso wie der zwei Jahre später erschienene Warum sind sie gegen uns? (D 1958), der ebenfalls um das Thema Halbstarke kreist und zeitgenössisch als dokumentarisch gelesen wurde. Das folgende, etwas längere Zitat zum Neorealismus verdeutlicht, wie nahe sich (Neo-) Realismus (als Film der Fiktion) und dokumentarischer Film (als Film über Realität) stehen: „Gedreht wurde meist mit Laien, um deren geprägte Physiognomien, deren typische soziale Gestik und Redeweise authentisch darzustellen und zugleich zu zeigen, wie determiniert jeder körperliche und sprachliche Ausdruck durch gesellschaftliche Bedingungen ist. Gedreht wurde auf Straßen, in Städten und Landschaften, meist in Plansequenzen, oft auch in Totalen, die den Menschen in die ihn bestimmende soziale Umgebung einfügen. Mit dem Neorealismus – und das ist wohl entscheidend für seine filmhistorische Bedeutung – geht mit dem sozio-dokumentarischen Gestus ein modernes sozioanthropologisches Element in die Entwicklung des Mediums Films ein: als Absage an den klassischen Illusionsrealismus Hollywoods und an jeden Realismus, auch den sozialistischen, der den Menschen als ‚Helden' und nicht als Objekt der Verhältnisse im Zentrum der Welt, der Wirklichkeit sieht." (Kiefer und Ruckriegl 2007, S. 573) Diese sozioanthropologische Stoßrichtung erweist sich auch als eine wesentliche Dimension im dokumentarischen Bereich.

Sowohl Themen des Alltags als auch gesellschaftliche Realität als Bezugsrahmen sind (Neo-) Realismus und dokumentarischem Film gemein. Ebenso gibt es auf der Ebene der filmischen Inszenierungen Ähnlichkeiten. Begreift man den Realismus nach den obigen Beschreibungen nicht simplifizierend als abgefilmtes Abbild oder objektive Wiedergabe von Wirklichkeit, sondern als eine Formsprache, mithilfe derer eine realitätsbezogene filmische Realität hergestellt und interpretiert wird, so lassen sich damit auch neuere (semi-) dokumentarische Filmpraktiken erklären und von einem strengen Referenzverhältnis lösen. Zugleich lässt sich zeigen, dass Wunsch, Imagination und Wirklichkeit sich nicht einfach voneinander trennen lassen, sondern vielmehr die zwei Seiten derselben Medaille sind. Der Wunsch und das Bedürfnis nach Realität im dokumentarischen Film entspringen einer Imagination, wie Alexander Kluge meint: „Im menschlichen Kopf sind Tatsachen und Wünsche immer ungetrennt. Der Wunsch ist gewissermaßen die Form, in der die Tatsachen aufgenommen werden" (1975, S. 204), wobei für ihn diese Wünsche nicht weniger real sind als die Tatsachen selbst. Sie sind sogar in ihren Konsequenzen realer als die Realität selbst, da sie auf tiefenstrukturelle kollektive Imaginationen verweisen, wie sie für den fiktionalen Film der Weimarer Zeit auch von Siegfried Kracauer behauptet wurden (1984 [1947]). In der konstruktivistischen Differenzierung der „drei Kameras" nach Kluge, wonach diese den realistischen „Tatsachenzusammenhang" dokumentarischer Filme überhaupt erst bilden (1. „Kopf des Filmemachers"; 2. „Gattungskopf des Dokumentarfilm-Genres"; 3. „Zuschauererwartung", Kluge 1975, S. 202) wird, wie Heinz-B. Heller bemerkt, „zugleich das Imaginäre" anvisiert, das darin (als unerreichbares, aber dennoch aus der Realität geschöpftes Reales) steckt (2001, S. 24). In der Imagination des Realen, die durch die dokumentarfilmische Evokation hervorgebracht wird, steckt die eigentliche schöpferische Kraft und das kreative Potenzial, Wirklichkeit dokumentarfilmisch erst zur Anschauung zu bringen und die Zuschauer*innen auf einer sinnlichen Ebene zur Reflexion über das Reale und ihr eigenes Realitätsverständnis anzuregen, ohne den Film mit derselben zu verwechseln. Somit steckt im Realen schon immer auch das Imaginäre, ohne das (ein Bezug auf) Realität gar nicht denkbar wäre. Dieses Imaginäre liegt als Potential der realistischen Darstellung (codiert durch den imaginären Schöpfungsakt der Produktionsseite) dem dokumentarischen Film zugrunde; sie wird ‚decodiert' durch das an Erfahrungen der Realität gebundene Imaginationsvermögen der Zuschauer*innen. Das Imaginäre ist immer ungestaltet und bedarf eines gestalteten Ausdrucks, um sich zu zeigen. Das Imaginäre und Reale stehen so, real wie filmisch, in einer engen Wechselbeziehung zueinander und laufen in den Darstellungen sowie Wahrnehmungsweisen dokumentarischer Filme als ‚Wunsch nach Realität' zusammen. Paradoxer Weise treibt die herrschende Krise der Realität realistische Darstellungen und insbesondere den dokumentarischen Film zu neuer Blüte, und zwar einerseits zu einer beobachtbaren Überaffirmation des Realen in Fernsehen und medialem Alltag, andererseits zu einer tiefergehenden Befragung und Skepsis gegenüber dem Realen im dokumentarischen Material im Feld der Kunst. Die Analyse konkreter dokumentarischer Filme führt zur Imagination des Realen und damit zum Imaginären als Vorstellung über das Reale.

Und umgekehrt lehnt sich auch die Fiktion ununterscheidbar immer stärker an das Reale an und wird gemeinhin akzeptiert, sobald die fiktiven Realitäten plausibel erscheinen: „[…] Die *fiction,* so scheint es, wird als fiktive Konstruktion dann akzeptabel, wenn sie eine Welt vorstellt, die so plausibel ist, daß sie wahr sein könnte." (Esposito 2007. S. 13).

Realismus und Fiktion bilden daher keine Gegensätze. Realistische Darstellungen können frei erfunden sein, sofern sie den stilistischen Merkmalen des Realismus folgen und sich dennoch auf Realität, auf reale Erfahrungen beziehen. Der Fiktion (des Realen) wird ein „hoher", schöpferischer „Wert" zuerkannt, der auf eine andere Art der „Erkenntnisbedeutsamkeit" verweist (Klauk und Köppe 2014, S. 24), als es die (vermeintlich) rationalen Modelle in der Gegenüberstellung von Wahrheit und Fiktion, von schönem Schein und ‚harter' Wirklichkeit nahelegen. Erkenntnis beinhaltet immer auch imaginäre Anteile und bildet die andere Seite der auf Rationalität aufbauenden Moderne. In seiner „Soziologie der Imagination" hat Dietmar Kamper (1986) diese andere Seite der Moderne nachgezeichnet. Daraus ergibt sich, dass (gesellschaftliches) ‚Wissen' unterschiedliche Grade der wahrheitsfähigen Bedeutsamkeit (und Form) annehmen und auch die Fiktion ein Vermittler von Wissen sein kann (Scholz 2014, S. 209 ff.), bis hin zur „Fiktion der wahrscheinlichen Realität" in den Prognosen der quantitativen Sozial- und Wirtschaftsforschung (Esposito 2007; Beckert 2018).

Das Fiktive und das Dokumentarische schließen sich (eigentlich) aus, da das Dokumentarische der nichtfilmischen Wirklichkeit verpflichtet ist und nur das wiederzugeben hat, was real beobachtet und aufgezeichnet werden kann. Es ist jedoch bezeichnend, dass die Fiktion mit Blick auf ihre fiktionstheoretischen Grundlagen in der Filmwissenschaft kaum eine Rolle spielt, sofern es um den fiktionalen Film geht (Thon 2014, S. 460). Im dokumentarischen Film wird die Fiktion hingegen argumentationsstrategisch als Abgrenzungskriterium gebraucht, jedoch ebenso wenig fiktionstheoretisch betrachtet (ebd., S. 452).

Margrit Tröhler hebt hervor, dass Referenz nur ein Merkmal zur Unterscheidung des dokumentarischen Films von der Fiktion darstellt, sich jedoch unter anderen Gesichtspunkten durchaus Parallelen zwischen fiktionalem Film und dokumentarischem Film herstellen lassen (2002, S. 21). Wichtiger als die Frage der Referenz ist aus ihrer Perspektive der semiopragmatischeAnsatz nach Roger Odin, der danach fragt, wie die Vorstellungen über den Status eines Bildes als real oder fiktiv bei den Zuschauer*innen hervorgerufen werden. Demnach unterscheidet Odin (2006, S. 260) zwischen einer dokumentarisierenden und einer fiktivisierenden Lektüre des Films, die mal ein „fiktives Ursprungs-Ich", mal ein „reales Ursprungs-Ich" als Enunziator annehmen kann. Der Lektüremodus kann durch Wechsel der Darstellung in ein und demselben Film mal fiktivisierend, mal dokumentarisierend sein. Nach Tröhler liefert diese semiopragmatische Betrachtungsweise eine Erklärung dafür, dass bestimmte (dokumentar-)filmische Bilder aufgrund der realen Erfahrungen der Zuschauer*innen als reale Bilder imaginiert werden (2002, S. 29 f.). Denn grundsätzlich sind alle filmischen Bilder als imaginär zu erachten, da sie immer auf der Anwesenheitsillusion eines real Abwesenden beruhen. In dieser Perspektive öffnet sich das Dokumentarische hin zum Bereich des Imaginären, das zum einen auf die konkrete Aufführungssituation verweist, zum anderen aber auch auf die Vorstellungen über das Reale, die durch dokumentarfilmische Bilder hervorgerufen werden.

Man ist geneigt, das Fiktive und Imaginäre nicht als Gegenstand der Soziologie anzusehen, obwohl die Fantasie, die Einbildungskraft und das Imaginäre bereits alltäglicher Bestandteil individueller und kollektiver Wahrnehmungen und Handlungsentwürfe sind und unsere Alltagswelt in hohem Maße durch das Imaginäre strukturiert wird (Tappenbeck 1999). Gleichzeitig ist die Fiktion in der Realität dadurch gegenwärtig, dass wir ständig mit ihr durch kulturelle Artefakte konfrontiert sind und über sie zu sprechen in der Lage sind. Die Fähigkeit zu einer der Filmrezeption vorgelagerten Imagination des Realen ist daher auch notwendig für die kulturelle Rezeption und Aneignung (dokumentar-)filmischer Bilder und ihre Authentifizierung, die erst durch die Einbildungskraft einer alltäglichen Erfahrungsrealität, die immer auch imaginär durchdrungen ist, möglich wird. Folgt man Cornelius Castoriadis (1990), so beruhen alle gesellschaftlichen Ordnungen grundsätzlich auf dem Imaginären als kollektive Vorstellung und ihrer gesellschaftlichen Instituierung. Trotz ihrer materialen Voraussetzungen in der Realität entstehen alle gesellschaftlichen Ordnungen aus dem Schöpfungsakt des Imaginären, der nach Castoriadis überhaupt erst radikale Veränderungen der Gesellschaft ermöglicht. Benedict Anderson hat in seinem Konzept zur Bildung von nationalen Gemeinschaften auf die Imaginationspotentiale als

Schöpfungsakt rekurriert (1983) – wobei das Filmische in modernen Nationsvorstellungen (vor allem über die Beschwörung der Vergangenheit) eine zentrale Rolle spielt. Castoriadis fasst das Imaginäre soziologisch jedoch sehr viel weiter als die an bildgebenden Verfahren orientierten Theorien des Imaginären, die sich in performativen Bild- und Filmtheorien finden lassen (siehe etwa Wulf 2014). Dennoch lässt sich zwischen der Sozialphilosophie von Castoriadis bezüglich des Imaginären als gesellschaftlichem Schöpfungsakt und der Frage, wie dieser auch über (dokumentar-)filmische Verfahren vermittelt wird, eine Brücke schlagen, die über die Fiktion führt und das Reale mit dem Fiktionalen verbindet. Es ist soziologisch davon auszugehen, dass die „cinematic society", in der die Bedeutsamkeit des Films und die damit entstehenden neuen Seh- und Disziplinarordnungen der amerikanischen Gesellschaft des 20. Jahrhunderts betont werden (Denzin 1995), und Walter Benjamins Diktum der Medienaffinität gesellschaftlich-kollektiver Wahrnehmungen, die einen radikalen Wandel durch moderne reproduktive Bildgebungsverfahren wie Fotografie und Film erst bewirken (Benjamin 1977), in einem quasi zwangsläufigen Zusammenhang stehen.

Die Fiktion beruht auf einer in sich freien, nicht wahrheitsfähigen (aber auf eine andere Wahrheit verweisende) Erfindung; jedoch ist diese Erfindung insofern real, sobald sie rezipiert und Bestandteil der Wirklichkeit wird, die Weltwahrnehmung und das Bewusstsein von Menschen und Gesellschaften prägt und dadurch reale Wirkungen zeitigt. Auch frei Erfundenes kann sich auf reale Sachverhalte beziehen. So ist der Hauptprotagonist Denis Paraceck im ‚fiktionalen Dokumentarfilm' This Ain't California (D 2012), der die ‚Rollbrett-Szene' in der ehemaligen DDR historisch rekonstruiert, laut Regisseur Marten Persiel eine fiktive Figur, in der sich mehrere, real existierende Persönlichkeiten spiegeln. Der dokumentarische Musikfilm 20.000 Days on Earth (GB 2014) beruht auf einem fiktiven Tag im Leben des Musikers Nick Cave, an dem Cave reale und fiktive Begegnungen mit seiner Vergangenheit macht und darüber hinaus über ein fingiertes psychoanalytisches Gespräch biografische Stationen seiner Kindheit bearbeitet und rekonstruiert. Und schließlich ist schon der Klassiker NANOOK OF THE NORTH (US 1922) ein auf dem Imaginären der ‚zivilisierten Gesellschaft' aufbauender Dokumentarfilm, der seinerzeit weniger die realen Lebensweisen der Inuit porträtierte, als vielmehr über entsprechende Inszenierungen Vorstellungen einer anachronistischen, romantisierten Lebenswelt hervorrief. Die dokumentarischen Formen der Dokufiktion als Mischform, die AnimaDoc als Animationsfilm oder die Mockumentary/Fake-Doku als frei erfundene Geschichte in dokumentarfilmischer Ästhetik belegen auf der formalen Ebene die sich auflösenden Grenzen zwischen dokumentarischen Filmen und Fiktion, ohne die realen Bezugsrahmen dadurch aufzulösen. Diese Grenzen, sofern sie für den dokumentarischen Film jemals bestanden haben,[7] sind weniger ontologisch als kulturell und diskursiv hervorgebracht.

Wolfgang Iser hat gezeigt, dass die Übergänge zwischen Fiktion und realer Welt fließender sind, als gemeinhin unterstellt, „Gegebenes und Hinzugedachtes“ stehen in einem engen Verhältnis (1993, S. 18), die über den „Akt des Fingierens“ vermittelt werden: „Folglich kommt in diesem Verhältnis mehr als nur eine Opposition zum Vorschein, so daß die Zweistelligkeit von Fiktion und Wirklichkeit durch eine dreistellige Beziehung ersetzt werden muß. Enthält der fiktionale Text Reales, ohne sich in dessen Beschreibung zu erschöpfen, so hat seine fiktive Komponente wiederum keinen Selbstzweckcharakter, sondern ist als fingierte die Zurüstung eines Imaginären.“ (Iser 2002, S. 664) Die Welt kann erst über den Akt des Fingierens verfügbar gemacht werden, zudem schafft dieser Akt Möglichkeitsräume und Alternativen, in denen sich das Imaginäre ausdrückt (Iser 1993, S. 34 ff.). Die Fiktion gehört zur Realität unseres Alltags und unseres Wissens und ist darin untrennbar mit dem Realen verbunden. In den symbolischen Formen des Films ist das Imaginäre der Gesellschaft eingeschrieben und findet darin seinen geformten Ausdruck. Imaginär ist das Grundprinzip der illusionären Filmwahrnehmung, die material etwas zur Ansicht bringt – Personen, Dinge, Umwelten –, das weder anwesend noch greifbar, sondern zeit-/räumlich inexistent ist. Trotz filmkünstlerischer Bearbeitungen (Schnitt, Montage, Totale/Nahaufnahme, Farbfilter etc.) nehmen wir das Geschehen auf der Leinwand jedoch als ‚real‘ zum Zeitpunkt der Betrachtung wahr. Gleichzeitig aber erscheinen diese Personen, Dinge und Umwelten in einer realistischen, der menschlichen Wahrnehmung nicht unähnlichen Form: Auch in der Realität nehmen wir die Welt nicht nur in einem kontinuierlichen zeitlichen Ablauf und zeit-/räumlich bewusst verankert wahr, sondern unsere Wahrnehmung kann assoziativ, erinnernd, tagträumend, halluzinierend große zeitliche und räumlich Sprünge vollziehen und nähert sich damit der Fiktion. Siegfried Kracauer

[7]Kay Hoffmann weist darauf hin, dass die strikte Trennung zwischen Spiel- und Dokumentarfilm erst mit der Entwicklung der 16 mm-Kamera und dem Synchronton aufkam und im *Direct Cinema* (2012, S. 22) festgeschrieben wurde. Jedoch lässt sich parallel dazu zeigen, dass die Inszenierung schon immer Bestandteil des dokumentarischen Films war, sei es in Propaganda-Filmen des 1. und 2. Weltkriegs, in den Filmen der Britischen Filmbewegung oder den Klassikern der Avantgarde. Zudem konnte der dokumentarische Film niemals einen generellen Wirklichkeitsanspruch behaupten, sondern auch seine Darstellungen beruhen auf selektiven Wirklichkeitsausschnitten, die durch „Unvollständigkeit“ geprägt sind (darin sind fiktive und dokumentarische Filme ähnlich), die daher von Tröhler als „small worlds“ bezeichnet werden (2002, S. 17).

spricht von den „Tagträumereien der kleinen Ladenmädchen", um halbbewusste Wünschen mit den filmischen Konstruktionen zu verbinden (Kracauer 1977, S. 279 ff.). Und in diesem Sinne schreibt T. W. Adorno dem Film dann künstlerische Qualitäten zu, wenn er in der Lage sei, derartige innere Wahrnehmungszustände als filmisch reale Entsprechungen auf die Leinwand zu bringen: „[…] Die Ästhetik des Films wird eher auf eine subjektive Erfahrungsform rekurrieren müssen, der er, gleichgültig gegen seine technologische Entstehung, ähnelt und die das Kunsthafte an ihm ausmacht. Wer etwa, nach einem Jahr in der Stadt, für längere Wochen im Hochgebirge sich aufhält und dort aller Arbeit gegenüber Askese übt, dem mag unvermutet widerfahren, daß im Schlaf oder Halbschlaf bunte Bilder der Landschaft wohltätig an ihm vorüber oder durch ihn hindurch ziehen. […] Kunst wäre der Film als objektivierende Wiederherstellung dieser Weise von Erfahrung. Das technische Medium par excellence ist tief verwandt dem Naturschönen." (1967, S. 81 f.)

5 Ausblick

Der Realismus ist eng mit der Wahrnehmung und Beschreibung der Moderne verbunden. Seine verschiedenen Stilvariationen finden im Film, und insbesondere im dokumentarischen Film, eine ihm am nächsten kommende Entsprechung. Das schließt die Fiktion und das Fiktionale mit ein, die als Inszenierungselemente auch in dokumentarischen Filmen enthalten sind. Diese Inszenierungselemente finden sich insbesondere in der gegenwärtigen postmodernen Oberflächenästhetik des dokumentarischen Films und ihren mittlerweile weithin in den Sehkonventionalitäten akzeptierten, genreübergreifenden Grenzüberschreitungen und Grenzauflösungen zwischen Faktizität und Fiktionalität, die auf der formalen Ebene inszeniert werden. Daraus folgt jedoch nicht, dass das Dokumentarische als Modus der Aneignung und kommunikativen Vermittlung der nichtfilmischen Welt zu verabschieden wäre, denn die Bedeutung des Dokumentarischen als Kommunikationscode über das Reale nimmt vor diesem Hintergrund nicht ab. Im Gegenteil: Das Zugeständnis an die Fiktion des Realen (im Realismus) und auch in der referenzbehauptenden Form des Dokumentarischen wird insofern realer, da damit verdeutlicht werden kann, das Realität immer auch durchdrungen ist von der Fiktion und dem Imaginären. Die Wahrheitsfähigkeit, die in diesem Zugeständnis an die Fiktion und dem Imaginären steckt, eröffnet die Möglichkeit, die reale Welt ‚mit anderen Augen' zu sehen. Gleichzeitig wird durch dieses Eingeständnis in das Wesen des Dokumentarischen die Kommunikation über die reale Welt komplizierter und deshalb auch anfälliger für (politische)

Vereinfachungen und Ideologisierungen, wie sie gegenwärtig zu beobachten sind. Umgekehrt steckt in dieser Einsicht aber auch die Chance auf einen distanzierteren Umgang mit dokumentarischen Artefakten und der Möglichkeit, Realität anders zu erfahren, als es dem menschlichen Wahrnehmungsvermögen ohne mediale Vermittlung und hierdurch ausgelöste Irritation nach möglich ist. Es obliegt der Kunst des Dokumentarischen, diese Potentiale einer Wahrnehmung der realen Welt zu erschließen.

Literatur

Adorno, Theodor W., 1967. Filmtransparente. In: Adorno, Theodor W.: *Ohne Leitbild. Parva Aesthetica*. 79–88. Frankfurt a. M.: Suhrkamp.

Aitken, Ian, 2013. Documentary film: an introduction. In: *The concise Routledge encyclopedia of the documentary film* ed. Ian Aitken, 1–16. London und New York: Routledge.

Anderson, Benedict, 1983. *Imagined communities: reflections on the origins and spread of nationalism*. London: Verso.

Arnheim, Rudolf, 2002 [1932]. *Film als Kunst*. Frankfurt/M.: Suhrkamp.

Arriens, Klaus, 1999. *Wahrheit und Wirklichkeit im Film. Philosophie des Dokumentarfilms*. Würzburg: Königshausen & Neumann.

Aufderheide, Patricia, 2007. *Documentary film: a very short introduction*. Oxford [u. a.]: Oxford University Press.

Aust, Hugo, 2006. *Realismus: Lehrbuch Germanistik*. Stuttgart: Metzler.

Barthes, Roland, 1989. *Die helle Kammer. Bemerkungen zur Photographie*. Frankfurt a. M.: Suhrkamp.

Barthes, Roland, 2006. Der Wirklichkeitseffekt. In: *Das Rauschen der Sprache (Kritische Essays IV)*, 164–172. Frankfurt/M.: Suhrkamp.

Beattie, Keith, 2004. *Documentary screens: nonfiction film and television*. New York: Palgrave Macmillan.

Beckert, Jens, 2018. *Imaginierte Zukunft: fiktionale Erwartungen und die Dynamik des Kapitalismus*. Berlin: Suhrkamp.

Benjamin, Walter, 1977. *Das Kunstwerk im Zeitalter seiner technischen Reproduzierbarkeit: drei Studien zur Kunstsoziologie*. Frankfurt/M.: Suhrkamp.

Borstnar, Nils, Eckhard Pabst und Hans Jürgen Wulff, 2002. *Einführung in die Film- und Fernsehwissenschaft*. Konstanz: UVK.

Castoriadis, Cornelius, 1990. *Gesellschaft als imaginäre Institution: Entwurf einer politischen Philosophie*. Frankfurt/M.: Suhrkamp.

Dahrendorf, Ralf, 1974. *Homo Sociologicus: ein Versuch zur Geschichte, Bedeutung und Kritik der Kategorie der sozialen Rolle*. Opladen: Westdeutscher Verlag.

Denzin, Norman, 1995. *The cinematicsociety: thevoyeur'sgaze*. London: Sage.

Diederichs, Helmut H. (Hrsg.), 2004. *Geschichte der Filmtheorie – kunsttheoretische Texte von Méliès bis Arnheim*. Frankfurt/M.: Suhrkamp.

Esposito, Elena, 2007. *Die Fiktion der wahrscheinlichen Realität*. Frankfurt/M.: Suhrkamp.

Elsaesser, Thomas und Malte Hagener, 2007. *Filmtheorie zur Einführung*. Hamburg: Junius.

Fisher, Mark, 2009. *Capitalist Realism: Is there no alternative?* Winchester [u.a.]: Zero Books.

Foltinek, Herbert, 2002. Realismus. In: *Fischer Lexikon: Literatur*, hrsg. Ulfert Ricklefs, 1575–1605. Frankfurt/M.: Fischer Taschenbuch.

Früchtl, Josef, 2013. *Vertrauen in die Welt. Eine Philosophie des Films*. München: Wilhelm Fink.

Gabriel, Markus (Hrsg.), 2014. *Der neue Realismus*. Frankfurt/M.: Suhrkamp.

Geimer, Peter, 2009. *Theorien der Fotografie zur Einführung*. Hamburg: Junius.

Hayward, Susan, 2006 (third edition). *Cinema Studies: the key concepts*. London and New York: Routledge.

Heinze, Carsten, 2015. Das Image des Dokumentarfilms. In: *Kampf um Images: Visuelle Kommunikation in gesellschaftlichen Konfliktlagen*, hrsg. Jörn Ahrens, Lutz Hieber und York Kautt, 153–179. Wiesbaden: Springer VS.

Heinze, Carsten, 2018. Siegfried Kracauer und der dokumentarische Film. In: *Der dokumentarische Film und die Wissenschaften*, hrsg. Carsten Heinze und Arthur Schlegelmilch, 7–57. Wiesbaden: Springer VS.

Heller, Heinz B., 2001. Dokumentarfilm als transitorisches Genre. In: *Die Einübung des dokumentarischen Blicks: fiction film and non fiction film zwischen Wahrheitsanspruch und expressiver Sachlichkeit 1895–1945*, hrsg. Ursula von Keitz und Kay Hoffmann, 15–26. Marburg: Schüren.

Herman, Luc, 2001. Literaturtheorien des Realismus. In: *Metzler Lexikon: Literatur- und Kulturtheorie*, hrsg. Ansgar Nünning, 539–540. Stuttgart und Weimar: J. B. Metzler,

Hickethier, Knut, 2007. *Film- und Fernsehanalyse*. Stuttgart und Weimar: Metzler.

Hißnauer, Christian, 2011. *Fernsehdokumentarismus: theoretische Näherungen, pragmatische Abgrenzungen, begriffliche Klärungen*. Konstanz: UVK.

Hoffmann, Kay, 2012. Die Wirklichkeit schmilzt dahin wie Schnee unter der Sonne. Von der Inszenierung im Dokumentarfilm. In: *Spiel mit der Wirklichkeit*, hrsg. Kay Hoffmann, Richard Kilborn und Werner C. Barg, 21–40. Konstanz: UVK.

Hohenberger, Eva, 1988. *Die Wirklichkeit des Films: Dokumentarischer Film, ethnographischer Film, Jean Rouch*. Hildesheim: Olms.

Hohenberger, Eva (Hrsg.), 2006a. *Bilder des Wirklichen: Texte zur Theorie des Dokumentarfilms*. Berlin: Vorwerk 8.

Hohenberger, Eva, 2006b. Dokumentarfilmtheorie. Ein historischer Überblick über Ansätze und Probleme. In: *Bilder des Wirklichen: Texte zur Theorie des Dokumentarfilms*, hrsg. Eva Hohenberger, 9–33. Berlin: Vorwerk 8.

Hohenberger, Eva und Katrin Mundt (Hrsg.), 2016. *Ortsbestimmungen: das Dokumentarische zwischen Kino und Kunst*. Berlin: Vorwerk 8.

Iser, Wolfgang, 1993. *Das Fiktive und das Imaginäre: Perspektiven literarischer Anthropologie*. Frankfurt/M.: Suhrkamp.

Iser, Wolfgang, 2002. Fiktion/Imaginiation. In: *Fischers Lexikon: Literatur, Band 1*, hrsg. Ulfert Rickelfs, 662–679. Frankfurt/M.: Fischer Taschenbuch.

Kamensky, Volko und Julian Rohrhuber (Hrsg.), 2013. *Ton: Texte zur Akustik im Dokumentarfilm*. Berlin: Vorwerk 8.

Kamper, Dietmar, 1986. *Zur Soziologie der Imagination*. München: Hanser.

Kappelhoff, Hermann, 2008. *Realismus: das Kino und die Politik des Ästhetischen*. Berlin: Vorwerk 8.

Kiefer, Bernd und Peter Ruckriegl, 2007. Realismus/sozialistischer Realismus/poetischer Realismus/Neorealismus. In: *Reclams Sachlexikon des Films*, hrsg. Thomas Koebner, 568–574. Stuttgart: Philipp Reclam.

Kirsten, Guido, 2013. *Filmischer Realismus*. Marburg: Schüren.

Klauk, Tobias und Tilmann Köppe, 2014. Bausteine einer Theorie der Fiktionalität. In: *Fiktionalität: ein interdisziplinäres Handbuch*, hrsg. Tobias Klauk und Tilmann Köppe, 3–31. Berlin/Boston: de Gruyter.

Klein, Christian und Matias Martinez (Hrsg.), 2009. *Wirklichkeitserzählungen: Felder, Formen und Funktionen nicht-literarischen Erzählens*. Stuttgart und Weimar: Metzler.

Kluge, Alexander, 1975. *Gelegenheitsarbeit einer Sklavin: zur realistischen Methode*. Frankfurt/M.: Suhrkamp.

Knaller, Susanne, 2010. Realismus und Dokumentarismus. Überlegungen zu einer aktuellen Realismustheorie. In: *Realismus in den Künsten der Gegenwart*, hrsg. DirckLinck et al., 175–190. Zürich: diaphanes.

Knaller, Susanne und Harro Müller (Hrsg.), 2011. *Realitätskonzepte in der Moderne: Beiträge zu Literatur, Kunst, Philosophie und Wissenschaft*. München: 2011.

Kohl, Stephan, 1977. *Realismus: Theorie und Geschichte*. München: Wilhelm Fink.

Konrad, Eva-Maria, 2014. Panfiktionalismus. In: *Fiktionalität: ein interdisziplinäres Handbuch*, hrsg. Tobias Klauk und Tilmann Köppe, 235–254. Berlin/Boston: de Gruyter.

Kracauer, Siegfried, 1977 [1927]. Die kleinen Ladenmädchen gehen ins Kino. In: Kracauer, Siegfried: *Das Ornament der Masse: Essays*, 279–294. Frankfurt a. M.: Suhrkamp.

Kracauer, Siegfried, 1979. *Der Detektiv-Roman: ein philosophischer Traktat*. Frankfurt/M.: Suhrkamp.

Kracauer, Siegfried, 1984 [1947]. *Von Caligari zu Hitler: Eine psychologische Geschichte des deutschen Films*. Frankfurt a. M.: Suhrkamp.

Kracauer, Siegfried, 1985 [1964]. *Theorie des Films. Die Errettung der äußeren Wirklichkeit*. Frankfurt a. M.: Suhrkamp.

Kreimeier, Klaus, 2004. Dokumentarfilm, 1892–2003. In: *Geschichte des deutschen Films* (2. aktualisierte und erw. Aufl.), hrsg. Wolfgang Jacobsen, Anton Kaes und Hans Helmut Prinzler, 431–460. Stuttgart [u. a.]: Metzler.

Lammer, Christina, 2002. Storyboard. In: *doKU – Wirklichkeit inszenieren im Dokumentarfilm*, hrsg. Christina Lammer (bundesministerium für bildung, wissenschaft und kultur), 13–22. Wien: Turia + Kant.

Landsgesell, Gunnar, Michael Pekler und Andreas Ungerböck, 2012. *Real America: neuer Realismus im US-Kino*. Marburg: Schüren.

Lange, Christiane, 2010. Modernes Leben – Anmerkungen zum Sujet des Genre. In: *Realismus: das Abenteuer der Wirklichkeit*, hrsg. Christiane Lange und Nils Ohlsen, 196–233. München: Hirmer.

Lee-Wright, Peter, 2010. *The Documentary Handbook*. London [u. a.]: Routledge.

Lehner, Franz, 2011. *Sozialwissenschaft*. Wiesbaden: VS.

Linck, Dirck et al. (Hrsg.), 2010. *Realismus in den Künsten der Gegenwart*. Zürich: diaphanes.

Luhmann, Niklas, 1995. *Die Realität der Massenmedien*. Wiesbaden: VS Verlag.

Lukács, Georg, 1948. *Essays über Realismus*. Berlin: Aufbau.

Mai, Manfred, 2006. Künstlerische Autonomie und soziokulturelle Einbindung. Das Verhältnis von Film und Gesellschaft. In: *Das Kino der Gesellschaft – die Gesellschaft des Kinos: Interdisziplinäre Positionen, Analysen und Zugänge*, hrsg. Manfred Mai und Rainer Winter, 24–47. Köln: Halem.

Marszałek, Magdalena und Dieter Mersch (Hrsg.), 2016a. *Seien wir realistisch: neue Realismen und Dokumentarismen in Philosophie und Kunst*. Zürich-Berlin: diaphanes.

Marszałek, Magdalena und Dieter Mersch, 2016b. Seien wir realistisch. Einleitung. In: *Seien wir realistisch: neue Realismen und Dokumentarismen in Philosophie und Kunst*, hrsg. Magdalena Marszałek und Dieter Mersch, 7–27. Zürich-Berlin: Diaphanes.

Meyer, F. T., 2005. *Filme über sich selbst. Strategien der Selbstreflexion im dokumentarischen Film*. Bielefeld: Transcript.

Mikos, Lothar, 2008. *Film- und Fernsehanalyse*. Konstanz: UVK.

Müller, Jürgen K., 2012. *Große Bilder mit kleinen Kameras. DV-Camcorder im Dokumentarfilm*. Konstanz: UVK.

Musser, Charles, 2006. Der frühe Dokumentarfilm. In: *Geschichte des internationalen Films*, hrsg. Geoffrey Nowell-Smith, 80–88. Stuttgart und Weimar: Metzler.

Neckel, Sighard und Monica Titton, 2010. „Kapitalistischer Realismus“: Die künstlerische Gesellschaftskritik. In: *Kapitalistischer Realismus: Von der Kunstaktion zur Gesellschaftskritik*, hrsg. SighardNeckel, 11–30. Frankfurt/New York: Campus.

Neumann-Braun, Klaus, 2000. Medien – Medienkommunikation. In: *Medien- und Kommunikationssoziologie: Eine Einführung in zentrale Begriffe und Theorien*, hrsg. Klaus Neumann-Braun und Stefan Müller-Doohm, 29–39. Weinheim und München: Juventa.

Nichols, Bill, 1991. *Representing Reality: Issues and Concepts in Documentary*. Bloomington and Indianapolis: Indiana University Press.

Nichols, Bill, 1995. PerformativerDokumentarfilm. In: *Perspektiven des Dokumentarfilms*, hrsg. Manfred Hattendorf, 149–166. München: Diskurs-Film-Verlag.

Nichols, Bill, 2010. *Introduction to documentary*. Bloomington & Indianapolis: Indiana University Press.

Odin, Roger. 2006 [1984]. Dokumentarischer Film, dokumentarisierende Lektüre. In: *Bilder des Wirklichen. Texte zur Theorie des Dokumentarfilms* (4. Aufl.), hrsg. Eva Hohenberger. 259–275. Berlin: Vorwerk.

Öhlschläger, Claudia, Lucia PerroneCapano und Vittoria Borsò, 2012: Neorealismen nach den europäischen Avantgarden: Zur Konzeption des vorliegenden Bandes. In: *Neorealismen nach den europäischen Avantgarden: Ästhetik, Poetologie und Kognition in Film und Literatur der Nachkriegszeit*, hrsg. Claudia Öhlschläger, Lucia PerroneCapano und Vittoria Borsò, 7–12. Bielefeld: Transcript.

Ohlsen, Nils, 2010. Realismus – Das Abenteuer der Wirklichkeit. In: *Realismus – Das Abenteuer der Wirklichkeit*, hrsg. Christiane Lange und Nils Ohlsen, 14–41. München: Hirmer.

Plumpe, Gerhard (Hrsg.), 1985. *Theorie des bürgerlichen Realismus: eine Textsammlung*. Stuttgart: Philipp Reclam.

Reichert, Ramón, 2007. *Im Kino der Humanwissenschaften: Studien zur Medialisierung wissenschaftlichen Wissens*. Bielefeld: Transcript.

Renov, Michael, 1993. Towards a poetics of documentary. In: *Theorizing Documentary*, ed. Michael Renov, 12–36. New York and London: Routledge.

Renov, Michael, 2015. Art, Documentary as Art. In: *The documentary film book*, ed. Brian Winston, 345–352. London: Palgrave Macmillan

Richter, Sebastian, 2008. *Digitaler Realismus: zwischen Computeranimation und Live-Action – Die neue Bildästhetik in Spielfilmen*. Bielefeld: transcript.

Rimmele, Marius und Bernd Stiegler, 2012. *Visuelle Kulturen/Visual Culture – zur Einführung*. Hamburg: Junius.

Roth, Wilhelm, 1982. *Der Dokumentarfilm seit 1960*. München und Luzern: Bucher.

Sandkühler, Hans Jörg, 2009. *Kritik der Repräsentation: Einführung in die Theorie der Überzeugungen, der Wissenskulturen und des Wissens*. Frankfurt/M.: Suhrkamp.

Schändlinger, Robert. 1998. *Erfahrungsbilder: Visuelle Soziologie und dokumentarischer Film*. Konstanz: UVK.

Schillemans, Sandra, 1995. Die Vernachlässigung des Dokumentarfilms in der neueren Filmtheorie. In: *Perspektiven des Dokumentarfilms*, hrsg. Manfred Hattendorf, 11–28. München: diskursfilm.

Scholz, Oliver R., 2014. Fiktionen, Wissen und andere kognitive Güter. In: *Fiktionalität: ein interdisziplinäres Handbuch*, hrsg. Tobias Klauk und Tilmann Köppe, 209–234. Berlin/Boston: de Gruyter.

Schweppenhäuser, Gerhard, 2018. *Revisionen des Realismus: zwischen Sozialporträt und Profilbild*. Stuttgart: J. B. Metzler.

Stallabrass, Julian, 2013. Introduction // Contentious relations: Art and documentary. In: *Documentary*, ed. Julian Stallabrass, 12–21. London: White Chapel Gallery.

Steyerl, Hito, 2010. *Die Farbe der Wahrheit: Dokumentarismen im Kunstfeld*. Wien: Turia + Kant.

Stiegler, Bernd (Hrsg.), 2010a. *Texte zur Theorie der Fotografie*. Stuttgart: Philipp Reclam.

Stiegler, Bernd, 2010b. Vorbemerkung. WhyPhotographyMattersas Never Before. In: *Texte zur Theorie der Fotografie*, hrsg. Bernd Stiegler, 9–19. Stuttgart: Philipp Reclam.

Tappenbeck, Inka, 1999. *Phantasie und Gesellschaft: zur soziologischen Relevanz der Einbildungskraft*. Würzburg: Königshausen & Neumann.

Thon, Jan-Noël, 2014. Fiktionalität in Film- und Medienwissenschaft. In: *Fiktionalität: ein interdisziplinäres Handbuch*, hrsg. Tobias Klauk und Tilmann Köppe, 443–466. Berlin/Boston: de Gruyter.

Tröhler, Margrit, 2002. Von Weltkonstellationen und Textgebäuden: Fiktion – Nichtfiktion – Narration in Spiel- und Dokumentarfilm. In: *montage A/V: Zeitschrift für Theorie und Geschichte audiovisueller Kommunikation, 11/2/2002*, 9–41.

Tuma, René, Bernt Schnettler und Hubert Knoblauch, 2013. *Videographie: Einführung in die interpretative Videoanalyse sozialer Situationen*. Wiesbaden: Springer Fachmedien.

von Wilpert, Gero, 2001. *Sachwörterbuch der Literatur*. Stuttgart: Alfred Kröner.

Ward, Paul, 2005. *Documentary. The margins of reality*. New York – Chichester, West Sussex: Columbia University Press.

Wember, Bernward, 1972. *Objektiver Dokumentarfilm?* Berlin: Colloquium.

Wildenhahn, Klaus. 1973. *Über synthetischen und dokumentarischen Film*. Berlin: Kommunales Kino.

Winston, Brian, 2015. Introduction: The documentary film. In: *The documentary film book*, ed. Brian Winston, 1–29. London: Palgrave Macmillan.

Wulf, Christoph, 2014. *Bilder des Menschen: imaginäre und performative Grundlagen der Kultur*. Bielefeld: transcript.

Was heißt hier „kommunales Kino"?

Ralf Knobloch-Ziegan

Zusammenfassung

Die Idee und Praxis, aber auch die kulturpolitischen Hindernisse der kommunalen bzw. kulturellen Kinoarbeit in der Bundesrepublik Deutschland werden am Beispiel des Kommunalen Kinos Hannover skizziert. Hierbei wird der zeitgeschichtliche und gesellschaftliche Hintergrund, der in den 70er Jahren zur Gründung von Kinos in öffentlicher Trägerschaft führte, wird das an dieser Stelle zu Grunde gelegte Verständnis von Film als einer Kunstform und von Kino als einem Ort zivilgesellschaftlicher Diskurse beleuchtet. Beispielhaft werden die Grundpfeiler der Programmarbeit des Kommunalen Kinos Hannover erläutert, welches sich versteht 1) als Werkstatt für den unabhängigen und innovativen zeitgenössischen Film, 2) als "Fenster zur Welt"– das die Leinwand für globale Filmkulturen öffnet, 3) als Ort für die Präsentation und Reflexion von Filmgeschichte und 4) als Bildungseinrichtung oder „Schule des Sehens". Abschließend wird die mögliche Rolle des kommunalen Kinos in einer sich rasant verändernden aktuellen Medienlandschaft reflektiert.

R. Knobloch-Ziegan (✉)
Kino im Künstlerhaus, Hannover, Deutschland
E-Mail: ralf.knobloch-ziegan@hannover-stadt.de

L. Hieber und R. Winter (Hrsg.), *Film als Kunst der Gesellschaft,* Film und Bewegtbild in Kultur und Gesellschaft,
https://doi.org/10.1007/978-3-658-30461-4_8

Schlüsselwörter

Kommunales Kino · Kulturelle Kinoarbeit · Filmkunst · Schule des Sehens · Fenster zur Welt · Filmgeschichte · Kino als Forum

Wollte man mit wenigen Worten Idee, Konzept und Praxis eines Kommunalen Kinos umschreiben, dann erscheint der Themen-Dreiklang des Sammelbandes tatsächlich als eine recht präzise Annäherung. Denn die Frage, warum und ob der Film denn eine Kunst der Gesellschaft sei, schließt auf politisch-praktischer Ebene unmittelbar an die Fragestellung an, wieso es ein Kino in öffentlicher Trägerschaft und mit öffentlichem, also gesellschaftlichem Auftrag gibt, warum eine mittlere Großstadt wie die niedersächsische Landeshauptstadt Hannover ein „kommunales", also städtisch getragenes Kino betreibt?

In einem Satz könnte die Antwort lauten: weil hierin ein kulturpolitischer Wille zum Tragen kommt, Film als eigenständige künstlerische Ausdrucksform und gleichsam gesellschaftlich relevantes Medium zu begreifen und zu definieren, was es wiederum gezielt zu vermitteln und bewusst zu machen gilt. Die Stadtgesellschaft schafft sich einen – funktional durchaus mit einem Museum oder Kunstverein zu vergleichenden – Ort für die Repräsentation der „7.Kunst", wie Film vor allem in französischer Diktion häufig bezeichnet wird. Das Filmische, das sich ja mittlerweile zu einem nahezu allumfassenden und allgegenwärtigen audiovisuellen Universum verdichtet hat, ist mit seiner gerade auch in den letzten Jahren gelingenden fast vollständigen „Durchdringung des Alltagslebens"[1] ***die*** gesellschaftliche Kunst- (und natürlich auch Waren-) form schlechthin. Und dem, und damit all den unterschiedlichen Formen und historischen Phasen audiovisueller Erzählungen oder auch Erzählungsverweigerungen, widmet sich das Kommunale Kino als eine „Schule des Sehens" mit einem dezidierten Bildungs- und Diskursansatz, mit der Schaffung inhaltlicher, programmatischer Kontexte.

Maßgeblicher Initiator der Idee der kommunalen Filmarbeit war der 2018 verstorbene Kulturpolitiker Hilmar Hoffmann, Gründer der Westdeutschen Kulturfilmtage 1954, aus denen späterhin die Internationalen Kurzfilmtage Oberhausen hervorgingen, 1965–1970 Sozial- und Kulturdezernent der Stadt Frankfurt am Main, dann bis 1990 dort Kulturstadtrat. „Nachdem die Stadt Frankfurt am

[1]Manfred Mai, Rainer Winter, Kino, Gesellschaft und soziale Wirklichkeit. Zum Verhältnis von Soziologie und Film, in: Manfred Mai, Rainer Winter (Hrsg.), Das Kino der Gesellschaft – die Gesellschaft des Kinos, Köln 2006, S. 7.

Main, gegen die Stimmen der Christlichen Demokraten, am 11. Februar 1971 die Errichtung des ersten Kommunalen Kinos in der Bundesrepublik beschlossen hatte, war die einzige Reaktion der 5 Erstaufführungstheater-Besitzer… den Magistrat am 26.5.71 auf Unterlassung zu verklagen. Dies wurde der erste Prozess überhaupt, den Kinos gegen ein Kino führten, um Kino zu verhindern,“[2] schreibt Hoffmann 1972. Dem zugrunde lag ein schwerwiegendes Missverständnis. Die Kinobetreiber, aber auch die breite kulturpolitische Öffentlichkeit, folgten nach wie vor einem allein dem Warencharakter des Kinofilms, dem auf Kommerzialität und Unterhaltungsfunktion fokussierten Verständnis von Film. „Unsere vor den Schranken des Gerichts am 28. Januar 1972 gegen die Kläger vorgetragene Differenzierung lautete, beim Medium Film handele es sich um eine ästhetische Kategorie und nicht um irgendeine Ware, die wie Gemüse, Briketts oder Modeartikel im freien Wettbewerb um Absatz ringen und um Gewinne feilschen. Bei Gericht haben wir das ‚Kommunale Kino' analog zu den Frankfurter Museen als kulturelle Bildungseinrichtung definiert,“[3] so Hoffmann im Rückblick 2015. Das Frankfurter Verwaltungsgericht folgte dieser Sichtweise und wies die Klage der Kinobetreiber ab. Das erste Kommunale Kino konnte seine Arbeit aufnehmen.

Zwei Jahre später, 1974, beschließt der Rat der Stadt Hannover mit einer SPD-Mehrheit und dem jungen Sozialdemokraten Herbert Schmalstieg als Oberbürgermeister ebenfalls die Einrichtung eines Kommunalen Kinos. Und in der Person des Gründungsleiters Sigurd Hermes (der das Koki dann noch vier Jahrzehnte „machen“ sollte) spiegelt sich dann auch sofort wieder jenes bis heute gültige Selbstverständnis kommunaler – oder besser: kultureller Kinoarbeit, die sich ausdrücklich im gesellschaftlichen und im Kunstkontext versteht: Hermes kam nach Hannover als junger Hochschulabsolvent aus dem Team der documenta 5, die 1972 unter der künstlerischen Leitung von Harald Szeemann programmatisch der „Befragung der Realität – Bildwelten heute“ nachging. Zu erleben war dort in Kassel „… ein Archipel verschiedener Bildwelten, die in dem Nebeneinander von „High“ und „Low“ eine individuelle Interpretation dessen, was Kunst sei und was nicht, vom Betrachter einforderten.“[4] Mit Harald

[2]Hilmar Hoffmann, Kommunales Kino, in: Karsten Witte (Hrsg.), Theorie des Kinos, Frankfurt/Main 1972, S. 270.

[3]Hilmar Hoffmann, Zur Genese des Kommunalen Kinos, in: Bundesverband kommunale Filmarbeit e. V. (Hrsg.), Andere Filme anders zeigen – 40 Jahre Bundesverband kommunale Filmarbeit, Frankfurt/Main 2015, S. 6.

[4]https://www.documenta.de/de/retrospective/documenta_5#

Szeemann wurde das konventionelle Verständnis von Kunst grundlegend infrage gestellt. Kunst für eine Ausstellung zu kuratieren, wurde dabei sozusagen selbst zu einer Kunstform erhoben. Nicht nur Bilder, Skulpturen oder Objekte, sondern auch real vor Ort stattfindende Aktionen und Diskussionen, aber auch Videos, Fotografien und Filme wurden im Rahmen der documenta 5 als Werke der Kunst definiert. Mit Blick auf den Film war die documenta von Beginn an richtungweisend – in aller Ambivalenz. Bereits der documenta-Gründungsvater Arnold Bode schrieb in seinem sogenannten „Bode-Plan“ 1954 schlicht und knapp: „Film. Die entscheidenden in- und ausländischen Filme müssten gezeigt werden.“[5].

Die documenta I präsentierte dann 1955 tatsächlich im Rahmen einer „Filmkunstschau“ „wertvolle Filmdokumente der letzten 40 Jahre“.[6]

„Ziel dieses von Arnold Bode entwickelten Konzepts war es, über die ebenfalls vertretenen Gattungen Dichtung und Drama, Musik, Industrieform und neues Wohnen hinaus mit dem Film das Spektrum der Künste zu erweitern und die einzelnen Gattungen in eine spannungsvolle Beziehung zueinander zu bringen. Der Film wird auf diese Weise Teil der Kunst und integraler Bestandteil der Ausstellung.“[7].

Soweit die Idee. Tatsächlich findet der Film keine Erwähnung im Ausstellungskatalog, er bleibt, wie auch das Kino mit spätnächtlichen Vorstellungen an einem Ort weit ab vom tatsächlichen Ausstellungsgeschehen, ein randständiges, vor allem retrospektives Phänomen. – So sind die Verhältnisse auch viele Jahre später, als Sigurd Hermes, Absolvent der Kunsthochschule, später Gesamthochschule Kassel, gemeinsam mit Gerhard Büttenbender 1972 von Szeemann mit der Kuratierung einer Filmschau zur documenta 5 betraut wird. Die Diskrepanz zwischen Konzept, dass Film zwar als Teil der Kunst begriffen werden sollte, und Realisierung wird daran deutlich, dass auch das Filmprogramm der d 5 wieder in einem Kino im Abseits des sonstigen Ausstellungsgeschehens stattfand, während „Künstlerfilme“ im zentralen Fridericianum ihren Platz fanden.[8]

[5]zitiert nach Sabiene Autsch, Black Box und White Cube – Film auf der documenta. In: Navigationen – Zeitschrift für Medien- und Kulturwissenschaften, Jg. 6 (2006), Nr. 1, S. 85.

[6]ebenda, S. 87.

[7]ebenda, S. 87 f.

[8]vgl. ebenda, S. 93 f.

Mit solchen Diskursen zwischen Aufbruch und Beharrung im Gepäck trat Sigurd Hermes 1974 in Hannover an, um ein „Kino der Alternative, das die Umstände verändern will, unter denen Film bisher rezipiert wurde“[9], aufzubauen. Ein durchaus enthusiastischer kulturpolitischer und gesellschaftlicher Wille – auch bei der Ratsmehrheit und in der Verwaltung der Stadt – war vorhanden, doch die Wirklichkeit war zunächst eine andere. Das Koki-Büro verfügte in den ersten Wochen weder über Stuhl noch Schreibtisch. Das Telefon auf der Blumenbank allein erlaubte eine Arbeit vom Fußboden aus. Basis-Arbeit im doppelten Wortsinne war gefragt. Eine eigene Spielstätte ließ noch fünf Jahre auf sich warten. Das Koki musste sich mobil zeigen, um Filmkunst, Filmgeschichte und einen gesellschaftlichen Diskurs darüber, was wir wie sehen, in die Stadtgesellschaft hinein zu tragen. Freizeitheime, Stadtteilzentren und Kulturtreffs wurden für einige Abende immer wieder in 16 mm-Kinos verwandelt. 1979 wurde das Koki Untermieter im kleinsten Saal des ein Jahr zuvor eröffneten ersten kommerziellen Programmkinos der Stadt. Seit 1983 ist das Künstlerhaus Hannover mit einem zum Kino umfunktionierten ehemaligen Theatersaal feste Spielstätte mit einer Leinwand und heute 159 Plätzen.

Um den historischen Exkurs zu beenden: „Die Tatsache, dass die Stadt Hannover ein eigenes Kino betreibt, wurde über die Jahrzehnte wieder und wieder zum Politikum, da es immer Lokalpolitiker gab, die sich der kulturellen Besonderheit dieser Einrichtung nicht bewusst waren. Bereits ein Vierteljahr nach der Eröffnung (sic!) betrachtete die CDU-Ratsfraktion die Einrichtung als überflüssig und stellte erstmals, und dann alle Jahre wieder, den Schließungsantrag. 1982 wäre dieser Wunsch angesichts leerer Stadtkassen beinahe in Erfüllung gegangen. Nur massive Proteste und die Reduzierung des Zuschussbedarfs konnten das Koki retten. Doch immer wieder wurden Spar- und Privatisierungspläne aus den Schubladen gezogen, 1992 drohte dann erneut das endgültige Aus für dieses „Luxusprojekt“.

Die Schließungsabsichten stießen jedoch zur Überraschung der Stadtväter auf eine breite Gegenwehr. In der „Kulturoffensive 92“ kämpften alle kulturellen Institutionen Hannovers für den Erhalt des Kinos. Täglich trafen Solidaritätsadressen aus der ganzen Republik ein. Zum Retter in der Not wurde Hans-Joachim Flebbe, der – neben einer Reihe weiterer Sponsoren, mit Spenden half, den Kinobetrieb weiterzuführen. Das Kino überlebte – mit höheren Eintritts-

[9] Hilmar Hoffmann, Kommunales Kino, S. 278.

preisen und Werbung vor dem Hauptfilm!“[10] Diese Unterstützung und praktizierte Solidarität war Ausdruck einer damals noch ganz anders strukturierten Kinolandschaft. Flebbe, der über viele Jahre als „Kino-König“ tituliert wurde, begann Anfang der Siebziger Jahre in einem kleinen Stadtteilkino in Hannover seine Idee eines cineastisch engagierten Programmkinos zu entwickeln. Schon bald eröffnete er in Hannover und bundesweit weitere „Filmkunstkinos“. Diese kommerziell arbeitenden Häuser und die Kommunalen Kinos verband in jenen Jahren ein an vielen Punkten gemeinsames Verständnis von Kinokultur. Zum „König“ wurde Flebbe dann aber späterhin mit der zuerst überaus erfolgreichen Gründung der Cinemaxx-Kette. Heute betreibt er sogenannte Premium- oder Luxuskinos, aber auch erneut kleinere Programmkinohäuser.

Nun ein Zeitsprung und ein Blick in das Monatsprogramm des Kinos im Künstlerhaus vom Dezember 2019:

Augenblicke: Gesichter einer Reise von Agnès Varda und JR – mit Referat und Diskussion – im Rahmen der Reihe Psychoanalyse + Film; *Decolonize Chocolate* von Elisa Scheidt, über ein deutsch-ghanaisches Social Business, über Kakao und fairen Handel, mit Gespräch und Gästen; in der Reihe Russische Filmkunst läuft eine Werkschau mit Filmen von Karen Shakhnazarov – im Dezember: *Krankenzimmer Nr.6* – natürlich in Originalfassung mit deutschen Untertiteln; in Erstaufführung ist der skandinavische Film *Pferde stehlen* von Hans Petter Moland zu sehen, Gewinner des Silbernen Bären auf der Berlinale 2019; mit weiteren vier Filmen endet die Werkschau der Filmemacherin und Autorin Doris Dörrie, die zum Auftakt im September zu Gast im Kino war; dem renommierten Dokumentarfilmer Shaheen Dill-Riaz widmet das Kino eine kleine Werkschau; *Kino zum Zuhören* präsentiert den Film *Blue Note* von Julian Benedikt; der kürzeste Tag des Jahres, der 21. Dezember, ist gleichzeitig auch Kurzfilmtag: der hannoversche Filmemacher Carsten Aschmann präsentiert ein Programm mit experimentellen Kurzfilmen; die Reihe *Stanley Kubrick revisited* wird fortgesetzt mit *Barry Lyndon…*

Die Beispiele lassen das Spektrum des Kinoprogramms vielleicht erahnen.

Grundlegendes Ziel der hier geleisteten kulturellen Kinoarbeit ist und bleibt es, „Filmisches Erzählen“ als Kunstform bewusst – und das Kino als kulturellen Ort, der sich zivilgesellschaftlichen Diskursen öffnet, kenntlich zu machen.

---

[10] Ralf Knobloch-Ziegan, Kino im Künstlerhaus, in: Bundesverband kommunale Filmarbeit e. V. (Hrsg.), Andere Filme anders zeigen – 40 Jahre Bundesverband kommunale Filmarbeit, Frankfurt/Main 2015, S. 57.

Das „Andere Kino – Mitten in der Stadt“ (so ein werblicher Slogan der Öffentlichkeitsarbeit) präsentiert sich als städtischer Kulturort, als Veranstaltungsort für internationale Filmkunst, für einen gesellschaftlich und kulturell relevanten Film, als Ort der Vermittlung von Filmästhetik und Filmgeschichte.

Das Kommunale Kino Hannover ist im Wesentlichen viererlei:

1. „Werkstatt für den unabhängigen und innovativen zeitgenössischen Film“, für ein engagiertes, künstlerisches Kino;
2. „Fenster zur Welt“ – mit einer Leinwand, die sich für globale Filmkulturen, gerade auch für Filme aus dem „Süden“, aus anderen Kontinenten öffnet;
3. „Filmmuseum“ – Ort der gezielten Reflexion und besonderen Präsentation von älterer und jüngerer Filmgeschichte;
4. „Lernort“ – Bildungsinstitution und filmpädagogisch aktive „Schule des Sehens“.

Das Koki Hannover ist nicht nur Kino, sondern auch Bildungseinrichtung. Wie und was erzählt, evoziert Film, wie emotionalisiert und manipuliert er? Welche Gestaltungsmittel, welche Ästhetiken entfalten hier ihre Wirkung?

„Lernort“ ist das Kommunale Kino allein schon durch seine besondere Form der Programmierung mit festen Monatsprogrammen, die neben der Platzierung von besonderen Erstaufführungen in der Regel mit historischen oder thematischen Kontextualisierungen arbeitet, somit Zusammenhänge herstellt.

Darüber hinaus engagiert sich das Koki seit vielen Jahren ganz unmittelbar im Bereich der Filmvermittlung. Hier ist zuvorderst die KinoSchule Hannover zu nennen, die seit mehr als eineinhalb Jahrzehnten – gemeinsam veranstaltet mit dem Medienzentrum der Region Hannover und dem Medienpädagogischen Zentrum – ein fester Bestandteil des monatlichen Programms ist: eine Woche lang verwandelt sich der Kinosaal in ein Klassenzimmer, Schulen aus dem gesamten Großraum Hannover haben die Möglichkeit, Filme konzentriert im Kino zu sehen, und nicht in einer unbefriedigenden Rezeptionssituation in der Schule. Die Filme werden mit Materialien, mit gezielten und altersgemäßen Einführungen und moderierten Filmgesprächen begleitet. Darüber hinaus werden Schüler-Workshops und Lehrerfortbildungen zum „Filmischen Erzählen“ angeboten.

Auch das vom Koki mit veranstaltete und alle zwei Jahre stattfindende *Filmfest für die Generationen – Sehpferdchen* hat seinen Stellenwert im Kontext dieser Filmvermittlungsarbeit: Ein internationales Festival-Programm mit Gästen und herausragenden Filmen für Kinder und Jugendliche findet sich verknüpft mit unterschiedlichsten medienpädagogischen Angeboten.

Der *Kinofuchs* wiederum ist eine strategische Partnerschaft mit einem Figurentheater. Die eigens für dieses Programm gefertigte Klappmaulfigur moderiert ein Kurzfilmprogramm für die allerjüngsten Kinogeher. Eine Brücke, „Kids" aus dem allumfassenden audiovisuellen Rauschen kurzfristig zu befreien und sie mit einem einheitlichen Erlebnis-Ort, einer klar strukturierten und konzentrierten Situation von Präsentation und Rezeption zu konfrontieren. Wie man Filme schaut und welche Filme man schaut, ist Ausdruck einer gesellschaftlichen Praxis, die durchaus gestaltbar ist.

Die Programmarbeit des Kommunalen Kinos besteht in seinen zentralen Elementen aus Filmreihen und Retrospektiven, die sich an ästhetischen, thematischen, historischen oder biografischen Fragestellungen orientieren.

Die „Erinnerungsbilder" – eine Kooperation mit der Städtischen Erinnerungskultur und dem Institut für Didaktik der Demokratie an der Leibniz Universität Hannover – haben ihren thematischen Fokus seit Jahren in der Zeit des Nationalsozialismus mit Krieg, Vernichtungskrieg und Holocaust. Längst hat sich der Blick aber geweitet, Erinnerungen an andere historische oder zeitgeschichtliche Situationen von Unrecht, Menschenrechtsverletzung und Genozid sind in den Blick geraten – Südafrika, der Balkankonflikt, Mauerfall etc. Eine Filmreihe, die aufzuzeigen versucht, mit welch unterschiedlichen inhaltlichen, ästhetischen und filmerzählerischen Strategien im Kino erinnert wird.

Für „Psychoanalyse + Film" hat das Kino Mitarbeiterinnen und Mitarbeiter des Lehrinstituts für Psychoanalyse und Psychotherapie Hannover gewinnen können, die in regelmäßigen Abständen und mit großem Zuschauerzuspruch aktuelle Kinofilme einer psychoanalytischen Interpretation unterziehen bzw. die Rezeptionssituation im Kino selbst, das Erleben der Zuschauer zum Ausgangspunkt ihrer Reflexionen und Nachgespräche machen.

Ebenso geht es in der Reihe „Kirche und Kino" um einen anderen Blick auf vermeintlich bekannte filmische Erzählungen und Inszenierungen. Hier werden durch gezielten Perspektivwechsel und ein Verschieben der gedanklichen Schärfentiefe cineastische Bilder und Stoffe auf ihre moralisch-ethischen Grundhaltungen hin befragt.

Der Kulturort Kino und das Medium Film als Ausgangspunkt gesellschaftlicher Diskurse: das Koki präsentiert in unregelmäßigen Abständen zumeist dokumentarische Filme, die aktuelle politische oder kulturelle Fragestellungen aufgreifen, respektive hierzu filmische Diskussionsbeiträge oder Standortbestimmungen liefern. An dieser Stelle setzt das Kino häufig und gezielt auf Kooperationen mit zivilgesellschaftlichen Akteuren, mit Institutionen, Verbänden oder NGOs, die ihre jeweiligen Positionen im Rahmen der Kinoöffentlichkeit einbringen. Auf diese Art und Weise platzieren wir – nur um Beispiele zu nennen

– den Klimawandel, die Flüchtlingsthematik oder Seenotrettung im Mittelmeer – oder auch filmisch-journalistische Beiträge zum Nahostkonflikt im Monatsprogramm des Kommunalen Kinos, welches sich hier durchaus als Forum begreift und versucht in laufende Diskussionen einzugreifen.

Wenn von der Leinwand als „Fenster zur Welt" die Rede ist, dann öffnet sich diese in der Regel für Kinematografien, die sich in der Öffentlichkeit und im allgemeinen Bewusstsein kaum repräsentiert finden. Das sind die jenseits des Mainstreams existierenden Filmkulturen in den europäischen Ländern (Cinema Italia, Filmland Polen, Russische Filmkunst, Fokus: Bulgarien...), das US-amerikanische Independent-Kino, aber eben auch aktuelles Filmschaffen aus Ländern in Afrika, Lateinamerika und Asien. Seit Frühjahr 2018 gilt im Koki Hannover Kuba eine ganz besondere Aufmerksamkeit.

Last but not least spielt die kuratorische Arbeit mit Blick auf Aspekte der Filmgeschichte und des filmischen Erbes eine ganz wesentliche Rolle. Eine filmhistorische Kontextualisierung erfolgt über die jeweiligen nationalen oder regionalen Kinematografien (SushiKino – Geschichte des japanischen Films; Filme aus einem fernen Land – das Kino der DEFA), über Werkzusammenhänge einzelner Filmkünstler (Stanley Kubrick revisited; Der Dokumentarfilmer Volker Koepp – Eine Werkschau), über thematische Bündelungen (Perlen – Queer Film Festival; Künstliche Intelligenz im Film) oder Genre-Cluster (Der andere Western).

Um Filmgeschichte nicht nur „Geschichte" sein zu lassen, d. h. um Menschen überhaupt für die Provenienz und für die grundlegenden Gestaltungselemente all der audiovisuellen Artefakte, die uns heute umgeben, zu interessieren, versucht das Kommunale Kino immer wieder auch „Aktualisierungen" von Filmgeschichte vorzunehmen, wie beispielsweise das Festival-artige Projekt „Silent Movie Soundscapes", bei dem Musiker, Komponisten und DJs altes Stummfilmkino live musikalisieren mit neuen und heutigen elektronischen Sounds.

Die Kommunalen Kinos sind mit ihrer Programmarbeit Partner der Archive. Sie schaffen die Möglichkeiten, Sammlungen, Ergebnisse von Restaurierungen und Digitalisierungen einer breiteren Öffentlichkeit zur Kenntnis zu bringen. Ihre retrospektiven Programme schaffen ein Fenster für den deutschen Kinematheksverbund, für das Bundesarchiv/Filmarchiv, die Friedrich-Wilhelm-Murnau-Stiftung, die Deutsche Kinemathek und das Deutsche Filminstitut – um nur die wichtigsten nationalen Archive zu nennen. Und an dieser Stelle kommt den Kommunalen Kinos eine ganz zentrale Rolle zu, denn wenn es um die Sicherung des „nationalen" Filmerbes geht, haben wir es mittlerweile tatsächlich mit einem Politikum zu tun. Die Kokis und Filmmuseen bilden mit wenigen Ausnahmen den alleinigen Link zwischen archivarischer Praxis und öffentlicher Wahrnehmbarkeit. Und die archivarische Praxis, da sind sich zahlreiche Stimmen einig, ist mit Blick auf die Erbe-Sicherung in vielerlei Hinsicht unzureichend. Hierbei geht es um Fragen, ob die Sicherung des audiovisuellen Erbgutes allein digital erfolgen sollte, oder ob nicht die restaurative Analogkopierung von zentraler Bedeutung ist, da es ja auch um die Materialität und die gesellschaftlich-technische Praxis der Kinoprojektion und -rezeption geht. Eine Frage von – angesichts der Wirkmächtigkeit audiovisueller Hervorbringungen – wirklich grundlegender kulturpolitischer Bedeutung – und mittendrin das Kommunale Kino. Ein Kommunales Kino verfügt – qua Auftrag – über die Möglichkeit, Filme digital, aber auch analog, also mit einer 16 mm- oder 35 mm-Kopie, vorzuführen. Ein Koki, als eine ganz besondere Institution, kann und wird weiterhin beides können, ist sozusagen „hybrid".

Trotzdem ist das Koki auch „nur ein Kino". Und Kino verliert in Relation zu anderen „Screening-Plattformen" von audiovisuellen Werken zunehmend und rapide an Bedeutung. Von 2017 auf 2018 ist der Kinobesuch laut Erhebung der Filmförderungsanstalt – FFA um 15 % zurück gegangen[11], während Netflix und Co. Zuwächse in gleicher Größenordnung verbuchten.[12] Das Kino als Teil der audiovisuellen und kommerziellen Verwertungskette befindet sich im ausgewiesenen Krisenmodus, in einer Form von Rückzugsgefecht oder aber Neu-Definition. Im November 2019 haben sich in Hannover alle unternehmerisch arbeitenden Kinos zusammen getan, um den lokalen Kinostart von „The Irishman", des neuen Films von Martin Scorsese, zu verhindern.[13] „The Irishman" ist eine Netflix-Produktion, die bereits zwei Wochen nach Kinostart über das Streaming-Portal erhältlich sein sollte. Von den meisten Kinobetreibern, traditionellen Filmverleihern und deren Verbänden wurde diese Politik als einer der radikalsten Angriffe auf die existierende kommerzielle Auswertungskette und die Existenz der Kinos beschrieben. Doch längst hat sich das Gefüge von Produktion und Distribution audiovisueller Produkte grundlegend verändert. Und längst nicht alle Akteure in der Kinolandschaft sehen hier nur eine Bedrohung ihrer Existenz, sondern ganz neue Möglichkeiten im Nebeneinander von Streaming und „großem Kino".

---

[11]https://www.ffa.de/der-kinobesucher-20172.html

[12]https://de.statista.com/statistik/daten/studie/196642/umfrage/abonnenten-von-netflix-quartalszahlen/

[13]siehe: Tobias Morchner, Neuer De Niro-Film kommt ins Kino – nur nicht in Hannover, in: Hannoversche Allgemeine Zeitung, 13. November 2019.

Angesichts der Entwicklung in der Kinolandschaft und der Veränderung der Rezeptionsformen muss sich allerdings ein nicht kommerziell, sondern in kultureller Perspektive arbeitendes Kino anderen Fragen stellen als ein vom Kinomarkt, von Netflix, Disney und Co. abhängiges Kino. Ein öffentlich getragenes Kino könnte hier sogar den Nukleus bilden für die Vision einer gezielten Aufarbeitung und Kontextualisierung von Filmgeschichte, audiovisuellem Erbe und aktuellem Filmschaffen in seiner gesamten Breite und seiner Vielzahl von Bezügen. Lars Henrik Gass, Leiter der Internationalen Kurzfilmtage Oberhausen und Vorstandsmitglied des Bundesverbandes Kommunale Filmarbeit sagt mit Blick auf die allgemeinen Besucherzahlen in einem Interview: „Das ist wie mit dem Klimawandel: Das hat nichts mit Schwarzmalerei, sondern mit Realismus zu tun. Der Rückgang ist nicht aufzuhalten, er kann nur gestaltet werden. Es ist ein unverantwortlicher Umgang mit diesem Prozess, dass man offenen Auges die möglicherweise unwiederbringliche Zerstörung von Strukturen in Kauf nimmt."[14] Gass sieht hier allerdings nicht nur Grund zur Klage, sondern auch eine Chance. Worin liegt diese? „Dass erst der Prozess der Historisierung des Kinos die Möglichkeit einer… geregelten Musealisierung ins Bewusstsein bringt. Dass man das Geschäftsmodell also sterben lassen kann und die kulturelle Praxis retten muss. (Dass hier die Chance besteht zu begreifen… R.K.-Z.) dass man zum Beispiel einen John Ford-Film auf einem Monitor in einer Ausstellung… nicht nur nicht verstehen kann, sondern dass man auch seiner mediengeschichtlichen Besonderheit nicht gerecht wird."[15].

Ein Kommunales Kino wird in Zukunft noch wesentlich ausgeprägter, als es heute der Fall ist, Teil eines kulturhistorisch notwendigen Verbundes von Institutionen und Museen für Filmkunst und audiovisuelle Medien sein. Das Koki Hannover hat mit seiner Beheimatung im Künstlerhaus Hannover hierfür eine wunderbare Ausgangssituation: mit dem Literaturhaus und dem Kunstverein Hannover finden sich hier zwei andere Künste vor Ort, die im kooperativen und interdisziplinären Zusammenspiel Veranstaltungen ermöglichen, die unter Beweis stellen, wie sich Film im Feld der Künste zu vernetzen weiß.

Das Künstlerhaus Hannover, ein Entwurf des Architekten Conrad Wilhelm Hase, 1856 als Museum für Kunst und Wissenschaft fertig gestellt, ist ein herausragendes Beispiel der sogenannten Hannoverschen Architekturschule.

---

[14]Lars Henrik Gass im Interview mit Morticia Zschiesche, in: Bundesverband Kommunale Filmarbeit e. V. (Hrsg.), Kinema Kommunal 1/2019, S. 20.

[15]ebenda, S. 20.

Hoch über der Straße, direkt vor der Freitreppe, über die sich das Gebäude erschließt, schwebt, schwingt und leuchtet seit 2006 ein überdimensionaler, zweieinhalb Meter hoher Kronleuchter: „Das große Leuchten“ des Bildhauers und Konzeptkünstlers Stephan Huber. In wunderbarer Art und Weise unterstreicht „Das große Leuchten“, dass auch eine angewandte Kunst – eine kunstvoll gestaltete Lichtquelle – „reine“ Kunst sein kann. Und Kino ist reines Licht!

Analysen und Fallstudien

Die Schöne (Kunst) und der Film Lulu im Zeitalter der technischen Reproduzierbarkeit

Anke Steinborn

„Lulu ist immer Bild" schreibt Thomas Elsaesser (1990, S. 107) über die von Louise Brooks verkörperte Protagonistin in Georg W. Pabsts 1929 erschienenen Filmklassiker DIE BÜCHSE DER PANDORA[1]. Seine Feststellung manifestiert er zum einen mit der Beobachtung, dass Lulu wiederholt in einer Art Rahmen (und damit ist nicht die Begrenzung des Filmbildes gemeint) agiert. Ob im Türausschnitt sowie am Oberarm Rodrigo Quasts schwingend (Abb. 1) oder im Rahmen einer Abbildung festgehalten – Lulu ist das „Bild im Film – ein Objekt, das [– wie Elsässer (ebd.) konstatiert –] nicht besessen noch ein Wesen, das bestimmt werden kann." Ihr ‚bewegtes' und bewegendes Gesicht, wiederum von der dunklen Pagenfrisur gerahmt, wird über die Ausdrucksbewegung zum Bildraum im Bildraum.

Als Objekt des Begehrens erweckt Lulu bei den anderen Protagonisten den Wunsch nach Besitz, der sich in Pabsts Konzept zur Besessenheit vom Bild wandelt (vgl. Elsaesser, S. 111). Ihre Begehrlichkeit teilt Lulu mit der den Filmtitel gebenden Pandora, die von Hesiod (1995, Verse 42–105) als „Allbeschenkte", aber auch schönes Übel bezeichnet wurde. Eine Zuschreibung, die gleichermaßen auf Lulu zutrifft.

[1] DIE BÜCHSE DER PANDORA (D 1929, 131 min), Regie: G. W. Pabst, Drehbuch: Ladislaus Vajda nach Frank Wedekinds zweiteiliger Lulu-Tragödie (Erdgeist und Die Büchse der Pandora), Kamera: Günther Krampf, Darsteller: Louise Brooks, Fritz Kortner, Franz Lederer, Alice Roberts, Carl Goetz, Gustav Diessl.

A. Steinborn (✉)
Berlin, Deutschland

L. Hieber und R. Winter (Hrsg.), *Film als Kunst der Gesellschaft,* Film und Bewegtbild in Kultur und Gesellschaft,
https://doi.org/10.1007/978-3-658-30461-4_9

Abb. 1 *Lulu gerahmt,* aus: Georg W. Pabst, Die Büchse der Pandora, D 1929: 00:16:21 und 00:19:49

Neben dem Mythos der unheilbringenden Pandora, kommt der Pygmalion-Mythos zum Tragen, in dem die Allegorie von Weiblichkeit und Kunstwerk begründet liegt. Pygmalion strebte bei der Suche nach einer Frau nach dem göttlichen Ideal der Venus. Da seine Suche erfolglos blieb, „schnitzte indes er mit glücklicher Kunst [weißes Elfenbein] und Gab ihm eine Gestalt, wie sie nie ein geborenes Weib kann Haben, und ward von Liebe zum eigenen Werk ergriffen. Wie einer wirklichen Jungfrau ihr Antlitz, du glaubtest, sie lebe" (Ovid 2001, S. 259). Der weibliche Körper wird zum Kunstwerk und repräsentiert – wie „die Psychoanalyse erkannt hat, [...] das Urbild, an dem das Subjekt seine fundamentale Erfahrung von Illusionismus, Selbsttäuschung und Verleugnung macht" (Eiblmayr 1993, S. 12 f.).

Auch Pabst kreiert mit Lulu ein Kunstprodukt, in dem sich die Elemente Bild, Weiblichkeit und Erotik zu einer Projektionsfläche für Wünsche, Bedürfnisse und Begierden vereinen. Mit dieser Intention greift er den Zeitgeist der 1920er Jahre auf und leistet mit seiner Inszenierung der Lulu einen wichtigen Beitrag zur Film/Kunst-Diskussion jener Zeit. In Anlehnung an die Neue Sachlichkeit der Veristen Otto Dix und George Grosz formuliert Pabst nicht nur eine offene Kritik an der lebensfeindlichen bürgerlichen Moral, sondern auch bemerkenswerte Bilder, Rollen- und Handlungsaspekte, in denen der Wandel von der ‚schönen' zur ‚wahren' Kunstform allegorisiert wird.

Die Frage nach der ‚wahren' Kunstform (Märten 1982, S. 42) war zentral in den 1920er Jahren, was zahlreiche Debatten jener Zeit dokumentieren.[2] Dabei erhitzte vor allem das ‚neue' Medium Film die Diskussion und im Zuge dessen die Argumentation, welche Faktoren den Film als neue Kunstform begründen bzw. inwieweit die inhaltlichen und formalen Überlegungen der bildenden Kunst sowie der traditionellen darstellenden Künste Literatur und Theater auf den Film übertragbar seien.[3] Während man in den 1910er Jahren den Film noch als ein Mittel der Reproduktion betrachtete, wurden schon in den 20er Jahren Fotografie und Film neben der Typografie in den Gegenstandsbereich der Definition von Kunst als ‚gestaltete Wirklichkeit' aufgenommen. Trotzdem bestanden daneben auch Kritiker auf ihrer Theorie, dass die neuen technischen Medien im Vergleich zu den ‚klassischen' Kunstmedien nur die Wirklichkeit reproduzieren und keine eigenständige Kunstform repräsentieren.

Vor diesem Hintergrund entstanden zur Zeit der Weimarer Republik eine Reihe von Filmen, die sich dieser Thematik annahmen und die ästhetischen Ansätze und Merkmale, z. B. des Expressionismus, aufgriffen. Filme wie Das Cabinet des Dr. Caligari (D 1919) von Robert Wiene machten jedoch deutlich, dass es nicht ausreichend und auch nicht möglich war, die Strömungen der ‚klassischen' Kunst einfach auf den Film zu übertragen und ihn auf diese Weise in die Sphäre der Kunst zu erheben. Aus diesem Grund konzentrierten sich Kunst- und Filmtheoretiker wie Rudolf Arnheim und Adolf Behne bei ihrer Begründung des Films als künstlerisches Mittel vor allem auf dessen formale Aspekte. Dabei kamen sie zu dem Schluss, dass sich der Film nur über die ihm eigenen, also speziell filmischen Mittel als eigenständiges Kunstmedium und ‚wahre' Kunstform etablieren könne.

Die folgende Untersuchung soll nun zeigen, wie Pabst in seiner Verfilmung den Wandel der Kunst vom ‚schönen' Bild zur ‚neuen' Kunstform verbildlicht. Einer Kunst, die im Zeitalter der technischen Reproduzierbarkeit die

---

[2]Exemplarisch zu nennen wären neben den Ausführungen von Lu Märten u. a. die von Adolf Behne: Kunstausstellung Wedding. In: Weltbühne, Nr. 9, 1926 und John Heartfield: Grün oder – Rot? In: Weltbühne, Nr. 11, 1926.

[3]Vgl. u. a. die Überlegungen von Adolf Behne: Der Film als Kunstwerk. In: Sozialistische Monatshefte 27, 1921, Bd. 57, S. 1116–1118 und Rudolf Arnheim: Weltbild und Filmbild. In: Film als Kunst. Frankfurt/M. 1932.

von Lu Märten und Walter Benjamin proklamierte Annäherung an die Kunst – unabhängig von Schicht und Bildung – ermöglicht und das Ideal der Verbindung von Kunst und Leben (vgl. Märten, S. 118 ff.) über den Film als Kunst der Gesellschaft verwirklicht.

1 Vom ‚schönen' Bild zu technisch reproduzierbaren Abbildern[4]

Der in 8 Akten vollzogene Wandel der Kunst erfolgt zum einen über Lulu und zum anderen über die sie umgebenen Bilder, die sich vom ‚gemalten' zum technisch reproduzierbaren Bild wandeln.

Ein zentrales Motiv des **1. Aktes** ist das klassische Wandbild. Zwei davon rahmen Lulu in ihrem bürgerlich eingerichteten und von ihrem Liebhaber Dr. Schön finanzierten Apartment. Während auf der einen Seite des Raumes über dem Kamin ein nur fragmentarisch erkennbares abstraktes Gemälde hängt, wird die Wand gegenüber von einem übergroßen Bild, das Lulu als Pierrette[5] zeigt, dominiert. Als die Protagonistin vor diesem Gemälde fröhlich tanzt, tritt deutlich die Doppelgängerfunktion, die die Wand- und Abbilder im weiteren Handlungsverlauf Lulu gegenüber einnehmen, hervor (Abb. 2).

Die Gegenüberstellung der fragmentierten Abstraktion auf der einen Seite mit der naiven Gegenständlichkeit auf der anderen, verweist wiederum auf die im Folgenden zu erwartenden Spannungen, die um Dr. Schön, den Geliebten Lulus, und Schigolch, eine Art Vaterfigur, kreisen. Lulu steht zwischen den beiden – dem Pierrotgemälde, das den trügerischen schönen Schein der Kunst und somit den Bürger und Verleger Dr. Schön repräsentiert, und den abstrakten Fragmenten, die das Unstete und die Antibürgerlichkeit Schigolchs und somit die Öffnung zu einer ‚neuen' Kunstform versinnbildlichen.

Im **2. Akt** werden innerhalb der Wohnung Schöns zwei Raum- und Bildsituationen gegenübergestellt, zum einen das Arbeitszimmer des Bildungsbürgers Dr. Schön und zum anderen das Zimmer seines Sohns Alwa, der Komponist und

[4]Teile der Betrachtungen zu G. W. Pabsts Verfilmung sind in anderem Zusammenhang bereits unter dem Titel *Die Frau, das Bild, der Mord* (Anke Steinborn) im *Juni – Magazin*, Heft 55/56. Bielefeld: Aisthesis, 2019, S. 53–72, erschienen.

[5]Abgebildet als weibliche Form des Pierrots repräsentiert Lulu auf dem in ‚schöner' Naivität gemalten Gemälde die maskenhaft geschminkte Bühnenfigur, die bis auf das italienische Straßen- und Jahrmarkttheater des 15. Jahrhunderts zurückführt.

Abb. 2 *Lulu vor der Pierrette tanzend,* aus: Georg W. Pabst, Die Büchse der Pandora, D 1929: 00:06:09

Künstler. Alwa beschäftigt sich mit Noten, sein Vater mit Büchern. Während Lulu bei Alwa umgeben von Musik und Zeichnungen den strahlenden Mittelpunkt bildet, zeichnet sich im nüchternen Arbeitszimmer Dr. Schöns ein Zweikampf ab. Lulu, zuvor gespiegelt in der Modezeichnung, wird mit der Fotografie der Verlobten ihres Geliebten konfrontiert, das ‚klassische' Bild mit dem technischen Abbild (Abb. 3). Beide jedoch in traditioneller Manier, denn bei der Porträtfotografie handelt es sich nach der Definition Neumeyers um eine „schlechte", also nicht der neusachlichen Idee gerecht werdende Aufnahme, „wie man sie bei Vorstadtphotographen" findet. Er schreibt:

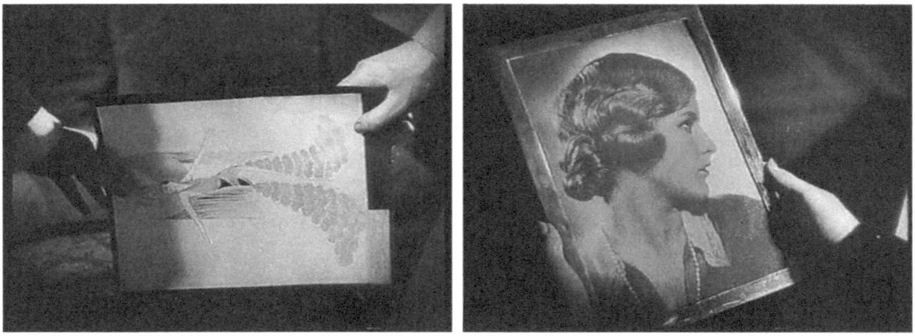

Abb. 3 *Modezeichnung und Portraitfotografie,* aus: Georg W. Pabst, Die Büchse der Pandora, D 1929: 00:24:18 und 00:21:28

> „Während jede gute Lichtbildaufnahme das Transitorische, den Übergang von Bewegung in eine momentane Ruhelage oder von der Ruhelage in die Bewegung wiederzugeben vermag, fingiert die schlechte Aufnahme […] eine Unbewegtheit in der Zeit und damit die Zeitlosigkeit selber. Körper und Gesicht – wie unter einer hypnotischen Wirkung des Objektivs – sind in Erstarrung gefallen." (Neumeyer 1927/28, S. 69)

Die sich anbahnenden Konflikte – nicht nur zwischen den Protagonistinnen – kündigen sich im wandfüllenden Gemälde, das Dr. Schöns Arbeitszimmer ziert, an. Ineinandergreifende Kampfszenerien verschmelzen hier zu einer undurchsichtigen Komposition, in der sich das Ringen Lulus mit der Verlobten ihres Liebhabers gleichermaßen offenbart wie das von Vater und Sohn um Lulu und die Zerrissenheit Dr. Schöns zwischen der Besessenheit von der lebenshungrigen Lulu und der Vernunftbindung zu seiner Verlobten aus bürgerlichem Hause.

All diese Konflikte treten im **3. Akt** zutage. Als Star in Alwas Revue ist Lulu die Triebfeder der Inszenierungsmaschinerie des Revuetheaters und als solche das unstete Gegenstück zur starren Fotografie der Verlobten. Die kreisrunde Kopfbedeckung ihres spektakulären Kostüms umrahmt ihr bildhaftes Gesicht, das jedoch von einem spitzen keilförmigen Einschnitt ins Visier genommen wird. Der Keil durchbricht den harmonischen Kreis und verübt einen gezielten Angriff auf Lulu, das Bild (Abb. 4). Als wenig später die Verlobte Schöns erscheint, weigert sich Lulu aufzutreten. „Ich tanze für die ganze Welt, aber nicht für diese Frau" – sagt sie und erteilt damit ihrer Rivalin, der ‚schlechten' Fotografie, eine Absage. Die technisch reproduzierbaren Medien können sich in dieser Form nicht als künstlerische Medien behaupten. Lulu setzt all ihre Verführungs- und Blendungskünste ein, bis Dr. Schön seine Verlobung löst, sich also von der bürgerlichen ‚schlechten' Fotografie ab- und der ambivalenten Lulu zuwendet.

Mit der Heirat der beiden im **4. Akt** domestiziert der Bürger das Bild. Doch hinter den Kulissen des schönen Scheins dringen Schigolch und Rodrigo Quast, die Vertreter des ‚einfachen' Volkes, in das bürgerliche Schlafzimmer ein. Das Bild bzw. die (Bild)Kunst ist für alle da und darf nicht vom Bürgertum vereinnahmt werden. Als Dr. Schön erkennen muss, dass er Lulu nicht halten kann, befiehlt er ihr: „Töte dich selbst, damit du mich nicht auch noch zum Mörder machst." Die Obsession von aber auch Ohnmacht gegenüber dem Bild kommt hier zum Ausdruck. Das ‚schöne' Bild ist – wie der Bürger Dr. Schön – nicht mehr zu retten.

Abb. 4 *Lulu als Revuestar,* aus: Georg W. Pabst, DIE BÜCHSE DER PANDORA, D 1929: 00:26:35

Letzterer wird von einer Kugel tödlich getroffen. Das zuvor beim Tanzen analog zum beschwingten Kreisen fröhlich gelöste Mimenspiel der Braut Lulu, erstarrt beim Blick auf den zu Boden gesunkenen Dr. Schön zu einer regungslosen Maske. Zwischen den erstarrten Minen von Lulu und Alwa erhebt sich geisterhaft das Wandrelief der flehenden Figur – mit einem letzten Gebet für den Bürger und die mit ihm untergehenden ‚schönen' Künste (Abb. 5).

Ausgestoßen aus der bürgerlichen Gesellschaft sitzt Lulu zu Beginn des **5. Aktes** auf der Anklagebank im Gerichtssaal. Mit einem schwarzen Schleier versucht sie sich den Blicken der Öffentlichkeit zu entziehen. Doch es gelingt ihr nicht, die Apparatur der Fotokamera hat ihr Antlitz, das schöne Bild, längst eingefangen (Abb. 6). Nicht nur von Fotografen, auch von Gerichtszeichnern und Protokollanten wird Lulu kontrolliert, ihr Abbild konserviert und reproduziert.

Analog zur Abwendung von bürgerlichen Dogmen ist im **6. Akt** zum letzten Mal ein konventionelles Wandbild zu sehen, das Relief der flehenden Figur. Nachdem Lulu zornig einen Hut gegen eben dieses geworfen hat, wendet sie sich lachend ab. Die Figur im Hintergrund der linken Bildhälfte sieht nach links oben, während Lulu, zum rechten Bildrand blickend, das Bild nach rechts verlässt (Abb. 7 links). Die Blickrichtungen beider Figuren bilden eine negativ nach unten abfallende Diagonale, die in die Tiefe weisend zum einen den gesellschaftlichen Abstieg Lulus symbolisiert und zum anderen den zunehmenden Verlust vergangener Traditionen, die in der ‚Landkarte des Raumes' der linken Bildhälfte zugeordnet sind.[6] Rechts hingegen wird im westlichen Kulturkreis – analog zur Uhr, die „auf ihrer Bahn von links nach rechts läuft" – die Zukunft verortet

[6]Vgl. Abb. 280: Kombinierte Raum-Symbolik nach dem Modell von Rudolf Michel. In: Harald Braem, Christof Heil: Die Sprache der Formen. München 1990, S. 155.

Abb. 5 *Die erstarrte Lulu,* aus: Georg W. Pabst, Die Büchse der Pandora, D 1929: 00:59:49

(Braem und Heil 1990, S. 109). Somit gehört das Wandrelief im Hintergrund der Vergangenheit an, während Lulu der Zukunft entgegengeht. „Links wird auch der linearen Nachtseite des Menschen zugeordnet, rechts hingegen erwartet ihn Sonne, das Licht der Erkenntnis, die zukünftige Erleuchtung" (Braem und Heil, S. 110) und – so suggeriert die Einstellung – die ‚wahre' Kunst.

In der anschließenden Zugsequenz wird Lulu erstmals mit einer Fotografie ihrerselbst konfrontiert. Im Gegensatz zur ‚schlechten' Porträtfotografie der Verlobten Dr. Schöns wurde Lulu in der den Schleier senkenden Bewegung konserviert und dabei das lebendige bzw. bewegte Bild im fotografischen eingefroren (Abb. 7 rechts). Mit der Veröffentlichung und Verbreitung dieser Fotografie im Massenmedium der Zeitung ist sie nun nicht nur überregional populär, sondern über die Verdichtung in der Fotografie zu einer Art Präparat geworden, aus dem die ‚neue', Grenzen überschreitende Kunstform hervorgehen kann.

Abb. 6 *Lulu verschleiert und (ein)gefangen,* aus: Georg W. Pabst, Die Büchse der Pandora, D 1929: 01:04:11 und 01:04:47

Abb. 7 *Lulus Abwendung vom klassischen Bild,* aus: Georg W. Pabst, DIE BÜCHSE DER PANDORA, D 1929: 01:13:55 und 01:20:02

Auf dem Casinoschiff des **7. Aktes** werden in den Zirkulationen rund um den Spieltisch neben den instabilen sozialen Strukturen der Weimarer Republik auch der endgültige Verfall von Bürgerlichkeit und Moral wiedergegeben. Das ästhetische Ideal der Neuen Sachlichkeit, die Verdichtung des Gegenstandes, wird inhaltlich über die Fokussierung des Geldes und die Kommerzialisierung Lulus formuliert. Wie in der Tanzszene im 4. Akt so wird Lulu auch hier über den Schnitt und die Montage eingekreist bzw. verdichtet. Allerdings umgibt sie nun weniger die Aura eines einzigartigen Stars. Lulu ist zur begehrlichen ‚Ware' geworden. Anhand von Fotografien, die sie u. a. als leicht bekleidete Bauchtänzerin zeigen, wird um Lulu gefeilscht und gehandelt (Abb. 8). Sie ist für jedermann zu haben und nicht mehr nur den höheren bürgerlichen Schichten vorbehalten.

Abb. 8 *Lulu als Ware,* aus: Georg W. Pabst, DIE BÜCHSE DER PANDORA, D 1929: 01:29:55

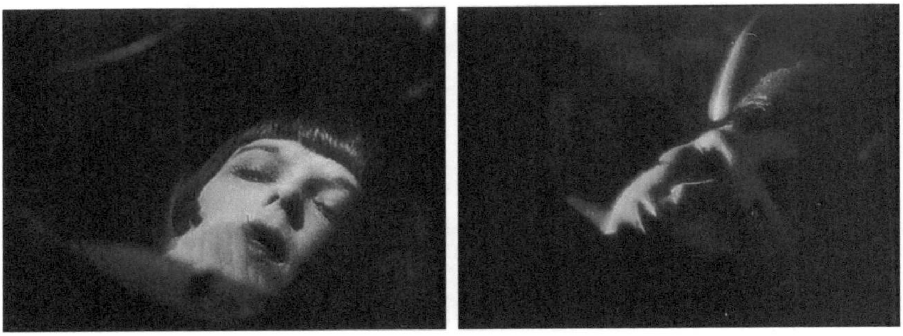

Abb. 9 *Lulu fragmentiert,* aus: Georg W. Pabst, Die Büchse der Pandora, D 1929: 01:55:41 und 02:08:07

In London angekommen erreicht der Wandel Lulus im **8. Akt** seinen Höhepunkt. In einer schäbigen Dachkammer lebend prostituiert sie sich, um zu überleben. Das ehemals ‚schöne' Bild Lulus ist stark beschädigt, was sich zunächst in der Inszenierung des Spiegelmotivs zeigt. Vom im 4. und 6. Akt zentralen Motiv des körpergroßen Spiegels ist hier in der Dachkammer lediglich eine Scherbe, ein Fragment verblieben (Abb. 10). Mit Lulus Abbild in dieser Scherbe wird die Fragmentierung ihrer Person/des Bildes im anschließenden Lustmord vorweggenommen (Abb. 9 links).

„Wozu die Malerei, Du gefällst uns auch so." sagt Schigolch als Lulu sich schminkt, um sich auf den Straßen Londons anzubieten. Die ‚neue' Kunstform ist unverhüllt, sachlich und geht schon längst über die ‚Malerei' hinaus. Das Wahre – so Märten (S. 41) – liegt in der „reine[n] Beziehung einer Sache zu ihrem Zweck" begründet. Somit gilt ‚Wahrheit' als ‚schön' und nicht die Verhüllung. Oder wie es Behne formuliert: Schönheit ist

> „keine besondere Zugabe mehr zur Sache, sondern natürliche Funktion eines jeden aus dem eigenen Zentrum heraus bewegten Dinges; ist kein Gewand mehr, sondern der lebendige Pulsschlag; nicht ein der Form aufgepfropftes, sondern die Form selbst; nicht ein Teil mehr zu anderen Teilen, sondern die unmittelbare Beziehung der notwendigen Teile zueinander – ihr Rythmus." (Behne in Bushart 2000, S. 223, Anm. 85)

Diese Definition des Kunsttheoretikers beschreibt – wenngleich bezogen auf die Architektur – auch die ‚neue' Kunst bei Pabst. Eine Kunst, die über die Fragmentierung endgültig ihrer Schönheit beraubt wird und sich auf diese Weise

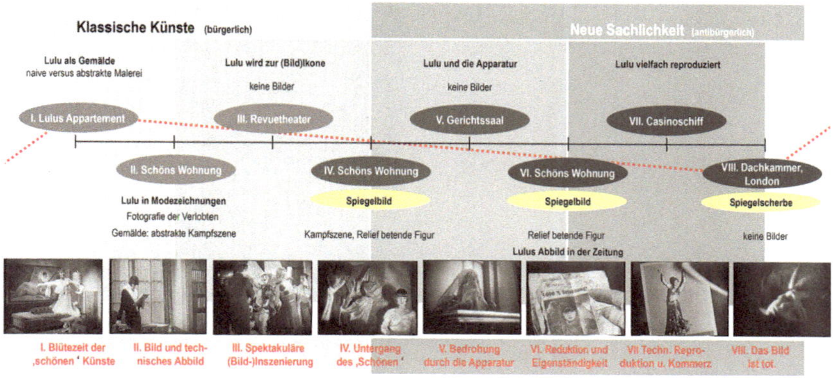

Abb. 10 Grafische Zusammenfassung der 8 Akte von Georg W. Pabsts DIE BÜCHSE DER PANDORA, D 1929 © Anke Steinborn

erneuert. Die Schöne ist tot, erstochen von Jack the Ripper. Der Abstraktionsprozess, die Verdichtung Lulus und der sie umgebenden Gegenstände bis hin zu ihrer ‚ungeschminkten' Versachlichung einerseits und die rhythmische Montage andererseits, erreicht seinen Höhepunkt im Bild der regungslos zusammengesunkenen Frauenleiche (Abb. 9 rechts). Das Frauenmordmotiv der Veristen Otto Dix und George Grosz aufgreifend, erfolgt auch eine Abstraktion vom Transitorischen, indem im Zuge des Lustmordes jede Bewegung aus der zuvor ‚lebendigen' Lulu gewichen ist.

2 Die Kunst ist tot. Es lebe die Kunst

Pabsts Frauenmord-Inszenierung weist deutliche Parallelen insbesondere zu George Groszs ‚Atelier-Fotografie' aus dem Jahre 1920 auf (Abb. 11). Grosz fertigte die Fotografie zwei Jahre nach der Entstehung seiner Ölbilder ‚John, der Frauenmörder' und ‚Der kleine Frauenmörder' in seinem Berliner Atelier an. Seine Geliebte und spätere Frau Eva Peter stand ihm hierfür Modell.

Ein zentrales Thema der Frauenmord-Darstellungen jener Zeit ist die Doppelmoral des Bürgers, der in seinem Herrenanzug den schönen Schein wahrt, während er sich am lasterhaften Lustmord und/oder den Berichten darüber delektiert bzw. als Verleger auch noch Kapital daraus schlägt. Das Bürger-Dirne-Motiv steht somit für den schönen Schein der Goldenen 1920er

Abb. 11 *Atelier-Fotografie*. George Grosz, um 1920

Jahre auf der einen Seite und das Elend jener Zeit – repräsentiert in der (Außenseiter-)Figur der Dirne – auf der anderen.

> „[D]ie provokante, häufig groteske Darstellung dieses Motivs [diente] der Sichtbarmachung von Wirklichkeit (im Sinne von Wahrheit) sowohl in gesellschaftlicher als auch ästhetischer Hinsicht. Kunst sollte provozieren, die Doppelmoral des Bürgers entlarven und die ‚schöne' Fassade (auch die der Kunstform) überwinden.[…] Ohne Berücksichtigung bisheriger visueller Erfahrungen wurden Dinge und Motive überspitzt herausgearbeitet und somit die 'dargestellte Wirklichkeit […] ins Allegorische' (Buderer 1994: S. 128) überhöht, um eine autonomisierte (Bild-)Welt hervorzubringen." (Steinborn 2011, S. 284)

Im Frauenmord-Motiv nimmt der Bürger mit der Rolle des Lustmörders auch die des antibürgerlichen (männlichen) Künstlers ein, der die ‚schöne' (weibliche) Kunstform in einem Akt der Zerstörung eliminiert, um seine Autonomie zurück zu erlangen. Dem Trieb folgend, die Kunst zu revolutionieren, allegorisiert er Lustmord und Malakt zu ‚Triebtaten', bei denen Triebstrukturen freigesetzt werden, die unter dem bürgerlichen Schein ebenso wie unter der traditionellen Kunstform schlummern. Tiefe Schnitte sollen bis zum Inneren des Modells/des Motivs vordringen, es in Einzelteile auflösen. Das Ziel der Fragmentierung ist eine neue, von verhüllender Schönheit befreite, ‚wahre' (Kunst-)Form (Märten, S. 42).

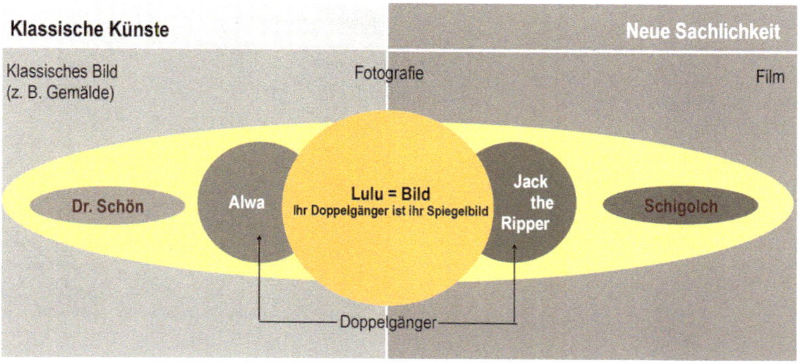

Abb. 12 *Die Protagonisten und ihre Rollen in* Georg W. Pabsts DIE BÜCHSE DER PANDORA, D 1929, © Anke Steinborn

Während bei Otto Dix und George Grosz die drei Figuren Bürger bzw. großstädtischer Voyeur, Lustmörder und Künstler in einer Figur vereint sind, teilt Pabst diese auf verschiedene Protagonisten auf.

Da ist zum einen Dr. Schön, der Verleger und angesehene Bürger, der offiziell verlobt ist, heimlich jedoch eine Geliebte unterhält. Sein Gegenpol ist der antibürgerliche Schigolch. Die Figur des Künstlers splittet Pabst auf den Komponisten Alwa und den Serienmörder Jack the Ripper auf. Lulu findet ihren Doppelgänger im Spiegelbild (Abb. 12). Auf der Grundlage der Freud'schen Theorie, die besagt, dass das Double zum einen die „Blindheit gegen – aber auch Einsicht in – die eigene Sterblichkeit bewirkt" (Bronfen 1996, S. 374), wird im Doppelgängermotiv Lulus zunächst eine Art Gewissheit der Unsterblichkeit der Kunst suggeriert, die aber andererseits im Doppelgänger als Vorboten des Todes teilweise widerlegt wird. Als Konsequenz daraus kündigt sich bereits in diesem Motiv eine grundlegende Veränderung, die Auferstehung einer ‚neuen' Kunst an.

Darüber hinaus ist der Spiegel ein Attribut der narzisstischen Frau, die nach Elisabeth Bronfen die „dämonisierte Kriminelle oder vergöttlichte Muse" (Bronfen, S. 383) verkörpert. Beide Weiblichkeits-Figurationen rücken – aus männlicher Sicht – in die Position der „heimliche[n] Andersheit" (Bronfen, S. 383). Aufgrund ihrer Selbstständigkeit und Gleichgültigkeit wirken sie unerreichbar und rätselhaft (vgl. Bronfen, S. 380).[7] So auch Lulu, die nicht zuletzt auch wegen ihres ursprünglichen Narzissmus fasziniert (Abb. 13). Im

[7]Bezug nehmend auf S. Kofman.

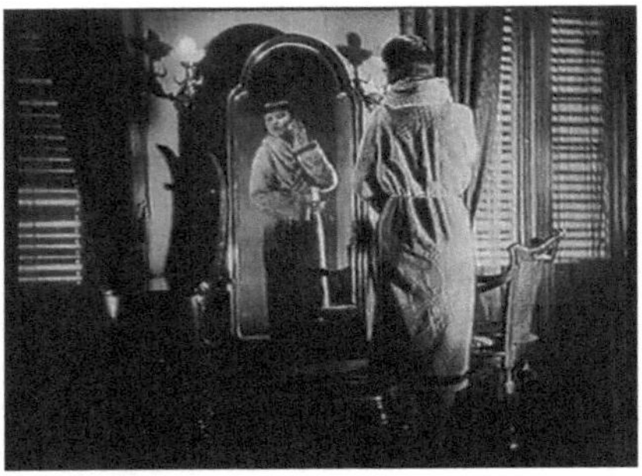

Abb. 13 *Lulu, die narzisstische Frau,* aus: Georg W. Pabst, Die Büchse der Pandora, D 1929: 01:14:04

„Weiblichen als Sinnbild für einen intakt bewahrten Narzissmus" entdeckt der Mann die Projektion seiner verlorenen Intaktheit wieder und erkennt sein eigenes Double (vgl. Bronfen, S. 380). Diesen Moment der Erkenntnis haben Grosz und Pabst in ihren Spiegel-Inszenierungen im erstarrten Blick des voyeuristischen Bürgers festgehalten.

Bei Pabst wandelt sich dieser voyeuristische Blick Dr. Schöns (der Bürger) im 4. Akt zum bewundernden Blick Alwas (der Künstler) im 6. Akt und erreicht seinen Höhepunkt im zerstörerischen Blick Jack the Rippers (der Frauenmörder) im 8. Akt (Abb. 14).

Analog zu Groszs Frauenmord-Fotografie sind auch die Blicke von Dr. Schön und Jack the Ripper erstarrt, eingefroren wie die Bewegung in der Fotografie. Mit der ‚eingefrorenen' Bewegung setzt Grosz den starren Blick des Lustmörders vor seiner Tat mit dem technischen Blick der Apparatur gleich. „Walter Benjamin hat auf das Moment des 'Chocks', das die Mechanisierung des menschlichen Lebens bewirkt, hingewiesen. Der Schock stellt sich ein, wenn dem Menschen keine Zeit bleibt, gegenüber einem ihn bedrohenden Ereignis Angstbereitschaft zu entwickeln" (Eiblmayr, S. 107). In der Fotografie zeichnen sich gleich zwei dieser ‚bedrohenden Ereignisse' ab, zum einen die Foto- und Filmapparatur, die den verborgenen Blick des Voyeurs entdeckt und seine Bewegung auf- und festhält und zum anderen der Schock, den der weibliche Körper auf den Mann ausübt. Hierbei sieht der Mann nicht nur im öffentlich zur Schau gestellten Narzissmus seines ‚weiblichen Doubles' eine Bedrohung, sondern auch in der offensichtlichen Unvollkommenheit der penislosen Frau. Nach Freud und Lacan wird die Frau

> „zur imaginären Ursache der unbewußten Kastrationsangst des Mannes. Der symbolische Mangel, der das männliche und weibliche Subjekt überhaupt erst konstituiert, wird allein der Frau als Trägerin eingeschrieben. Die Frau fungiert

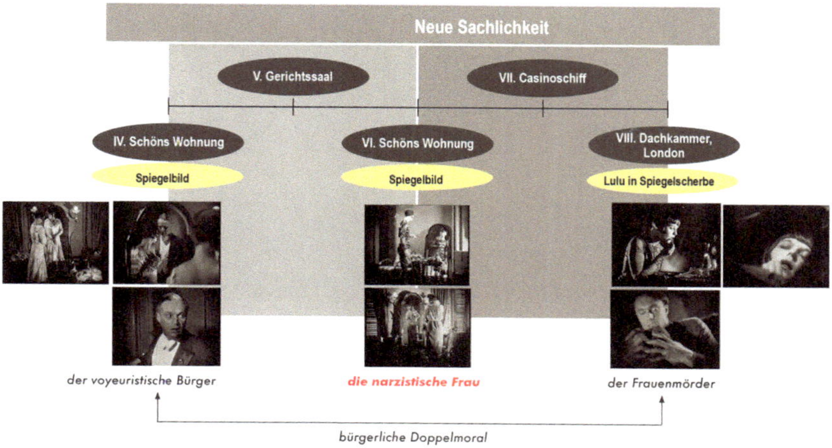

Abb. 14 Blick- und Spiegel-Inszenierungen in Georg W. Pabsts Die Büchse der Pandora, D 1929, © Anke Steinborn

> als jene symbolische Leerstelle, auf die der Mangel einerseits projiziert wird und durch die er zugleich auch geleugnet wird; so ist die Frau für den Mann 'Symptom' (Lacan)." (Bronfen, S. 374)

Im Fasziniertsein vom einerseits mangelhaften aber andererseits narzisstisch intakten weiblichen Körper kehrt ein Fasziniertsein vom Tod wieder. Mit der Zerstörung des weiblichen Körpers verspricht der Mann sich die Behebung des Mangels und die Wiedererlangung des eigenen intakten Narzissmus.

Wie Dr. Schön und Alwa ist auch Jack the Ripper dem Bild Lulu verfallen. Als ihn die ‚Bedrohung' des weiblichen Körpers übermannt, spürt er den unwiderstehlichen Drang, ihn zu zerstören. Beim Anblick des Messers muss er es ergreifen, um damit in den Körper Lulus einzudringen. George Grosz hat „in mehreren Varianten seinen Malakt als Geschlechtsakt angedeutet und damit satirisch den ästhetischen Topos vom 'fruchtbaren Moment' in der Malerei ins Bild gesetzt." (Hoffmann-Curtius 1994, S. 185) In seinen Frauenmord-Szenarien wird der ‚Pinsel' des Malers durch ein Messer ersetzt. So sieht man in der ‚Frauenmord-Fotografie' das Messer, wie es sich offensichtlich am Spiegelrahmen vorbei in den privaten Raum der Frau hinein auf die Oberschenkel des Modells richtet. Grosz umschlingt den gesamten Griff mit seiner rechten Hand,

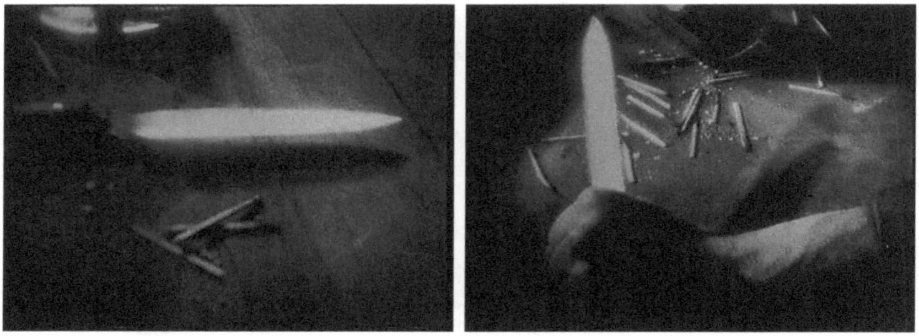

Abb. 15 *Das phallische Messer,* aus: Georg W. Pabst, Die Büchse der Pandora, D 1929: 02:07:38 und 02:08:05

sodass sich Klinge und zur Faust geballte Hand zu einer an das männliche Geschlechtsteil mit Hoden erinnernden Form verbinden.

Genau diese Umklammerung des Messers und die entsprechende Lesart/Interpretation finden wir bei Pabst wieder (Abb. 15). Das zuvor in der Horizontalen liegende Messer, ist nun angriffs-/vollzugsbereit in die Vertikale erhoben. Durch die Detailaufnahme und die fast geisterhafte Bewegung des Messers – welches sich mit der Hand Jack the Rippers zu einer untrennbaren Einheit verbindet – erlangt dieses eine Art Eigenleben. Das so oft im Kontext des Weimarer Kinos erwähnte ‚unheimliche Leben der Dinge' kommt hier in der Fokussierung, Verdichtung und ‚Verlebendigung' des Messers sehr deutlich zum Ausdruck. Über die Betonung der Gegenständlichkeit wird somit auch eine Entwirklichung derselben erreicht. Das Messer scheint die Hand Jack the Rippers zu kontrollieren und nicht umgekehrt. Indem das Messer/der Frauenmörder in den weiblichen Körper eindringt, ihn bearbeitet, zerstört, erlangt der Künstler seine Autonomie zurück.[8] Erst nach der unwiderruflichen Zerstörung der ‚alten' Kunstform kann – reduziert auf das Eigentliche, die Basis – eine ‚neue' Kunstform im Kontext der ‚Erneuerung' der Gesellschaft hervorgebracht werden.

[8]Dem Prozess des Zerschneidens geht sowohl bei Grosz als auch bei Pabst die spiegelbedingte Fragmentierung des ganzheitlichen Körperbildes und somit die Destruktion des Bildes durch Spiegel voraus. So wie Lulu letztlich auf ein ‚Spiegelscherbenportrait' reduziert wird, wird auch in Grosz' Fotografie mittels der Spiegelungen der Kopf vom Körper des weiblichen Modells abgetrennt.

Zusammenfassend lässt sich feststellen, dass Pabst in der Inszenierung des Wandels Lulus mit der Transformation als raum-zeitliches Moment eines der entscheidendsten Merkmale des Films visualisiert. In Verbindung mit seiner unverwechselbaren Montage und der konzeptionellen Beleuchtung beweist Pabst, dass die Mittel und Methoden der Kunst unter Berücksichtigung der Besonderheiten des neuen Mediums in den Film übersetzt werden können. Indem Pabst das filmische Material bewusst macht und nicht verfälscht, offenbart sich das Wesentliche, das ‚Wahre' des Films und somit der Film als neue ‚wahre' Kunstform (vgl. Märten, S. 107).[9]

Wie Grosz, der in seiner ‚Frauenmord-Fotografie' die Grenzen zwischen den einzelnen Bildmedien durch Einfügen grafischer und malerischer Arbeiten, Fotografien und Spiegel aufhebt, arbeitet auch Pabst mit den verschiedensten Bildformen. Unter anderem dem flüchtigen Spiegelbild, dem er die dauerhaft festgehaltene Momentaufnahme des Fotoapparates entgegen setzt und darüber den Bezug zwischen dem narzisstischen Blick des Weiblichen und dem technischen Blick der Apparatur herstellt. Ergänzt man nun die Allegorie von Weiblichkeit und Kunst mit der von Männlichkeit und Technik, so vollzieht sich sowohl in der neusachlichen Fotografie als auch im Film die Vergewaltigung des Kunstwerkes durch die Technik. Das heißt, schon mit der Technik an sich wird die alte Form zerstört bzw. eliminiert und traditionellen künstlerischen Konventionen der Rücken gekehrt. Aus diesem Grund sahen Grosz und andere Künstler sowie (Kunst-)Theoretiker seiner Zeit in der technischen Reproduzierbarkeit des Kunstwerkes, also auch im Film, die Erneuerung der Kunst und die Erweiterung des Kunstbegriffes.[10] Die technische Apparatur der Kamera schien die nötige Distanz und Sachlichkeit zu ermöglichen, um sich dem verlockenden ‚schönen Schein' entziehen zu können.

[9] „Die Wissenschaft des Materials bewußt machen ist wichtiger als 'Kunst' bewußt machen, denn es ist die Voraussetzung dazu. Der Gegensatz zwischen dem echten und verfälschten Material gehört dahinein. Verfälschung des Materials heißt im geistigen Sinne zugleich: Verlust des Wesentlichen."

[10] Vgl. u. a. Walter Benjamin: Das Kunstwerk im Zeitalter seiner technischen Reproduzierbarkeit (1935).

3 Vom ‚schönen' (Bild)Raum zur disruptiven Räumung

Der über den gesellschaftlichen Abstieg Lulus beschriebene Verfall sozialer Ordnungshierarchien, spiegelt sich auch in der Destruktion des Bildraums wider, die über den Schnitt bzw. die Montage vor allem aber über die Beleuchtung erfolgt.

Während zu Beginn des Films die Szenerien gleichmäßig ausgeleuchtet sind, sodass der Bildraum als wirklichkeitsgetreuer Raum erscheint, vollzieht sich bis zum Ende des Films eine ‚Verdunkelung' desselben. Über die partielle Beleuchtung werden die Gegenstände im Bild verdichtet, der Bildraum löst sich – wie die ‚fragmentierte' Dirne – in Bruchstücke einer diffusen Schattenwelt auf. Ein Wandel, der sich besonders eindrucksvoll im Vergleich des Fenstermotivs im ersten Akt mit dem im letzten Akt abzeichnet: Die großflächige, lichtdurchlässige, klare Fensterfront des bürgerlichen Apartments zu Beginn des Films wird am Filmende zu einer kleinteiligen wind- und nässedurchlässigen dunklen Dachluke verdichtet (Abb. 16).

Mit dieser Verdichtung arbeitet Pabst nicht nur den Kontrast zwischen dem klaren ‚schönen' Umfeld zu Beginn des Films und der undurchsichtigen düsteren Dachkammer am Ende heraus, sondern überträgt in seiner Transformation des Raumes die Methoden der Entwirklichung von der neusachlichen Malerei auf das Medium Film.

Zur Raumpsychologie der Neuen Sachlichkeit formulierte der Kunsthistoriker Alfred Neumeyer im gleichlautenden Aufsatz im Jahre 1927 drei Abstraktions-

Abb. 16 *Der Wandel des Fenstermotivs,* aus: Georg W. Pabst, Die Büchse der Pandora, D 1929: 00:07:36 und 01:52:11

stufen der Dinglichkeit, die in der neusachlichen Malerei die Gegenständlichkeit entwirklichen:

1. die bewusste Abstraktion vom Atmosphärischen,
2. die unbewusste Abstraktion vom Transitorischen und
3. die fiktive Abstraktion von der Wertung bzw. Abstraktion von der akzentuierenden Wertung (vgl. Neumeyer 1927/28, S. 69).

Umgesetzt in den dem Film eigenen Mitteln sind diese drei Abstraktionsstufen auch in Pabsts Büchse Pandora wiederzufinden. So wird die unter Punkt 1 benannte Isolation der dargestellten Objekte von deren Umgebung und somit von einer subjektivierten Darstellungsform vor allem in der Verdichtung der Gegenstände im letzten Akt deutlich. Detailaufnahmen der Kerze, des Messers und extreme Großaufnahmen der Protagonisten stehen für sich, der umgebende Raum liegt im Dunkeln, keine weiteren, eine Raumatmosphäre vermittelnden Elemente ‚stören' die reduzierte, verdichtete Bildkomposition.

Der Rückzug des Lichtes aus dem Bildraum bzw. der Übergang von einer Licht- in eine Schattenwelt, im Kontext auch der 2. Abstraktionsstufe Neumeyers, wird von Pabst im filmischen Konzept des 4. Aktes visualisiert. Hier vollzieht sich mit dem unheilvollen Verlauf der Hochzeitsfeier, also der Erschießung des Bräutigams Dr. Schön, die Transformation des hellen, dynamisierten bürgerlichen Raumes zu einem einzigen aus Dunkelheit und erstarrter Bewegung heraus verdichteten Bild (Abb. 17). Dabei tritt die Erfassung des Raumes bereits in der Tanzszene in den Hintergrund, allerdings nicht über die Beleuchtung, sondern mittels der Montage, die sich an der Bewegung im Bild orientiert (unsichtbarer Schnitt), sodass die Zuordnung von Bewegungsquellen in den Vordergrund rückt. Indem die Bewegung des Tanzens auf die Blickachse Lulus übertragen wird, wird die Montagebewegung in ein ‚Tanzen um Lulu' überführt und auf diese Weise zu der folgenden Verdichtung des ‚Gegenstandes' Lulu übergeleitet.

Die äußere Bewegung des Tanzens wandelt sich am Ende des 4. Aktes in eine Dynamik des Lichts, d. h. eine intensive Licht- und Schattenmodulation. Die Protagonisten Alwa und Lulu sind gleich dem lebensgroßen Wandrelief in ihrer Bewegung erstarrt (vgl. Kappelhoff 1994, S. 164). Der Bildraum hat neben der Bewegung auch seine Tiefe verloren. Die harten Hell-Dunkel-Kontraste der Personen lassen diese mit dem Relief der flehenden Figur verschmelzen und so das gesamte Bild als eine Art Relief erscheinen. Durch die Abwesenheit von Bewegung sind alle ‚Bildobjekte' zeitlich isoliert und somit entwirklicht.

Der Übergang von der lichten Welt des bürgerlichen Scheins zum dunklen Schattendasein wird auch in der Gegenüberstellung der beiden Verschleierungs-

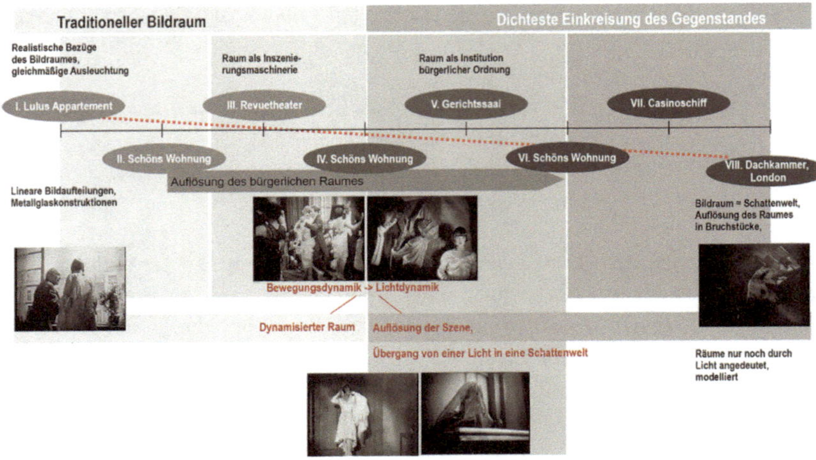

Abb. 17 *Der Wandel des Bildraums in* Georg W. Pabsts Die Büchse der Pandora, D 1929, © Anke Steinborn

formen Lulus – dem weißen Brautschleier im 4. Akt und dem schwarzen Trauerschleier der angeklagten Lulu im Gerichtssaal des 5. Aktes – verdichtet und symbolisiert. Mit dem Verschwinden des strahlenden, vom weißen Schleier gerahmten Gesichts der einstigen Braut unter der schwarzen Verschleierung zeigt sich die beginnende Auflösung des traditionellen, die bürgerlichen Werte verkörpernden Bildes.[11]

Im Tumult, der im Gerichtssaal provoziert wird, um die verurteilte Lulu aus den bürgerlichen Instanzen zu befreien, löst sich über die Zerstreuung der gerichtlichen Institution der bürgerliche Raum im eigentlichen Sinne auf. Die in der vorangegangenen Sterbeszene Dr. Schöns angedeutete Destruktion nimmt ihren Lauf. Am Ende des Films hat sich der Bildraum gänzlich in Bruchstücke aufgelöst. Das ‚schöne' Ganze ist diffusen Fragmenten gewichen. Im Zuge der Abstraktion bzw. der Entwirklichung der Gegenständlichkeit wird der bürgerliche Bildraum – analog zur personellen Räumung des Gerichtssaals – schlussendlich auch bildästhetisch disruptiv ‚geräumt'. Damit gelingt es Pabst die philosophisch

[11]Die in weiß gehüllte Braut versinnbildlicht „strahlende Jugend und reine Schönheit, darüber hinaus aber auch religiöse und familiäre Werte der westlichen Kultur" (Steinborn 2014, S. 35).

ästhetische Idee der ‚wahren‘ Kunst- bzw. Bildform, deren Umsetzung das Ziel sowohl des Konstruktivismus als auch der Neuen Sachlichkeit war, auf das Medium Film zu übertragen und seinen Beitrag zum Film als „wirklichen Bild- und Kunstausdruck“ (Hartleb 1988, S. 118) jener Zeit zu leisten.

4 Der Film als ‚wahre' Kunst der Gesellschaft

Nach Kracauer lässt sich der Begriff ‚Kunst‘ „seiner festgelegten Bedeutung halber nicht auf wirklich ‚filmische‘ Filme anwenden – das heißt Filme, die sich Aspekte der physischen Realität einverleiben, um sie uns erfahren zu lassen“ (Kracauer 1985, S. 69). Somit ist es die Aufgabe des schöpferischen Filmregisseurs Natur, Gesellschaft in sich aufzunehmen und zu durchdringen. Auch Rudolf Arnheim und Adolf Behne waren sich darin einig, dass das Filmbild als Kunstform nicht die Wirklichkeit abbildet, sondern diese erfahrbar macht.

Da Behne Kunst als einen Prozess eines sich linear entwickelnden Ganzen betrachtete, in dem neue Kunstmedien die alten verdrängen, sie überflüssig machen, basierten seine Überlegungen auf Gegenüberstellungen von Malerei und Fotografie sowie Theater und Film. Hierzu arbeitet er in seinem Essay ‚Der Film als Kunstwerk‘ aus dem Jahre 1921 drei Entwicklungsstufen des Films heraus: Während der Film zu Beginn ausschließlich dazu diente, Bewegung aufzunehmen und wiederzugeben, wurden in der 2. Stufe bereits bestimmte Vorgänge gestellt und der Prozess des Filmens durch eine Regie reguliert, d. h. es wurde gewohntes Theater/Schauspiel gespielt und mit der Kamera aufgenommen. Beim Film-Schauspiel, der 3. Stufe, handelt es sich zwar immer noch um Theater im weitesten Sinne, doch werden zunehmend die spezifischen optischen Momente des Mediums Film beobachtet und in die Umsetzung miteinbezogen. So wird z. B. die Filmbühne mehr und mehr nach der Wirkung im Film ausgerichtet, die Struktur der Filmbühne also von der Apparatur vorgegeben. Auf diese Weise werden die Bilder dem Medium entsprechend ästhetisiert.

Obwohl an diesem Verfahren der Filmerstellung die unterschiedlichsten Künste ineinandergreifen – die Schauspielkunst, die Bühnenbaukunst usw. – ist das Film-Schauspiel für Behne keine Kunst, da das Künstlerische in der Form, der Materie an sich des Mediums zu finden sein solle und nicht nur in seinem Inhalt. So könne auch der Filmregisseur beim Filmschauspiel zwar Künstlerisches leisten, aber der Film als solcher bleibe das Mittel einer anderen Kunst, die Reproduktion des Theater-Schauspiels. Nach Behne können dieser Art Filme zwar ästhetisch erfreuen, aber Film als Kunstwerk sei nur möglich als reine und unmittelbare Gestaltung seiner spezifischen und neuen Elemente. „Jede Kunst vermag sich nur dann zu entfalten und hat nur dann einen inneren Sinn, wenn sie eine eigene, neue, besondere Aufgabe findet, eine Aufgabe, die eine andere Kunst nicht erfüllen kann“ (Behne 1921, S. 1117).

Bei der Gegenüberstellung der ästhetischen Merkmale des Theaters und des Films stellte Behne fest, dass sich die Ausdrucksformen in Wort und Bewegung unterteilen lassen (Abb. 18). Während jedoch beim Theater-Schauspiel Wort und Bewegung ineinander geschaltet werden, kommen beim Film 1000 Moment Bewegung zu einem Wort. Das Wort – im Theater gesprochen und im Stummfilm geschrieben – vereint im ersteren Inhalt und Klang in sich, wogegen im Zwischentitel des Films zunächst nur der Inhalt direkt zu finden ist. Der Klang als Stimmungselement im Film ist zu gleichen Teilen an Wort und Bewegung gekoppelt. Somit liegt das führende Element beim Schauspiel in der laufenden Mitteilung aus Wort und Inhalt. Im Film hingegen überwiegen nicht die literarischen, sondern die illustrativen Momente, so ist das führende Element, der bestimmende Faktor, hier die Bewegung (vgl. Behne 1921, S. 1116–1118).

Das heißt Filmkunst ist für Behne Bewegungskunst. Aber soweit „der Film fremde (natürliche oder gestellte) Bewegungen aufzeichnet und wiedergibt, ist er reproduktiv, nicht Kunstwerk. Die Bewegungen selbst müssen das Kunstwerk ausmachen. […] Der Film wird Materialisierung des Bewegungskunstwerks und damit ein besonderes, neues, eigenartiges künstlerisches Mittel“ (Behne 1921, S. 1117). Dies gilt nur, wenn der Bewegungsvorgang ausschließlich für den Film gestaltet wurde. Der Film muss für die Umsetzung notwendig und außer dem Film bedeutungslos sein. Also bedeutet Filmkunst für Behne „reine zweckbefreite Bewegungsgesetze unmittelbar und in einem idealen Raum [zu] veranschaulichen“ (Behne 1921, S. 1117). Bewegung und Licht müssen hierbei

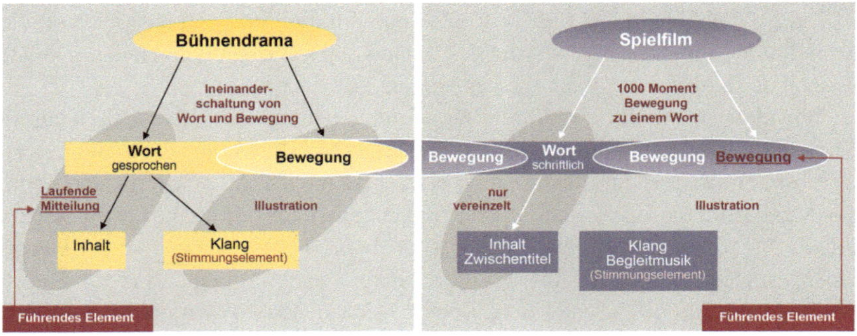

Abb. 18 Übersichtsgrafik zu Adolf Behnes *Der Film als Kunstwerk,* © Anke Steinborn

primär und elementar zur Gestaltung führen, wie z. B. bei filmischen Versuchen des Amerikaners Man Ray, des schwedischen Künstlers Viking Eggeling, und der Deutschen Hans Richter und Walter Ruttmann (vgl. Behne 1924, S. 197 f.).

Somit entspräche der sogenannte absolute Film dem Ideal Behnes, allerdings schränkte dieser auch hier weiter ein. Das Konzept müsse auch ohne Hinzunahme von Musik funktionieren und dürfe nicht, wie bei Walter Ruttmann, der in seinen Opus-Filmen (1921), ein „abstrakte[s] Bild etwa eines Kandinsky kaleidoskophaft beweglich" machte (Abb. 19), die „spezifische Filmtechnik in den Dienst bildkünstlerischer Tendenzen" (Behne 1924, S. 198) stellen. Danach wären auch die Arbeiten Ruttmanns nicht elementar und primär. ‚Wahre Filmkunst' sah Behne in den filmischen Inszenierungen von Viking Eggeling und Hans Richter verwirklicht. In den gemeinsamen technischen (Vor-)Arbeiten sowie den daraus resultierten Filmen RHYTHMUS 21 (Hans Richter, Abb. 20) und DIAGONAL-SYMPHONIE (Viking Eggeling) beobachtete Behne „eine logische Abwicklung abstrakter Formen von geometrischer Präzision", die „eben zum erstenmal Film, als auf sich selbst gestelltes, keiner Ergänzung bedürftiges Kunstwerk" sei (Behne 1921, S. 1118).

Statt Literatur, Schauspiel oder auch die Malerei in ein anderes Medium zu überführen, veranschaulicht der Film „reine, zweckfreie Bewegungsgesetze unmittelbar durch das Licht" (Behne in Bushart 2000, S. 49). Unter Berücksichtigung der beiden wichtigsten Komponenten des Films, Bewegung und Licht, kreierten Richter und Eggeling in ihren Filmen künstlerische Bewegungsvorgänge in völliger Klarheit und tektonischer Strenge. Die Visualisierung der Gestaltungsgesetze in den fundamentalen Faktoren des Konstruktivismus, Zeit und Raum, kommen nach Behne sogar nur bei diesen Filmen zum Ausdruck, sodass für ihn einzig die frühen filmischen Experimente Richters und Eggelings die Kriterien des ‚absoluten' Films erfüllen.

Doch ist es letztlich diese Form des Films, die sich beim Publikum nicht durchsetzen konnte. Zu der einzigen größeren Vorführung wurden auch französische Kurzfilme gezeigt, etwa IMAGES MOBILES (später: BALLET MÉCHANIQUE)

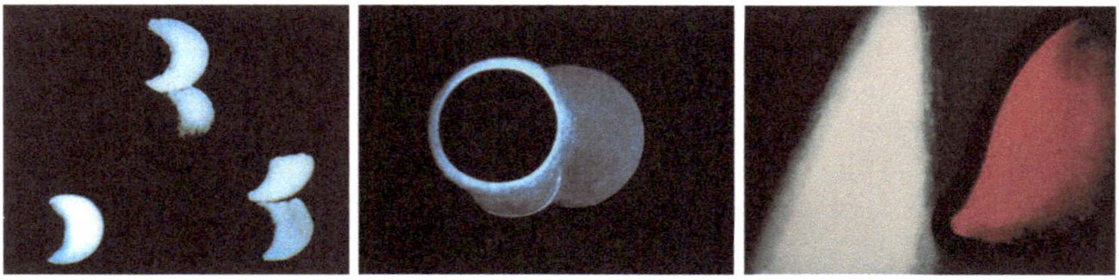

Abb. 19 Standbilder aus Walter Ruttmann: OPUS FILM (I-IV), DE 1921

Abb. 20 Standbilder aus: Hans Richter: RHYTHMUS 21, DE 1921

von Fernand Léger und ENTR'ACTE von René Clair, die zwar auch abstrakt waren, jedoch mit realen Bildern arbeiteten und so einen stärkeren Eindruck hinterließen. Hinzu kam, dass im selben Jahr, 1925, der PANZERKREUZER POTEMKIN von Sergej Eisenstein Premiere hatte, der nicht nur von den Volksmassen viel besser angenommen wurde, sondern auch den deutschen Filmemachern zeigte, dass sie das wesentlichste Prinzip des Films, die Montage, bislang vernachlässigt hatten.

Obwohl Behne prinzipiell den Spielfilm als ‚reine, neue' Kunst ablehnte, erkannte er doch, welches Abstraktionspotenzial in der bewussten Arbeit mit dem Licht lag. Vor allem am amerikanischen Spielfilm bewunderte er die Bilder, die in ihrem Wesen nicht gemalt sondern fotografisch waren. Über stark akzentuierte Hell-Dunkel-Kontraste wird das Bild fragmentiert und somit eine spukhaft unwirklich wirkende Wirklichkeit erzeugt. Durch die Transformation der dabei entstehenden Formen in die Zweidimensionalität des Films würde der Raum – so Behne – in die Fläche übersetzt und somit die nötige Distanz zwischen Film und Theater geschaffen.

Eben diese Transformation lässt sich auch in Pabsts DIE BÜCHSE DER PANDORA beobachten. In Kombination mit einer Geschichte, die den ästhetischen und gesellschaftlichen Zeitgeist widerspiegelt, gelingt es Pabst mit dem neusachlichen Film nicht nur an das künstlerische Bestreben der Regisseure des expressionistischen Films anzuknüpfen, sondern vor allem auch die Diskussion über die ‚wahre' Kunstform aufzugreifen und somit den Film endgültig als Kunst der Gesellschaft zu etablieren.

Den Fluch der Pandora am unbeschadetsten überstanden haben letztlich Schigolch – der Vertreter des ‚einfachen' Volkes – und Jack the Ripper, der antibürgerliche ‚Künstler'. Damit hat sich die Idee von einer ‚neuen' proletarischen Kunst für die Massen durchgesetzt. Lu Märten sieht im Film sogar den vorläufigen Höhepunkt der proletarischen Kunst. In ihrem Essay ‚Arbeiter und Film'

(1928) vergleicht sie den Film mit der Dampfmaschine, beide seien „ein Mittel, das alle die älteren Versuche nicht unnütz erscheinen läßt, aber deren eigentlichen Ziele erst verwirklichen kann" (Märten, S. 118). Der Film verhalte sich „zum einfachen Handbild der alten Zeiten und zur einstigen Photographie – wie die hochentwickelte Maschine zum einfachen Werkzeug" (Märten, S. 118). Das „jedes Objekt ergreifende Bild des Films" (Märten, S. 119) tritt an die Stelle des Wortes und bietet dem Arbeiter so eine leichtere Anschauung. Die Rezipierenden werden selbst schöpferisch tätig, weil sie einzelne Bilder zusammen sehen und räumlich/zeitlich Auseinanderliegendes miteinander verbinden müssen. So bewirkt der Film ein aktives und Gemeinschaft förderndes Rezeptionsverhalten, das die Gesellschaft verbindet und den reproduzierbaren Film zu einem (Kunst) Medium mit demokratischer Breitenwirkung macht. Dass sich die Film-/Kunst-Diskussion als Paradigma der 1920er Jahre manifestiert hat und bis heute die Filmschaffenden bewegt, zeigt der Erfolg der deutschen Fernsehserie Babylon Berlin (seit 2017, R: Tom Tykwer, Achim von Borries, Hendrik Handloegten), dessen Handlung – eine Kriminalgeschichte in den 1920er Jahren – eingebettet ist in einen Vorspann, in dem in Anlehnung an das Ballet méchanique fotografische (Bewegt-)Bilder zu einem kaleidoskopartigen Ornament verschmelzen, und einem Abspann, in dem – einer Hommage gleich – verschiedene Variationen des absoluten Films gezeigt werden.

Literatur

Behne, Adolf. 1921. Der Film als Kunstwerk. Sozialistische Monatshefte 27, Bd. 57, S. 1116–1118.

Behne, Adolf. 1924. Mitbericht: Film und Kunst, II. Kongress für Ästhetik und allgemeine Kunstwissenschaften. In der gleichnamigen Zeitschrift, Bd. 19, S. 194–198. Berlin.

Braem, Harald und Heil, Christof. 1990. Die Sprache der Formen: Die Wurzeln des Design. München: Langen-Müller.

Bronfen, Elisabeth. 1996. Nur über ihre Leiche. Tod, Weiblichkeit und Ästhetik. München: dtv.

Bushart, Magdalena (Hg.). 2000. Adolf Behne: Essays zu seiner Kunst- und Architektur-Kritik. Berlin: Gebr. Mann.

Eiblmayr, Silvia. 1993. Die Frau als Bild. Der weibliche Körper in der Kunst des 20. Jahrhunderts. Berlin: Reimer.

Elsaesser, Thomas. 1990. Louise Brooks, Pabst und Die Büchse der Pandora. In: G. W. Pabst, hrsg. G. Schlemmer, B. Riff, G. Haberl. Münster: MAKS Publikationen.

Hartleb, Renate (Hg.). 1988. George Grosz: Eintrittsbillett zu meinem Gehirnzirkus. Erinnerungen, Schriften, Briefe. Leipzig/Weimar: Kiepenheuer.

Hesiod. 1995. Werke und Tage, Verse 42–105. Ditzingen: Reclam.

Hoffmann-Curtius, Kathrin. 1994. Erotik im Blick des George Grosz. In: George Grosz: Berlin – New York. Ausstellungskatalog, hrsg. K. P. Schuster, S. 182–189. Berlin: Ars Nicolai.

Kappelhoff, Hermann. 1994. Der möblierte Mensch. G. W. Pabst und die Utopie der Sachlichkeit. Berlin: Vorwerk 8.

Kracauer, Siegfried. 1985. Theorie des Films. Die Errettung der äußeren Wirklichkeit. Frankfurt/Main: Suhrkamp.

Kracauer, Siegfried. 1991. Das Ornament der Masse. Frankfurt/Main: Suhrkamp.

Märten, Lu. 1982. Formen für den Alltag. Schriften. Aufsätze. Vorträge. Dresden: VEB Verlag der Kunst.

Neumeyer, Alfred. 1927/28. Zur Raumpsychologie der Neuen Sachlichkeit. Zeitschrift für bildende Kunst, 61. Jg. Leipzig.

Ovid. 2001. Metamorphosen, Zehntes Buch. München: dtv.

Steinborn, Anke. 2011. Frauenmord und Skandal viral – Young British Art. Ein Fallbeispiel. In: Skandale. Strukturen und Strategien öffentlicher Aufmerksamkeitserzeugung, hrsg. K. Bulkow, C. Petersen, S. 277–298. Wiesbaden: VS Springer.

Steinborn, Anke. 2014. Der neo-aktionistische Aufbruch. Zur Ästhetik des American Way of Life. Berlin: Bertz + Fischer.

Steinborn, Anke. 2019. Die Frau, das Bild, der Mord. In: Eine gefährliche Straße. Juni – Magazin, Heft 55/56, hrsg. G. Ackermann, W. Delabar, S. 53–72. Bielefeld: Aisthesis 2019.

Die entfesselte Kamera als entfesselte Subjektivität? Gesellschaftliche Konnotationen der Kamerabewegung in *Der Letzte Mann* und *The Lost Weekend*

Henrik Wehmeier

Zusammenfassung

Sowohl F.W. Murnaus *Der Letzte Mann* (1924) als auch Billy Wilders *The Lost Weekend* (1945) inszenieren eine entfesselte, schwindelerregende Kamerabewegung, um die Trunkenheit ihrer Protagonisten darzustellen. Die folgenden Ausführungen arbeiten heraus, wie diese ästhetischen Kameragestaltungen gesellschaftliche Subjektivitätsdiskurse verhandeln. Sie nehmen dafür eine je doppelte Perspektive auf die Szenen ein. Zunächst werden entlang der repräsentationellen Dimension die gesellschaftlichen Kontexte der Filme thematisiert. Anschließend richtet sich der Blick auf die antirepräsentationelle, performative Dimension, wobei das besondere Potenzial des Filmes zur Schwindelinszenierung als Grenzbewegung der filmischen Subjektivität, aber auch gesellschaftlicher Subjektmodelle gedeutet wird.

Schlüsselwörter

Der Letzte Mann · The Lost Weekend · Performativität · Entfesselte Kamera · Filmische Subjektivität · Schwindel · Ästhetik · Billy Wilder · Friedrich Wilhelm Murnau

---

H. Wehmeier (✉)
Universität Paderborn, Paderborn, Deutschland
E-Mail: henrik.wehmeier@uni-paderborn.de

L. Hieber und R. Winter (Hrsg.), *Film als Kunst der Gesellschaft,* Film und Bewegtbild in Kultur und Gesellschaft,
https://doi.org/10.1007/978-3-658-30461-4_10

1 Einleitung: Zwischen Kontrollverlust und Schwindel

Die Finanzkrise brachte 2007 die Schreckensvision von taumelnden Banken mit sich. Die Metapher des Taumels sollte die Gefahr einer um sich greifenden wirtschaftlichen und gesellschaftlichen Krise ausdrücken und zugleich die Notwendigkeit der Stabilisierung der Geldinstitute durch staatliche Systeme betonen. In diesem Kontext erscheint der Taumel als ein Zustand des Kontrollverlustes, der um jeden Preis in Stabilität zu überführen ist.

Ganz anders werden die taumelnden Schritte nach dem Besuch einer Achterbahn bewertet. Während der Fahrt überdeckte Adrenalin den Schrecken. Dieser beglückende Rausch des Schwindels wirkt auch über das Ende der Fahrt hinaus nach, die unsicheren Schritte heben sich angenehm von der Alltagswahrnehmung ab.

Diese zwei Beispiele verweisen auf zwei Sichtweisen des Taumels: erstens als angsteinflößender Kontrollverlust, zweitens als reizvoller Schwindel. Diese Dynamik zwischen Kontrollverlust und Reiz ist es, entlang der ich im Folgenden die filmische Inszenierung des Taumels in *Der Letzte Mann* von Friedrich Wilhelm Murnau aus dem Jahr 1924 und *The Lost Weekend* von Billy Wilder von 1945 untersuchen möchte. Trotz ihrer zeitlichen Distanz und ihrer abweichenden Produktionskontexte eint beide Filme die besondere Inszenierung des Taumels. Wenngleich es sich in beiden Fällen um kurze Szenen handelt, möchte ich Folgenden aufzuzeigen, wie diese Entfesselungen der Kamera als Ausdruck gesellschaftlicher Zustände und damit als ins Wanken geraten traditioneller Subjektkonstruktionen interpretiert werden können.

Zu diesem Zweck wendet sich der Blick bei beiden Analysen in einem ersten Schritt zunächst auf die repräsentationellen Qualitäten der Szenen. Die auffällige Gestaltung der Kamera wird als referenzieller Verweis auf die gesellschaftlichen Kontexte und ihre jeweiligen Subjektdispositionen gedeutet. Bezogen auf *Der Letzten Mann* ist es der Kontrollverlust der Weimarer Republik zwischen den Polen der vermeintlich golden-enthemmten Zwanziger und der Krise der Inflationsjahre. *The Lost Weekend* wiederum zeigt die USA nach dem Scheitern der Prohibition und der Entdeckung der Krankheit Alkoholismus als Hilfloswerden des Subjekts, das, fernab jeder Medizin, durch die Liebe zur richtigen Frau wieder gefestigt wird.

In einem zweiten Schritt wende ich mich dann den antirepräsentationellen, selbstreferenziellen Qualitäten dieser Szenen zu. In ihrer Gestaltung fallen die schwindelnden Kameraeinstellungen in ihrer medialen Grenzbewegung aus dem

Narrativ, wodurch zugleich traditionelle Ansätze der filmischen Subjektivität an ihre Grenzen geführt werden. Ausgehend von diesen Subjektivitätsverhandlungen soll dann abschließend erneut die Brücke zu den gesellschaftlichen Kontexten geschlagen werden, zu expressionistischen, und damit transgressiven, Subjektmodellen.

Beide Schritte sollen verdeutlichen, wie eng die ästhetische Gestaltung der Filme mit gesellschaftlichen Subjektivitätsdiskursen verflochten ist. Zugleich möchte ich jedoch, was unter Umständen ungewöhnlich erscheinen könnte, die Kontraste dieser beiden Schritte, also die Differenzen der doppelten Interpretationen dieser beiden Kameraentfesselungen, hervorkehren. Ich will ganz im Sinne der Dynamik zwischen Kontrollverlust und Reiz am Schwindel herausarbeiten, wie verschieden diese Szenen perspektiviert werden können. Ziel dieser Kontrastierung ist es, das besondere Potenzial des Filmes zur Inszenierung von Schwindel aufzuzeigen. Mit diesem Potenzial geht eine Offenheit einher, die Komplexität und Ambivalenz in die jeweiligen Subjektivierungen einbringt.

2 *Der Letzte Mann:* Weimarer Unsicherheiten

Der Letzte Mann handelt von einem namenlosen Portier eines glamourösen Hotels, der altersbedingt von seiner Stellung als Portier in die sanitären Einrichtungen versetzt wird, also so gesehen vom ersten zum letzten Mann wird. Der Film spielt zu Zeiten der Weimarer Republik, weswegen insbesondere die auffällige Uniform des Portiers und die damit verbundene Thematik der Autorität zentraler Gegenstand vieler Interpretationen des Filmes war.[1] Die folgende Analyse widmet sich jedoch primär der Kameragestaltung des Filmes[2] und fragt nach den gesellschaftlichen Implikationen dieser.

Hierfür konzentriere ich mich auf eine Szene, die am Ende des ersten Drittels des Filmes angesiedelt ist. Die Nichte des Portiers heiratet, jedoch wurde der Portier bereits von seinem ersten Posten entlassen. Um auf der Kleinbürgerhochzeit dennoch mit Prestige aufzutreten, entwendet er die Uniform aus dem Hotel

[1] Siegfried Kracauer liest die Uniform als Ausdruck von Autorität, sieht sie also im Zusammenhang mit einem Verständnis der Filme der Weimarer Zeit als Ankündigung des Faschismus (Scheunemann 2003, S. 3). Ähnliche Deutungen finden sich bei Lotte Eisner (1997, S. 239). Eine Gegenposition vertritt Fritz Göttler (1990).

[2] Auch die Kameragestaltung wurde vielfach erforscht, bezeichnet als entfesselte Kamera kommen verschiedene technische Innovationen zum Vorschein, insbesondere die Beweglichkeit des nun mehr deutlich kleineren Kameraapparats.

und stellt sie auf der Hochzeitsfeier zur Schau. Bereits während der Feier fällt die Kameragestaltung der Szene auf, da wir das Geschehen oft in schwankenden Aufnahmen sehen.[3] Auffälliger ist jedoch die Schwindelszene des Portiers, die den Abschluss der beschriebenen Hochzeitsfeier darstellt. Nachdem die Gäste die Feier verlassen haben, setzt sich der Portier auf einen Stuhl und erfährt einen alkoholbedingten Schwindel, bevor der Film in einen Traum überblendet. Die Szene variiert filmtechnisch zwischen zwei Kameraperspektiven, die beide als Zentrum eine Art Drehstuhl haben, auf den einerseits der Protagonist mit umgeschnallter Kamera gesetzt wird, andererseits die Kamera selbst Platz nimmt.[4] Entsprechend wird zunächst der Portier in statischer Kameraeinstellung in Nahaufnahme vor dem sich drehenden Hintergrund abgebildet. Anschließend filmt die Kamera das vorbeiziehende Zimmer, dazwischen geschnitten sind Großaufnahmen des Gesichts vor schwarzem Hintergrund.[5] Diese Einstellungen inszenieren den Rausch zwischen Schwindel und Verlorensein und eröffnen einen komplexen Subjektivitätsdiskurs, wie ich im Folgenden aufzeigen möchte.

Eingegangen sei zunächst auf die statische Kamera. Auffällig ist der harte Kontrast zwischen der statischen Kameraperspektive und ihrer schnellen Bewegung. Die Einstellung isoliert die Figur, durch das extrem begrenzte Sichtfeld und den verschwimmenden Hintergrund entsteht ein Eindruck von Verlorenheit. Die Verlorenheit kann in ihrer klaustrophobischen Dimension auch als Gefangensein gelesen werden.[6] Nach Alfred Stumm ist der Portier nicht in der

---

[3]Heydolph zitiert den Kameramann Karl Freund, um die Produktionsweise dieser Szenen zu beschreiben: „When the film had to be a drunken Jannings, I strapped to my chest (with batteries on my back for balance), and played drunk!" (Karl Freund zitiert in Heydolph 2004, S. 119). Dieser Kameraumgang kann als frühe Form der Handkamera aufgefasst werden.

[4]Eisner beschreibt den Dreh wie folgt: „Auf einem Werkfoto von Baberske sehen wir Jannings auf einer Art Drehscheibe sitzen, während um ihn herum Karl Freund mit der um die Brust geschnallten Kamera die Bewegungen eines Trunkenen ausführt." (Eisner 1967, S. 43). Weiterhin beschreibt Heydolph, dass dieser Drehstuhl nach dem Prinzip eines Karussells gebaut sei (Heydolph 2004, S. 111).

[5]Heydolph weist auf versionsbedingte Unterschiede dieser Szene hin: „In der Kopie des Münchener Filmmuseums, in der australischen Version des Bundesarchiv-Filmarchivs und auch in der Rekonstruktion von Luciano Berriatua von 2001/2002 im Auftrag der F.W. Murnau Stiftung pendelt die Kamera ohne feste Konstruktion mit wechselnder Richtung diagonal durch den Raum." (Heydolph 2004, S. 111).

[6]Thomas Weber verweist auf den klaustrophobischen Charakter von Point of View Shots, weswegen dergleichen Aufnahmen häufig in Horrorfilmen und Thrillern eingesetzt werden würden (2008, S. 118). Formal erinnert die Kameraperspektive an die sog. „Snorri Cam", die Darren Aronofsky knapp 75 Jahre später populär machen wird.

Lage, jenseits seiner Uniform einen neuen Lebensentwurf zu realisieren (2009, S. 51/52). Am Ende der Hochzeit ist er gefangen in der gestohlenen Uniform. Brachte sie auf der Hochzeit noch kurzfristig Glanz ein und vermochte er gar im Rausch sich selbst zu parodieren, ist er letztlich doch gefangen in der funktionslosen, nicht mehr sinnstiftenden Uniform.

Die invertierte Einstellung des schnellen Kameraschwenks vermittelt ergänzend eine Orientierungslosigkeit, der vorbeiziehende Raum verschwimmt. Diese negativen Konnotationen der Drehbewegung zwischen Verlorensein und Orientierungslosigkeit fallen gerade in ihrem Kontrast zur berühmten Anfangsszene des Filmes auf.[7] In dieser sehen wir die Kamera scheinbar schwerelos durch die Lobby des Hotels und anschließend die Drehtür des Hotels gleiten. Wo zu Beginn des Filmes also die Drehtür des Hotels den Durchgang der Gäste und metaphorisch den Abstieg des Protagonisten mechanisch regelt, wird die Drehbewegung in der Trunkenheit zum Schwindel. Begegnen wir in der ersten Szene also einer offenen Bewegung durch die transparente Welt des gläsernen Hotels, verharrt die Kamera hier vermittels ihrer starren Positionen und ihrem eng gesetzten Rahmen im kleinbürgerlichen Milieu der Mietskasernen.

Diese Deutungen offenbaren eine Nähe zur Lebenswelt der Weimarer Republik. So deutet die Forschung diese beiden Kameraperspektiven häufig als Point of View Struktur und damit als Schritt in die Wahrnehmung des Portiers.[8] Entsprechend könnte die Perspektive einerseits als Eintauchen in die Lebenswelt des Portiers gedeutet werden: Als wilhelminisches Relikt hat er in der modernen Zeit seinen Platz verloren,[9] ist isoliert von ihr. Andererseits spiegelt die Perspektive eine grundsätzliche gesellschaftliche Unsicherheit wieder. Zwar klingt die Wirtschaftskrise langsam ab, dennoch ist der Stand des Kleinbürgertums, dem der Portier angehört, nach unten durchlässig geworden. Sehr

[7]Die Aufnahme des Motivs der Drehtür vollzieht der Film auch diegetisch: In der nachfolgenden Traumsequenz überblendet eine überdimensionierte Version der Drehtür das Gesicht des Portiers.

[8]Für Ursula von Keitz fungiert die entfesselte Kamera an vielen Stellen als Medium des Bewusstseins der Hauptfigur und ermögliche dem Zuschauer so einen fiktiven Blick auf eine Welt, wie sie von der Hauptfigur wahrgenommen werde. (1994, S. 81). Auch für Heydolph dienen diese Szenen einer narrativen Subjektivierung. (2004, S. 98).

[9]Dietrich Leder betont jedoch die besondere Konstellation, dass kurz nach dem Film genau diese alte Garde wieder an die Macht kommen wird: „Wenige Wochen nach der Premiere von *Der Letzte Mann* starb Reichspräsident Friedrich Ebert. Und zu seinem Nachfolger wurde mit Hindenburg genau die Figur gewählt, die im Film ihren Abschied zu nehmen hatte.“ (1988, S. 74).

weit gefasst kann die schwindelnde Kamera somit als Ausdruck einer Gesellschaft gedeutet werden, deren Mitglieder um Orientierung ringen; die eine hohe Dynamik aufweist, deren Entwicklung jedoch ziellos erscheint.

3 Entfesselungen: Ästhetische Überschreitungen der Subjektivität

In diesen Lesarten erscheint der Schwindel tendenziell negativ konnotiert, als Repräsentant einer ins Wanken geratenen Gesellschaft. Diese Deutung sollte in meinen Augen jedoch gerade um die genuine Ästhetik dieser „Kameraentfesselung" ergänzt werden. Die gesellschaftlichen Umbrüche der Weimarer Zeit sind verflochten mit technologischen. *Der Letzte Mann* realisiert eine Auseinandersetzung mit den neuen Wahrnehmungsbedingungen, die unnatürlich-beklemmende Wirkung der statischen Kameraperspektive deutet bereits an, wie das Kino der Weimarer Zeit das Sehen problematisiert.[10]

Es Erkundet werden jedoch zugleich die neuen Potenziale des Films, seine Fähigkeit, Bewegung abzubilden. Diese Potenziale sind nach Thomas Morsch vor allem in der Inszenierung von Schwindel realisiert:

> Aber das ästhetische Potenzial des Films liegt nicht allein in der mittelbaren Repräsentation des Schwindels von außen, durch seine Körperbilder, sondern in einer Form, in der die Geste des Schwindels vom Inhalt zum Ausdruck des Bildes wird, in der der filmischen Wahrnehmung gleichsam selbst schwindelig wird. (Morsch 2011, S. 165)

In der beschriebenen Szene ist also nicht nur die Figur des Portiers berauscht, sondern der Schwindel kann auch als Rausch des Filmes selbst gedeutet werden, der wiederum einen Rausch im Zuschauer auslöst. Rausch ist in diesem Kontext mehrdeutig, die Trunkenheit des Portiers trifft auf den Geschwindigkeits-, aber auch den Bilderrausch der Moderne. Diese Verbindung der verschiedenen Ebenen vermittels der Bewegung kann als eine analogische Verbindung aufgefasst werden, die anstatt auf inhaltlicher Ebene auf Ebene der Wirkung operiert.

[10]Nach Thomas Elsaesser ist das Kino der Weimarer Zeit grundsätzlich geprägt durch die Thematisierung von Sicht und Sehen „as a troubled, uncanny, unstable relation of the characters to the powers of vision and filmic representation itself". (2003, S. 40).

Der Blick richtet sich damit auf die körperliche Wirkungsdimension des Filmes, die u. a. in filmphänomenologischen Ansätzen zum Tragen kommt.[11] Diese Blickrichtung auf die körperliche Wirkungsebene des Filmes erfordert zugleich eine Neuperspektivierung der filmischen Subjektivität entlang Aspekten der Antirepräsentationalität. Konkret wird auf diese Weise die Kameraperspektive nicht mehr als Eintauchen in die Figurenperspektive des Portiers interpretiert, sondern diese Figurenbindung der Kameraperspektive relativiert sich. Erstens führt die schwindelnde Rezeption zu einer Überforderung des Zuschauers, wodurch die kognitive Einfühlung in die Figur erschwert wird. Zweites tritt die technische Dimension des Filmes hervor, Christine Noll Brinckmann spricht von einer technomorphen in Abgrenzung zu einer anthropomorphen Funktion der Kamera (1997a, S. 284). Mithilfe der Jahrmarktstechnik des Karussells bewegt sich der Film an die Grenze der Bewegungsdarstellung, in den Vordergrund rückt das Technische, Unmenschliche der filmischen Wahrnehmung,[12] mit Morsch können wir von einem „nicht-anthropomorphen Wahrnehmungsraum" sprechen (2011, S. 229). Frieda Grafe charakterisiert die Kamera im *Letzten Mann* entsprechend wie folgt: „Die Mobilität der Kamera stellt neue szenische Dispositionen her, und damit eng verbunden fällt die alte Rampe zwischen Objekt und Subjekt." (1990, S. 54).

Diese Problematisierung einer Subjekt-Objekt Dichotomie rekurriert auf einen anderen als den zuvor beschriebenen gesellschaftlichen Kontext der schwindelnden Kameraästhetik. In den Blick tritt weniger das zuvor beschriebene wirtschaftliche und politische Krisenbewusstsein der Weimarer Zeit, sondern ihre verschiedenen Avantgardebewegungen, allen voran der Expressionismus. Anstatt jedoch die Debatte über die Relation zwischen Weimarer Kino und expressionistischen Film aufzunehmen,[13] möchte ich die Relation zwischen der

[11]Prägend waren hier u. a. die Theorien von Vivian Sobchack, die die Filmrezeption als leiblichen Dialog zwischen Film und Rezipienten modelliert (Robnik 2002, S. 248).

[12]Leder spricht von einer Allmacht des Kino-Auges bzw. einer Allmachtsfantasie des Kinos (1988, S. 72). Göttler führt aus, dass hinter den schwere- und körperlosen Kamerabewegungen keine menschliche Perspektive mehr stehe, ekstatisch-entfesselt sei die Kamera nur in der ersten Trunkenheitsszene (1990, S. 170). Für Grafe komme es zwar zu Angleichungen zwischen Zuschauer- und Figurenblick, die Beweglichkeit der Kamera und die perspektivischen Bauten würden aber dafür sorgen, dass der schauende Blick nie natürliche Wahrnehmung werde (1990, S. 37).

[13]Die Frage, wie genau und vor allem wie umfangreich der expressionistische Film bestimmt werden kann, wurde in der Forschung vielfach diskutiert, u. a. von Scheunemann (2003).

Kameragestaltung und den Avantgardebewegungen anhand des Subjektivitätsdiskurses tiefergehend analysieren.

Weiter oben versuchte ich aufzuzeigen, wie eine Betonung der körperlichen Wirkungsdimension die Frage nach der filmischen Subjektivität herausfordern kann, indem sie die Figurenbindung kritisch hinterfragt. Die filmische Subjektivität kann jedoch vor dem Hintergrund der erwähnten technomorphen Tendenzen in einer zweiten Stufe noch weiter problematisiert werden, wodurch Bezüge zu den Avantgardebewegungen entstehen. Wie Robert Feustel darlegt, ist der Rauschdiskurs des 20. Jahrhunderts an der Auflösung des bürgerlichen Subjekts interessiert, das erkennende Individuum soll grundlegend destruiert werden (2013, S. 150/151). Mit Andreas Reckwitz kann dieser Subjektivitätsdiskurs jenseits des Rausches verallgemeinert werden. Unter anderem vermittels des Strukturwandels der material-technologischen Kultur initiieren die Avantgarden nach Reckwitz Modelle eines radikal-ästhetischen „neuen Menschen", der die bürgerliche Selbstkontrolle durch Grenzüberschreitungen seiner Subjektivität ersetze (2006, S. 275/276).[14] Diese nach-bürgerliche Subjektdisposition, dieses Avantgarde-Subjekt charakterisiert Reckwitz wie folgt:

> Das emphatisch moderne ist nun das transgressive Subjekt, eines, das sich in permanenten Grenzüberschreitungen übt und das Moderne im permanent Neuen [...] und Kontingenten ausmacht, vor allem in einer unberechenbaren Selbstüberschreitung der Erfahrungen auf der ästhetischen Ebene des Wahrnehmens und Erlebens. (Reckwitz 2006, S. 280)

Diese ästhetische Grenzüberschreitung[15] zeigt sich in der geschilderten Grenzerkundung der filmischen Bewegungsdarstellung, also im Schwindel. Mit Reckwitz kann die Entfesselung der Kamera in die Nähe des expressionistischen Subjektmodells gerückt werden: Die körperliche Bewegung wird entbändigt, die ästhetische Erfahrung richtet sich an visuellen Reizen des Spektakels aus (Reckwitz 2006, S. 304 bzw. 311). Dieses transgressive Subjektmodell zeigt entsprechend eine Nähe zu dem von Grafe beschriebenen Fallen der Rampe zwischen Subjekt und Objekt. Filmtheoretische Bezugspunkte sind hier dann

[14]Die Technologien seien dabei aber keinesfalls determinierend: „Die Technologien können keine neue Subjektkultur determinieren, aber sie konfrontieren mit Artefakten, deren routinisierte Handhabung – falls diese gelingt – andersartige Kompetenzen erfordert, welche die Grenzen der Bürgerlichkeit sprengen." (Rechwitz 2006, S. 276).

[15]Die Rede von der Grenzüberschreitung bezieht sich hier auf die Wahrnehmungs- und Erlebensmöglichkeiten des Subjekts (Reckwitz 2006, S. 295).

weniger die erwähnten filmphänomenologischen Ansätzen als vielmehr poststrukturalistische Theorien. Verwiesen sei nur beispielhaft auf Gilles Deleuzes und Felix Guattaris Konzept eines organlosen Körpers, in dem nach Friedrich Balke eine exzessive Gegenwart die Einheit des Subjekts ersetze (1998, S. 56).

Diese doppelte, also filmphänomenologische wie poststrukturalistische, Problematisierung der filmischen Subjektivität kann an dieser Stelle jedoch nicht weiter ausgeführt werden. Deutlich wird jedoch, dass die entfesselte Kamera in ihrer ästhetischen Gestaltung nicht nur die Potenziale des jungen Bewegtbildmediums Film und grundsätzlich die neuen Wahrnehmungsbedingungen der Moderne verhandelt.[16] Zugleich schreibt sich die ästhetische Gestaltung der Kamera im *Letzten Mann* in zeitgenössische Subjektivitätsdiskurse ein. Ihre Herausforderung der filmischen Subjektivität rekurriert auf das avantgardistische Konzept eines transgressiven Subjekts als nach-bürgerlicher Subjektdisposition. Diese Vorstellungen werden von Murnau selbst thematisiert, er spricht von der Vision einer beweglichen Kamera, der Vision vom „[...] *Werden und Vergehen eines bisher nicht erahnten Lebens, die Symphonie von Körpermelodie und Raumrhythmus, das Spiel der reinen, lebendig durchfluteten, strömenden Bewegung.*" (Hervorhebungen im Original, zitiert in Eisner 1967, S. 44)[17]

4 *The Lost Weekend:* Das Heil der Familie

Von dieser Vision scheint Billy Wilders *The Lost Weekend* aus 1945 denkbar weit entfernt zu sein. Der Film spielt an einem Wochenende im Leben von Don Birnam, einem alkoholsüchtigen Schriftsteller. Don vollzieht an diesem langen Wochenende einen exzessiven Alkoholrausch, nach dessen Abgründen und Demütigungen er verspricht, nie wieder zu trinken. Auch in diesem Film gibt es eine Szene mit einer „entfesselten" Kamera, die ich im Folgenden näher

[16]Neben der technisch-materialen Dimension ist hier die Metropolenerfahrung der zweite zentrale Bezugspunkt des Films. Für Reckwitz arbeiten diese Techniken an der Herstellung einer nach-bürgerlichen Subjektdisposition mit (Reckwitz 2006, S. 280).

[17]„Die Technik avanciert zur herausgehobenen Möglichkeit einer sehr materialen Dezentrierung des Subjekts durch Mensch-Maschine-Konfigurationen, die den subjektiven Humanismus wie Romantizismus obsolet werden lasse." (Reckwitz 2006, S. 298) Die Gefahren dieses Denkens zeigen sich im Futurismus, derartige posthumanistische Ansichten werden im Faschismus zur Entmenschlichung.

analysieren möchte. Wenngleich die Szene sehr kurz ist, stellt sie dennoch eine komplexe ästhetische Verhandlung gesellschaftlicher Zustände, aber auch konkurrierender Subjektmodelle dar.

Die Szene findet sich am Ende des zweiten Drittels des Filmes. Diegetisch ist es Sonntagmorgen, Don ist von Entzugserscheinungen geplagt und konnte bisher nur kleine Mengen Alkohol konsumieren. Aus diesem Grund sucht er die Prostituierte Gloria auf, um sich von ihr Geld zu leihen. Entscheidend ist für mich das Ende der Szene: Nachdem er ihre Tür verlassen hat, kommt er auf einer Treppe ins Stolpern, inszeniert als Sturz der Kamera. Der Alkohol ist hier zwar ebenfalls eine „Entbändigung" der Bewegung, erscheint aber als beängstigender Kontrollverlust. Statt an avantgardistische Entgrenzungsvisionen erinnert die Szene vielmehr an den Mäßigungsdiskurs in Amerika und dessen wandelnde Auffassungen von Sucht.[18] Für Benjamin Rush, einem der prägenden Protagonisten der Mäßigungsbewegung, ist die Trunksucht eine Krankheit des Willens, sie führe zum Kontrollverlust (Levine 1982, S. 216/217).

Auch hier steht der Rauschdiskurs im Kontext eines allgemeineren Subjektivitätsdiskurses, die Zentralstellung der Kontrolle verweist auf Tendenzen der Rationalisierung und der Affektkontrolle. Reckwitz spricht von einer Reproduktion der anti-exzessiven Kontroll- und Regulierungsanforderungen des bürgerlichen Subjekts, die er als Angestellten-Subjekt bezeichnet (2006, S. 288).[19] In *Lost Weekend* manifestieren sich diese Regulierungstendenzen sehr deutlich an den Frauenfiguren. Dons Verlobte Helen wird im Film übermoralisiert, vermittels ihrer Liebe wird er am Ende des Filmes wieder in die Gesellschaft eingegliedert.[20] Vor dem Treppensturz hingegen trifft Don mit der

[18]Alkoholismus wird von der Trunkenheit zur Trunksucht: „Alcoholism signifies something beyond uncontrolled drinking, this something else being, in part, the loss of self-control, violent emotionality and sexuality, and the containment of these phenomena within that gendered social structure called family." (Denzin 1991, S. 257).

[19]Das Subjektform der Angestellten-Subjekt sei demnach zugleich anti-bürgerlich und eine Verlängerung des Bürgerlichen (Reckwitz 2006, S. 288).

[20]Insbesondere Sinyard und Turner kritisieren die Figurengestaltung von Helen, die als reines und selbstloses Wesen nie eine lebendige Frau werde. Durch ihre Rechtschaffenheit und Unverwundbarkeit trete sie als nichtoffizielle Fürsorgerin der A.A. auf, wodurch es letztlich ein Rätsel bleibe, was der Ursprung der Liebe zwischen Helen und Don sei. (Sinyard und Turner 1980, S. 374–376) Denzin stellt allgemein fest, dass in Alkoholismusfilmen Frauen zu enterotisierten Mutterfiguren werden: „They serve as the moral overseers of their errant alcoholic lovers, but they do not embody full-fledged erotic sexuality. They are mother figures to their little boy/men/husbands." (1991, S. 257).

Prostituierten Gloria eine gesellschaftliche Außenseiterin, entsprechend mündet das Treffen nicht in Stabilität, sondern in den freien Fall des Treppensturzes. Konsequenter Weise erwacht Don nach dem Sturz in einer Entzugsklinik, soll sein deviantes Verhalten des Alkoholexzesses vermittels der Disziplinierung wieder kontrolliert, also in die Gesellschaft eingegliedert werden.[21]

Das Fazit dieser Lesart wird damit deutlich: Die Kameraeinstellung des freien Falls inszeniert ein deviantes Subjekt, dass seinen Halt in der Gesellschaft verloren hat. Wie Norman K. Denzin ausführt stört die Trunksucht das gesellschaftliche Ideal der stabilen familiären Struktur (1991, S. 257). Schwindel ist die Folge, das Bewegungsmedium Film kollabiert, überdreht sich.

Diese Vorwärtsrolle des Bildes korrespondiert mit dem mehrfach im Film auftauchenden Motiv des Kreises. Don verweigert dem Wirt das Wegfischen der Glasabdrücke auf dem Tresen, damit er die Anzahl seiner Shots nachvollziehen kann. Die Kamera taucht in einer Szene vermittels eines starken Zooms in ein kreisrundes Glas ein. Sinyard und Turner betonen die auffälligen Detailshots von Dons Pupille (1980, S. 372). Diese prominenten Inszenierungen von Kreisen verweisen für Sinyard und Turner auf die Hoffnungslosigkeit des Alkoholikers, auf die zukunftslose, endlose Kreisbewegung des Süchtigen (1980, S. 372).[22] Dieses Kreismotiv prägt letztlich auch die Struktur des Filmes, spiegeln sich Anfangs- und Schlusssequenz und heben damit die zyklische Struktur der Handlung hervor. Nicht nur den Halt hat Don somit verloren, sondern zugleich die Aussicht auf eine dauerhafte Zukunft, fällt er mit seiner zyklischen Suchtstruktur aus der fortschreitenden Generationenabfolge der Familie.

Auch *The Lost Weekend* kann demnach in einen spezifischen gesellschaftlichen Kontext eingebettet werden. Einerseits in den amerikanischen Alkoholismusdiskurs, wird der Kontrollverlust als zentrales Merkmal der Sucht inszeniert. Dieser Diskurs korrespondiert mit dem von Reckwitz so bezeichneten Angestellten-Subjekt als Ablösung des bürgerlichen Subjektmodells, wobei anti-exzessive Kontroll- und Regulierungsanforderungen die Konstante zwischen

[21]„[…] umgekehrt erscheinen Männer außerhalb der familiären Einbettung existentiell bedroht (durch Alkoholismus, Drogen, Homosexualität etc.); die Probleme lösen sich mit der Wiederherstellung der sozialen Ordnung." (Reckwitz 2006, S. 392).

[22]Sie kritisieren das Motiv des Kreises dabei sehr stark. Für sie zerbricht die Figur Dons in zwei Teile, in den Alkoholiker und in die gespaltene Persönlichkeit in den Schriftsteller: „Der Film hat mehr von einer Fallgeschichte als von einer Charakterstudie. Zu den negativen Aspekten der sich wiederholenden Kreis-Symbolik gehört, daß dadurch die Hohlheit des Helden erst recht bewußt wird." (Sinyard und Turner 1980, S. 373).

beiden Subjektmodellen bilden. In Kontrast zum *Letzten Mann* wird in *Lost Weekend* der Kontrollverlust jedoch weniger auf die gesellschaftlichen Umstände zurückgeführt, sondern stärker im Individuum verortet. Andererseits erschien der Film zum Ende des zweiten Weltkriegs, also parallel zur Heimkehr tausender traumatisierter und verletzter Soldaten.[23] Wenngleich dieser Kriegsbezug implizit bleibt, kann der Film als Thematisierung dieses schwierigen Integrationsprozesses gedeutet werden, wird der Alkoholismusdiskurs also in einen größeren gesellschaftlichen Kontext eingebunden.

5 Der freie Fall: Ästhetische Risse

Wie schon beim *Letzten Mann* würde ich dieser Deutung gerne erneut eine andere gegenüberstellen. Auch hier soll sich der Blick auf die ästhetische Gestaltung fokussieren. *Lost Weekend* entstand dabei in einem gänzlich anderen Kontext als *Der Letzte Mann.*[24] Der Kamerastil Hollywoods, aber auch Billy Wilders selbst, wird in der Regel als dezent charakterisiert.[25] Nach Christine N. Brinckmann steigerte sich zu der Zeit zwar Hollywoods Interesse an Mitteln der Subjektivierung und damit auch an der Wahl ungewöhnlicher Kameraeinstellungen, direkte Subjektivierungen, also bspw. das Eintauchen in eine Figurenperspektive, blieben aber Ausnahmefälle (1997a, S. 295).

Vor diesem Hintergrund gewinnt das Besondere der Szene an Kontur. Der Rausch ermöglicht eine ästhetische Überschreitung dieser strengen Konventionen. Der experimentell gestaltete freie Fall intensiviert das spezifische Potenzial des Filmes, Bewegung wiederzugeben, und lässt auf diese Weise das Medium selbstreferenziell hervortreten. Inszeniert wird damit eine blickverfremdende Kameraeinstellung, die nach Reckwitz der klassische Hollywoodfilm eigentlich vermeide (2006, S. 392). Die Vermeidung artifizieller, selbstreflexiver

[23]„This was a social-problem drama, and in early 1946, with thousands of GIs returning home from the war with emotional as well as physical scars, the time was right for Wilder's brand of realism." (Sikov 1998, S. 257).

[24]Wenngleich Billy Wilder auch in der Filmindustrie der Weimarer Republik aktiv war, er also eine biografische Verbindung zwischen Weimarer Kino und Hollywood herstellt.

[25]Sinyard und Turner stellen grundsätzlich fest: „Wilders unauffällige Kameraführung ist ein Kennzeichen seiner künstlerischen Diskretion." (1980, S. 62).

Inszenierungsstrategien zugunsten eines formalen Realismuseffekts korrespondiert nach Reckwitz mit dem bereits skizzierten Angestellten-Subjekt, dass sich mit den charakteristischen Subjektrepräsentationen des klassischen Hollywoodfilms herausgebildet habe (2006, S. 391/392).

Dagegen stellt der freie Fall das schon skizzierte besondere Potenzial des Filmes zur Schwindelinszenierung heraus: Wie mit Morsch ausgeführt schwindeln nicht nur die Figuren, sondern der filmischen Wahrnehmung selbst wird schwindelig. Der Treppensturzes wird so zum performativen Taumel, der Zuschauer ist vorbeirauschenden Bildern ausgesetzt, in denen er sich nicht unmittelbar verorten kann.[26] Dieser Taumel ist erneut als ein doppelter zu verstehen, er setzt zwar einerseits einen Kontrollverlust in Szene, evoziert aber andererseits eine körperliche Intensität im Zuschauer.

Der Zuschauer wird damit einer ungewohnten körperlichen Dimension der Filmwahrnehmung ausgesetzt, die keineswegs nur negativ als Kontrollverlust bestimmbar ist. Wie weiter oben mit Reckwitz ausgeführt wurde deuten sich in dieser, an den visuellen Reizen des Spektakels ausgerichteten ästhetischen Erfahrung Momente eines expressionistischen Subjektmodells an. Produktiv ist in diesem Kontext die angedeutete filmphänomenologische Lesart filmischer Subjektivität, die Subjektivität nicht mehr nur als kognitive Einfühlung beschreibt, sondern auch affektive Subjektivitätseffekte greifbar werden lässt. Die Erfahrung der körperlichen Intensität des freien Falls opponiert anti-exzessiven Kontroll- und Regulierungsanforderungen, das Bewegtbildmedium Film eröffnet Subjektivitätseffekte entlang, um das Zitat von Murnau erneut aufzugreifen, des „*Spiel*[s] *der reinen, lebendig durchfluteten, strömenden Bewegung*" (Hervorhebungen im Original, zitiert in Eisner 1967, S. 44).

Diese andere Art von Subjektivität, die bisher vor allem wirkungsästhetisch entfaltet wurde, scheint in *Lost Weekend* auch diegetisch auf. Im Taumel wagt Don den Schritt in deviante Lebenswelten und hebt seine Selbstkontrolle auf. Als Schriftsteller scheint er auf diese transgressiven Erlebnismomente angewiesen zu sein: Die Niederschrift dieser Erlebnisse ist es, die ihn aus seiner Schreibkrise und der, mutmaßlich damit verbundenen, Alkoholsucht befreit. Dabei drängt sich

---

[26]Brinckmann weist auf die Diskrepanz zwischen den Filmen der 1940er Jahre und dem klassischen Hollywood hin: „Ohne eine klare formale Entscheidung zu treffen, spielen diese Filme mit der Unbestimmtheit, nehmen Schwebezustände in Kauf, die im Hollywood der 30er Jahre nicht akzeptabel gewesen wären, oder führen sie bewußt herbei." (1997b, S. 105).

die Frage auf, ob nicht die nächste Schreibkrise vorprogrammiert, ob es nicht zwangsläufig erneut zur Abweichung vom Angestellten- hin zum transgressiven Subjekt kommen muss.[27]

6 Fazit

Die auf den letzten Seiten präsentierten Analysen zum *Letzten Mann* und zu *Lost Weekend* waren symmetrisch aufgebaut, ihr Zentrum bildete die Entfesselung der Kamera. Ziel dieses Aufbaus war es, ein Feld der möglichen Konnotationen und Effekte der ästhetischen Gestaltung der Kamera zu entfalten. Der je erste Blick auf die Filme richtete sich auf die gesellschaftlichen Kontexte. *Der Letzte Mann* wurde als Verhandlung der gesellschaftlichen Unsicherheit der Weimarer Republik gedeutet, wobei der Schwindel als ästhetischer Ausdruck einer Orientierungslosigkeit gelesen wurde. In *The Lost Weekend* wiederum wurde der Schwindel als Kontrollverlust gedeutet, was ihn zu einer Gefährdung für das rationalisierte und kontrollierte Angestellten-Subjekt werden ließ.

Der je zweite Blick auf die „Entfesselungen" der Kamera fokussierte ihre ästhetische Dimension. Deutlich wurde, dass das Bewegungsmedium Film eine einzigartige Inszenierung des Schwindels ermöglicht: Der Film schwindelt selbst und evoziert zugleich im Zuschauer einen Schwindel, verfügt also über eine genuin körperliche Wirkungsdimension. Wie dargelegt kommt es dabei zu einer komplexen Verhandlung der filmischen Subjektivität, die wiederum mit verschiedenen gesellschaftlichen Subjektmodellen korrespondiert. *Der Letzte Mann* weist Bezüge zu den Avantgardebewegungen auf und setzt ein transgressives Subjekt in Szene. *The Lost Weekend* weicht von den starren Konventionen einer dezenten Kameragestaltung ab und lädt auf diese Weise das kontrollierte Angestellten-Subjekt mit transgressiven Momenten auf.

Aus der Diskrepanz zwischen diesen je doppelten Blicken ergibt sich die Frage, in welcher Relation sie zueinander stehen. Auf den ersten Blick nehmen sie die eingangs skizzierte Doppeldeutigkeit des Schwindels auf, die Entfesselung kann als Kontrollverlust gefürchtet und als reizvoll genossen werden. Im

[27]Das Ende des Filmes wird häufig als uneigentliches Happy End gedeutet. In dieser Lesart ist die Ursache von Dons Alkoholismus sein Scheitern als Schriftsteller. Da anzunehmen sei, dass Don bald wieder eine Schreibkrise erleide, sei folglich anzunehmen, dass er bald wieder dem Alkohol verfalle (Seidl 1998, S. 50/51 bzw. 229; Phillips 2010, S. 81).

Schwindel kommt dabei wie geschildert das besondere Potenzial des Bewegungsmediums Film zum Vorschein, welches in seiner Frühphase ebenfalls einer Doppeldeutigkeit ausgesetzt war: zwischen der Faszination am spektakulären Attraktionskino und der Furcht vor der Verdrängung der „hohen“ Künste.

Mehr noch wurde aber deutlich, dass in der Schwindelinszenierung beider Filme gesellschaftliche Diskurse gerinnen, da sie einerseits repräsentationell auf gesellschaftliche Zustände verweisen und andererseits vermittels des Ausreizens der filmischen Subjektivität gesellschaftliche Subjektmodelle verhandeln. Diese hier entfaltete Doppeldeutigkeit sollte dabei aber nicht als Willkürlichkeit oder Unbestimmbarkeit, als beliebige Interpretierbarkeit der Kameragestaltung verstanden werden. Vielmehr verweist sie auf das besondere ästhetische Potenzial des Filmes, über die körperliche Wirkungsdimension zu operieren. Diese körperliche Wirkungsdimension der Schwindelinszenierungen bringt eine Offenheit mit sich, durch die sich die repräsentationelle Ebene um eine antirepräsentationelle ergänzt. Diese Dimensionen eröffnen verschiedene Blickmöglichkeiten auf gesellschaftliche Zustände und lassen den Rezipienten schwindeln – zwischen gefürchtetem Kontrollverlust und reizvoller Transgression.

Literatur

Balke, Friedrich. 1998. *Gilles Deleuze*. Frankfurt/New York: Campus Verlag.

Brinckmann, Christine N. 1997a. Die anthropomorphe Kamera. In *Die Anthropomorphe Kamera und andere Schriften zur filmischen Narration*, hrsg. C. N. Brinckmann, 276–302. Zürich: Chronos Verlag.

Brinckmann, Christine N. 1997b. Ichfilm und Ichroman. In: *Die Anthropomorphe Kamera und andere Schriften zur filmischen Narration*, hrsg. C. N. Brinckmann, 82–113. Zürich: Chronos Verlag.

Denzin, Norman K. 1991. *Hollywood Shot by Shot. Alcoholism in American Cinema*. New York: Aldine de Gruyter.

Eisner, Lotte H. 1967. *Murnau. Der Klassiker des deutschen Films*. Velber/Hannover: Friedrich Verlag.

Eisner, Lotte H. 1997. *Murnau*. Frankfurt a. M.: Kommunales Kino Frankfurt.

Elsaesser, Thomas. 2003. Weimar Cinema, Mobile Selves, and Anxious Males: Kracauer and Eisner Revisited. In *Expressionist film: new perspectives*, hrsg. D. Scheunemann, 33–71. Rochester: Camden House.

Feustel, Robert. 2013. *Grenzgänge. Kulturen des Rausches seit der Renaissance*. München: Wilhelm Fink.

Göttler, Fritz. 1990. Kommentierte Filmografie. In *Friedrich Wilhelm Murnau*, hrsg. F. Göttler et. al., 107–208. München/Wien: Carl Hanser Verlag.

Grafe, Frieda. 1990. Der Mann Murnau. Eine kommentierte Biografie. In *Friedrich Wilhelm Murnau*, hrsg. F. Göttler et. al., 7–60. München/Wien: Carl Hanser Verlag.

Heydolph, Claudia. 2004. *Der Blick auf das lebende Bild. F.W: Murnaus Der letzte Mann und die Herkunft der Bilderählung*. Kiel: Verlag Ludwig.

Leder, Dietrich. 1988. Tragischer Abstieg. Zur Archäologie der Psyche in *Der Letzte Mann*. In *Friedrich Wilhelm Murnau 1888–1988*, hrsg. Stadt Bielefeld, 68–75. Bielefeld: Bielefelder.

Levine, Harry G. 1982. Die Entdeckung der Sucht – Wandel der Vorstellung über Trunkenheit in Nordamerika. In *Rausch und Realität. Drogen im Kulturvergleich*, hrsg. Gisela Völger und Karin von Welck, 212–224. Bd 1. Reinbek bei Hamburg: Rowohlt Taschenbuch Verlag.

Morsch, Thomas. 2011. *Medienästhetik des Films. Verkörperte Wahrnehmung und ästhetische Erfahrung im Kino*. München: Wilhelm Fink Verlag.

Phillips, Gene D. 2010. *Some Like It Wilder. The Life and Controversial Films of Billy Wilder*. Kentucky: The University Press of Kentucky.

Reckwitz, Andreas. 2006. *Das hybride Subjekt. Eine Theorie der Subjektkulturen von der bürgerlichen Moderne zur Postmoderne*. Weilerswist: Velbrück Wissenschaft.

Robnik, Drehli. 2002. Körper-Erfahrung und Film-Phänomenologie. In *Moderne Film Theorie*, hrsg. J. Felix, 246–280. Mainz: Bender.

Scheunemann, Dietrich. 2003. Activating the Differences: Expressionist Film and Early Weimar Cinema. In *Expressionist film: new perspectives*, hrsg. D. Scheunemann, 1–32. Rochester: Camden House.

Stumm, Alfred. 2009. „… es wäre die Geschichte hier eigentlich aus…" Identitätsverlust und soziale Desintegration in Murnaus *Der letzte Mann*. In *Schattenbilder. Lichtgestalten. Das Kino von Fritz Lang und F.W. Murnau*, hrsg. Maik Bozza und Michael Hermann, 45–63. Bielefeld: Transcript.

Von Keitz, Ursula. 1994. Der Blick ins Imaginäre. Über ‚Erzählen' und ‚Sehen' bei Murnau. In *Die Metaphysik des Dekors. Raum, Architektur und Licht im klassischen deutschen Stummfilm*, hrsg. K. Kreimeier, 80–90. Schüren: Marburg.

Seidl, Claudius. 1988. *Billy Wilder. Seine Filme – sein Leben*. München: Wilhelm Heyne Verlag.

Neil Sinyard und Adrian Turner. 1980. Billy Wilders Filme. Journey Down Sunset Boulevard. In *Billy Wilders Filme*, hrsg. Neil Sinyard un Adrian Turner, 55–400. Berlin: Volker Spiess.

Sikov, Ed. 1998. *On Sunset Boulevard. The Life and Times of Billy Wilder*. New York: Hyperion.

Weber, Thomas. 2008. *Medialität als Grenzerfahrung. Futuristische Medien im Kino der 80er und 90er Jahre*. Bielefeld: transcript.

Der Vampir im Film. Visualisierung und Entvisualisierung des Vampirmotivs bei Friedrich Wilhelm Plumpe (Murnau), Rudolf Thome und Ridley Scott

Olaf Behrend und Jochen Schäfers

Zusammenfassung

Ziel des Aufsatzes ist es, anhand der Diskussion des Zusammenhangs dreier Filme exemplarisch deutlich zu machen, dass eine Theorie der Bedeutung des Vampirs als Filmgestalt von einem breiteren Verständnis des Vampirfilms ausgehen sollte. Wird in dem vielleicht bedeutensten (klassischen) Vampirfilm, *Murnaus *Nosferatu. Eine Symphonie des Grauens* (1922), mit dem in der Filmhandlung ‚realem' Vampir, dem Grafen Orlok, eine Figur eingeführt, deren Dechiffrierung bzw. zunächst deren Einbettung in die Filmhandlung eine Tür zum Verständnis der eigentlichen Darstellungsleistung des Kunstwerks, somit auch zu seinem zeitdiagnostischen Gehalt, öffnet, so gilt analoges auch für zwei Filme, die für gewöhnlich nicht als Vampirfilme gelten: Sowohl in Rudolf Thomes *Rote Sonne* (1969) als auch in Ridley Scotts *The counselor* (2013) dienen vampireske Handlungselemente unter ästhetischem Verweis auf

*Murnau ist der Künstlername des Friedrich Wilhelm Plumpe, den er sich als Theaterschauspieler in Berlin während seiner Studienzeit zulegte. Hintergrund dessen dürfte die Ablehnung der Schauspielerei seitens seines Vaters gewesen sein, den Murnau für Jahre im Glauben beließ, etwas anderes zu studieren (Eisner 1979, S. 21).

O. Behrend (✉) · J. Schäfers
Frankfurt/M., Deutschland
E-Mail: behrend@soziologie.uni-siegen.de

J. Schäfers
E-Mail: schaefers@soz.uni-frankfurt.de

L. Hieber und R. Winter (Hrsg.), *Film als Kunst der Gesellschaft*, Film und Bewegtbild in Kultur und Gesellschaft,
https://doi.org/10.1007/978-3-658-30461-4_11

klassische Vampirfilme in einer Weise, die der Funktion des Grafen Orlok in Murnaus Film durchaus analog ist, als Momente einer komplexen Deutung.

Schlüsselwörter

Filmanalyse · Vampire · Vampirfilm · Nosferatu · Rote Sonne · The Counselor · Rudolf Thome · Ridley Scott · Friedrich Wilhelm Murnau

1 Einleitung

Dass die Gestalt des Vampirs mit der Geschichte des Films eng verwoben ist, liegt eigentlich auf der Hand: Man bedenke nur die Gestalt des ‚Vamp' im Stummfilm, die Prominenz von ‚Vampirfilmen', also solchen, deren fiktionale Realität wesentlich durch die Existenz von Vampiren geprägt ist, in verschiedenen Epochen der Filmgeschichte, sowie die Tatsache, dass die Ideen- (man möchte fast sagen Blut-) Losigkeit des heutigen Mainstreamkinos gerade durch die serielle Produktion von Genrefilmen gekennzeichnet ist, unter denen die Vampirfilme eine hervorgehobene Rolle einnehmen. An dieser Stelle[1] soll nun der Aspekt der Visualisierung bzw. der Entvisualisierung der Gestalt des Vampirs exemplarisch beleuchtet werden, ein Aspekt, der für die theoretische Durchdringung des Zusammenhangs von Vampir und Film (mindestens) von besonderer Bedeutung ist:

Wenn wir die Gestalt des Vampirs als ein in sich fiktionales Element anerkennen, also schlicht davon ausgehen, dass es im Gegensatz zu Cowboys,

---

[1]Der vorliegende Aufsatz ist eine Art Zwischenbericht: Liegt mit Schäfers (2011) bereits eine ausführlichere Interpretation (bzw. zumindest eine weitreichende Skizze einer Interpretation) von *Rote Sonne* vor, die die wesentliche Grundlage der hier gegebenen Darstellung bzw. Diskussion dieses Films (im Sinne einer Zuspitzung auf die Fragestellung des Vampirmotivs) bildet, so haben die Bemerkungen zu den beiden anderen Filmen vor allem Überlegungen aus Seminaren zum Ausgangspunkt, die wir zu Filmthemen an der Universität Siegen (unter Leitung von Olaf Behrend sowie unter Mitarbeit von Jochen Schäfers) machen konnten. Den Teilnehmern dieser Seminare sei an dieser Stelle für ihre Diskussionsbereitschaft gedankt. Ein besonderer Dank gilt auch Bertram Ritter, der in einem Gespräch in Bezug auf *Nosferatu. Eine Symphonie des Grauens* wichtige Anregungen zur Interpretation dieses Filmes gegeben hat. Schließlich danken wir auch den Herausgebern dieses Bandes für deren Anmerkungen zu einer früheren Fassung des vorliegenden Textes.

Rittern, Söldnern etc. keine Vampire gibt und nie welche gegeben hat, so sind Vampirfilme per se als Filme anzusehen, deren künstlerischer Wert[2] sich primär danach bemisst, inwiefern die fiktionale Realität des Films eine komplexe Deutung darstellt, in der die Gestalt des Vampirs und ihre Kontextierung in die filmische Realität eine Visualisierung von etwas anderem ausmacht. Es wäre also bei einem Vampirfilm zunächst die Frage zu stellen, wofür der jeweilige Vampir (oder: die Vampire) bzw. sein Vampir-Sein oder noch allgemeiner: der Vampirismus steht. Variieren nun die Regeln des Vampirismus in den verschiedenen fiktionalen Realitäten recht deutlich, so kann man sicherlich als kleinsten gemeinsamen Nenner festhalten, dass es sich bei einem Vampir um ein totes Leben handelt, dessen unnatürliches Fortbestehen die Opferung authentischen Lebens erfordert. Insofern kann man einen gelungenen Vampirfilm als einen solchen verstehen, dessen Deutung reale vampireske Zusammenhänge greifbar macht.

Nun zeigen einige Überlegungen zu einem der einflussreichsten Vampirfilme überhaupt, Friedrich Wilhelm Murnaus *Nosferatu. Eine Symphonie des Grauens* (1922), wie komplex diese Visualisierung bereits in diesem Stummfilm mit scheinbar einfacher Handlung ist; der Film ist noch stärker als die literarische Vorlage, Bram Stokers *Dracula*[3], durch die Visualisierungsleistung[4] des Vampirs geprägt:

Der sichtbare Vampir des Films, Graf Orlok, geht aus der Schilderung von Konstellationen in mindestens zwei Hinsichten hervor; er visualisiert das Problem des (eigentlichen) Protagonistenpaares, (Thomas) Hutter und seiner Ehefrau Ellen, Sexualität als Bestandteil einer dauerhaften Paarbeziehung zuzulassen bzw.

---

[2]Wir begreifen Kunstwerke im Anschluss an die Weiterführungen der kunstsoziologischen Überlegungen Adornos durch Ulrich Oevermann als objektive Darstellungen; siehe Oevermann (1996), Ritter (2003), Schäfers (2011) und Behrend (2013). Überlegungen zum Darstellungscharakter der Kunst gibt es natürlich auch in anderen Theorietraditionen, die objektiv-hermeneutische Werkinterpretation zeichnet sich vor allem durch eine methodische Zuspitzung solcher Einsichten aus.

[3]Stoker (1988).

[4]In Bezug auf einen Roman von ‚Visualisierung' zu sprechen, ist zunächst erklärungsbedürftig: Sichtbar ist eine Gestalt natürlich nur in einem Film (worauf wir uns in diesem Aufsatz konzentrieren wollen) oder einem Bild etc. In gewissem Sinne ist eine Gestalt in einer fiktionalen Realität jedoch generell etwas ‚sichtbares', das für etwas anderes stehen kann; dies ist ja gerade die Prämisse einer jeden Interpretation eines narrativen Kunstwerkes.

zu artikulieren, anderseits ist er Moment einer Form destruktiven Wirtschaftens, der Investition in Immobilien in Abstraktion von wirklichem Gebrauch derselben bzw. mit dem Ziel, diese ihrer Behausungsfunktion zu berauben.[5] In der Handlung des Films nimmt die Gestalt des Vampirs eine zentrale Funktion in der Bearbeitung zumindest der ersten Dimension war; es stellt sich zunächst die Frage, inwieweit die erste Dimension nicht die leitende ist. Es wird darüber hinaus auch deutlich, inwiefern eine weitere Analyse des ganzen Films ihn als Deutung der geistigen Krise Deutschlands in den ersten Jahren nach dem ersten Weltkrieg ausweisen könnte[6].

Weiterhin zeigt es sich, dass die Visualisierungsleistung der Gestalt des Vampirs in Filmen benutzt worden ist, die auf den ersten Blick bzw. gemäß der oben angegebenen (engen) Definition keine Vampirfilme darstellen. Denn es gibt Filme, die diese Gestalt insofern entvisualisieren, als dass sie (zumindest auf den ersten Blick) eine realistische Handlung aufweisen, ihr jeweiliger Gegenstandsbezug aber die Schilderung vampiresker Handlungsweisen sowie ironische Verweise auf die Gestalt des Vampirs integriert.

Ein besonders eindrucksvoller, vielleicht paradigmatischer Fall für solch komplexe Kunstwerke stellt ein Film dar, der nicht nur von einem deutschen Regisseur, sondern auch von einem Bewunderer Murnaus[7] gedreht wurde. Rudolf Thomes *Rote Sonne* (1969)[8] stellt in der hier vorgeschlagenen Interpretation (wesentlich) eine Darstellung eines komplexen Zusammenhangs der nicht bearbeiteten Vergangenheit mit der kommunikativen Unwirklichkeit der Gegenwart dar, eine Darstellung, die diesen Zusammenhang unter ironischem Verweis auf vampireskes Leben deutlich werden lässt.

Die Interpretation von *Rote Sonne* erlaubt nun auch einen Blick auf Filme, die aufgrund ihrer schlichten Genrezuteilung weder als Vampir- noch als künstlerisch

---

[5]So kann man die Behausung der erworbenen Immobilien durch Graf Orlok verstehen; das Einziehen des Vampirs ‚tötet' die Häuser.

[6]Dieser Bezug wird in der Literatur häufig aufgemacht (s. u.); die Überlegungen in diesem Aufsatz zeigen auf, inwiefern auch dieser Bezug nur vor dem Hintergrund einer genaueren Interpretation der Filmhandlung produktiv integriert werden kann.

[7]S. dazu exemplarisch Wedel (2018).

[8]Die Erstaufführung des Films erfolgte im Jahr 1970.

wertvolle Filme wahrgenommen werden. Konkret zeigt sich bei der Interpretation von *The counselor* (Erscheinungsjahr: 2013, Regie: Ridley Scott, Drehbuch: Cormac McCarthy) der üblicherweise als ein Fall solider Handwerksarbeit in der Sparte ‚Thriller' bewertet wird, genau betrachtet ebenfalls eine subtile Einarbeitung vampiresker Verhaltensweisen, welche auf die Produktivität einer (über das hier Leistbare weit hinausgehenden) inhaltlichen Auseinandersetzung verweist:

Lenkt *Rote Sonne* den Blick auf den Zusammenhang von Familie und Lebenspraxis unter besonderer Hervorhebung der Zerstörung von Familie, so nimmt *The counselor* den Zusammenhang von professioneller und ursprünglicher Lebenspraxis in den Blick, was der (englische) Titel[9] sinnfällig thematisiert; insbesondere die beiden am deutlichsten unter Verweis auf die Figur des Vampirs dargestellten Figuren, der titelgebende Anwalt und die auf sehr spezifische Weise ‚professionelle' Malkina[10], nehmen der Sache nach auf diesen Zusammenhang Bezug.

Gerade die Interpretationen solcher ‚entvisualisierender Vampirfilme' bilden somit – neben gelungenen Vampirfilmen im engeren Sinne wie *Only lovers left alive* (2013) von Jim Jarmusch und *Da sweet blood of Jesus* (2014) von Spike Lee – einen interessanten Ausgangspunkt für eine systematische Betrachtung dessen, wofür der Film den Vampir als Figur benutzt.

---

[9]Die deutsche Version des Drehbuchs ist unter dem Titel *Der Anwalt* (McCarthy 2013) veröffentlicht worden. Dies unterläuft die Komplexität des englischen Titels, der allgemeiner das Verhältnis von Ratgeben und Handeln thematisiert; dies scheint auch den Herausgebern der deutschen Ausgabe deutlich geworden zu sein, insofern sie den englischen Titel in den Untertitel integriert haben.

[10]Interessanterweise nimmt das Drehbuch nochmals stärker Bezug auf Familie als der Film: Im Drehbuch wird am Ende der Filmhandlung Malkina als werdende Mutter präsentiert (McCarthy 2013, S. 167–171); es wird dabei nahegelegt, dass sie den Erzeuger bewusst hat töten lassen, um das zukünftige Kind (einen Sohn) allein erziehen zu können. Sie selbst legt dabei Wert darauf, insbesondere in Bezug auf ihre zukünftige Mutterschaft als kalt berechnend und besitzergreifend zu erscheinen. Im Film ist diese Dimension ihres skrupellosen Handelns (s. u.) herausgekürzt worden.

2 Anmerkungen zur Frage: Was wird durch den Vampirismus in *Nosferatu. Eine Symphonie des Grauens* visualisiert?

Der Film[11] greift mit der Figur des Grafen Orlok wesentliche Züge des Grafen Dracula aus dem nämlichen Roman Bram Stokers auf. Zugleich weicht *Nosferatu* in bestimmten Hinsichten deutlich vom Roman ab, was neue Verweisungszusammenhänge eröffnet.

Wie den Grafen Dracula drängt es Orlok aus der archaisch-ländlichen in die moderne Welt. Auch Orlok korrespondiert mit einem Makler zwecks Erwerbs von größeren Immobilienbeständen in der Stadt. Ein Assistent des Maklers, Thomas Hutter, reist ebenfalls, wie Jonathan Harker im Roman, ins entlegene Siebenbürgen, wohnt beim unheimlichen Grafen, der auch auf Thomas Träume und ihn einen unausweichlichen Einfluss ausübt. Schließlich reist der Graf dann auch in die Stadt. Soweit ist *Nosferatu* eine Verfilmung des Romans; bekanntlich hatte man aber nicht die Filmrechte an dem Roman erworben.[12] Dass Murnau

---

[11]Der Grafiker und Filmarchitekt Albin Grau und der wiederholt in der Literatur als erfahrener Filmproduzent bezeichnete Enrico Dieckmann produzierten den Film. Das Filmstudio *Prana-Film* wurde zu diesem Zweck 1921 gegründet und meldete nach dem späteren Rechtsstreit mit den Stoker-Erben Konkurs an; es war der einzige Film dieses Studios. Beide gaben Henrik Galeen den Auftrag, ein Drehbuch für einen Vampirfilm zu schreiben (welches Murnau an manchen Stellen abänderte, wie dem Handexemplar des Regisseurs zu entnehmen ist, s. Eisner 1979, S. 393–615); Grau habe ferner den jungen und noch unbekannten Regisseur Plumpe für seine Idee gewonnen.

[12]Dies führte dazu, dass 1924, nach einem Rechtsstreit mit der Familie des 1912 verstorbenen Iren Bram Stoker, quasi alle deutschen Vorführexemplare des Filmes zerstört wurden. Ohne die komplexe Erhaltungsgeschichte des Filmes hier dokumentieren zu können, ist interessant, dass der Film in der westlichen Kinogesichte über zwei unterschiedliche in Frankreich erhaltene Exemplare den Weg in die USA und zurück in die BRD gefunden hat, wo dann Ende der siebziger Jahre eine Rekonstruktion veranstaltet wurde, die auch unter Rückgriff auf das letzte deutsche Exemplar aus dem staatlichen Filmarchiv der DDR erfolgte (s. für Details der Erhaltungsgeschichte Patalas 1987).

In den us-amerikanischen Zwischentexten wurde auf die Namen des Stoker-Romans zurückgegriffen (u. a. wurde aus Thomas Hutter Jonathan Harker, aus Graf Orlok Graf Dracula). Auch ist nichts bekannt darüber, dass die Erben Stokers in den USA oder in Großbritannien gegen die späteren Aufführungen des Films vorgegangen wären. Aus heutiger Sicht kann man vermuten, dass *Nosferatu* wesentlich zur Popularisierung des Romans beigetragen hat, was ja wiederum der Familie Stokers zu Gute gekommen sein dürfte. Es ist in den Quellen zu Stoker immer wieder die Rede davon, das die Verkaufszahlen des Romans im Verlauf der zwanziger Jahren zugelegt haben, was i. d. R. mit dem aus diesem Stoff einen eigenen Film macht, der in vielen Hinsichten einer der ganz wichtigen der Filmgeschichte wird, hängt eng damit zusammen, wie er die Figur des Vampirs in Handlungszusammenhänge einbettet, welche wiederum Verweisungszusammenhänge eröffnen, die über den konkreten Vampir hinausgehen. Zwei dieser Zusammenhänge haben wir bereits in der Einleitung benannt, auf sie kommen wir nun zurück.

Die Figur des Grafen erscheint ja erst recht spät im Film. Nachdem der Zuschauer als erstes über Raum und Zeit schriftlich instruiert wurde (der Film spielt im Jahre 1838 im fiktionalen Wisborg[13]), wird er mit (Thomas) Hutter und seiner Frau[14] Ellen vertraut gemacht. Am strahlenden Morgen wird Ellen im Haus gezeigt, zunächst mit einer kleinen Katze spielend. Thomas Hutter ist gut gelaunt, pflückt draußen Blumen. Thomas überrascht Ellen im Haus, sie umarmen sich freudig. Er überreicht ihr die Blumen, die er hinter seinem Rücken zuvor verborgen hielt. Ellen nimmt sie, herzt sie kurz und sagt erschüttert (Bildtafel): „Warum hast Du sie getötet… die schönen Blumen?". Hiernach drückt Thomas Ellen tröstend an seine Brust, wie ein trauriges und weinendes Kind. Damit endet die Vorstellung des Paares.

Ellen verwehrt sich in dieser Szene der symbolischen Annäherung ihres Ehemanns. Sie weicht der Avance ihres Gatten aus, in dem sie um die ‚toten' Blumen trauert. Mit dem Ausweichen unterläuft sie die Paarbeziehung, für welche die gemeinsam geteilte Sexualität, insbesondere hinsichtlich Zeugung, konstitutiv ist – oder eben die Thematisierung, dass einer nicht will. Dem entzieht sich Ellen und bleibt darin tendenziell Kind. Sie trägt somit sinnlogisch dazu bei, dass Thomas daraufhin die riskante Fahrt zum Grafen fraglos auf sich nimmt.

In diese Paarkonstellation hinein erscheint im Film Graf Orlok. Er dringt in Thomas Träume ein, Thomas verfällt ihm nachts im Schloss. Der Graf schlägt auch Ellen aus der Ferne nachts in seinen Bann. Aber sie kann dem Grafen bereits im zweiten Akt etwas entgegensetzen und rettet telepathisch Hutter vor

---

ersten Dracula-Film von Bela Lugosi erklärt wird. Dieser Film ist allerdings erst 1931 in die Kinos gekommen.

[13]Drehorte für Wisborg sind Lübeck und Wismar gewesen. In der Literatur findet sich häufig die Behauptung, der Ort der Filmhandlung sei Bremen, so etwa in Jack Karouacs Erfahrungsbericht seines Kinobesuchs. D. h. in der englischen Fassung steht auf den Texttafeln Bremen an Stelle des fiktionalen Ortsnamens (s. Göttler 1987, S. 8).

[14]Lt. Drehbuch (s. Eisner 1979) handelt es sich um ein Ehepaar. Filmisch gewinnt man eher den Eindruck, dass es sich um ein Paar in der Phase der Verlobung handelt. Diese Diskrepanz hebt nochmals das Paarproblem hervor.

des Grafen Biss. Weiterhin liest sie nach der pestbeladenen Ankunft des Grafen und der Rückkunft Hutters das ‚Vampirbuch', welches dieser mitbrachte, wie der ‚Nosferatu' (dieser Name steht im nämlichen Buch) einzig vernichtet werden kann: „daß ein gar sündlos Weib dem Vampire den ersten Schrei des Hahnen vergessen mache. Sie gäbe ihm sonder Zwang ihr Blut". Die Pest lastet dauernd auf der Stadt. Ellen öffnet schließlich, schweren Herzens aber auch untergründig verheißungsvoll, eines Nachts das Fenster ihres Schlafzimmers; Hutter sitzt im Lehnstuhl, d. h. das Paar teilt kein gemeinsames Bett, und ist eingeschlafen. Der Graf, der die verfallenden Speicherhäuser gegenüber der Wohnung der Hutters erworben hat und jede Nacht am Fenster stehend zu Ellen schaut, nimmt das offene Fenster als Zeichen und macht sich auf den Weg zu Ellen. Die schickt derweil den erwachten Hutter weg, er solle Professor Brower, einem Paracelsianer, der die allgemeinen Pestuntersuchungen leitet, holen. Ellen ist nun allein, liegt in ihrem Bett, der Graf erscheint, kniet nieder, beißt sie, trinkt lange ihr Blut, der Hahn schreit, der Graf löst sich auf und hinterlässt eine Rauchsäule.

Frauen, die den Gedanken des Grafen insbesondere im Schlaf verfallen, sind im Roman auch zu finden. Was in *Nosferatu* hinzugekommen ist, ist die opfernde Hingabe der Frau an den Dämon zur Rettung der anderen. Dies Motiv ist in gewisser Weise auch dramatisch deutsch: Nur durch die Hingabe einer bisher keuschen Frau, kann die Stadt und ihre Bürger befreit werden und das Leben überhaupt weitergehen. Ellen nimmt dieses Opfer auf sich. Bezogen auf die scheiternde Paarkonstellation der eigentlichen Protagonisten des Films, Thomas (Hutter) und Ellen, kann man Ellens anfängliche Abwehr der Sexualität im Zusammenhang mit ihrer späteren opfernden Hingabe an den Grafen sehen. Dieser Zusammenhang ist komplex, wir haben diesen noch nicht in Gänze differenziert ausgedeutet. Einmal kann man die opfernde Hingabe an Orlok als Buße Ellens für ihre anfängliche ‚Keuschheit' deuten: eine Buße, die die Stadt und ihren ‚kleinen' Thomas rettet, und insofern einen mütterlichen Zug aufweist.[15] Zum anderen ist es aber eben auch eine Hingabe an den Grafen, ihm

[15]Ellens Opfer wird in der Sekundärliteratur als mütterlich bezeichnet, so etwa von dem us-amerikanischen Filmwissenschaftler und Experimentalfilmer Stan Brakhage, der diese Konstellation so deutet, dass Ellen „sich freiwillig dem alternden Mann hingibt … ihn in ihrem Bett hält bis «der Hahn kräht» – um ihren kindischen Jon [Brakhage referiert hier auf die englische Fassung mit den Namen aus dem Roman] zu retten. Sie stirbt für ihn – so gibt sie Jonathan >neues Leben<, die >Geburt< – wird Mutter für ihn in der letzten Handlung". (s. Göttler 1987, S. 24). Allerdings berücksichtigt diese Deutung nicht den oben ausgeführten Moment der Paarbeziehung, und damit auch nicht die Klärung der Frage, wie es dazu kommt, dass Hutter im Verlauf des Films kindisch erscheint.

gegenüber kann sie tun, was ihr zuvor nicht möglich war; allerdings nur um den Preis des Todes.

Die beiden Ansätze einer Auslegung verweisen auf eine gewisse idealtypische Dichotomie kultureller Rollenstereotype von Frauen im damaligen Deutschland, wie sie grob auch Erik Erikson in *Die Legende von Hitlers Kindheit* (1950) ventiliert, einer Studie, in der u. a. familienkulturelle Hintergründe des Erfolgs Hitlers im damaligen Deutschland diskutiert werden. Erikson skizziert – der Text dürfte zwischen 1942 und spätestens Ende der vierziger Jahre abgeschlossen worden sein[16] – die deutsche Familienkultur hinsichtlich der Frau so, dass sie sich selbst wie ihrem Gatten gegenüber oft hartleibig erscheine, allerdings zugleich auch danach strebe, eine mütterliche Heilige zu sein. Dem korrespondiert nach Erikson auch eine männliche Dichotomie zwischen einem romantisch schwärmerischem Freiheitswunsch des jungen Mannes (Thomas mit dem Blumenstrauß; Thomas auf großer Fahrt in der Fremde) und dem äußerlich autoritären Gemüt des älteren Mannes, dem es aber an innerer Autorität fehle. So stereotyp diese Bestimmungsversuche Eriksons natürlich scheinen, so treffen sie doch auch etwas, was auch in Murnaus Film erscheint:

Bei Murnau ist es der junge Gatte, der seiner Gattin einen Blumenstrauß ‚einfach so' übereicht, und dem Paar damit auch einen erotischen Raum eröffnen möchte. Dieser Avance weicht Ellen mit einem Verweis auf die armen, weil nun abgeschnittenen Blumen aus, opfert sich dann später aber heroisch; eine Heldentat, die ihr aber auch die Möglichkeit zur (zuvor selbstversagten) Hingabe eröffnet. Der Graf wäre dann der Anlass für das Sichtbarwerden des Scheiterns des Paares, und aus Sicht von Thomas ein begehrtes Objekt, der ‚wandelnde reine Trieb', der ihn und damit das Paar komplettieren könnte.[17]

Nach dieser Eingangsszene wird als zweiter Handlungszusammenhang der „Häusermakler" Knock vorgestellt, für den Hutter arbeitet. Der Makler wird geheimnisvoll gezeigt: Er liest den Brief des Grafen Orlok, der in magischen

[16]Zugrunde liegt diesem Text, der ja in den Sammelband *Childhood and Society* (deutsch: *Kindheit und Gesellschaft*) Eingang fand, die Veröffentlichung *Hitler's imagery and German youth* aus dem Jahr 1942. Mindestens die letztgenannte Studie Eriksons ist im Kontext seiner Beratungstätigkeit für das *Office of Strategic Services* (der Vorgängereinrichtung der *Central Intelligence Agency*) entstanden; s. hierzu Hoffman (1992, S. 266).

[17]Dies verweist wiederum auf die homoerotische Spannung zwischen Hutter und Orlok in dessen Burg.

Zeichen geschrieben ist, die Knock kundig lesen kann. Der Graf Orlok will (wie der Graf Dracula im Roman) Immobilen („ein schönes Haus") erwerben, faktisch kauft er eine Zeile verfallender Speicherhäuser am Hafen. Damit erscheint in dieser Szene der Graf Orlok als Käufer auf dem Immobilienmarkt. Der Immobilienhandel läuft grundsätzlich Gefahr, vampireske Momente aufzuweisen.[18] Denn sobald Land und Immobilien als Handelsware begriffen werden, werden sie auch zu Anlageobjekten und damit auch zu etwas Totem, weil sie dem Primat des lebendigen Gebrauchs entzogen werden und der Profit über den Gebrauch (im Rahmen einer sozialen Ordnung) dominieren kann.[19] Akteure auf dem Immobilienmarkt sind von Anfang an reiche adelige Familien (‚altes Geld') sowie findige Aufsteiger (‚neues Geld'), die die neue Situation für sich finanziell zu nutzen wissen. Der Film zeigt Graf Orlok als (Karikatur eines) Repräsentanten alten Geldes. Der zentrale Aspekt dieses Verweisungszusammenhangs erscheint darin, dass im Falle des Graf Orloks (wie Draculas) ein bereits Toter als Käufer auftritt, also der Tod in ein Gebäude (eigentlich ein Ort der Lebendigkeit) einzieht.

Dieser vampiresk-ökonomische Handlungszusammenhang wird filmisch in den damaligen zeitlichen Bezug gestellt: Graf Orlok kommt als mobiler Aufkäufer, der die Bindung an die Heimatregion aufgibt, und mit seinem Geld Immobilien in der Fremde erwirbt, die andere nicht mehr halten konnten. Allein damit ist eine zentrale deutsche Erfahrung der unmittelbaren Nachkriegszeit (des ersten Weltkrieges) und der Inflationszeit angesprochen, denn diese war u. a. innenpolitisch auch eine Finanz- und Immobilienkrise.[20]

---

[18]Bram Stoker zog 1878 nach London und gründete dort eine Familie. Er arbeitete als Manager des *Lyceum Theatre*. Sein Arbeitgeber, der berühmte Schauspieler und Theaterbesitzer Henry Irving, an den Stoker sich wohl eng gebunden sah, gilt vielen Biografen als ‚vampiresk', er habe ihn ausgesaugt. Stoker zog vom tendenziell noch vorkapitalistischen Irland ins Weltzentrum des damaligen Kapitalismus, der in London vor allem eine Handels- und Finanzkapitalismus war; London dürfte zu der Zeit, neben Paris, die teuerste Stadt der Welt gewesen sein, die anlagesuchendes Privatkapital anzog; Grafen Dracula hat sein Kapital in London investiert. Insofern dürfte es für Stoker nicht leicht gewesen sein, eine Wohnung zu finden und zu finanzieren.

[19]S. zu diesem Zusammenhang Polanyi (2001, S. 71–76).

[20]Außenpolitisch handelte es sich um eine Staatsschuldenkrise; der Hauptauslöser der Hyperinflation war der Zusammenbruch des Verkaufs der deutschen Staatsanaleihen an vor allem private Gläubiger an der New Yorker Börse und infolgedessen das Zusammenbrechen des Schuldendienstes Deutschlands ggü. den alliierten Kriegssiegern (die dann selbst in eine Finanzkrise stürzten, weil v. a. Großbritannien und Frankreich wegen des deutschen Zahlungsausfalls ihre von den USA im ersten Weltkrieg für Waffenkäufe aufgenommenen Kredite nicht zurückzahlen konnten, was eine Dynamik darstellt, die zur Weltwirtschaftskrise von 1929 beitrug; s. Michael Hudson (2003).

Die Etablierung dieser realistischen wie zeitdiagnostischen Handlungsebene erreichte der Regisseur einmal damit, dass der Film an realen Drehorten entstand (und nicht in Studiokulissen). Der zweite, und entscheidende Punkt für den Realismus und vor allem den damaligen Zeitbezug, scheint uns aber darin zu liegen, den Film ins romantische Biedermeier des Jahres 1838 zu verlegen und so dem filmisch ja auch einengenden Druck der damaligen expressionistischen Mode zu entkommen (*Das Cabinet des Dr. Caligari* ist im Frühjahr 1920 in die Kinos gekommen). Der Graf wird historisiert und genau damit zur fiktionalen Lebendigkeit befreit, wozu der fiktionale Ort Wisborg nochmals weiteren Raum eröffnet, nicht zuletzt auch zugunsten der Fantasie der Zuschauer.

Die ökonomische Einbettung der Figur wird insofern vampiresk aufgegriffen, dass der Graf in einem baufälligen Ensemble wohnt, es mit seinem Tot-Sein quasi weiter ‚tötet'; er unternimmt auch nichts, den maroden Zustand zu ändern. Er trägt vielmehr dazu bei, dass auch der Rest der Stadt verfällt, denn er führt die Pest mit sich aus Varna nach Wisborg. Der schwarze Tod im Biedermeier macht ihn noch unheimlicher und mächtiger, noch mysteriöser. Diesen mystischen Strang thematisiert die Literatur zum Film recht stark. Mückenberger dazu: „Dieser Film, eine der klassischen Tyrannengeschichten des deutschen Expressionismus, reflektiert – und sei es unbewußt – das entmutigende Gefühl, unergründlichen Mächten hoffnungslos ausgeliefert zu sein, wie es so charakteristisch war für die chaotische Zeit der Inflations- und Nachkriegsjahre. Dieser depressiven Stimmung entsprach auch ein Hang zum Geisterglauben und Okkultismus".[21]

Die Krise der ersten großen Inflation bracht eine disparate Reihe von heute weitgehend wenig bekannten, damals u. a. ‚Inflationsheilige' genannte Führerfiguren in Deutschland hervor, die zeitweise eine recht große Gefolgschaft mobilisieren konnten. So schildert Ulrich Linse[22] die zwischen 1919 und 1923 ansteigende Begeisterung, nicht nur krisengeschädigter Arbeiter oder Mittelschichtangehöriger, sondern auch von Angehörigen der bürgerlichen Elite; etwa von Bauhaus-Direktor Walter Gropius, für Ludwig Christian Häussler,

---

[21](Mückenberger 1988, S. 71).

[22](Linse 1983, S. 57 f.).

den „geistigen Monarch“, die vermutlich bekannteste dieser Gestalten.[23] Den Okkultismus, der auch Albin Grau fasziniert hat, kann man mit Mückenberger als Folge und Verstetigungsform dieser sehr turbulenten und vielschichtigen Szene der Inflationsheiligen sehen. Diese Gestalten waren auch und vor allem für (junge) Frauen attraktiv, die manchen Inflationsheiligen Gefolgschaft leisteten; so gab es Gründungen von temporären Kommunen und (späteren) Künstlerkolonien. In diesen Verweisungszusammenhang kann man Graf Orlok auch stellen. So geht das Okkulte der Darstellung des Grafen mit seiner oben thematisierten fesselnden Erscheinung als quasi ‚reinen Trieb‘ eine enge Verbindung ein. Er wirkt gewaltig, nicht zu bändigen. Er kann Träume anderer beeinflussen, hat übermenschliche Macht, ist dämonisch. Er kann Thomas, aber auch Ellen in seinen Bann schlagen.[24]

Soweit zu *Nosferatu. Eine Symphonie des Grauens.* Unsere Analyse der Visualisierung des Vampirs und der Verweisungszusammenhänge in diesem Film haben durchaus vorläufigen Charakter. Die nachfolgenden analytischen Einsichten in *Rote Sonne* sind demgegenüber schon sehr viel weiter gediehen.

3 Eine spezifische Verweisungsstruktur als Schlüssel zum Verständnis von *Rote Sonne*

Rote Sonne von Rudolf Thome ist sicherlich einer der künstlerisch gelungensten deutschen Nachkriegsfilme, vor allem aber einer der unverstandensten. Dies zeigt sich, wenn man Überlegungen mit hinzuzieht, die unserer Fragestellung von Visualisierung und Entvisualisierung des Vampirmotivs nahe stehen bzw. eine Variante dieser Fragestellung darstellen; das Rätsel, das die Faszination

---

[23]Sieht man einmal von Adolf Hitler ab, der auch in diese Reihe messianischer Gestalten gehört (Linse 1983, S. 40 f.).

[24]Albin Grau, der für Bühnenbild und Kostüm verantwortlich (faktisch der spiritus rector des Projekts) war, rückte die viel kolportierte biografische Episode in den Vordergrund, dass ihm im Kriegswinter 1916 ein serbischer Bauer von seinem Vater erzählt habe, der ein Vampir geworden sei (s. Mückenberger 1988, S. 71). Albin Grau war stark dem Okkulten zugetan. Er ist Mitglied der pansophischen Gesellschaft gewesen, stand zeitweise Alister Crowley nahe, der 1925 erstmals Deutschland besucht und u. a. auf einem Treffen im Thüringischen Weida gesprochen hatte. Die von Grau erhaltenen Schriften sind okkulte. Siehe zu diesem Thema die Ausführungen von Rolf Giesen (1984, S. 117–122). Die Bochumer Dissertation von Stefan Strauß, *Albin Grau – Biographie und Oevre* (2010), ist leider bisher nicht erhältlich.

dieses Films darstellt, löst sich erst, wenn man begreift, dass der Film als ganzer durch die Struktur einer Verweisung zusammengehalten wird. Diese Verweisungsstruktur manifestiert sich ästhetisch wesentlich durch eine Art liebevoll-ironischen, in diesem Sinne nostalgischen Rekurs auf Motive des klassischen Vampirfilms, was *Rote Sonne* in die Nähe des ein wenig früher gedrehten *The fearless vampire killers* (1967) von Roman Polanski rückt:

Das zentrale Handlungsmotiv, das jede Deutung des Films berücksichtigen muss, ist die dargestellte Wohngemeinschaft (im folgenden: WG) vier junger Frauen bzw. der von dieser WG befolgte Regelzusammenhang; die Frauen sind im Laufe der Zeit dazu übergegangen, ihr Zusammenleben in einer Art von destruktivem Kollektivismus aufgehen zu lassen, der neben der Aufhebung der strikten Zuteilung der Zimmer an die jeweiligen Mitglieder vor allem das Verhältnis zum anderen Geschlecht betrifft: Die Frauen gehen relativ leicht(sinnig) Beziehungen zu Männern ein, sie befolgen dabei die kollektive Regel, dass ein Mann, der nach dem vierten Tag nicht ‚gegangen' ist, umzubringen ist.

Die Unklarheit, was diese Regel eigentlich bezwecken soll, schließlich kann hier von keiner produktiven Auseinandersetzung mit ‚den Männern' die Rede sein, lässt sich nur auflösen, wenn man begreift, dass es genau diese Unproduktivität ist, die erreicht werden soll: Indem man sich noch mit Männern (teilweise recht wahllos) einlässt und gerade diejenigen umbringt, die das Klischee über sie sprengen könnten, beweist man sich (also: die Frauen beweisen sich kollektiv) selbst eine emotionale Unverwundbarkeit, die vor schmerzhaften Erfahrungen, also neuen Beziehungen sowie der klaren Auseinandersetzung mit den früheren Beziehungen, schützt, allerdings (eben) um den Preis einer Leblosigkeit, die andere das Leben kostet. Dieser Regelzusammenhang[25] ist somit eine Art Eintritt in ein ‚vampireskes Leben' (bzw. das Fortbestehen dieses Lebens), das immer neue Opfer braucht, um sich seiner Unverwundbarkeit zu versichern.

Die Handlung von *Rote Sonne* wird nun gerade dadurch strukturiert, wie die einzelnen Mitglieder gezwungen werden, sich zu diesem Regelzusammenhang und damit zum Weiterbestehen der WG zu verhalten. Ausgangspunkt dieser Krise ist die Ankunft des eigentlichen Protagonisten Thomas, dessen Name auf den Regisseur Rudolf Thome verweist,[26] und in der Filmhandlung eine besondere Rolle als erste ‚richtige' Liebe Peggys wahrnimmt:

---

[25]Der Regelzusammenhang ist mit dem ‚Einfrieren' der WG verbunden, die durch jede neue Beziehung in ihrer Zusammensetzung gefährdet wäre.

[26]Eine weitere Lesart wäre natürlich der Verweis auf Murnaus *Nosferatu. Eine Symphonie des Grauens*.

Der Film beginnt mit der nächtlichen Einfahrt eines Autos nach München, die als Trauerfahrt inszeniert ist, innerhalb der Thomas – in deutlicher Anlehnung an das klassische Motiv des sich aus dem Sarg erhebenden Vampirs – eingeführt wird. Er ist derjenige, der die WG-Frauen durcheinanderbringt, insofern Peggy, deren Initiative bei der Verstetigung der WG-Regel entscheidend war, sich weigert, dieser Regel in Bezug auf Thomas zu folgen. Beide, Thomas wie Peggy, verweigern sich jedoch ebenso, den perversen Regelzusammenhang konsequent aufzubrechen und sich einer neuen Praxis zu stellen, sie verbleiben in Bezug auf eine Klärung der Situation in der Schwebe[27], was in einem absurden Duell und dem Tod der beiden kulminiert.

Ist nun das Zerbrechen der WG (sowie die auf die Spitze getriebene folie à deux des scheiternden Paares) das sichtbare Zentrum der Handlung, so zeigt eine systematische Betrachtung, dass der Film eine Darstellung von sehr komplexen Zusammenhängen ist, in der die gesamte Handlung nur Moment ist:

Der Titel *Rote Sonne* verweist auf eine Entgrenzung authentischer Lebenspraxis, die im Film spezifiziert wird. Diese Spezifikation ist besonders deutlich in Bezug auf die Regel der WG zu sehen, die nur als eine solche (vampireske) Entgrenzung[28] deutbar wird, dieses Element der Handlung verweist aber vor allem auf etwas vor der Handlung liegendes: Ist die WG-Regel etwas Absurdes, aber zugleich etwas, das zumindest von den handelnden Personen einer gewissen Erklärung zugeführt werden soll,[29] so verweist dieses Element (sowie die damit zusammenhängende Auseinandersetzung von Thomas und Peggy) auf Thomas' Haltung des Ausweichens vor Bindung und Verantwortung als das eigentlich Rätselhafte des Films. Im Anschluss an Ulrich Oevermanns Bemerkungen zur ‚schweigenden Generation' der im Krieg geborenen Deutschen[30], kann diese Haltung als eine spezifische Antwort auf das Problem dieser Generation, die Störung des Familienlebens durch die abwesenden und oft nicht wiederkehrenden

[27]Es wäre sicherlich reizvoll, dies im Hinblick auf eine Theorie des ‚erotischen Kicks' weiterzuverfolgen: Peggy und Thomas treiben das, was jede erotische Beziehung kennzeichnet, nämlich den agonalen Aspekt des Austestens der eigenen Attraktivität bzw. Suggestivität auf den anderen, auf die Spitze.

[28]Zur filminternen Deutung der WG als vampiresk s. die nächste Fußnote.

[29]Für unsere Fragestellung ist in dieser Hinsicht insbesondere eine Filmszene interessant, in der Thomas von einem anderen Mann in Bezug auf die Frauen aufgefordert wird, ‚sich mal einen Vampirfilm' anzusehen.

[30]S. dazu generell Oevermann (2001), in Schäfers (2011) wird dies anhand eines unveröffentlichen Manuskripts diskutiert.

Väter nicht angemessen bearbeiten zu können, gedeutet werden. Ist also die WG eine explizite Zerstörung von Familie als Ort einer Reflexion auf das Gelingen von Plänen und Vorhaben ihrer Mitglieder, ja von Lebenspraxis im emphatischen Sinne,[31] so verweist dieses vampireske Element vor allem auf das Fortwirken einer historisch konkreten Störung von Familienleben, die insbesondere mit der ‚Ideologie' des Nationalsozialismus[32] verknüpft ist.

Rudolf Thomes *Rote Sonne* ist also durch eine Darstellung dieses Zusammenhangs von Vergangenheit und Gegenwart, die im Film vor allem in der Haltung von Thomas verkörpert wird, eine Art objektive Trauer um diese Situation, die sich der Sache nach primär an das unmittelbare Publikum der Entstehungszeit, vor allem an die Generationsgenossen Thomes richtet. Der Film ist damit verbunden ein Kunstwerk, das den Zusammenhang von Lebenspraxis und Familie instruktiv beleuchtet und damit auch diese in Gestalt des Vampirs immer auch angelegte Seite (ein Vampir hat keine eigentlichen Familienbeziehungen) auf instruktive Weise herausarbeitet.

4 Ausblick: Vampireskes Leben in *The counselor*

Abschließend wollen wir auf einen Film zu sprechen kommen, bei dem die Entvisualisierung des Vampirs einerseits sehr ausgeprägt ist, der aber auch konkrete Referenzen auf Vampire aufweist. Der Film basiert auf einem sehr präzise ausformulierten Drehbuch von Cormac (eigentlich Charles) McCarthy, welches er ohne direkten Auftrag geschrieben hat; Ridley Scott hat das Drehbuch verfilmt.

Der Plot besteht darin, dass ein wohlhabender Anwalt von Kriminellen, der Counselor, absehbar seine Verlobte Laura heiraten will. Vor der Hochzeit beteiligt er sich auf sein Drängen hin erstmals direkt an einem Drogengeschäft seiner Klienten, Westray und Reiner. Der Drogentransport scheitert, es gibt erste Tote, ein großes Kartell, der Geschäftspartner, wird zur Gefahr und alle drei fürchten

[31]Ein weiterer reizvoller Anschluss ist sicherlich in Bezug auf Beiträge zum Verständnis von Kernfamilie vor dem Hintergrund der Kleingruppentheorie gegeben: Die WG-Frauen agieren intern wie eine Art Parodie der Kernfamilie.

[32]Dieser Punkt kann an dieser Stelle nicht klar genug ausgeführt werden: Überlegungen zur Deutung der Formel ‚Rote Sonne' deuten (s. Schäfers 2011) bereits darauf hin, dass die Hakenkreuzflagge eine Programmatik der Entgrenzung enthält, die als impliziter Kern der Ideologie des Nationalsozialismus gedeutet werden kann.

um ihr Leben. Die Konstellation löst sich auf, Reiner wird ermordet, später auch Laura – um den Counselor zu treffen. Schließlich kommt auch Westray ums Leben. Hinter dem Scheitern des Drogendeals und den Morden steckt die Geliebte von Reiner, Malkina, die eine Spur der Zerstörung nach sich zieht und dabei selbst zu einem Vermögen kommt.

The Counselor erscheint in der üblichen Rezeption als hochkarätig besetzter und routinierter Genrefilm. Die Einsicht, dass in diesem Film vampireskes Leben bzw. ‚Vampire' vorkommen, es sich also auch um einen Vampirfilm handelt, eröffnet nun überhaupt erst das Verständnis von weiteren Ebenen bzw. Verweiszusammenhängen des Filmes und ermöglicht erst zu sehen, dass es sich bei diesem Film um eine raffinierte Zeitdiagnose handelt. Wir konzentrieren uns im Folgenden auf die Deutung der Figuren des Counselors und Malkinas. Wie erwähnt stehen wir hier noch am Anfang der Deutung des Films, insofern haben die nachfolgenden Ausführen ausblickhaften Charakter.

The Counselor handelt erstens davon, dass die Figur des Counselors über keine authentische Privatsphäre verfügt, die ein privates wie professionalisiertes Handeln, als Person und als Anwalt (bzw. Ratgeber), ermöglichen würde. Ohne das erstere ist letzteres kategorial nicht möglich. Dieses Problem kommt bereits durch den bestimmten Artikel im Titel zum Ausdruck. Der Counselor – der Name des Counselors fällt konsequenterweise nicht im Film – ist als Figur primär Anwalt, und zwar von Personen, die in der organisierten Kriminalität agieren.

Der Film beginnt mit einer Bettszene zwischen dem Counselor und seiner Verlobten Laura, in dem sein Unvermögen, eine authentische Person zu sein, bereits im ersten Dialog zum Ausdruck kommt. Nachfolgend der Anfang des Dialogs:

> Laura: "Are you awake?"
> Counselor: "No (..) What time is it?"
> Laura: "It's two o'clock (..) almost two o'clock"
> Counselor: "a.m. or p.m.?"
> Laura: "you are not serious"
> Councellor: "not entirely"

Eine detaillierte Sequenzanalyse[33] können wir hier nicht geben. In dem Anfang der ersten Szene des Films weckt Laura zunächst den ‚Vampir' aus seiner mit einem Bettlaken symbolisierten Gruft auf. Die beiden sind dann im Begriff, intim

[33]Ein schönes Beispiel einer solchen Werkanalyse stellt Oevermanns Interpretation von Beckett Endspiels dar (1996).

zu werden. Dabei gelingt es dem Counselor nicht, Nähe eingehen und zulassen zu können. Er etabliert vielmehr ein intimes Verhör seiner Verlobten. Er dreht die Interaktionsdynamik damit um, dass er an seine paradoxe Antwort (no) die Gegenfrage nach der Uhrzeit hängt und somit eine Befragung Lauras beginnt. Mit seiner Selbstkommentierung „not entirely“ auf Lauras Feststellung seiner fehlenden Ernsthaftigkeit, kündigt er dann spaßhaft aber faktisch die Beziehung und die Intimität auf. Er geht dabei methodisch vor. So wie es der Anwalt für Klienten tuen würde. Er lässt kein Intimes Verhältnis der Frau zu ihm zu, kettet die Frau aber gleichzeitig dadurch an sich. Er agiert vordergründig witzig und dreist-charmant, kann mit Laura aber eigentlich nur über Sex reden.[34] Damit dementiert er sich als Person und macht sein Verhältnis zu seiner Verlobten zu einem toten bzw. suizidalen. Die Szene ist daher stimmig zum Sinngehalt des Titels: Der Counselor kann keine Privatsphäre etablieren, weil für eine solche eine bedingungslose Dialogizität nötig wäre.

Vampiresk ist die Figur des Counselors insofern, als er angesichts der anstehenden Heirat mit seiner Verlobten Laura nicht versucht, seinen Broterwerb so umzugestalten, dass er hinsichtlich Familiengründung minimal verlässlich würde und aus der Beratung Krimineller ausstiege. Das macht er nicht, er handelt genau entgegengesetzt: Er will, quasi als vergiftetes Verlobungsgeschenk (an sich selbst), just zur Verlobung in die organisierte Kriminalität einsteigen und sich an einem größeren Drogendeal finanziell beteiligen. Sein Lebensstil ist sehr an Luxuskonsum orientiert, er kauft einen wirklich teuren Verlobungsring bei einem Diamantenhändler in Amsterdam. Seine kriminellen Klienten, Reiner und Westray, haben konsequenterweise als Kriminelle keine Familien, die sie durch ihr Tun gefährden würden, handeln zumindest in dieser Hinsicht durch Unterlassen in Resten sittlich. Die beiden beraten ihn auch dahin gehend, dass er angesichts der Verlobung doch besser nicht bei dem Deal mitmachen solle. Das große Drogengeschäft geht wie erwähnt schief. Der Counselor hat dann letztlich Folter und Tod Lauras zu verantworten, denn das Kartell tötet Laura, um ihn schwer zu treffen. Später erfährt man, dass Malkina, die Freundin Reiners, den Deal dadurch verhindert hat, dass sie die Drogen von Dritten stehlen lässt. Das Kartell holt sich die Drogen blutig zurück, Malkina kommt dann aber zumindest an den Reichtum Westrays, den sie umbringen lässt.

[34]Das Verhältnis des Counselors zu Laura weist aus der eingerichteten Sichtweise Momente einer Parodie über das Verhältnis von Thomas Hutter zu Ellen auf.

Malkina ist die zweite deutlich vampireske Figur dieses Films[35]. Malkina ist reich, unabhängig, gilt als sehr attraktiv, strahlt eine erotische Kälte aus, wie es für Hollywood-Stars derzeit nicht unüblich ist. In der zweiten Szene des Filmes werden sie und Reiner auf einer ‚Hasenjagd mit Leopard' in einer wüstenartigen Gegend (der Film spielt hauptsächlich in El Paso in den USA und in Mexiko, er endet in London) vorgestellt. Reiner ist der wichtigste Klient des Counselors, Diskobetreiber und im Drogenhandel engagiert, er bewohnt eine große Villa mit Pool und ist Malkinas derzeitiger Gefährte. Beide sitzen auf einem Hügel, beobachten zunächst den jagenden Leoparden, der Malkina zu faszinieren scheint, und lassen sich dann – Reiners Diener ist anwesend – quasi feudal Champagner und Kanapees in der dann untergehenden Sonne servieren. Reiner fragt Malkina, ob sie diese Jagd möge, weil sie sie an etwas erinnere. Sie entgegnet, dass sie die Jagd um ihrer selbst willen möge. Reiner fragt sie nach kurzer Pause, ob er sie an jemand anderen erinnere. Der Dialog weiter:

> Malkina: "Yes, you do"
> Reiner: "Somebody who lives?"
> Malkina "someone who's dead … I don't think I miss things, I think to miss things is to hope that they come back. But it's not coming back. I've always known that, since I was a girl."
> Reiner: "You don't think that is a bit cold?"
> Malkina "I think truth has no temperature […] (auf die untergehende Sonne blickend) uhh […] there it goes!"

In dem Dialog thematisiert Malkina u. a. ihre Reaktion auf dramatische frühkindliche Erfahrungen mit traumatischem Potenzial, sehr vermutlich den frühen Verlust der Eltern. Sie stellt ihre biografische Erfahrung später im Film, in der grandiosen Beichtstuhlszene[36] mit dem Priester, so dar, dass ihre Eltern, als sie drei war, aus einem Helikopter geworfen worden seien.[37]

[35]Westray und Reiner weisen auch vampireske Züge auf, vampiresk im eminenten Sinne ist natürlich vor allem das Drogenkartell bzw. dessen ‚Verhaltenskodex'. Insofern kann man sagen, dass das ganze Milieu, in dem die Filmhandlung situiert ist, als vampirhaft geschildert wird.

[36]Der Pater ist der einzige, der sich Malkinas Zerstörungswut entzieht und sich ihr entgegensetzt.

[37]Damit verweist der Film auf die argentinische Militärjunta der siebziger Jahre des letzten Jahrhunderts, die viele ihrer Gegner erwiesener Maßen in der von Malkina erwähnten Weise hat töten lassen. So entstandene Waisenkinder wurden von Dritten adoptiert, nicht selten von Regimeangehörigen. Diese Praxis ist nun selbst zu einem Klischee geworden,

Das vampireske Moment der Verweisung ist hier, dass ihre Traumatisierung und damit ihr Opferstatus, sie dazu legitimiert, alle, die ihr nahe kommen (u. a. Reiner, Laura und über sie vermittelt den Counselor sowie zu allerletzt noch Westray), in den Abgrund zu reißen. Denn letztlich ist sie es, die die Gewaltorgie in Gang bringt. Danach zieht sie, wie eine Naturgewalt, über London (wohin es bereits Graf Dracula zog) nach Ostasien weiter.

In der Figur der Malkina ist die Fokussierung auf eine dramatische kindliche Erfahrung mit manifesten Traumatisierungsfolgen ins Absurde gesteigert. Denn die Traumatisierung dient ihr zur Legitimation von Morden und entbindet sie von jeder Verantwortung, insbesondere fürs eigene Handeln. Es gibt für Malkina keine Bindung, aber auch keine Form von Tradition und Sittlichkeit mehr, welche sie beheimaten und mäßigend auf sie wirken könnten. Malkina ist traumatisiert und müsste sich, was auch immer ihr widerfahren ist, als solches mit ihren Erfahrungen nochmals schmerzhaft therapeutisch auseinandersetzen, damit sie ein bzw. ihr Leben führen könnte. Diese Last nimmt sie nicht auf sich. Sie orientiert sich vielmehr an ihren (mutmaßlichen oder fiktionalen) Peinigern und agiert wie sie, reproduziert ihr Leid an anderen.[38] Dieses bedrohliche Moment Malkinas sieht ihr Gefährte Reiner durchaus, zugleich ist er zu fasziniert von Malkinas fantastischer Erscheinung (letztlich ist sie eine Variation des Vamps), sodass er sich ihr nicht entziehen kann.

Die Figur der Malkina verweist nun nicht nur selbst auf eine interessante Konstellierung von Handlungsweisen, die auf ihren zeitdiagnostischen Gehalt näher abzuklopfen wäre, diese Figur ist als Handlungselement systematisch betrachtet ein notwendiges Moment zu einem tieferen Verständnis der zentralen Problematik des Films, die durch ihren Protagonisten bzw. den Titel des Films[39] benannt ist:

---

was sich darin äußert, dass die Erwähnung der Formel „thrown out of a helicopter" wie hier im Film bereits reicht, die grausige Geschichte kollektiv abzurufen. Ob das wirklich ihre biografische Erfahrung ist, lässt der Film kunstvoll wie angemessener Weise offen, denn die Realität des biografisch Erfahrenen tritt hinter dem traumatischen Potential der gemachten Erfahrung zurück. Insofern kann das Argentinien-Klischee der Realität entsprechen oder eine Deckerinnerung sein.

[38]So neidet Malkina im Film Laura deren bevorstehende Heirat und zukünftig im Raum stehende Familiengründung und will sie daher zerstören.

[39]Insofern der Name des Anwalts nie bekannt wird, ist beides eben subtil miteinander verschmolzen.

Ästhetisch und auf der Handlungsoberfläche erscheint sie noch stärker als der Anwalt als Vampir; sind bei letzterem die ästhetischen Verweise auf die Figur des Vampirs eher subtil, so hat Malkina schrille Auftritte wie insbesondere ihr diabolisches Erscheinen in der Kirche, deren Beichtstuhl sie in obszöner Manier missbrauchen möchte. Diese Differenzierung verweist darauf, dass der Film als Ganzes subtil ein Netz von Heraufbeschwörungen aufbaut, welches jedoch mit der Figur des Anwalts auf die Realität zurückverweist, die der Zuschauer bzw. vor allem das Publikum der zeitgenössischen Rezeption mit ihm teilt. In dieser Perspektive wären also das Drogenkartell sowie Malkina fantastische(re) Handlungselemente, die die unauthentische Praxis des Anwalts auslegen, was wiederum dem Zuschauer die Möglichkeit gibt, sich anhand seiner Figur mit dem Ausweichen vor konsequentem Handeln auseinanderzusetzen.

Insbesondere in dieser Perspektive erscheint der Film in einer Traditionslinie mit den Werken von Murnau und Thome. In allen drei Filmen legt das offen Vampireske, dem Realitätsprinzip ähnlich, die Praxis des oder der Protagonisten in engerem Sinne (Thomas und Ellen, Thomas, der Anwalt) aus.

Literatur

Behrend, Olaf 2013. Kulturtourismus und innere Verschwörung. Zur soziologisch-sequenzanalytischen Rekonstruktion von „The limits of control" von Jim Jarmusch als Beispiel einer Werkanalyse, in: Perspektiven der Filmsoziologie, hrsg. Carsten Heinze, Stephan Moebius, Dieter Reicher, 101–124, Konstanz: UVK-Verlag.

Erikson, E. H. 1984[8] [1950]. Die Legende von Hitlers Kindheit. In *Kindheit und Gesellschaft*, 320–352. Stuttgart: Klett-Cotta.

Erikson, E. H. 1942. Hitler's imagery and German youth. In: *Psychiatry* 5: 475–493.

Eisner, Lotte. 1979 [1967]. *Murnau*. Frankfurt: Kommunales Kino.

Giesen, Rolf. 1984. *Lexikon des phantastischen Films: Horror – Science Fiction – Phantasy, Band 2*. Frankfurt u. a.: Ullstein.

Göttler, Fritz. 1987. *F.W.Murnau. Nosferatu*. München: Kulturreferat der Landeshauptstadt.

Hoffman, L. E. 1992. American Psychologists and Wartime Research on Germany, 1941–1945. In *American Psychologist* 47 (2): 264–273.

Hudson, Michael. 2003 [1972]. *Super Imperialism. The Economic Strategy of American Empire*, London/Sterling: Pluto Press.

Linse, Ulrich. 1983. *Barfüßige Propheten. Erlöser der zwanziger Jahre*. Berlin: Siedler Verlag.

McCarthy, Cormac. 2013. *Der Anwalt. The counselor. Ein Drehbuch*. (aus dem Englischen übertragen von Nicolaus Stingl). Hamburg: Rowohlt Taschenbuch Verlag.

Mückenberger, C. 1988. Nosferatu. Eine Symphonie des Grauens, In *Deutsche Spielfilme von den Anfängen bis 1933, hrsg.* G. Dahkle, G. Karl, 71–72. Berlin: Henschelverlag Kunst und Gesellschaft.

Oevermann, 1996. Beckett's „Endspiel" als Prüfstein hermeneutischer Methodologie. Eine Interpretation mit den Verfahren der objektiven Hermeneutik. (Oder: Ein objektiv-hermeneutisches Exerzitium). In Neue Versuche, Becketts Endspiel zu verstehen, hrsg. H.-D. König, 93–249. Frankfurt a. M.: Suhrkamp.

Oevermann, U. 2001. Die Soziologie der Generationenbeziehungen und der historischen Generationen aus strukturalistischer Sicht und ihre Bedeutung für die Schulpädagogik. In *Pädagogische Generationenbeziehungen. Jugendliche im Spannungsfeld von Schule und Familie*, hrsg. R.-T. Kramer, W. Helsper, S. Busse, 78–128. Opladen: Leske und Budrich.

Patalas. Enno, 1987. Nosferatu will nicht sterben, In *F.W.Murnau. Nosferatu*, hrsg. F. Göttler, 26–29. München: Kulturreferat der Landeshauptstadt.

Polanyi, Karl. 2001 [1944]. *The Great Transformation. The Political and Economic Origins of Our Time*. Boston: Beacon Press.

Ritter, Bertram 2003. Piet Mondrian, ‚Komposition im Quadrat' (1922). Eine kunstsoziologische Werkanalyse, In *Sozialer Sinn* 4 (2), 295–311.

Schäfers, J. 2011. Zur Bedeutung der Titelanalyse für das Projekt einer soziologischen Filmanalyse anhand der Deutung des Filmtitels Rote Sonne, In *Sozialer Sinn* 12 (2), 305–335.

Stoker, Bram 1988 [1897]. *Dracula*. Frankfurt am Main und Leipzig: Insel Verlag.

Wedel, Michael. 2018. Spiegelungen, Übertragungen, Verwandlungen. Thome, Murnau und DIE SONNENGÖTTIN. *Film-Konzepte*, Heft 51, 8–22.

Film im kulturellen Aufbruch der 1960er Jahre: Jane Fonda als Astronautin „Barbarella“

Lutz Hieber

Zusammenfassung

Jean-Claude Forest beschritt in den 1960er Jahren mit, „Barbarella“ Neuland, einem Comic für Erwachsene. Diese Vorlage griff der Film gleichen Titels in freier Adaption auf. Beide Werke sprechen Themen an, die den Nerv der französischen wie der US-amerikanischen Gegenkulturen trafen, die in lebendigem kulturellem Austausch standen. Zu den gesellschaftlichen Problemlagen zählten für die einen der Algerienkrieg und für die anderen der Vietnam-Krieg, für beide wiederum die fundamentalen Veränderungen im Geschlechterverhältnis, das mit Innovationen der Mode verbundene neue Körpergefühl, sowie die Lebensentwürfe einer selbstständigen Frau (inklusive der Arbeit als Astronautin). Für die Protestbewegung der Bundesrepublik (die „68er“), auf der in dieser Phase noch das schwere Erbe der Nazi-Ära lastete, blieb lediglich die Rolle des Zuschauers.

Schlüsselwörter

Jane Fonda · Jean-claude Forest · Populärkultur · Algerienkrieg · Vietnamkrieg · Astronautin · Gender hierarchie · Mode · Mai 1968 · Hippie kultur

L. Hieber (✉)
Hannover, Deutschland
E-Mail: hieber@ish.uni-hannover.de

L. Hieber und R. Winter (Hrsg.), *Film als Kunst der Gesellschaft,* Film und Bewegtbild in Kultur und Gesellschaft,
https://doi.org/10.1007/978-3-658-30461-4_12

Ein verbreitetes Verständnis assoziiert Kunst mit Wohlgefallen. Kein Wunder: die Mainstream-Kultur fördert diese Sicht. Der Sender *NDR-Kultur*, der musikalischen ‚Klassik' gewidmete Frequenz des Norddeutschen Rundfunks, stellt vor den Beginn musikalischer Darbietungen den Slogan „hören und genießen". Zwar geschieht das bei diesem Sender zu Recht, denn er bedient vorwiegend die Hörgewohnheiten eines konservativen Bildungsbürgertums, das sich in der Teestunde der gewohnten Hochkultur behaglich eingerichtet hat. Doch diese Programm-Orientierung hat mehr mit der Pflege von Konventionen zu tun als mit Kunst.

Die ästhetischen Revolutionen[1], die seit dem späten 19. Jahrhundert die Kunstwelten erschütterten und keinen Stein auf dem anderen ließen, thematisierten das Hässliche, das Dissonante, das Niedere, und überhaupt erschlossen sie in unterschiedlicher Weise, was traditionell nicht als kunstwürdig gegolten hatte. Begriffe des Schönen, des Wohlgefallens sind damit nicht gänzlich außer Kraft gesetzt, aber sie haben als Kriterium der ästhetischen Wertschätzung ausgedient.

Die künstlerischen Praktiken haben seit dem späten 19. Jahrhundert jede Beurteilung eines Werkes als ‚Kunst' verschlissen, die sich ausschließlich auf formale Kriterien stützt. Es kommt auf den *Gehalt* an. „Individuelle Erfahrung, wie sie das Kunstwerk verkörpert, ist nicht weniger gültig als die organisierte, welche die Gesellschaft zur Naturbeherrschung einsetzt. Obgleich ihr Kriterium allein in ihr selbst liegt, ist Kunst nicht weniger Erkenntnis als die Wissenschaft" (Horkheimer 1988, S. 420). Der Gebrauchswert ästhetischer Werke liegt darin, die Spannung zwischen den Polen des Allgemeinen und des Besonderen aufrecht zu halten, die individuelle Lebenspraktiken bestimmen. Kunst lebt „in jenen Werken, die kompromisslos die Kluft zwischen dem monadischen Individuum und seiner barbarischen Umwelt zum Ausdruck bringen" (Horkheimer 1988, S. 424).

Für Max Horkheimer, der sich in Übereinstimmung mit Theodor W. Adorno befand, galt allerdings: „Den Kunstwerken als vom Zusammenhang der materiellen Praxis abgelösten Objektivationen des Geistes wohnen Prinzipien inne, welche die Welt, in der sie entstanden sind, als entfremdet und falsch erscheinen lassen" (Horkheimer 1988, S. 421). Die Kritische Theorie sah allein in der autonomen Kunst das Potenzial, die Utopie einer humaneren Welt zu bewahren. Doch anders als Adorno und Horkheimer annahmen, und wie die Kulturgeschichte gezeigt hat, greift diese Einschränkung zu kurz.

[1]Den Terminus „ästhetische Revolution" benutze ich in der Weise, in der Thomas S. Kuhn (1967) von „wissenschaftlichen Revolutionen" spricht.

Populärkulturelle Werke entspringen – als kommerzielle Werke – nicht ausschließlich dem Gestaltungsdrang ihres Schöpfers, sondern müssen neben ästhetischen Ansprüchen den Bedürfnissen eines zahlenden Publikums oder eines Auftraggebers genügen. Deshalb fließen in sie kunstfremde Zwecke ein. Doch ästhetische Produktion folgt eigenen Prinzipien, und diese sind nicht aus ökonomischem Kalkül herzuleiten. Deshalb entstehen in der Populärkultur – sofern ein Publikum dafür vorhanden ist – durchaus immer wieder Werke, die sich nicht stromlinienförmig in die hegemoniale Kultur einreihen.

Nach den Anstrengungen des militärischen Niederringens der Diktaturen und der nachfolgenden Schockstarre der aufkommenden Ost-West-Konfrontation begannen Künstlerinnen und Künstler in den 1960er Jahren, die konventionellen Bahnen zu verlassen, um Widerstand gegen Zwänge althergebrachter Konventionen zu artikulieren. Der emanzipatorische Impetus äußerte sich sowohl in der autonomen Kunst als auch im weiten Feld der der Populärkultur, auf das ich nun zu sprechen kommen möchte. Der Comic *Barbarella* und der gleichnamige Film, die in dieser Epoche entstanden, stehen exemplarisch für die produktive Verflechtung von Populärkultur und sozialen Bewegungen.

Der Film *Barbarella* entstand als Adaption des mehrere Jahre zuvor gedruckten Comics von Jean-Claude Forest mit dem gleichen Titel, daher sollte der Film nicht getrennt vom Comic behandelt werden. Sowohl beim Comic als auch beim Film, die beide Science Fiction mit Humor und Erotik verbinden, handelt es sich um Marksteine des rasanten kulturellen Umbruchs der 1960er Jahre. Beide bringen gesellschaftliche Problemlagen, Konflikte, Stimmungen und Zukunftsvisionen dieser Epoche zum Ausdruck. Ich möchte in einem ersten Schritt den Comic und danach in einem zweiten den Film behandeln, wobei ein besonderes Augenmerk auf dem kulturellen Austausch zwischen Frankreich und den USA liegen muss. Selbstverständlich beleuchte ich in diesem Zusammenhang drittens die westdeutsche Kultur. Methodisch orientiere ich mich am Verfahren der ikonografischen Analyse.

1 Der Comic *Barbarella*

Mit *Barbarella* schlug Forest ein neues Kapitel der Comic-Geschichte auf. Der Beginn „der Epoche, in welcher der französische Comic Anerkennung als Medium für Erwachsene erlangte, kann mit 1962, der Publikation von Jean-Claudes Forests Barbarella angesetzt werden“ (Mazur und Danner 2014, S. 93; Übers. L. H.). Dieser Auftakt bildete die Keimzelle für die stürmische

Entwicklung dieser Comic-Kategorie in den folgenden Jahren nach 1968, die nun von den erfolgten Umbrüchen in der politischen und kulturellen Landschaft profitierte.

1.1 Publikation in Frankreich

Jean-Claude Forests *Barbarella* erschien zuerst im *V-Magazine,* einem vierteljährlich publizierten ‚Erotikmagazin'. Die erste Episode des Comics „La Planète des Fleurs" erschienen in der Ausgabe des Frühjahrs 1962 (dieser Zeitpunkt ist im Zusammenhang der ikonografischen Analyse wichtig), die zweite Episode brachte die Ausgabe des Sommers 1962, und schließlich kam die achte und letzte im Winter 1964. *V-Magazine* brachte die Episoden allerdings nicht in kontinuierlicher Abfolge, sondern es gab zwischendurch Hefte, für die Forest als Illustrator kurzer Erzählungen auftrat. Georges Pichard schuf in dieser Zeit die Covers für mehrere Ausgaben (Abb. 1), und daneben war er, wie Forest, als Illustrator tätig. Der Stil beider Zeichner ist für die Zeitschrift charakteristisch. Sie gingen in diesen Jahren den Weg weiter, den die Pariser Illustration der Vorkriegsepoche für Magazine wie *La Vie parisienne, La Baïonette* oder *Fantasio,* mit Gerda Wegener an der Spitze, begonnen hatte.

Mit dem Abschluss der *Barbarella*-Serie im *V-Magazine* war der Zeitpunkt einer Buchpublikation gekommen. Noch im Jahre 1964 brachte der Verlag *Le Terrain Vague* den Hardcover-Band *Barbarella* (Forest 1964) mit allen acht Episoden (Abb. 2).

Jean-Claude Romer betont im Vorfeld der Buchpublikation im *bulletin du Centre d'Étude des Littératures d'expression graphique,* Forest wage „zum ersten Mal und mit seltenem Glück ein Moment zu entfalten, das – aus bekanntem Grund – in fast allen Comics fehlt, nämlich Erotik. Und zwar eine nicht unmotivierte und ungerechtfertigte, sondern eine mit der erzählerischen Dramatik verbundene Erotik" (Romer 1964, S. 5; Übers. L. H.). Scharf kritisierte Romer allerdings die Gesetzeslage in Frankreich, die den Comic für Erwachsene behinderte. „Das unselige Gesetz aus dem Jahre 1949" das von einem „mentalen Alter von Comic-Lesern von etwa zwölf Jahren" ausging (Romer 1964, S. 6; Übers. L. H.), verbot den freien Handel mit Bildgeschichten, die für diese Entwicklungsstufe als problematisch eingestuft wurden. Deshalb setzte die *Barbarella*-Publikation, des Comics für Erwachsene, einen mutigen Verleger und die öffentlichkeitswirksame Unterstützung von Intellektuellen voraus. Tatsächlich stellten sich neunzig Intellektuelle hinter die Forderung, den Vertrieb des

Abb. 1 V-Magazine, été 1962 (Cover: Georges Pichard)

Buches nicht zu behindern. Aufgrund dieses Druckes gab das französische Innenministerium sein restriktives Verhalten auf.

1.2 Publikation in den USA

Bereits ein Jahr nach dem Erscheinen des *Barbarella*-Bandes in Frankreich druckte die US-amerikanische Avantgarde-Literaturzeitschrift *Evergreen Review* drei Episoden des *Barbarella*-Comics (Forest 1965–66). Die Zeitschrift hatte bereits im vorangegangenen Jahrzehnt ein Schwerpunktheft den San Francisco

Abb. 2 Jean-Claude Forest: Barbarella. Paris 1964: Le Terrain Vague

Beatniks gewidmet, das Allen Ginsbergs „Howl" enthielt (Abb. 3). Damals war dieses Gedicht Gegenstand eines Gerichtsverfahrens, mit dem „Befürworter der Zensur strengere Richtlinien für die Verbreitung ›obszöner Schriften‹ durchsetzen" wollten (Watson 1997, S. 257 f.). Ginsberg hatte sich nicht gescheut, erotische Lust und homosexuelle Aktivität explizit zu thematisieren. Das Verfahren endete mit einem Freispruch. Mitte der 1960er Jahre nun setzte *Evergreen Review* mit *Barbarella* den eingeschlagenen Weg fort, um den epochalen Comic bekannt zu machen. Die *Barbarella*-Episoden erschienen in drei aufeinanderfolgenden Ausgaben, neben Beiträgen von Jack Kerouac, Samuel

Abb. 3 Evergreen Review No. 2. 1957

Beckett, Alain Robbe-Grillet und anderen. Die ersten beiden Ausgaben trugen Barbarella-Bilder auf dem Cover (Abb. 4), die dritte (hier nicht abgebildete) eine Cartoon-Zeichnung von Siné. In diesen Jahren entstand bereits die Hippie-Bewegung in San Francisco.

Die Beat-Generation war für die jüngeren Hippies eine Art ›Wegbereiter‹ in mehrfacher Hinsicht (Tomlinson 2001, S. 15). Erstens hatten die Beats die Tür zu halluzinogenen und psychotropen Drogen aufgestoßen. Zweitens dokumentierte Ihre Literatur den offenen und freien Umgang mit Sexualität, noch bevor die pharmazeutische Geburtenkontrolle den Hippies erlaubte, Sex aus dem moralischen Korsett zu lösen. Drittens ermutigten Beat-Dichter wie Allen

a b

Abb. 4 Evergreen Review No. 37 (Sept. 1965) und No. 38 (Nov 1965)

Ginsberg und Gary Snyder die Hippies, sich mit fernöstlicher Philosophie zu beschäftigen.

In San Francisco hatte die Beat-Poetin Lenore Kandel 1966 den schmalen Gedichtband *The Love Book* publiziert, dessen explizit erotische Sprache – ein Jahrzehnt nach dem Ginsberg-Verfahren – wieder zu Gerichtsverfahren und zunächst zu Zensur führte. Erst die endgültige Abschaffung der Zensur literarischer Werke führte zur Freigabe des *Love Books*. Einen Eindruck von Kandels Lyrik kann ein Zitat aus dem Gedicht „To Fuck With Love Phase I" vermitteln: „to fuck with love to change the temper of the air / passing two strangers into one osmotic angel […] the upthrust implement of love / I taste the mouthpores of my body / cocksucker in heavenly / the tongue between my thighs spreading my legs to screams" (Kandel 1966, S. 4)[2].

Die Hippie-Gegenkultur wuchs rasch. Als sie zu einer gewissen Reife gekommen war, kam die Idee auf, in einem „Human Be-In" die bestehenden

[2]In der Übersetzung von Caroline Hartge (2005): „mit Liebe ficken die Stimmung der Luft verändern / zwei Fremde in einen osmotischen Engel verwandeln […] das aufgebäumte Werkzeug der Liebe / ich schmecke die Mundporen meines Körpers / Schwanzlutscherin himmlisch / die Zunge zwischen meinen Schenkeln spreizt meine Beine zu Schreien".

Fraktionen in ihrer Unterschiedlichkeit zusammenzuführen. Daraus wurde der Auftakt des *Summer of Love*. Das Plakat, das diese Veranstaltung ankündigt, würdigt die Bedeutung der Beatniks als der ‚geistigen Eltern'. Unter den

Abb. 5 Rick Griffin: Human Be-In. Januar 1967. Plakat 57 × 36 cm

erwarteten Berühmtheiten führt es neben anderen (Abb. 5) rechts ganz oben Allen Ginsberg und links als vierte von oben Lenore Kandel auf.

Evergreen Review und das „Human Be-In" zählten zu den Medien der Gegenkultur. Ginsberg, Forest und Kandel wirkten daran mit. Was sich damit in Gang setzte, entwickelte sich zu einem Motor der Veränderung der westlichen Kulturen. Dabei ging es durch das ganze Jahrzehnt um ein Bündel von Themen. Sowohl in Frankreich als auch in den USA betraf eines das militärische Engagement der Regierungen in anderen Ländern. Ein anderes bestand in der aktiven Opposition gegen obrigkeitliche Restriktionen, wobei es um das ging, was man tun darf und was nicht, also um *Körperpolitik*. Damit kehre ich wieder zu Forests *Barbarella* zurück.

1.3 Themen

Die Barbarella des Comics verhält sich nicht domestiziert. Sie widerspricht dem weiblichen Geschlechtsrollenklischee. Als Astronautin führt sie Aufträge in fremden Welten aus. Sie meistert nicht nur Gefahren, sondern sucht auch immer wieder erotische Abenteuer. So geht sie, nachdem ihr Rauschiff in das riesige Rosen-Gewächshaus des Planeten Lythion gestürzt ist, in der ersten Episode des Comics (Abb. 6) auf Dianthus, der sie nach dem Unglück umsorgt, mit Worten – oben links – zu, die übersetzt lauten „Du gefällst mir, Dianthus … Eher als schöne Pflanzen kultivierst du Feingefühl … Das findet man nur selten in den Weiten des Alls", und dann geht es – oben Mitte – weiter: „Ah! Könnte ich dir nur sagen, wie attraktiv du bist!" Doch die erotische Annäherung wird jäh unterbrochen. Mit einem Angriff der Orhomren platzt unerwartet ein weiteres Thema in den Gang der Geschichte. Die Unterdrückten schleudern riesige Steine mit der Kraft ihrer Gedanken, wozu Dianthus – im unteren Bild – bemerkt: das ist „die Kraft ihres Zorns, ja … ich verstehe ihren Hass". In diesem kurzen Ausschnitt spricht Forest das Thema der Frau als erotisch aktives Subjekt an, doch umgehend funkt ein brennendes gesellschaftliches Problem dazwischen.

Die frühen 1960er Jahre, in denen Forest am Comic arbeitete, tobte der Algerienkrieg, in dem die *Front de Libération Nationale* (FLN) für Befreiung von der französischen Kolonialherrschaft kämpfte. Die Schauplätze der oft blutigen Auseinandersetzungen lagen nicht nur in Algerien. Eines der schockierenden Ereignisse war ein brutaler Polizeieinsatz am 8. Februar 1962 nahe der Pariser Métro-Station Charonne. Er forderte unter den Demonstranten (Gewerkschaftsmitglieder, Mitglieder der Kommunistischen Partei), die für das Ende des Algerienkrieges eintraten, neun Todesopfer. Der Schock saß tief. Das

Abb. 6 Jean-Claude Forest: Barbarella, Episode 1. 1964. S. 4

Ereignis grub sich in das Gedächtnis der links-intellektuellen Kultur ein. Für sie blieb der für das Massaker verantwortliche Innenminister Roger Frey, treuer Gefolgsmann des französischen Präsidenten de Gaulle, ein rotes Tuch (Jardin 2008). Als mehrere Jahre später die Revolte des „Mai 1968" ihren Lauf nahm, hatten Studentinnen und Studenten die Pariser Kunstakademie besetzt, um die dort vorhandenen Siebdruckanlagen für die Produktion von Plakaten zu nutzen. Die Besetzer erhielten die benötigten Farben von sympathisierenden Kunstbedarf-Händlern und das Papier von Zeitungsdruckern. Jeden Abend stimmte eine Vollversammlung über die Motive ab. Auf einem dieser Plakate bezeichnete Eduardo Arroyo, Emigrant aus Spanien und Aktivist der Akademie-Besetzung, Frey als „assassin de Charonne" (Abb. 7), als Mörder von Charonne

Abb. 7 Eduardo Arroyo: Frey. Mai 1968. Plakat 44 × 33 cm

(Wlassikoff 2008, S. 17). Heute trägt der Platz vor der Métro-Station, zum Gedenken an die Todesopfer, den Namen „Place du 8 Février 1962".

Mit dem Verständnis für den Hass der Unterdrückten, den Forest in seinen Comic einflicht, nimmt er Bezug auf den brodelnden Konflikt, der die französische Gesellschaft spaltete. Im weiteren Gang der Geschichte wird Barbarella zur Botin, die Kontakt zu Aufständischen aufnimmt. Ihr gelingt eine Befreiung der Unterdrückten und deren Versöhnung mit den Unterdrückern.

Mitte der 1960er Jahre, als die *Evergreen Review* drei ausgewählte Episoden des *Barbarella*-Comics ins Amerikanische übersetzt hatte, war Algerien unabhängig geworden und damit dieser Kolonialkrieg für Frankreich abgeschlossen. Aber für die USA hatte eine andere militärische Invasion zunehmend Aktualität gewonnen. Die politische Führung verstrickte sich immer tiefer in den Vietnam-Krieg. Für junge Männer galt allgemeine Wehrpflicht. Eine Beendigung des Konflikts, wie sie das Barbarella-Abenteuer durchspielte, war nicht in Sicht. Der Widerstand unter US-Intellektuellen gegen das zunehmende militärische Engagement wuchs enorm. *Evergreen Review* brachte die Episode des *Barbarella*-Comics, der die Szene enthält, in der Dianthus sein Verständnis für den Hass der Unterdrückten äußert, im Februar 1966. Der New Yorker Fluxus-Künstler George Maciunas reihte sich im selben Jahr in die Opposition gegen den Krieg mit einem Plakat ein, dessen erste Zeile sagt: „die USA übertreffen alle Völkermord-Rekorde" (Abb. 8). Die Hippie-Kultur stand dem nicht nach. Viele Benefiz-Veranstaltungen, bei denen Bands des San Francisco Sounds und die Alternativtheatergruppe *San Francisco Mime Troupe* auftraten, dienten der Unterstützung des Protests gegen diesen unsinnigen Krieg. Dazu zählte ein „Port Chicago Vigil Benefit", dessen Einnahmen der dortigen Mahnwache halfen (Abb. 9). Der tanzende Akt im Zentrum des Plakats, aber auch die schwungvoll gezeichnete Schrift, die Peace-Symbole und Ornamente bringen den Geist des gegenkulturellen Widerspruchs zum Ausdruck. Gewöhnlich hatten sich Ankündigungen und Aufrufe politischer Parteien und Vereinigungen im Rahmen mehr oder weniger gut gemachter Werbung gehalten, also die gewohnte Typografie aus dem Setzkasten des Druckers verwendet, und sie hatten auf Bilder verzichtet, die Anstoß hätten erregen können. Dagegen verband die Hippie-Kultur

Abb. 8 George Maciunas: U.S.A. surpasses all the genocide records! 1966. Plakat 54 × 88 cm

Abb. 9 Alton Kelley, Stanley Mouse: Port Chicago Vigil Benefit, San Francisco (California Hall). 1967. Plakat, 56 × 34 cm

politischen mit künstlerischem Aktivismus, die Opposition gegen den Krieg mit dem Ausdruck ihres Lebensgefühls. Der Port Chicago in der östlichen San Francisco Bay war ins Visier der Kriegsgegner geraten, weil er als Lager und zum Verschiffen von Kriegsgerät diente (Hieber 2017, S. 22). Solche Aktivitäten brachte die politische Diskussion um dieses militärische Engagement zum Siedepunkt, und sie trugen wesentlich dazu bei, dass die politische Führung der USA das Militär einige Jahre später aus Vietnam zurückzog.

Weibliche Selbstbestimmung und Unterdrückung von Entwicklungsländern durch hochindustrialisierte Staaten bildeten indes nur einen Ausschnitt aus einer Bandbreite politischer und sozialer Themen, die der *Barbarella*-Comic ansprach. Zu dem von Forest verhandelten Spektrum von Denkweisen und Verhaltensmöglichkeiten, die quer zu bürgerlichen Konventionen standen, zählten noch weitere, die Bezüge zum Lebensgefühl der emanzipatorischen Bewegungen der späten 1960er Jahre hatten. Einige dieser Aspekte prononciert der *Barbarella*-Film, dem ich mich nun zuwenden möchte.

2 Der Film *Barbarella*

Terry Southern und Roger Vadim schrieben in Zusammenarbeit mit Jean-Claude Forest und anderen das Drehbuch für den *Barbarella*-Film (Abb. 10). Jane Fonda, damals Ehefrau des Regisseurs Roger Vadim, hatte die Rolle der Barbarella als Astronautin übernommen. Der Film greift die Comic-Erzählung in freier Weise auf.

2.1 Beruf: Astronautin

Manchmal sieht man, wie eine Redensart sagt, den Wald vor lauter Bäumen nicht. Um das Selbstverständliche in den Fokus der Aufmerksamkeit zu rücken, möchte ich, bevor es zur Diegese geht, den Beruf ansprechen, den die Film-Barbarella ausübt. Sie ist Astronautin. Lisa Parks nimmt dieses Faktum in ihrem Text *Bringing Barbarella Down to Earth* zum Anlass einer kritischen Diskussion des US-Raumfahrtprogramms der 1960er Jahre. Wie Parks ermittelte, beschäftigte die Aeronautik- und Raumfahrtbehörde NASA 1962 über 200 Technikerinnen und Mathematikerinner. Gleichwohl lehnte sie es ab, Frauen zu Flug-Trainingsprogrammen zuzulassen. Die medizinische Abteilung der NASA war nach Untersuchungen weiblicher Probanden zum Ergebnis gekommen, „die durch Menstruation verursachte zeitweise Gewichtszunahme, und die Neigung zu Depression, Reizbarkeit, emotionaler Instabilität und verminderter Konzentrationsfähigkeit seien ausreichende Gründe dafür, dass Frauen auf der Erde bleiben sollten“ (Parks 1999, S. 256; Übers. L. H.). Die NASA miss-

Abb. 10 Anonym (U.S.A.): Barbarella. 1968. Plakat 104 × 68,5 cm

achtete Auftritte von Flugzeugpilotinnen bei Kongress-Anhörungen, die für die Zulassung von Frauen zu Weltraum-Trainingsprogrammen eintraten, und sie schloss die Augen vor der Tatsache, dass Walentina Tereschkowa für das Raumprogramm der Sowjetunion im Juni 1963 in einem 2-Tage-und-23-h-Programm die Erde 48-mal umrundet und unbeschadet aus der Schwerelosigkeit wieder zurückgekehrt war. Afroamerikaner unterstützten Proteste der Frauen gegen solche berufliche Diskriminierung, indem sie darauf hinwiesen, „Frauen nicht ins Weltall zu lassen, würde dem historischen Ausschluss von Afroamerikanern von bestimmten öffentlichen Orten entsprechen" (Parks 1999, S. 255; Übers. L. H.).

Anders als *Barbarella* widersprach Stanley Kubricks *2001: A Space Odyssey,* der ebenfalls 1968 in die Kinos kam, den traditionellen Gender-Normen nicht. Seine Astronauten sind weiße Männer, die mit ihren Familien über Telekommunikationssysteme in Verbindung stehen. Die nüchternen und technisch-funktional gestalteten Innenräume ihres Raumschiffs erscheinen klinisch rein. Ihre Raumanzüge ahmen detailversessen den technischen Standard nach. Der Orientierung an der hegemonialen Kultur entspricht der Soundtrack, der ‚klassische' Musik von Richard Strauss über György Ligeti bis hin zu Melodien von Johann Strauss d. J. übernimmt.

Demgegenüber verstieß Barbarella, als Astronautin, nicht nur in der Hinsicht, dass sie als Frau ihren Beruf ausübt, gegen bestehende Denkschemata. Das Raumschiff des Vadim-Films ist rundum mit Flokati gepolstert. Eine Wand ziert das Gemälde *Sonntagnachmittag auf der Grande Jatte* von Georges Seurat, und daneben steht eine lebensgroße weibliche Skulptur. Außerdem ist Barbarella alleinstehend, frei und ohne familiäre Bindung. Einer Orientierung an der Hochkultur des konservativen Bildungsbürgertums widerspricht die Filmmusik, die immer wieder den aktuellen San Francisco Sound aufgreift.

Was den Beruf der Astronautin betraf, griff *Barbarella* ihrer Zeit voraus. Fünfzehn Jahre nach dem Start des Filmes ließ die NASA schließlich eine Frau, Sally Ride, als Astronautin zu. Zum Start der Rakete lud die US-Raumfahrtbehörde Jane Fonda ein (Parks 1999, S. 272). In Deutschland, Europas größter Raumfahrt-Nation, gehen die Uhren allerdings noch langsamer. Immerhin gibt es seit Anfang des Jahres 2019 eine Initiative, eine Frau auf die Raumstation ISS zu schicken, nachdem bereits elf deutsche Männer im All gewesen waren (Blage 2019).

2.2 Abenteuer

Der *Barbarella*-Film setzt mit einem Striptease ein. Im Vorspann schwebt Barbarella zunächst schwerelos in einem weich wattierten Fantasie-Raumanzug, zieht langsam ihre Handschuhe aus, entkleidet die Beine, danach öffnet sich ihr gläserner Helm, und schließlich hat sie sämtliche Kleidung abgelegt und bewegt sich zu einem Druckschalter, der Gravitation anknipst und sie auf den Flokati-Teppich ihres Raumschiffes plumpsen lässt. Nun tritt der Präsident der Erde und Rotationspremierminister des Sonnensystems auf einem Bildschirm auf, als dessen Trägerin sich die weibliche Skulptur entpuppt, die neben dem Seurat-Bild steht. Der Präsident und Barbarella begrüßen sich mit „Sieg der Liebe". Die überraschte Astronautin möchte sich schnell etwas überziehen, doch das ist dem Präsidenten nicht wichtig, da es sich bei der Kommunikation – wie er sagt – „nur um eine Staatsangelegenheit" handele. Er erteilt Barbarella, als fünf-sterniger hochbezahlter Astronavigatrice, den Auftrag, den Wissenschaftler Durand-Durand auf dem Planeten Tau Ceti zu finden. Dieser habe eine gefährliche Waffe entwickelt, die den kosmischen Frieden bedroht. Damit sie diesem Feind des Friedens nicht wehrlos entgegentritt, bekommt Barbarella einige Waffen als Leihgaben aus dem Kriegsmuseum. Die Suche nach dem Bösewicht führt sie von nun an von Abenteuer zu Abenteuer.

Ohne den Gang der Handlung im Einzelnen nachzuzeichnen, möchte ich einige charakteristische Momente benennen, wobei zu bemerken ist, dass immer wieder komödienartige Szenen den Gang der Handlung aufhellen. Auf dem Weg zu Tau Ceti gerät Barbarella in einen ‚magnetischen Orkan', der zum Ausfallen wichtiger Instrumente führt. Ihr Raumschiff stürzt auf eine Eislandschaft und wird beschädigt. Ein Angriff böser Kinder und bissiger Puppen bringt sie in große Not. Aber ein haariger Kerl mit einem Schlitten, der ‚Fänger' Mark (Ugo Tognazzi), rettet sie in letzter Sekunde. Nachdem sie ihm angeboten hat, eine Belohnung bei ihrer Regierung zu erwirken, bittet er sie stattdessen darum, mit ihr schlafen zu dürfen. Zunächst verdutzt, willigt sie ein. Da Mark die auf der Erde längst übliche Technik der ‚Verzückungsübertragungspillen' ablehnt, lässt sie sich auf die altmodische Art und Weise ein, obwohl diese, wie sie sagt, Verwirrung stiften und Leistungsfähigkeit mindern könnte. Beide begeben sich ins Bett in seinem Gefährt. Nun verlässt die Kamera dezent die beiden und zeigt den Schlitten aus der Ferne, wie er ruhige Runden dreht. Während sie danach noch auf dem Bett liegt und versonnen vor sich hin trällert, repariert er ihr beschädigtes Raumschiff. Beim Abschied gesteht Barbarella ihm, dass sie ihn gerne auf dem Rückweg wiedersehen würde.

Nach diesem Abenteuer setzt Barbarella ihre Suche nach Durand-Durand fort. Nach einem abermaligen Absturz findet sich Barbarella in einem Labyrinth, das Ausgestoßene und Rebellen beherbergt. Dort kümmert sich der blinde Vogelmensch Pygar (John Philip Law) um sie. Er war in Sogo, der Stadt des ‚großen Tyrannen', geblendet worden. Pygar hat den Willen zu fliegen verloren.

Barbarella verliebt sich in ihn, und begibt sich mit ihm in seine Behausung, einem Nest. Nach einem intimen Zusammensein hat er allerdings die Fähigkeit des Fliegens wieder gewonnen, was Professor Ping (Marcel Marceau), Insasse des Labyrinths, mit den Worten „interessante Therapie" kommentiert. Pygar transportiert nun Barbarella nach Sogo (Abb. 11). In der Stadt erwartet sie bereits die Schwarze Königin (Anita Pallenberg) und ihr Diener, der sich später als Durand-Durand (Milo O'Shea) entpuppt. Die lüsterne Schwarze Königin, die Barbarella und desgleichen auch Pygar begehrt, herrscht brutal. Weitere Gefahren sind zu meistern. Aus Bedrängnissen gerät Barbarella zu

Abb. 11 Pygar trägt Barbarella nach Sogo, der Stadt des ‚großen Tyrannen'. „Barbarella" (1968). Aushangfoto 20 × 25 cm

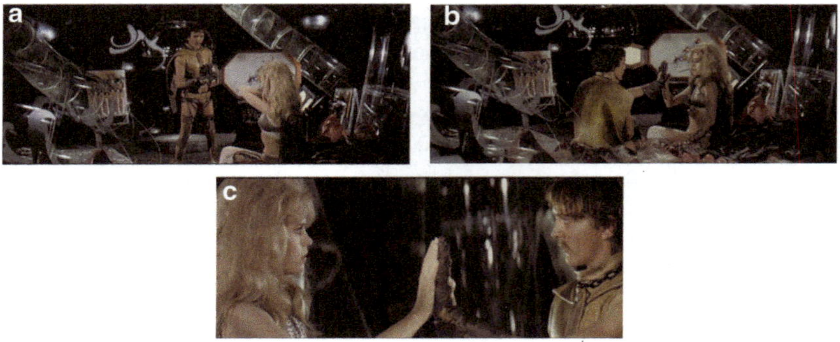

Abb. 12 Kontakt Dildanos mit Barbarella. „Barbarella" (1968). Snapshots

Dildano (David Hemmings), dem linkischen, im Untergrund aktiven Rebellenführer der Unterdrückten. Er bittet Barbarella mit den Worten „mach mich zum Mann" um Benutzung der ‚Verzückungsübertragungspille'. Sie weist ihn an, und sie vereinigen sich durch Handkontakt bei psychedelischem San Francisco Sound (Abb. 12). Als Barbarella danach ihre Suche fortsetzt und wieder nach Sogo zurückkehrt, gerät sie in die Fänge von Durand-Durand. Dieser zwingt sie in eine ‚Lustorgel', die beim Crescendo den Tod herbeiführen soll. Doch es kommt anders. Die Orgel scheitert an Barbarella, und das Instrument verschmort. Durand-Durand beschimpft sie als „liederliches Geschöpf", und fährt fort: „Was bist du für ein Mädchen? Hast du kein Schamgefühl?"

Wenig später gelingt es Durand-Durand, Barbarella gefangen zu setzen. Nun sieht er sich an der Macht. Doch dann bricht der Aufstand der Rebellen los, und weil Durand-Durand seine Positronenstrahlen-Waffe einsetzt, gehen die Stadt und er selbst in einer Apokalypse unter. Wie durch ein Wunder überleben Barbarella und die Schwarze Königin. Bald finden sie Pygar. Der Film endet mit demselben Bild wie Forests Comic: Pygar trägt Barbarella und die Schwarze Königin aus der Katastrophe zum Raumschiff, das Professor Ping mittlerweile repariert hatte.

Der Film bringt Barbarella, wie der Comic, in surreale Phantasiewelten. Neben technischen Vernichtungswaffen und Befreiungsbewegungen geht es um Spielarten einer freizügigen erotischen Kultur.

2.3 Gender-Hierarchie im Umbruch

Barbarella repräsentiert einen Typ von Astronautin, der in mehrfacher Hinsicht den gesellschaftlich dominante Wertorientierung widersprach. Sie ist sexy, ledig, selbstständig und folgt eigenen Ideen. Allerdings ist die Barbarella-Figur, obwohl sie als selbstbewusste und kompetente Astronautin handelt, noch nicht völlig frei von den herkömmlichen Gender-Stereotypen. Sie steht zwar für das Neue, konnte aber das Alte noch nicht ganz ablegen. Ein Beispiel dafür ist der Vorspann, der Barbarella als erotisches Objekt inszeniert. Damit wurzelt der Film noch in jener Tradition, für die Laura Mulvey mithilfe der Psychoanalyse zeigte, wie Filme die etablierte Geschlechter-Ordnung reproduzieren. Mulvey verweist darauf, dass Männer ihre Fantasien und Obsessionen durch kulturelle Herrschaft ausleben, indem sie diese „dem schweigenden Bild der Frau aufzwängen, der die Stelle des Sinnträgers zugewiesen ist und nicht die des Sinnproduzenten“ (Mulvey 1994, S. 49). Solche Filme setzen fetischistische Schaulust, die auf physische Schönheit des Objekts gründet, oder sadistische Unterwerfung des Objekts, die Kontrolle sichert, als probate Mittel ein. Mulvey erläutert diese Strukturen an Filmen von Sternberg und Hitchcock aus den dreißiger bis fünfziger Jahren des letzten Jahrhunderts. Auch im *Barbarella*-Film sind – neben dem Vorspann – einige Überbleibsel aus der alten Epoche erkennbar, die das hierarchische Gefälle in der Gender-Ordnung repräsentieren. So tritt der Präsident, der den Auftrag für die anstehende Mission erteilt, als paternalistische Figur reifen Alters auf. Und Barbarella benötigt, wenn es um technische Reparaturarbeiten geht, durchgehend die Hilfe von Männern.

Aber dennoch passt Mulveys Analyse für *Barbarella* nicht mehr, denn der Film ist über das Traditionelle hinausgewachsen. *Barbarella* ist durch den kulturellen Aufbruch der 1960er Jahre geprägt. Für diesen Film hat die vorangegangene symbolische Ordnung bereits ihre Kraft verloren, ist brüchig geworden. Er schleppt zwar noch einige Rudimente der alten Ordnung mit (in der die Mitwirkenden sozialisiert wurden), bringt aber energisch die lebenspraktischen Entwürfe der neuen, der anbrechenden Epoche zur Geltung.

Michel Foucault sieht „die Bedeutung […], die der Sex in den politischen Auseinandersetzungen gewonnen hat“ darin begründet, dass er das Scharnier zwischen zwei Entwicklungsachsen der politischen Technologie des Lebens bildet. „Einerseits gehört er zu den Disziplinen des Körpers: Dressur, Intensivierung und Verteilung der Kräfte, Abstimmung und Ökonomie der Energien; andererseits hängt er aufgrund seiner Globalwirkungen mit den Bevölkerungsregulierungen zusammen“ (Foucault 1983, S. 140). Ein Netz von Machtbeziehungen dient der Verbindung von Disziplinartechniken mit Regulierungsverfahren. Doch Foucault betont: „Wo es Macht gibt, gibt es Widerstand" (Foucault 1983, S. 96). Das dichte Netz der Machtbeziehungen kann eine Aussaat von Widerstandspunkten bewirken. „Und wie der Staat auf der institutionellen Integration der Machtbeziehungen beruht", fährt Foucault fort, „so kann die strategische Codierung der Widerstandspunkte zur Revolution führen" (Foucault 1983, S. 97).

Die deutlich merkbaren Veränderungen im Bereich der Geschlechterbeziehung in den 1960er Jahren versteht Norbert Elias als Abbauen von Zivilisationsschranken, die zuvor als selbstverständlich und unentbehrlich galten. Er konstatiert, „dass eine ganze Reihe der herkömmlichen Sexualgebote und -verbote, die sich im Zuge des ungeplanten Zivilisationsprozesse herausgebildet hatten, eine Funktion nur für bestimmte hegemoniale Gruppen im Zusammenhang mit spezifischen Herrschaftsverhältnissen hatten, etwa dem von Monarch und Untertan, von Männern und Frauen oder von Eltern und Kindern" (Elias 2002, S. 46). Die moralischen Gebote verloren ihre Kraft, als die Macht der jeweiligen Etabliertengruppen schrumpfte. „Dadurch wurde es möglich, mit anderen Kanons des Verhaltens im Bereich der Geschlechterbeziehung, insbesondere auch mit anderen Kanons der Selbstkontrolle zu experimentieren, die mit einem gleichgewichtigeren Zusammenleben der Menschen vereinbar sind und zugleich eine weniger frustrierende individuelle Balance von Triebregelung und -erfüllung möglich machen" (Elias 2002, S. 46).

Der *Barbarella*-Film behandelt den ungestümen Aufbruch, von dem Elias spricht, in komödiantischer Fiktion. Die weibliche Sozialisation der vorangegangenen Epoche orientierte sich am Ideal der Ehefrau und Mutter, wie es schon Fridrich Schiller formuliert hatte: „und drinnen waltet / die züchtige Hausfrau, / die Mutter der Kinder / und herrschet weise / im häuslichen Kreise" (Schiller 1983, S. 230). Dazu steht Barbarella im klaren Gegensatz. Die Astronautin „fordert", wie Lisa Parks betont, „die althergebrachte Gender-Norm heraus, indem sie körperliche Genüsse begrüßt und sich Zwängen der Heterosexualität mit ihren Institutionen der Monogamie und Heirat entzieht" (Parks 1999, S. 260; Übers. L. H.).

2.4 Artikulation eines neuen Lebensgefühls

Jane Fonda reflektierte die Bedeutung der Film-Barbarella in der Illustrierten *Life*. Ihr Vater, Henry Fonda, war stets als der ‚gewöhnliche Mann von nebenan' aufgetreten. Als Jane Fonda ihre Filmkariere begann, bestand die Erwartung, sie würde in seine Fußstapfen als das ‚Mädchen von nebenan' treten. Doch es kam anders. Wenn ihr Vater einmal nackt gefilmt wurde, dann auf jeden Fall in einer dieser historischen Wannen mit viel Seifenschaum. Für Jane dagegen zählten Nacktszenen zur schauspielerischen Arbeit, wenn sie – wie sie betont – zum künstlerischen Konzept einer Erzählung gehörten. Ihren von der väterlichen Erziehung abweichenden Standpunkt erreichte sie, indem sie daran arbeitete, Blockierungen abzubauen (Thompson 1968, S. 68). Im Interview beschreibt sie drei Stufen dieses Prozesses: „Man ist erwachsen, wenn man die unterschiedlichen Phasen der Beziehung zum Vater erkennen kann. Am Anfang steht die totale Verehrung, und man glaubt alles, was er sagt. Danach folgt zweitens die Zeit, in der man entdeckt, ‚mein Gott, er macht so viele Fehler', und man beginnt ihm die Schuld für die Probleme zu geben, die man damit hat. Schließlich kommt drittens der Abschnitt, durch den man muss, und ich bin durch ihn gegangen, nämlich eine unnachgiebige Verurteilung, die eine Rechtfertigung dafür ist, dass man die eigene Identität finden muss. Ich brach jede Beziehung zu ihm für eine ganze Weile ab" (Fonda, zit. in Thompson 1968, S. 72; Übers. L. H.).

Der Gehalt eines Films erschöpft sich nicht in der Geschichte, die er erzählt. Die Filmmusik, die ich erwähnte, spielt mit, ebenso die Kostüm-Stile. Bei *Barbarella* kommt dem Thema *Mode* große Bedeutung zu. Der Kostümbildner Jacques Fonteray griff auf Ideen des Modeschöpfers Poco Rabanne zu, der sich selbst wiederum – wie andere Modeschöpfer es immer wieder tun – durch neue Tendenzen der Straße inspirieren ließ.

Kleidung ist nicht nur eine äußere Hülle. „Die Kleidung eines Menschen gibt eine ganze Reihe von Signalen an andere; sie signalisiert vor allem, wie er sich selbst sieht und wie er von anderen gesehen werden möchte, im Rahmen dessen, was er sich leisten kann" (Elias 2005, S. 131). Dabei ist das Individuum selbstverständlich nicht nur passives Objekt, es positioniert sich durch Modeverhalten zwischen den Polen des konventionell Angepassten und des oppositionell Unangepassten. Als ästhetische Ausdrucksformen verkörpern Kleidungsstile Haltungen und Wertorientierungen. Man trägt eine spezifische Kleidung „nur dann freiwillig, wenn man auch geistig von den Ideengängen überwunden ist, die in ihr verkörpert sind", und weil sich das Äußere zum Ausdruck des Lebensgefühls eignet, „opponiert man durch die Kleidung sehr oft" (Fuchs 1912, S. 170).

Wie jeder grundlegende Wandel ging jener der 1960er Jahre mit einer Erneuerung von Denk- und Verhaltensweisen einher, und diesen Umbruch begleitete eine *Moderevolution*. Die errungenen Freiräume einer selbstorganisierten Lebenspraxis brachten Kleidungsstile, die für das konventionelle Wertesystem eine Provokation darstellten, und erst durch oft schwierige Auseinandersetzungen mit dem Konservatismus (in Form von Eltern, Lehrerinnen und Lehrern, Vorgesetzten am Arbeitsplatz) eine Breitenwirkung erreichten (Hieber 2008, S. 124 ff.).

In seiner Autobiografie fasst Roger Vadim den erdbebenartigen Wandel dieser Jahre in die Worte: „Die Regeln der Vorfahren waren ins Wanken geraten. Alte Mauern begannen brüchig zu werden, aber niemand wusste bislang, wie man sie wieder aufbauen sollte. Jane und ich waren die Versuchskaninchen einer unsicheren Zeit – und wir wussten es nicht" (Vadim 1987, S. 289).

In *Paris* setzte die Revolte, die später das Label „Mai 68" erhielt, im Frühjahr 1967 in Nanterre ein. Die Vollversammlung der dortigen Studentenwohnheime vom 16. März 1967 lehnte die strikte Geschlechtertrennung ab, wie sie die bestehende Hausordnung vorschrieb, und beschloss, „dass die Heimbewohner während ihrer ganzen Studienzeit die freie Verfügung über ihre Zimmer haben, sie nach ihrem Geschmack einrichten und ungehindert Besucher empfangen können", und knüpfte daran die Forderung nach „Einrichtung von gemischten Wohnheimen" (Lebel et al. 1969, S. 69). Als „François Misoffe, Minister für Jugend und Sport, in Nanterre das Schwimmbad am 8. Januar 1968 eröffnete, richtete Daniel Cohn-Bendit die Frage an ihn, warum in seinem Weißbuch keine Rede von den sexuellen Problemen der Jugend sei. Daraufhin riet ihm der Minister, er solle, ins Schwimmbecken springen, wenn er solche Probleme habe" (Mossuz-Lavau 2008, S. 376; Übers. L. H.). Die Resolution der Wohnheimbewohner und der Auftritt Cohn-Bendits brachten den Stein ins Rollen. Der Protest nahm im Mai Fahrt auf und entwickelte sich zu einer Revolte immensen Ausmaßes. Der Studentenprotest wurde zum Initialzünder für eine Mobilisierung der Arbeiterbewegung. „Ohne Appell der Gewerkschaftszentralen befinden sich" ab Mitte Mai „7,5 bis 9 Mio. Arbeiter im Streik" (Gilcher-Holtey 2008, S. 29).

Mary Quant hatte 1959/60 die Mini-Mode kreiert, „bei der der Rock höchstens die Oberschenkel bedeckte oder noch kürzer war" (Loschek 1988, S. 357). Doch erst im Laufe der Studenten- und Jugendproteste setzte sich dieses Design durch, als es nämlich dem veränderten Lebensgefühl entsprach. Ein Foto der AFP (Agence France-Presse) (Abb. 13) dokumentiert die Inszenierung sinnlicher Attraktivität durch Mini-Rock und Stiefel, die den Widerspruch gegen die bis dato herrschenden Gebote weiblicher Sittsamkeit artikulierte. Der beigegebene Text beschreibt den Anlass der Aufnahme:

> „Demonstration der Studenten: Dem Aufruf der UNEF [Union nationale des étudiants de France] folgend, zogen gestern gegen Spätnachmittag tausende Studenten durch Straßen der Hauptstadt. Nachts entwickelten sich, nahe Carrefour Vavin, zwischen Gruppen von Demonstranten und Mitgliedern der Ordnungskräfte ernsthafte Zwischenfälle. Diese warfen tatsächlich Tränengasgranaten in zwei Cafés, in denen sich Gäste und Demonstranten befanden. Feuerwehrmänner

Abb. 13 Foto der Agentur AFP vom 8. Mai 1968, Paris. 17,7 × 12,7 cm

mussten kommen, um den Betroffenen Hilfe zu leisten. Eine junge Verletzte wird durch Feuerwehrmänner versorgt" (Übers. L. H.).

Bereits etwas früher äußerte sich der Widerspruch der Gegenkultur der *kalifornischen Hippies* gegen die Wertorientierung des puritanischen Prüderie.

Gene Anthony hat im Jahre 1966 zwei Studentinnen auf dem Campus des San Francisco State College fotografiert (Abb. 14). Pamela des Barres, die zu den Gründerinnen der Frauen-Band GTO's (Girls Together Outrageously) zählte, erinnert sich im Gespräch mit Mike Kelley, dass sie begeistert Kleidung in Second-Hand-Läden suchten, weil „die Sachen so schön und bunt und hauchdünn waren [...] Wir wollten alles zeigen. Also, je durchsichtiger, desto besser. Ich machte mir Kleider aus Spitzentischdecken. Es war einfach Freiheit, das alles stellte für mich Freiheit dar. Und auch, diese Ideale der fünfziger Jahre in Fetzen zu reißen“ (Kelley et al. 1999, S. 106 f.). Auch die jungen Männer (Abb. 15) dieser gegenkulturellen Neuorientierung drückten das veränderte Lebensgefühl aus. Sie überwanden das maskuline Geschlechtsrollenklischee ihrer Elterngeneration, gemäß dem Langhaarfrisur und Schmuck dem weiblichen Geschlecht vorbehalten waren, in Richtung auf Feminisierung.

Barbarella (Abb. 16) spielt durch den körperbetonten Kleidungsstil in der oppositionellen Liga. Bereits das Werbeplakat (Abb. 10) für den Film verweist darauf, indem es Jane Fonda, ohne sie in einen Raumanzug zu stecken, neben eine abstürzende Rakete in eine karge Planetenlandschaft stellt. Entsprechend folgt Dildano, der Rebellenführer, dem veränderten Männer-Bild (Abb. 12).

Abb. 14 Gene Anthony: San Francisco State College. 1966. Fotografie 50,5 × 40,5 cm

Abb. 15 Gene Anthony: Hippies, Haight Street. Dec. 17, 1966. Fotografie 50,5 × 40,5 cm

Aus der Erinnerung an die Schulzeit weiß man, dass wenn man die Lösung einer Aufgabe selbst erarbeitet hat, man später darauf produktiv aufbauen kann, dass aber, wenn man sich Ergebnisse von einem Mitschüler besorgte, diese schnell auswendig lernte, um die nächste Klassenarbeit zu überstehen, man immer wieder auf fremde Hilfe angewiesen bleibt. So ähnlich verhält es sich im Fall von Körperpolitik und Mode. Die französischen und US-amerikanischen Gegenkulturen errangen Erweiterungen ihrer Freiheitsräume durch aktive Auseinandersetzungen mit Vertretern bestehender Ordnungsprinzipien. Ihre Kleidungsstile repräsentierten ihr neues Lebensgefühl, und sie ermöglichten eine zwanglosere Lebensweise. Als indes Medienberichte die neue Mode in andere Länder gebracht hatte, konnte sie sich auch dort ausbreiten. Doch es ist ein Unterschied, ob man sich etwas selbst erarbeitet hat, oder ob man Ergebnisse von anderen übernimmt. Was das bedeutet, möchte ich nun am Beispiel Westdeutschlands beleuchten.

Abb. 16 Durand-Durand hat Barbarella in der „Kammer der Träume“ der Schwarzen Königin gefangengesetzt. „Barbarella“ (1968). Aushangfoto 20 × 25 cm

3 *Barbarella* in der Bundesrepublik

Die Ausstellung *68 Pop und Protest*, die vom 18.10.2018 bis 17.03.2019 im *Museum für Kunst und Gewerbe Hamburg* lief, bot eine die gesamte westliche Welt umfassende Sicht auf die Sixties an. Sie war in die Rubriken Mode, Film, Politik und Musik gegliedert. Das Thema Modetendenzen repräsentierte eine umfangreiche Sammlung von Minikleidern. Im Bereich Film lief – neben einer Aufzeichnung des Sprechstücks *Publikumsbeschimpfung* von Peter Handke und anderen Werken der Epoche – der Vorspann von *Barbarella* in Endlosschleife. In dem Saal, der dem politischen Protest in verschiedenen Ländern gewidmet war, gab es Plakate des Pariser „Mai 68“, der US-Protestbewegungen, sowie *Alle reden vom Wetter – wir nicht* mit den Köpfen von Marx, Engels und Lenin, das Jürgen Holtfreter damals für den Deutschen Sozialistischen Studentenbund (SDS) entworfen hatte. In der Abteilung Musik gab es den *Woodstock*-Film auf Großleinwand sowie viele Plakate und Plattencover. Die Ausstellung reihte die Themen dieser Jahre aneinander, ohne länderspezifische Unterschiede zu benennen, als ob es sich um eine Entwicklung im Gleichklang gehandelt hätte. Damit kehrte sie die besonderen Schwierigkeiten unter den Teppich, die mit dem Kampf gegen die Widerstände der konservativen Bollwerke in der Bundesrepublik zu überwinden waren. Die Geschichtsklitterung, die das Museum mit dieser Ausstellung betrieb, verdient kritische Würdigung.

In den Nachkriegsjahrzehnten der Bundesrepublik hatten althergebrachte Gepflogenheiten ein solides Fundament. Zwar drangen auch in Westdeutschland nach und nach kulturelle Innovationen ein, vor allem vermittelt durch Pop-Musik, Filme und andere Medien (Siegfried 2008). Doch dank des Traditionalismus in Bildung und Politik blieben wirksame Vorurteile bestehen, die – anderes als im Falle Frankreichs und Kaliforniens – einem lebendigen Austausch im internationalen Kulturtransfer entgegenstanden. Reimut Reiche, ehedem Vorsitzender des SDS (der wesentlichen Triebkraft der westdeutschen Protestbewegung), warf der „Hippie-Bewegung“ vor, sie betreibe „einen tendenziell unpolitischen und kampflosen Rückzug aus der gesellschaftlichen Wirklichkeit“ (Reiche 1968, S. 41). Offenbar herrschte Blindheit gegenüber der politischen Dimensionen dieser Gegenkultur[3]. Symptomatisch für die bundesrepublikanische Protestkultur

[3]Solche Vorurteile bestanden noch über Jahrzehnte ungebrochen. Noch Siegfried setzt die ‚Hippies‘ mit den westdeutschen ‚Gammlern‘ gleich (Siegfried 2008, S. 399), obwohl beide Kulturen keine Gemeinsamkeiten aufweisen. Erst die Ausstellung „San Francisco 1967“ im Museum Folkwang in Essen, 09.06.– 03.09.2017, präsentierte die Dimensionen des politischen und kulturellen Aktivismus der Hippie-Bewegung (Hieber 2017).

Abb. 17 Empörung wegen der Schüsse auf Beno Ohnesorg am 2. Juni 1967:Uli Österle, der Vorsitzende des SDS an der TU Stuttgart hält am 5. Juni eine Ansprache. (Quelle: 1968 – Bildspur eines Jahres, hg. von Gerd Koenen und Andreas Veiel, 2008, S. 60)

ist, dass Uli Österle, der Vorsitzende des SDS an der TU Stuttgart, bei seiner Ansprache nach dem Tod von Benno Ohnesorg im Juni 1967 konventionell mit weißem Hemd und gesteiftem Kragen, mit Krawatte und Kurzhaarfrisur auftrat (Abb. 17). Auch Rudi Dutschke, der zwar die Krawatte verschmähte, blieb durchgehend dem konventionellen Männer-Outfit verpflichtet. Noch immer wirkten die bunderepublikanischen Konventionen als Hindernisse, den Spielraum zu erweitern. So wurden beispielsweise die Mitglieder der *Kommune I,* die ursprünglich dem SDS angehört hatten, aber Happenings durchführten, unkonventionell lebten und hippie-ähnliche Frisur- und Kleidungsstile pflegten, im

Mai 1967 wegen ‚falscher Unmittelbarkeit' und ‚Realitätsflucht' aus dem Verband ausgeschlossen (Kraushaar 1998, S. 243). Sie blieben Außenseiter auch für die 68er-Protestbewegung. Anders als in Frankreich und in den USA beschränkte sich der bundesrepublikanische Protest auf den Kopf. Lebensweisen und althergebrachte Körperpolitik blieben weitgehend unangetastet.

Im Jahre 1966 war die Übersetzung des *Barbarella*-Comics ins Deutsche erschienen (Forest 1966). Der Verlag hatte dem Band ein Blatt beigelegt, das die Aufgeschlossenheit der Obrigkeit mit den Worten preist: „Die deutsche Zensur, seit jeher liberaler als die französische, denkt [...] nicht daran, Barbarella zu attackieren". Sinnvoller allerdings als das Nachbarland zu kritisieren, wäre ein Blick auf das deutsche Rechtssystem gewesen, um dieses als Grundfeste einer *tief verankerten Prüderie* erkennen zu können. Ich möchte nur zwei Beispiele aus dem Strafgesetzbuch (StGB) anführen. Erstens bestanden die im Nationalsozialismus verschärften §§ 175 und 175a StGB noch unverändert. Sie stellten ‚Unzucht' unter Männern unter Gefängnisstrafe. Zweitens gab es die §§180 und 181, die der Strafverfolgung einfacher und schwerer Kuppelei dienten.

Da der Begriff der Kuppelei heute nicht mehr geläufig ist, soll dieser Straftatbestand kurz erläutert werden. Kuppelei begeht, wer anderen Personen Gelegenheit zur Unzucht verschafft. Unter den Begriff der Unzucht fielen bis in die frühen 1970er Jahre „jegliche außerehelichen sexuellen Handlungen zwischen mindestens zwei Personen", und man verstand darunter „jede Betätigung, der ein geschlechtlicher Charakter beiwohnte, die von einer wollüstigen Absicht getragen wurde und die geeignet war, das allgemeine Sittlichkeitsgefühl in geschlechtlicher Beziehung zu verletzen" (Brüggemann 2013, S. 91). § 181 StGB für schwere Kuppelei umfasst mehrere Tatbestände, darunter den, dass die kuppelnde Person zur verkuppelten Person im Verhältnis von Eltern zu Kindern steht, wobei mit Kindern solche beiderlei Geschlechts gemeint sind, ohne Altersbegrenzung. Auf schwere Kuppelei stand Zuchthaus bis zu fünf Jahren (Jagusch, 1958, S. 105–114). Wenn also Eltern ihren erwachsenen Sohn mit dessen ebenfalls erwachsener Freundin in einem gemeinsamen Zimmer in ihrer Wohnung übernachten lassen hätten, bedurfte es demgemäß damals nur der Anzeige eines Nachbarn, um dies als schwere Kuppelei zu verfolgen. Der Bundesgerichtshof, als höchste Instanz in Strafsachen, richtete sein Augenmerk sogar auf einen Fall wie den, dass eine Mutter ihrer erwachsenen Tochter gestattete, mit ihrem Verlobten im selben Zimmer zu übernachten. Die Verurteilung erfolgte, denn „die sittliche Ordnung will", so die Begründung, „dass sich der Verkehr der Geschlechter grundsätzlich in der Einehe vollziehe, weil der Sinn und die Folge des Verkehrs das Kind ist" (BGHSt 1954, S. 53). Im Jahre 1962 bestätigte der BGH diese Haltung in einem weiteren Fall der ‚Verlobten-Kuppelei', denn „der ernsthafte

Abb. 18 „1968 Révolutions", Sonderheft *Le Monde* mars-avril 2008

Wille der Verlobten zur Ehe für sich allein" beseitige „nicht die Unzüchtigkeit des Verkehrs zwischen ihnen" (BGHSt 1962, S. 232).

Sexualität war, um es deutlich zu sagen, in den westdeutschen 1960er Jahren noch von Verboten umstellt und entsprechend angstbesetzt. Es mussten Impulse aus dem Ausland kommen, die jenen Demokratisierungsschub bewirkten, der seitdem das Etikett „1968" trägt. Die Bundesrepublik war Nehmende, ohne selbst eine aktive Rolle bei dieser internationalen Bewegung der politischen, sozialen und kulturellen Erneuerung spielen zu können. Entsprechend nennt die Broschüre der französischen *Le Monde* (Abb. 18), die zum vierzigsten Jahrestag der 1968er Revolten erschien, auf dem Titelblatt die europäischen Zentren Paris, Rom und

Prag neben den Ländern USA und Vietnam, aber die Bundesrepublik kommt überhaupt nicht vor.

Die Impulse der gesellschaftlichen Erneuerung entwickelten sich in den 1960er Jahren vor allem in Kalifornien und New York, in Kooperation mit Paris. Die Bundesrepublik spielte lediglich den Zaungast.

4 Denk- und Wahrnehmungskonventionen

Forests *Barbarella*-Comic wirkte ebenso wie der spätere *Barbarella*-Film an der Artikulation des Lebensgefühls mit, das die emanzipatorischen Bewegungen der Sixties trug. Beide spielten auf ihre Weise lebenspraktische Entwürfe im Science Fiction Genre durch. Um den Weg zu einer Würdigung beider Werke zu ebnen erscheint es sinnvoll, kulturelle Orientierungen zu beleuchten.

Norbert Elias entwickelt in seinen *Studien über die Deutschen* den Begriff des ‚nationalen Habitus'. „Soziologen", betont er, stellt sich „eine Aufgabe, die von ferne an die Aufgabe erinnert, die Freud in Angriff nahm. Er suchte den Zusammenhang zwischen dem individuellen und besonders dem Triebschicksal eines Menschen und dessen persönlichem Habitus aufzudecken. Aber analoge Zusammenhänge gibt es auch zwischen den langfristigen Schicksalen und Erfahrungen eines Volkes und seinem jeweils gegenwärtigen sozialen Habitus" (Elias 2005, S. 31). In der globalisierten Welt bewegen sich zwar Menschen und Kulturgüter weitgehend freizügig, aber ihre Aneignung geschieht subjektiv: Sie wird vermittelt durch die Sichtweise und die Einstellung derjenigen, die sie rezipieren, und dabei wirkt der ‚nationale Habitus' mit.

Die hegemoniale Kultur der Bundesrepublik ist sozialgeschichtlich bedingt. Die Trennung der Gattungen der Bilderwelten, die ihr immanent ist, folgt einer hierarchischen Gliederung. Ganz oben steht die ‚autonome Kunst', die Kunstmuseen als sammelnde Institutionen bewahren und präsentieren, und der sich Kunstvereine widmen. Darunter kommen dann erstens das Feld der ‚angewandten Kunst', das von Gebrauchsgüter-Design bis Werbung reicht, zweitens der Film, drittens Karikatur und Comic, und danach Kostümsammlungen etc. Nur wer sich der Mühe der Reflexivität entzieht, wird solche Trennungen als unveränderliche Gegebenheit akzeptieren. Comics und Filme unterliegen zwar, wie Bücher auch, kommerziellen Bedingungen. Aber die Unternehmen, die sie auf den Markt bringen, schätzen die Kreativität der Produzenten, sofern deren Werke ein interessiertes Publikum bekommen.

Künste sind eine Quelle der Erkenntnis. „Die großen Werke der Kunst drehen sich um den Sinn des Lebens, die Bedingungen der *conditio humana,* den Preis eines menschenwürdigen Daseins“ (Hauser 1978, S. 93). Comic und Film *Barbarella* konnten ihre Kraft in Länderkulturen entfalten, die aufgeschlossen für Innovationen ästhetischer Ausdrucksmittel waren und diese in ihre Kunstwelten integrierten.

Literatur

BGHSt. 1954. Kuppelei gegenüber Verlobten, StGB §§ 180,181, Großer Senat für Strafsachen. Beschl. vom 17. Februar 1954. *Entscheidungen des Bundesgerichtshofes in Strafsachen, herausgegeben von den Mitgliedern des Bundesgerichtshofes und der Bundesstaatsanwaltschaft, 6. Band.* Köln–Berlin: Carl Heymanns.

BGHSt. 1962. Verkupplung von Verlobten, StGB § 181, 4. Strafsenat. Urt. vom 9.März 1962. *Entscheidungen des Bundesgerichtshofes in Strafsachen, herausgegeben von den Mitgliedern des Bundesgerichtshofes und der Bundesstaatsanwaltschaft, 17. Band.* Köln–Berlin: Carl Heymanns.

Blage, Judith. 2019. Wie wird man Astronautin? *Süddeutsche Zeitung* vom 23.02.2019.

Brüggemann, Johannes A. J. 2013. *Entwicklung und Wandel des Sexualstrafrechts in der Geschichte unseres StGB*. Studien zum Strafrecht 58. Baden-Baden: Nomos.

Elias, Norbert. 2002. *Über die Einsamkeit der Sterbenden.* Gesammelte Schriften Bd. 6. Frankfurt/M: Suhrkamp.

Elias, Norbert. 2005. *Studien über die Deutschen.* Gesammelte Schriften Bd. 11. Frankfurt/M: Suhrkamp.

Forest, Jean-Claude. 1964. *Barbarella.* o. O. [Paris]: Le Terrain Vague.

Forest, Jean-Claude. 1965–66. *Barbarella, Episode 7.* Evergreen Review No. 37, Sept. 1965, 35–43. – *Barbarella, Episode 8*: Evergreen Review No. 38, Nov. 1965, 37–45. – *Barbarella, Episode 1.* Evergreen Review No. 39, Feb. 1966, 33–43.

Forest, Jean-Claude. 1966.*Barbarella.* Übersetzt von Walther Hembus. Bremen: Carl Schünemann.

Foucault, Michel. 1983. *Der Wille zum Wissen: Sexualität und Wahrheit 1.* Aus dem Französischen von Ulrich Raulff und Walter Seitter. Frankfurt/M: Suhrkamp.

Fuchs, Eduard. 1912. *Illustrierte Sittengeschichte, Dritter Band „Das bürgerliche Zeitalter“.* München: Albert Langen.

Gilcher-Holtey, Ingrid. 2008. Mai 68 in Frankreich. In *1968 – Vom Ereignis zum Mythos,* hrsg. Ingrid Gilcher-Holtey, 15–45. Frankfurt/M: Suhrkamp.

Hartge, Caroline. 2005. *Lenore Kandel Das Liebesbuch Wortalchemie.* Berlin: Stadtlichter Presse.

Hauser, Arnold. 1978. *Soziologie der Kunst.* München: C. H. Beck.

Hieber, Lutz. 2008. Mode und Protestkulturen. In *KörperFormen – Mode Macht Erotik,* hrsg. Lutz Hieber u. Andreas Urban (Katalog zur Ausstellung im Historischen Museum

Hannover 31.08–01.02.2009) Schriften des Historischen Museums Hannover Bd. 32). 118–127.

Hieber, Lutz. 2017. Hippie-Aktivitäten. Im *Katalog zur Ausstellung „San Francisco 1967", Museum Folkwang Essen*, 09.06.–03.09.2017, 17–24. Edition Folkwang/Steidl: Göttingen. S..

Horkheimer, Max. 1988. *Neue Kunst und Massenkultur* [1941]. Aus dem Englischen von Kurt Jürgen Huch und Alfred Schmidt. Gesammelte Schriften Bd. 4, 419–438. Frankfurt/M: S. Fischer.

Jagusch, Heinrich et al. (Hg.). 1958. *Strafgesetzbuch*, 8. Aufl., 2. Bd. Berlin: Walter de Gruyter.

Jardin, Xavier. 2008. Roger Frey. In *Dictionnaire de Mai 68*, hrsg. Jacques Capdeville u. Henri Rey, 205 f. Paris: Larousse.

Kandel, Lenore. 1966. *The Love Book*. San Francisco: Stolen Paper Review.

Kelley, Mike et al. 1999. *Geheimgeschichten*. Texte zur Kunst, Heft 35, September 1999, 67–129.

Kraushaar, Wolfgang. 1998. *Frankfurter Schule und Studentenbewegung*, Bd. 1 („Chronik"). Hamburg: Rogner & Bernhard.

Kuhn, Thomas S. 1967. *Die Struktur wissenschaftlicher Revolutionen*. Aus dem Amerikanischen von Kurt Simon. Frankfurt/M: Suhrkamp.

Lebel, Jean-Jacques, Jean-Louis Brau u. Philippe Merlhès. 1969. *La Chienlit: Dokumente zur französischen Mai-Revolte*. Darmstadt: Joseph Melzer.

Loschek, Ingrid. 1988. *Reclams Mode- und Kostümlexikon*. Stuttgart: Philipp Raclam jun.

Manzur, Dan u. Alexander Danner. 2014. *Comics: A Global History, 1968 to the Present*. London: Thames & Hudson.

Mossuz-Lavau, Janine. 2008. Sexualité. In *Dictionnaire de Mai 68*, hrsg. Jacques Capdeville u. Henri Rey, 374–379. Paris: Larousse.

Mulvey, Laura. 1994. Visuelle Lust und narratives Kino. In *Weiblichkeit als Maskerade*, hrsg. Liliane Weissberg, 48–64. Frankfurt/M: Fischer.

Parks, Lisa. 1999. Bringing Barbarella Down to Earth: The Astronaut and Feminine Sexuality in the 1960s. In *Swinging Single: Representing Sexuality in the 60s*, hrsg. Hilary Radner u. Moya Luckett, 253–275. Minneapolis–London: University of Minnesota Press.

Reiche, Reimut. 1968. Die Beschränkung der jugendlichen Protestbewegung. In *Protest und Politik* (Probleme sozialistischer Kritik Bd. 10), hrsg. Lothar Hack et al., 25–43 Frankfurt/M: Neue Kritik.

Romer, Jean-Claude. 1964. Barbarella mon amour. *Giff-Wiff – bulletin trimestriel du Centre d'Étude des Littératures d'expression graphique* No. 11, 4–6.

Schiller Friedrich. 1983. *Das Lied von der Glocke*. Schillers Werke Nationalausgabe, Zweiter Band Teil 1, 227–239. Weimar: Hermann Böhlaus Nachfolger.

Siegfried, Detlef. 2008. *Time Is On My Side: Konsum und Politik in der westdeutschen Jugendkultur der 60er Jahre*. Göttingen: Wallstein.

Thompson, Thomas. 1968: Up and Away with Jane Fonda. *Life* March 29, 1968, 68–72.

Tomlinson, Sally. 2001. Psychedelic Rock Posters: History, Ideas, and Art. Im *Katalog zur Ausstellung „High Societies – Psychedelic Rock Posters of Haight-Ashbury“, San Diego Museum of Art 26.05.–12.08.2001*, hrsg. Sally Tomlinson, 14–37.

Vadim, Roger. 1987. *Meine drei Frauen Bardot Deneuve Fonda*. Aus dem Englischen von Ailive Knabe und Danielle Krüger. München: Wilhelm Heyne.

Watson, Steven. 1997. *Die Beat Generation*. Aus dem Amerikanischen von Bernhard Schmid. St. Andrä-Wörden: Hannibal.

Wlassikoff, Michel. 2008. *Mai 68: L'Affiche en heritage*. Paris: Editions Alternatives.

Kult, Transzendenz und Utopie. „Pulp Fiction“ als postmodernistische Kunst

Rainer Winter

Zusammenfassung

„Pulp Fiction“ (1994) von Quentin Tarantino inszeniert eindrucksvoll die postmoderne Erfahrung und Kultur. Zunächst werden die Eigenschaften bestimmt, die den Film zu einem Kultfilm und zu einem wichtigen Exemplar postmodernistischer Kunst gemacht haben. Anschließend werden die Merkmale analysiert, die das Bestehende transzendieren und Utopie sowie Hoffnung verkörpern. Diese Frage nach den der bestehenden Gesellschaftsordnung gegenüber negativen und kritischen Dimensionen dieses populären Films lässt sich nicht durch eine Betrachtung des Inhalts alleine beantworten, auch die formale Ebene der Ästhetik muss berücksichtigt werden.

Schlüsselwörter

Populärkultur · Postmoderne · Kultfilm · Intertextualität · Pastiche · Ästhetischer Populismus · Populäre Texte · Fans · Transzendenz · Utopie · Subversion

R. Winter (✉)
Institut für Medien- und Kommunikationswissenschaft, Alpen-Adria-Universität Klagenfurt, Klagenfurt am Wörthersee, Österreich
E-Mail: Rainer.Winter@aau.at

L. Hieber und R. Winter (Hrsg.), *Film als Kunst der Gesellschaft,* Film und Bewegtbild in Kultur und Gesellschaft,
https://doi.org/10.1007/978-3-658-30461-4_13

1 Einleitung

Vor 26 Jahren hat Quentin Tarantino mit „Pulp Fiction" (1994) einen außergewöhnlichen Film vorgestellt, der auch heute noch ästhetisch mehr als überzeugt und bestimmt zu einem Filmklassiker werden wird. Auch wenn man ihn sehr oft anschaut, findet man immer wieder Überraschendes (vgl. Shone 2018, S. 94). Zum einen ist „Pulp Fiction" eine Liebeserklärung an die Filme (und Fernsehserien), die Tarantino als Fan verehrt, zum anderen hat er einen einzigartigen Stil als Künstler entwickelt, der sehr einflussreich wurde. Von Anfang an ist „Pulp Fiction" intensiv rezipiert worden und hat eine Kultgemeinde von leidenschaftlichen Fans hervorgebracht, die affektiv von ihm eingefangen worden ist.

Bereits der Titel des Films weist daraufhin, dass er sich auf massenkulturell produzierte Geschichten populärer Genres (Krimis, Western etc.) bezieht, die von ihrer ästhetischen Qualität her eher als minderwertig betrachtet werden. Sie erschienen in periodischen Abständen und wurden auf billigem Papier gedruckt. Sie fanden eine große Leserschaft, die sich in ihre imaginären Welten versetzten.Auch wenn „Pulp Fiction" im Los Angeles der 1990er Jahre spielt, liegt sein eigentliches Referenzuniversum in diesen unterhaltsamen Geschichten, die ihre Fortsetzungen und Ergänzungen in Comics, Filmen und Fernsehserien fanden. Dabei sind es vor allem die Gangster aus der zweiten und dritten Reihe, die Tarantino faszinieren. „Pulp Fiction" ist eine Hommage für ihre Geschichten und Figuren sowie für die eigene leidenschaftlich gelebte Obsession.

So ist ein wichtiges Charakteristikum des Films, dass die populäre Kultur als selbstverständlicher Erfahrungsmodus vorausgesetzt, legitimiert und zelebriert wird. Dies zeigt sich z. B. in den hervorragend verfassten Dialogen der Filmfiguren, die sich kompetent, schlagfertig und sehr reflektiert über Fast Food, populäre Musik und Filmstars unterhalten. Es handelt sich um Personen aus dem kriminellen Milieu, die sich in ihrer Arbeit und Freizeit manchmal fast schon philosophisch mit der Konsum- und Medienwelt wie auch mit der Bibel auseinandersetzen. Auf diese Weise erfahren wir die Welt von Los Angeles aus der Perspektive von Personen, für die die „Massenkultur" selbstverständlich und konkurrenzlos ist. Sie bildet den Horizont, vor dem die alltägliche Welt wahrgenommen und gedeutet wird. Es wird auch deutlich, dass die Filmfiguren sich aktiv mit deren Produkten auseinandersetzen und zu eigenen Interpretationen von Erfahrungen und Praktiken kommen, so z. B. in der Beurteilung der Qualität von Hamburgern oder der sinnlichen Dimensionen einer asiatischen Fußmassage. Sie machen den Eindruck, als ob sie sich vorstellen würden, Teil einer filmischen Inszenierung zu sein.

Auch auf der formalen Ebene ist „Pulp Fiction“ in das intertextuelle Gewebe der populären Kultur eingebunden. Jede Szene verweist auf andere vor ihm gedrehte Filme und Fernsehserien. Der Film stellt ein postmodernes Pastiche im Sinne von Fredric Jameson (1991) dar. Quentin Tarantino beherrscht meisterhaft die Kunst, Bekanntes zu zitieren, miteinander zu verbinden und dennoch ‚Neues‘ zu schaffen. Sein Film richtet sich nicht nur an die an Unterhaltung und Spannung interessierten Zuschauer, sondern auch an die Kenner und Liebhaber von Filmen, Serien und populärer Musik, die Vertrautes und Geschätztes lustvoll wiedererkennen und so zusätzliches Vergnügen erfahren möchten. Tarantino gelingt es, eine eigene Welt voller Rätsel, Spuren und Andeutungen zu schaffen, die die Grundlage für die intensive Beschäftigung und obsessive Versenkung in ihre Details schafft. Je trivialer diese erscheinen, desto mehr scheinen sie die Suche nach Bedeutung anzustacheln. Erfolgreichen Serien und Computerspielen ist ähnliches gelungen.

Mehr als 25 Jahre später werden die von den Kulturindustrien produzierten Welten immer wichtiger. Dabei haben Fernsehserien und digitale Plattformen die Bedeutung von Filmen massiv geschmälert. Serien wie „Game of Thrones“ laden uns in imaginäre, in sich geschlossene und äußerst komplexe Welten ein. Digitale Ratgeber für Fast Food, Fußmassagen und alle Arten von Dienstleistungen stehen uns zur Verfügung, die wir mittels Smartphone in jeder Situation nutzen, deren Expertisen wir erproben und über die wir diskutieren können. Unsere Erfahrungen und unsere Praktiken sind in die industriell produzierte Populärkultur, deren Produkte wir uns aneignen, eingebunden. Wir spezialisieren unsere Identität durch unser Interesse für bestimmte Produkte, Erfahrungen oder Praktiken und grenzen uns dadurch von anderen ab. Mit ähnlich spezialisierten Zeitgenossen können wir Formen von Gemeinschaft in einer kulturell differenzierten Welt erleben (vgl. Winter und Eckert 1990).

Im folgenden möchte ich zeigen, dass Tarantino mit „Pulp Fiction“ bereits in den 1990er Jahren den populärkulturellen Erfahrungsmodus, der heute dominant ist, ins Zentrum gestellt hat. Zusammen mit seinen anderen Filmen und den Soundtracks zu diesen hat er eine eigene Sonderwelt geschaffen, die seine Anhänger lustvoll genießen, gemeinschaftlich erleben und zur Distinktion ihrer Identität nutzen können. Funktional betrachtet, hat die populäre Kultur vor allem affirmative Funktionen. Sie unterhält und bindet den auf sich gestellten Einzelnen in kulturelle und soziale Bezüge ein. Ein großer Teil der heutigen Populärkulturforschung untersucht diese Zusammenhänge, ohne über sie hinauszudenken[1].

[1]Bei Maase (2018), einem empirischen Kulturwissenschaftler, kommt diese Dimension überhaupt nicht vor. Er gibt sich mit der ideologischen Dimension der Populärkultur zufrieden.

Mir ist es jedoch auch wichtig zu untersuchen, welche Merkmale von „Pulp Fiction“ das Bestehende transzendieren, den Rahmen der „Massenkultur“ verlassen und Utopie sowie Hoffnung verkörpern (vgl. Jameson 1982, S. 135; Kellner 1995, S. 108 ff.). Diese Frage nach den der bestehenden Gesellschaftsordnung gegenüber negativen und kritischen Dimensionen dieses populären Films lässt sich nicht durch eine Betrachtung des Inhalts alleine beantworten, auch die formale Ebene der Ästhetik muss berücksichtigt werden. Es geht also darum, die von Tarantino vorweggenommene Apologie und das Lob der Populärkultur, die heute im Alltag, im Feuilleton und in den Kulturwissenschaften vorherrschen, durch eine Betrachtung der Ästhetik seines Films zu ergänzen, die auf „Hoffnungen und Phantasien der Kollektivität“ (Jameson 1982, S. 135) ausgerichtet ist.

2 Pulp Fiction“ als postmoderne Erfahrung und Kultur

Quentin Tarantino ist ein Filmbuff, der als Videothekar arbeitete, Drehbücher schrieb und schließlich auf der Basis seines enzyklopädischen Filmwissens zu einem äußerst erfolgreichen und innovativen Regisseur wurde, dessen wesentliches Charakteristikum nach Ansicht seiner Fans seine Coolness ist (vgl. Shone 2018, S. 24–53). Für eine Generation von Zuschauern hat er neu definiert, was unter dieser Form der gleichgültigen Distanz zu verstehen ist. Seine eigene Erfahrung ist zum großen Teil durch „pulp fiction“, Comics, Filme und Serien geprägt. In „Pulp Fiction“ inszeniert er diese Form des „In-der-Welt-Seins“ und die damit verbundene Subjektivität auf außergewöhnliche Weise.[2]

Der Kontext, in dem der Film entstand und zunächst rezipiert wurde, ist die Kultur der Postmoderne, die in den 1980er und 1990er Jahren auf ihrem Höhepunkt war (Jameson 1991). Es ist oft darauf hingewiesen worden, dass „Pulp Fiction“ ein typisch postmodernistischer Film sei (vgl. Polan 2000). Fredric Jameson, der die postmoderne Kultur eingehend analysiert hat, stellt fest, dass sie durch eine „Kunst der Imitate“ (Jameson 1986, S. 61), durch die Ästhetik

[2]Wenn wir Roland Barthes’ strukturalistischer Analyse des Todes des Autors folgen (Barthes 1977), dann verstehen wir unter Tarantinos Subjektivität all die Texte und Codes, die sie konstituiert haben, die unbegrenzt zu sein scheinen, deren ‚Ursprünge‘ aber verloren sind und nur neu konstruiert werden können. Ähnliches gilt für die Subjektivität des Zuschauers.

des Pastiche, gekennzeichnet sei. Damit eng verknüpft ist ein „libidinös besetzter Historismus“ (Ebd., 64), eine nostalgische Beschäftigung mit der Vergangenheit. Vor allem in Filmen würde „die ganze Imitationskunst des Pastiche“ (Ebd., 64) eingesetzt, um die verlorene Vergangenheit wieder zu erschaffen. Er nennt „American Graffiti“ (1973), „Chinatown“ (1974) oder „Rumble Fish“ (1983) als Beispiele. Darüber hinaus dominiere die Beschäftigung mit Oberflächen. Die Erforschung der Tiefendimension, die in der Moderne wichtig war, rücke in den Hintergrund. Der Verlust der Tiefe führe zu einem „Schwinden des Affekts“ (Ebd., 55 ff.), was er in einer Betrachtung der „Diamond Dust Shoes“ (1980) von Andy Warhol deutlich macht. Diese seien Konsumobjekte, Waren, die nicht auf einen spezifischen Lebenskontext oder eine individuelle Person verweisen. Darüber hinaus sei die Postmoderne durch einen ästhetischen Populismus geprägt (ebd., S. 46). Die Trennung zwischen ‚hoher‘ Kultur und der Massenkultur bzw. kommerziellen Kultur werde abgelehnt. Es entstünden neue kulturelle Texte, die die Massenkultur nicht nur zitieren, sondern deren kulturindustriell produzierten Formen und Inhalte als wesentliche Elemente enthielten.

Diese kurze Beschreibung der Ästhetik der Postmoderne, die für Jameson die kulturelle Dominante im Spätkapitalismus ist, macht deutlich, dass „Pulp Fiction“ deren Charakteristika deutlich zum Ausdruck bringt. Damit kann der Film ästhetisch eingeordnet werden. Jedoch bezieht sich Tarantino oft auch auf Jean-Luc Godards frühe Filme. Diese sind aber modernistisch geprägt, folgen Bertolt Brecht oder Dziga Vertov. Wenn er Godard zitiert, werden die Zitate jedoch Elemente eines postmodernistischen Pastiche, in dem die Populärkultur dominiert. Jameson beschreibt treffend die damit verbundene ästhetische Sensibilität. „Die verschiedenen Richtungen der Postmoderne sind eben von dieser ‚korrumpierten‘ Welt des Ramschs und des Kitschs fasziniert, von Fernsehserien und von der Readers’ Digest-Kultur, von Reklame und Motels, der late-shows und dem B-Movie Hollywoods, von der sogenannten Paraliteratur der Kiosk-Genres wie Gruselgeschichte, Liebesroman, Memoiren, Krimis, von Science-fiction und Fantasy“ (Jameson 1986, S. 46 ff.). Wir können die Frage nicht beantworten, ob Tarantino Jameson gelesen und von ihm gelernt hat. Es wäre auch nicht notwendig gewesen. Als Künstler und Filmenthusiast, der in Los Angeles lebt und dort „Pulp Fiction“ gedreht hat, erfasst er die kulturellen Bedingungen und ästhetischen Herausforderungen der Postmoderne und geht innovativ und kreativ mit ihnen um.

So ist in „Pulp Fiction“ der ästhetische Populismus in Form der Populärkultur zur postmodernen Erfahrung und Lebensform geworden. Durch die vielen Oberflächen, aus denen der Film besteht, gelingt es Tarantino, permanent und beharrlich das Publikum dazu zu animieren, auf die „condition postmoderne“ (Lyotard

1986) zu reflektieren und lustvoll nach Bezügen und Bedeutungen zu suchen, die sich auf andere kulturelle Texte beziehen. Es steht nicht im Zentrum, was die Figuren zu ihren Handlungen motiviert. Das für die Moderne charakteristische Ausdrucksmodell, das zwischen einem Innen und Außen unterscheidet, tritt in den Hintergrund. Die Figuren des Films zitieren Figuren aus vorhergegangenen Filmen, Comics, populären Romanen etc. Ihre Motivation ergibt sich für das geübte Publikum zum Teil aus diesen früheren Kontexten heraus. Zudem ist die Kontingenz entscheidend, das zufällige und überraschende Zusammentreffen von Körpern an einem Ort, das zu Reaktionen führt, die wiederum nicht vorhersehbar waren. Auch hierdurch ist es nicht notwendig, über das Innenleben der Figuren zu reflektieren. Sie reagieren auf Kontexte. Diese bestimmen das Handeln. Als z. B. Butch bei seiner Flucht an einem unbelebten Zebrastreifen hält, überquert Marcellus die Straße und erkennt ihn. Die Affekte entladen sich. Butch überfährt ihn. Marcellus überlebt und verfolgt Butch. Später als sie beide gefesselt Gefangene im Pfandleihgeschäft sind, hilft Butch jedoch Marcellus. Es ist der Kontext, der aus den Todfeinden Verbündete macht, die ihren Streit begraben.

Tarantino knüpft also an die Selbstreferentialität der postmodernen populären Kultur an und macht sie zu einem Strukturprinzip von „Pulp Fiction". Populäre Texte spielen auf andere Texte an, reartikulieren sie und erschaffen sie neu. Wenn der Rezipient durch eine intensive Beschäftigung und erworbenes Wissen die Spuren findet, die Andeutungen erkennt und der Lösung der Rätsel näher kommt, erschließt sich ihm eine „Lust am Text" (Barthes 1974), die auf seiner „populären Urteilskraft" (Fiske 1991) beruht. Damit ist die kulturelle Kompetenz gemeint zu verstehen, wie Filme und Fernsehserien Regeln und Konventionen folgen und textuelle Konstruktionen sind. Populäre Texte sind nach Fiske (1991, S. 108) offene Texte, denen es an Tiefe mangelt und deren Bedeutungen an der Oberfläche zu finden sind. „Pulp Fiction" ist ein äußerst dichte Anordnung populärkultureller Details und Anspielungen, die einen, wenn man sie erkennt, zu einem Insider machen. Man teilt ein Wissen, das esoterisch sein kann, und genießt die eigene Begeisterung für „Pulp Fiction". Es bereitet Vergnügen, das intertextuelle Netz der Populärkultur zu erforschen und sich in ihm zu verstricken (Winter 2013).

So führt der Besuch von Vincent Vega (John Travolta) und Mia Wallace (Uma Thurman) im Retrorestaurant Jack Rabbit Slim's, in dem die Konsum- und Medienwelt der 1950er Jahre ausgestellt und aufgeführt wird, dies auf selbstreferenzielle Weise vor. Anders als Mia, die schon öfter in dem Lokal war, aber nur Marilyn Monroe erkennt, kann Vincent bei seinem ersten Besuch sofort identifizieren, welche Schauspielerin bzw. welchen Rockstar die verkleideten Bedienungen verkörpern, wie z. B. Jayne Mansfield, Mamie van Deren oder Buddy Holly. Er bestellt ein Douglas-Sirk-Steak, später tanzt er mit Mia grandios zu dem Chuck Berry-Hit „You never can tell". Hinzu wird Vincent von John Travolta verkörpert, der Pop-Ikone der Discozeit der 1970er Jahre, die nun von Ikonen der 1950er Jahre umgeben ist. Tarantino gelingt es, mit Akribie die damalige (Medien-)Welt, ihre Stars und Objekte, zu rekreieren. Je mehr der Zuschauer diese Zusammenhänge erkennt, desto mehr wird er zum Eingeweihten, der infolge seiner populären Urteilskraft auf coole Weise mit dem Film umgehen kann.

Der große kommerzielle Erfolg von „Pulp Fiction", dessen Erfolg nicht auf einen kleinen Kreis von Anhängern beschränkt blieb, lässt sich auch darauf zurückzuführen, dass sein primärer Referenzrahmen die populäre Kultur ist, die für die meisten Zuschauer vertrauter als die „hohe Kultur" ist, die nur noch eine Option unter vielen ist. Auch wenn Tarantino als „Auteur" gefeiert und verehrt wird, stellt „Pulp Fiction" für seine breite Leserschaft eine kulturelle Ressource dar, deren Elemente eigensinnige Bedeutungen und Vergnügen provozieren können (Winter 2017). In diesen Formen der Rezeption und Aneignung steht nicht Tarantino als Schöpfer eines einzigartigen Kunstwerks im Mittelpunkt, sondern die Polysemie des Films, die zu Fabrikationen von Bedeutungen bei der Rezeption und Aneignung führt. Auch Tarantino wildert im Sinne De Certeaus (1988) in Filmen und Fernsehserien und zitiert seine Beute ironisch in „Pulp Fiction".

Robert Kolker (2001, S. 356 ff.) kritisiert ihn deshalb heftig:

> „Die Postmoderne handelt von Oberflächen; sie ist quasi flach gepresste Räumlichkeit, in der uns die Ereignisse und Charaktere permanent daran erinnern, dass sie Geschöpfe einer Popkultur sind. Es handelt sich hier um ein flaches, kreisförmiges, kurzgeschlossenes Gebilde, dessen Freuden aus der Wiedersehensfreude eines Begriffs stammen, der sich selbst begegnet. Genau deshalb war Pulp Fiction so populär. Nicht etwa, weil das Publikum alle oder auch nur einen der Verweise auf Scorsese oder Kubrick mitbekommen hätte, sondern weil die erzählerische und räumliche Struktur des Films niemals drohte, die eigenen Grenzen zu sprengen und in Bedeutung umzuschlagen".

Als Anhänger des *New Hollywood* hat Kolker offensichtlich Schwierigkeiten, die Filmkunst von Tarantino und ihre Rezeption richtig einzuschätzen. Im Internet finden sich unendlich viele Einträge und Nachrichten von Fans, die Zitate aus anderen Filmen und auch aus Fernsehserien gefunden haben und diese teilen möchten. Wer mit audiovisuellen Medien aufgewachsen ist und sie lieben gelernt hat, erkennt und freut sich über die Bezüge, die Tarantino herstellt. Darüber hinaus ist „Pulp Fiction" mehr als ein Ensemble von ironischen Zitaten, wie wir im weiteren herausarbeiten werden. Es ist oberflächlich, Tarantino vorzuwerfen, er würde andere Filme nur plagiieren oder imitieren und sich so selbstverliebt bloß dem postmodernen Spiel mit Signifikanten hingeben.

Vielmehr setzt die Verwendung des Pastiche eine Intention des Modernismus fort, nämlich sich mit dem Material und der Konstruktion von Texten auseinanderzusetzen. Frühere Filme und Serien werden von Tarantino aber nicht als außeralltägliche Kunstwerke verehrt, wie Kolker dies mit Filmen des *New Hollywood* macht, sondern sind historische Ressourcen, die die Grundlagen für seine künstlerischen Neuschöpfungen sind. Steven Shaviro (1997, S. 12) beschreibt treffend die postmodernistische Sensibilität. „Die einzige Verwendungsmöglichkeit von Wörtern und Bildern ist, sie uns anzueignen, sie zu verdrehen, sie gegen sich selbst zu richten. Wir können sie uns nur ausleihen und sie verschwenden: das ausgeben, was wir nicht selbst verdient haben und was uns noch nicht einmal gehört". Ihr eigentliches Ziel ist es aber, „neue Wahrnehmungs- und Ausdrucksorgane zu entwickeln" (Shaviro 1997, S. 22). Diese sind notwendig in einer Welt, in der alles medial vermittelt wird. Kolker nimmt einen Beobachterstandpunkt außerhalb der Filme an, die er als Artikulationen der Wirklichkeit auffasst, die deren Widersprüche und Konflikte aufzeigen und zur kritischen Reflexion anregen sollen. Dagegen begreift sich Tarantino als innerhalb der Medienwelt positioniert, er recycelt und reartikuliert deren Elemente neu. Dabei versucht er, neue Perspektiven und Erfahrungen zu vermitteln.

Weitere wichtige populärkulturelle Referenzen sind z. B. John Boormans „Deliverance („Beim Sterben ist jeder der Erste", 1972)", an den man schlagartig anlässlich der Ereignisse im Keller der Pfandleihe erinnert wird. Auch Marcellus Wallace (Ving Rhames) und Butch Coolidge (Bruce Willis) könnten den Film gesehen haben, weil sie zu ahnen scheinen, was ihnen blühen wird. „The Deer Hunter („Die durch die Hölle gehen")" (1978) wird zitiert, wenn Captain Koons (Christopher Walken) dem kleinen Butch die goldene Uhr seines in Vietnam gefallenen Vaters überreicht und ihm deren Geschichte erzählt. Darüber hinaus gibt es z. B. Referenzen zu „The Killing („Die Rechnung ging nicht auf", 1956)", „Kiss me Deadly (Rattennest, 1955)", zu „Psycho" (1960) von Alfred Hitchcock, zu „Halloween („Halloween – Die Nacht des Grauens", 1978)" von John Carpenter und, wie bereits erwähnt, zu frühen Filmen von Godard, in denen er an den amerikanischen Film Noir anknüpft. Auch die Selbstreflexionen und Dialoge der beiden Killer könnten so ähnlich in dessen Filmen vorkommen. Zudem ähnelt die Frisur von Mia der von Anna Karina in „Bande à part „Die Außenseiterbande", 1964)". Es werden auch Elemente, die für Filmgenres wie den Krimi oder den Film Noir typisch sind, zitiert, so z. B. die professionelle Arbeit von Killern und die damit verbundenen Probleme sowie Risiken.

Darüber hinaus werden Fernsehserien wie z. B. „Kung Fu“ (1972–1975) zum Thema. Wie deren Hauptfigur sieht sich Jules Winnfield (Samuel L. Jackson), der im Laufe des Films eine eigene Pop-Theologie entwickelt, veranlasst auf Sinnsuche zu gehen, nachdem er wie durch ein Wunder bei einer Schießerei nicht verletzt bzw. getötet wurde. Es werden weitere TV-Programme erwähnt, so z. B. „The Avengers (“Mit Schirm, Charme und Melone, 1961–1969)“ „The Brady Bunch („Drei Mädchen und drei Jungen“, 1969–1974“), „Clutch Cargo“ (1959), „The Flintstones („Familie Feuerstein, 1960–1966)“, „I Dream of Jeannie (Bezaubernde Jeannie, 1965-1970)“ oder die „The Partridge Family („Die Partridge Familie, 1970–1974)“. Tarantino und seine Generation sind mit dem Fernsehen der 1960er und 1970er Jahre groß geworden. Dessen Medienwelten sind so vertraut, dass sie wie selbstverständlich in den Film einfließen. Er erweist den Serien Reverenz, die ihm gefallen haben und die er verehrt. Diese positive Darstellung des Fernsehens findet sich bei modernistischen Filmemachern nicht. Tarantinos affirmativer Umgang mit der Fernsehkultur unterstreicht, wie „Pulp Fiction“ populäre Erfahrungen und Vergnügen der Vergangenheit reanimiert und zelebriert. Insgesamt gesehen, mündet das Recyceln populärkultureller Artefakte verschiedener Jahrzehnte der Vergangenheit in die Vorstellung einer absoluten Gleichzeitigkeit. „And this absolute contemporaneity operates as a kind of utopian eternal present. In relying on those artifacts as central operating devices, his films offer the perfect salvage operation, redeeming a past for the generation that inhabited it, but that also ‚missed‘ it“ (Willis 2000, S. 284).

Die nicht-lineare Erzählweise, die auf Rückblenden verzichtet, erfordert einen aktiven Zuschauer.[3] Der Film erzählt in miteinander verbundenen Stories aus dem Leben kleiner Krimineller in Los Angeles. Die Erzählung ist nicht chronologisch angeordnet, sie ist in einzelne Kapitel aufgeteilt, die nicht zeitlich linear aufeinanderfolgen. Diese formale Radikalität führt aber nicht dazu, dass der Film schwer zu verstehen ist. Das Rätsel, in welcher Reihenfolge, die Ereignisse stattgefunden haben, löst sich leicht auf. Dies unterscheidet „Pulp Fiction“ von „Lost Highway“ (1997) oder „Mulholland Drive (“Mulholland Drive-Straße der Finsternis“, 2001)“ von David Lynch, die rätselhaft bleiben. Der nicht-lineare Handlungsablauf erinnert auch an die Fragmentierung des Programmflusses im US-amerikanischen Fernsehen, wie Kritiker festgehalten haben (Dowell and Fried 1995). Geschichten werden durch Werbung segmentiert, in der z. B. für

[3]Eine ausführliche und sehr differenzierte Analyse der Erzählweise findet sich bei Krützen (2010, S. 232–266).

andere Serien geworben wird. Zu Beginn des Films sprechen Bunny (Amanda Plummer) and Pumpkin (Tim Roth) im Restaurant über die Möglichkeit, dessen Besucher auszurauben. Diese Handlung wird unterbrochen und erst am Ende des Films wieder aufgenommen. Der im „channel surfing“ erprobte Zuschauer kann sich darauf leicht einstellen. Dadurch dass Tarantino nicht chronologisch erzählt, jedoch gekonnt die verschiedenen Handlungsfäden miteinander verbindet, ist er auch zum Vorläufer des „quality TV“ geworden, das sich durch komplexe Erzählstrukturen auszeichnet (Eichner et al. 2013). In den neuen Fernsehserien sind die Unterbrechung einer Handlung sowie die Verknüpfung verschiedener Handlungsstränge eine Selbstverständlichkeit. So knüpft z. B. „The Sopranos („Die Sopranos“, 1999–2007)“ nicht nur in der Gestaltung der Handlungsstruktur an „Pulp Fiction“ an, sondern auch in der Darstellung nachdenklicher und philosophierender Gangster, wie z. B. von Tony Soprano (vg. Winter 2011).

Die überraschenden Wendungen in der Handlung von „Pulp Fiction“ lassen sich aber auch von einem erfahrenen Zuschauer nicht vorhersehen. Tarantino (1994 nach Polan 2000, S. 29) weist daraufhin, dass auch Spaghetti-Western wie „The Good, The Bad and the Ugly („Zwei glorreiche Halunken“, 1966)“ ein Vorbild für ihn waren. So wechselt in diesem Film die Szenerie mehrmals abrupt. Die Figuren in „Pulp Fiction“ stellen sich auf den Wechsel der Situationsrahmen unterschiedlich gut ein. Während Vincent der Entwicklung der Handlung oft hinterherhinkt, weil er auf der Toilette war, was ihm schließlich zum Verhängnis wird, sehen wir, wie auch Butch mit den abrupten und überraschenden Wechseln von Realitätsmodi und Situationen konfrontiert ist, sie aber schneller versteht und besser auf sie reagiert. So erwacht er kurz von dem Kampf von einem Tagtraum, in dem er sich an die goldene Uhr erinnert. Es war auch nicht damit zu rechnen, dass Butch sich entschließt, Marcellus zu helfen. Bevor er zurück in den Keller geht, um dessen sadistische Peiniger zu töten, sucht und wählt er eine Waffe aus. Zunächst hat er einen Hammer („The Toolbox Murders, 1978“), dann einen Baseballschläger („The Untouchables-Die Unbestechlichen, 1987“), eine Kettensäge („Texas Chainsaw Massacre-Blutgericht in Texas, 1974“) und schließlich ein Yakuzaschwert („The Seven Samurai- Die sieben Samurai, 1954“, „The Yakuza-Yakuza, 1975“) in der Hand, für das er sich schließlich entscheidet. Tarantino appelliert an das Genrewissen der Zuschauer. Falls sie sich in Horror- oder Yakuzafilmen auskennen, erkennen sie die parodistischen Aspekte und wissen nun, was den Bösewichten droht. Da die Entwicklung der Narration sich nicht wie bei Genrefilmen in geordneten Bahnen vollzieht, muss der Zuschauer wachsam sein. Auch hier lässt sich „Pulp Fiction“ als Vorläufer der neuen Fernsehserien begreifen.

Ein weiteres wichtiges Charakteristikum ist, dass die Figuren im Film ein großes Mitteilungsbedürfnis haben. Unentwegt formulieren sie ihre Auffassungen von sich und der Welt. Die Dialoge in „Pulp Fiction“ sind humorvoll, ironisch und äußerst pointiert. Sie beschäftigen sich mit der Alltags- und Medienkultur, der Auslegung der Bibel, dennoch finden sich auch hier intertextuelle Bezüge zu literarischen Texten wie zu „Huckleberry Finn“ oder zur Absurdität der Welt, die Luigi Pirandello, Samuel Beckett und andere existenzialistisch orientierte Autoren beschreiben (vgl. Shone 2018, S. 98). Es ist vor allem die Sprache, die den Film für lustige und ironische Lesarten öffnet. Nur am Anfang unterstellt man, dass solche Dialoge wirklich spontan im Alltag stattfinden könnten. Dann wird ihr Schriftcharakter deutlich. Sie sind nicht der Handlung untergeordnet oder sollen sie voranbringen.

Pisters (2003, S. 102) weist daraufhin, dass es sich im Sinne von Deleuze und Guattari (1976) um eine minoritäre Sprache handelt. Es sind die „street language“ und die Sprache des afroamerikanischen Rap, die zusammentreffen. Damit verbunden ist ein Prozess des Werdens, der vom Standard abweicht. „Get a Character" sagt Jules zu Vincent und beendet damit ihre Konversation über die erotische Qualität von Fussmassagen. Dann töten sie die jungen Männer, die die Aktentasche von Marcellus entwendet haben. Solch ein Gespräch vor einem Mord ist ungewöhnlich, macht die Killer aber interessant und sympathisch. Tarantino verwendet hier eine Technik, die von David Chase in „The Sopranos“ (1999–2007) dann meisterhaft fortgeführt wird.

Da „Pulp Fiction“ voller Überraschungen ist, bezeichnet Dana Polan (2000, S. 32) ihn als „a roller coaster of a movie“. Momente der Ruhe z. B. bei Dialogen im Auto oder bei Gesprächen in Restaurants werden von spektakulären Ereignissen (wie z. B. den Folgen eines Drogenexzesses oder Tanzeinlagen), Actionszenen (Überfälle, Schießereien, Faustkämpfe etc.) oder den Folgen von Gewalt abgelöst. Deren übertriebene Darstellung erinnert auch an Comics. Als Vincent mit Marvin freundlich spricht, ihm aber versehentlich in den Kopf schießt, lässt Tarantino einen mit Kunstblut und Haferbrei gefüllte Kopfattrape explodieren. Mitleid mit Marvin kommt kaum auf, da er eine Nebenfigur ist und man ihn nicht hat leiden sehen. Auch seine Leiche wird nicht gezeigt. „Solcherart spielerische Vermischung von Beiläufigkeit und Gewalt zeichnet Tarantinos Komik aus“ (Kaul und Palmier 2016, S. 66).

Der wilde Wechsel der Situationsrahmen fordert den Zuschauer, fesselt ihn und verlangt von ihm Geistesgegenwart und ein flexibles Management seiner Affekte. Ständig spielt Tarantino mit den Erwartungen der Zuschauer und erinnert hier stark an Alfred Hitchcock. Die verschiedenen Spektakel, vor allen Dingen die Szenen mit Gewalt, stellen visuelle Attraktionen dar, die das

Publikum affektiv überwältigen können. Entscheidend ist aber auch hier, dass sie vor dem Hintergrund der Inszenierung von Gewalt in Comics und in anderen Filmen betrachtet werden (sollen). Es sind Repräsentationen, die sich auf andere Repräsentationen beziehen. Filmhistorisch knüpft „Pulp Fiction" an das postmodernistische Mainstreamkino an, in dem, wie Scott Lash (1990, S. 188) gezeigt hat, das Spektakel nicht mehr der Erzählung – wie im realistischen Erzählkino – untergeordnet ist, sondern diese seit den 1980er Jahren zu dominieren beginnt (vgl. Winter 1992). Ein wesentlicher Unterschied ist jedoch, dass das Mainstreamkino nicht komplex erzählt, sondern in der Regel formelhafte Narrationen verwendet.

Auch visuell betrachtet, lässt sich „Pulp Fiction" als einen multidimensionalen Raum begreifen, der von beharrlichen und gleitenden Kamerabewegungen erschaffen wird. In den kunstvoll und komplex arrangierten Bildern des Films entfaltet sich eine barocke Vielfalt von Bezügen und ermöglicht eine Pluralität von Lesarten. Wir haben es auch auf der visuellen Ebene mit einem medialen Text zu tun, der den Zuschauer als einen produktiven Schöpfer von Zusammenhängen und Bedeutungen anspricht. Er soll sich an den Schichten von Bedeutungen abarbeiten, die der Film bereitstellt. Im Sinne von Roland Barthes (1976) wird er zum „Produzenten". Jede Szene, jedes Bild kann von ihm auf Bedeutungen abgesucht und in neue Zusammenhänge gesetzt werden. So stellt die bereits erwähnte nostalgische und äußerst aufwendige Rekonstruktion der 1950er Jahre in „Jack Rabbit Slim's" eine „Galaxie von Signifikanten" im Sinne von Barthes dar, die sich auf die Medien- und Konsumwelt der 1950er Jahre beziehen. Vincent inspiziert den Raum, in dem es keine Authentizität zu geben scheint, sondern nur Personen, die Stars kopieren, und Konsumobjekte der 1950er Jahre wie z. B. Straßenkreuzer. Er trifft u. a. auf Elvis Presley, James Dean, Dean Martin, Jerry Lewis und Zorro. Es ist die Welt des Simulakrums, die Jean Baudrillard (1987) in ihrer hyperrealen Dimension kritisch beschrieben hat. Erst das Gespräch zwischen Mia und ihm, die wie archetypische Figuren aus einem *Film Noir* wirken, scheint die Artifizialität der Umgebung zu transzendieren und deutlich zu machen, wie stark die beiden „authentisch" voneinander angezogen werden.

„Pulp Fiction" wendet sich also in guter popkultureller Manier an einen Zuschauer, der dazu gehören möchte. Coolness lässt sich erreichen, wenn man Tarantinos Konstruktion rekonstruieren kann, wenn man (zumindest zum Teil) zu erfassen scheint, was er sich gedacht hat. Wenn man die Witze der Protagonisten versteht, fühlt man sich angekommen, teilt ihre und Tarantinos „street wisdom". Die Hauptfiguren im Film versuchen, Coolness zu performen, als ob sie in einem Film mitspielen würden. Sie halten sich für cool und stellen dies auch dar. Während des Films wird ihr Selbstbild aber infrage gestellt. Vincent lässt (uncool) sein Maschinengewehr in der Küche liegen und wird mit ihm dann von Butch erschossen. Marcellus wird vergewaltigt. Mia stirbt beinahe an einer Überdosis. Jules wird fast erschossen, weil er auf seinen Informanten vertraut hat. Auf diese Weise dekonstruiert Tarantino auch das Ideal der Coolness. Am Ende beschließt Jules, seinen Job als Killer und die zur Schau getragene Coolness aufzugeben.

Wie bereits bemerkt, zitiert Tarantino unterschiedliche Genres, so dass „Pulp Fiction" einen Genremix darstellt. Elemente des *Film Noir,* Ereignisse und Figuren, werden mit Elementen von Blaxploitation-Filmen, schwarzen Komödien, Spaghetti-Western, Comics etc. verbunden und konfrontiert. So ähnelt der Film und seine Konstruktion einer vielschichtigen imaginären Welt, wie Polan (2000, S. 76) feststellt, die einem postmodernen Themenpark à la Disney gleichkommt, dessen Künstlichkeit dem Publikum von Anfang an bewusst ist. Man kann den Film auch wie einen Themenpark rezipieren. „There is in both activities the sense that the trajectory one follows is made up of a series of individual attractions, each of which sets out to surprise and dazzle. Certainly, many of the moments in Pulp Fiction set themselves off from the plot to become stand-alone bits of virtuosity either in the craft of the dialogue, the weirdness of the action as in the rednick pawnshop – or the show-off quality of the cinematic style" (Polan 2000, S. 76). Der Zuschauer bewegt sich von einer Attraktion zu einer anderen und wird durch die überraschenden Wendungen in der Handlung sowie die spektakulären Ereignisse mit intensiven Erfahrungen konfrontiert.

Unsere bisherige Analyse hat deutlich gemacht, dass „Pulp Fiction" ein Film ist, der zur mehrfachen Rezeption einlädt. Das lustvolle Erleben soll wiederholt, ebenso soll Neues erfahren werden. Die unzähligen Interpretationen, die man im Internet finden kann, verweisen auf eine weltweite Debatte und unterstreichen, dass wir es mit einem Kultfilm zu tun haben. Wie „Casablanca" (1942) greift „Pulp Fiction" auf das „Repertoire des bereits Erprobten" (Eco 1985, S. 209) zurück und lässt archetypische Figuren, Ereignisse und Handlungsskripte „ein Fest des Wiedersehens" (Ebd., S. 213) feiern. Der Unterschied ist aber der, dass „Pulp Fiction" von einem begeisterten Anhänger der Populärkultur geschaffen wurde, der die Selbstreferentialität zu einem Strukturprinzip gemacht hat. Anders als „Casablanca" war der Film in postmoderner Manier bereits als Kultfilm angelegt und wurde dann begeistert von den Zuschauern als solcher wahrgenommen, wiederholt und kontinuierlich rezipiert und angeeignet (vgl. Winter 2013).

3 Subversion, Transzendenz und Utopie

Fans von Horrorfilmen interessieren sich bei Gewaltdarstellungen primär darum, welche Spezialeffekte zu ihrer Inszenierung genutzt werden (Winter 2010, S. 220 ff.). Gleichzeitig vergleichen sie sie mit anderen Repräsentationen von Gewalt, jedoch nicht mit der Darstellung von Ereignissen, die wirklich stattgefunden haben. Gerade durch die Übertreibung können sie Gewaltdarstellungen ästhetisch genießen, was nicht gelingen kann, wenn man sie als Reproduktionen der Realität begreift. Auch „Pulp Fiction" wurde heftig kritisiert und abgelehnt, obwohl die Folgen von Gewalt eher indirekt gezeigt werden. Anders als im „body horror" sind kaum deformierte Körper zu sehen. Seine Anhänger jedoch lieben und zelebrieren die Erfahrung des Films als ein Spiel der Signifikanten bzw. als eine karnevaleske Grenzüberschreitung. Im Sinne von Barthes entfalten sie „jouissance" in der Interaktion mit dem Film. Tarantino ist von Genrefilmen fasziniert, transzendiert aber deren erzählerische Formen und Regelwerk durch seinen Stil. Während Genrefilme in der Regel durch eine eingeschränkte Ökonomie der Zeichen gekennzeichnet sind, löst „Pulp Fiction" Fixiertheiten in Form und Inhalt auf, subvertiert Erwartungen und überrascht unentwegt. Die intertextuellen Bezüge scheinen unbegrenzt zu sein. Im Sinne Derridas (1974) drücken sie die unendliche „différance" aus. Alles scheint möglich zu sein. Die Gewaltdarstellungen lassen sich als visuelle und auditive Spektakel begreifen. Sie transzendieren die Erzählung und werden als reine Form genießbar. „Pulp Fiction" gehört wie Kung Fu-Filme, von denen er inspiriert ist, zum „jouissance-cinéma", wie es Claudine Eizykman (1976) im Anschluss an Barthes (1974) und Derrida früh beschrieben hat.

Auch wenn der Film primär durch das Aktionsbild (Deleuze 1989, Kap. 8–10) geprägt zu sein scheint, wird bei genauerer Betrachtung deutlich, das die von Deleuze beschriebene Problematik des Zeitbildes auch eine wichtige Rolle spielt (vgl. Pisters 2003, S. 99 ff.). In den verschiedenen Stories, die erzählt werden, gibt es immer aktive und coole Figuren, die ein Ziel verfolgen. Sie geraten jedoch in krisenhafte Situationen, auf die sie reagieren müssen. Tarantinos Kino ist ein Kino des Körpers. Es geht um Affekte (Hass, Liebe etc.) und um Effekte. Dabei bewertet oder verurteilt er aber seine Figuren nicht, egal was sie tun, was den Filmen, die am Zeitbild (Deleuze 1991) orientiert sind, entspricht. Die Ausrichtung am Aktionsbild wird auch durch die nicht chronologische Erzählweise unterlaufen. Damit wird ein homogenes Zeitverständnis problematisiert, das sich darauf beschränkt, dass alle innerhalb einer allgemein geteilten Zeit existieren. Die Darstellung verschiedener Figuren in den unterschiedlichen Episoden weist indirekt daraufhin, dass es verschiedene Formen von Dauer gibt. Ergänzend stellt Tarantino die klassische Distanz zwischen Realität und Fiktion, die Realität repräsentiert, infrage, verzichtet aber nicht auf realistische Konventionen wie z. B. authentische Settings. Die Figuren aber, die Genrefilmen und Comics entsprungen sind, wirken eher artifiziell. Sie verweisen nicht auf die Realität, sondern auf die Welt der Populärkultur. In „Pulp Fiction" geht es eher darum, wie sich die aktuellen Bilder, die im Film zu sehen sind, auf die virtuellen Bilder beziehen, die möglich wären. Durch die Spektakel, die die Handlung unterbrechen, und durch die nicht geradlinige Erzählweise thematisiert Tarantino kontinuierlich, dass andere Ereignisse und auch eine andere Verknüpfung der Handlungsfäden möglich wären. So hebt er auch die Distanz zwischen Fiktion und Metafiktion auf.

Darüber hinaus ist Pisters (2003, S. 104) der Auffassung, dass die Verknüpfung von Tragik und Komik, als z. B. Vincent versehentlich Marvin (Phil LaMarr) erschießt, eine schizophrene Bewegung der Deterritorialisierung darstellt. Die Absurditäten der menschlichen Existenz werden in aller Drastik offengelegt und im Gelächter sowie in der Freude über die Bilder transzendiert. „Sad and happy despair, expressed in violence, are both expressions of the complexity and absurdity of life, which can be full of bad encounters (...) One is powerless and sad, the other is powerful and joyful, but both redefine goodness and badness and both are beyond good and evil" (Pisters 2003, S. 105). „Pulp Fiction" ist kein moralischer Film, in dem die Handlungen von einer moralischen Perspektive aus bewertet werden. Vielmehr stellt er im Sinne von Spinoza ethische Fragen. Wie können wir eine affirmative Einstellung zum Leben gewinnen, möglichst viele positive Affekte der Freude kreieren, obwohl das Leben absurd ist und tragisch endet. Wenn wir über „Pulp Fiction" lachen, trotz der Grausamkeiten, die dargestellt werden, lösen wir uns von der „glücklichen Verzweiflung" und schaffen positive Affekte, die zu adäquateren Ideen und einer besseren Form des Lebens führen können.

Wie wir gesehen haben, subvertiert und dekonstruiert Tarantinos Ästhetik die klassische Hollywoodästhetik, in der, wie Thomas Elsässer (2009, S. 61) zusammenfasst, die dargestellte fiktionale Welt homogenen Charakter hat und „alles motiviert ist und einem Zweck dient". Dagegen inszeniert Tarantino fragmentierte Welten, die miteinander in Konflikt geraten. Das kontingente Zusammentreffen von Körpern in unterschiedlichen Kontexten führt zu Reaktionen, die nicht vorhersehbar sind. Der Zuschauer genießt diese Welten, freut sich und lacht, ohne nach einem tieferen Sinn zu fragen. Der Film dient nicht einer ideologischen Legitimierung des Bestehenden. Im Gegenteil er eröffnet die Möglichkeit von Fluchtlinien. Dabei operiert Tarantino innerhalb der Populärkultur. Er kritisiert die Gesellschaft nicht von außen, sondern schafft

Bildwelten, die sich auf frühere in dekonstruktiver Weise beziehen, dennoch neu und überraschend sind. Sie setzen positive Affekte frei. Visueller Genuss und Lachen helfen einen Freiraum zu schaffen, der nicht durch Kommodifizierung oder Verdinglichung geprägt ist.

Das gewalttätige und mörderische Business von Kriminellen in Los Angeles wird in „Pulp Fiction" konstant gestört, unterbrochen, durcheinandergebracht oder vereitelt. In den Sprechakten der Figuren, in denen sie ihre Perspektive ausdrücken, wobei sie sich ihrer populärkulturellen Erfahrungen bedienen, drückt sich eine gemeinsame Welterfahrung aus, die auf Spuren einer Kollektivität verweist, die nicht der Erledigung von Aufträgen, der Durchführung von Geschäften oder der Suche nach Profit unterworfen ist. Auch wenn deutlich wird, dass die Figuren im Film vereinzelt und isoliert sind, teilen sie die gemeinsame Verankerung in populärkulturellen Erfahrungen, die ihr Verständnis von sich selbst und von der Welt prägt. „Tarantino's characters, like his films, live in no community, none but the public space, that is built into television, radio, and videotapes – a community of popular culture users and cult viewers" (Willis 2000, S. 292). Das Business, dem die Gangster nachgehen, steht allegorisch für das Geschäftsleben im allgemeinen. Es wird massiv gestört und durcheinandergebracht. Schließlich gibt Jules seinen „shit job" als „Angestellter" von Marcellus auf, nachdem er wie durch ein Wunder den Kugelhagel im Apartment unverletzt überstanden hat. Er erlebt einen epiphanischen Moment und möchte sein Leben zum Guten ändern. Seine erste ethische Tat besteht darin, Pumpkin und Bunny nicht zu erschießen, obwohl er es könnte. Die Hinwendung zur Ethik bedeutet eine Abwendung von den gesellschaftlichen Erwartungen und einen Weg der Selbstfindung (vgl. Botting und Wilson 1998). Wie schon in „Reservoir Dogs ("Wilde Hunde", 1992)", als die Gangster zu Beginn über den Text von Madonnas „Like a Virgin" (1984) diskutieren, nutzt Tarantino auch die Dialoge und die von Affekten ergriffenen Körper, um eine Gegenwelt zu erzeugen. Damit hält er die Fantasie am Leben, dass heute nicht alles dem Business und dem Erfolg untergeordnet sein muss. Hierin liegt im Sinne von Jameson (1982) und Kellner (1995) eine utopische Perspektive von „Pulp Fiction" verborgen.

4 Schlussbetrachtung

Tarantino wird als das erste Genie bezeichnet, das die Fernsehgeneration hervorgebracht hat (vgl. Shone 2018, S. 97). Zweifellos ist er ein Künstler, der mit seiner Ästhetik und seinem Stil zu einem der wichtigsten Regisseure der letzten Jahrzehnte geworden ist. Er hat nicht nur Filmregisseure, sondern auch die Macher von komplexen Fernsehserien beeinflusst. Tarantinos Material ist die Populärkultur, mit der er aufgewachsen ist und die er lieben gelernt hat. Er recycelt deren Elemente, stellt sie neu zusammen, transformiert sie, lässt sie aufeinander prallen und freut sich mit dem Publikum über die überraschenden und spektakulären Ergebnisse. In „Pulp Fiction" gelingt es ihm wie in seinen anderen Filmen, populäre Bedeutungen und Vergnügen zu fabrizieren, die kognitiv und affektiv ermächtigend sein können.

Wer über den Film lachen kann, wird leicht zu seinem Fan. In der Struktur des Films ist bereits angelegt, dass er mehrmals geschaut und kultisch verehrt werden soll. Auch wenn Tarantino affirmativ mit der Populärkultur umgeht, enthält „Pulp Fiction" Perspektiven, die kritisch, transzendierend und utopisch sind. Es ist wichtig, diese wichtige Dimension, die in aktuellen Diskussionen oft nicht beachtet wird, weiterhin im Blick zu haben. Hiermit hat Quentin Tarantino einen sehr wichtigen Beitrag zur postmodernistischen Ästhetik geliefert.

Literatur

Barthes, Roland, 1974. *Die Lust am Text*. Frankfurt a.M.: Suhrkamp.

Barthes, Roland, 1976. *S/Z*. Frankfurt a.M.: Suhrkamp.

Barthes, Roland, 1977. The Death of the Author. In: ders., *Image-Music-Text*, 142–148. London: Fontana/Collins.

Baudrillard, Jean, 1987. *Das Andere selbst*. Wien: Passagen.

Botting, Fred und Scott Wilson, 1998. By Accident. The Tarantinian Ethics. *Theory, Culture & Society*, Jg. 15, Nr. 2, 89–113.

Deleuze, Gilles, 1989. *Das Bewegungs-Bild. Kino1*. Frankfurt a.M.: Suhrkamp.

Deleuze, Gilles, 1991. *Das Zeit-Bild. Kino2*. Frankfurt a.M.: Suhrkamp.

Deleuze, Gilles und Félix Guattari, 1976. *Kafka. Für eine kleine Literatur*. Frankfurt a.M.: Suhrkamp.

De Certau, Michel, 1988. *Kunst des Handelns*. Berlin: Merve.

Derrida, Jacques, 1974. *Grammatologie*. Frankfurt a.M.: Suhrkamp.

Eco, Umberto, 1985. Casablanca oder die Wiedergeburt der Götter. In: ders., *Über Gott und die Welt*, 208–213. München: Hanser.

Dowell, Pat und John Fried, 1995. Pulp Fiction. Two Shots at Quentin Tarantino's ‚Pulp Fiction'. *Cineaste*, Bd. 21, Nr. 3, 4–7.

Eichner, Susanne, Lothar Mikos und Rainer Winter (Hg.), 2013. *Transnationale Serienkultur. Theorie, Ästhetik, Narration und Rezeption neuer Fernsehserien*. Wiesbaden: VS Springer.

Eizykman, Claudine, 1976. *La jouissance-cinéma*. Paris: Union Générale d'Editions.

Elsässer, Thomas, 2009. *Hollywood heute. Geschichte, Gender und Nation im postklassischen Kino*. Berlin: Bertz + Fischer.

Fiske, John, 1991. Popular Discrimination. In: *Modernity and Mass Culture*, hrsg.: James Naremore und Patrick Brantlinger, 103–116. Bloomington/Indianapolis: Indiana University Press.

Jameson, Fredric, 1982. Verdinglichung und Utopie in der Massenkultur. In: *Zur Dichotomisierung von hoher und niederer Literatur*, hrsg.: Christa Bürger, Peter Bürger und Jochen Schulte-Sasse, 108–141. Frankfurt a.M.: Suhrkamp.

Jameson, Fredric, 1986. Postmoderne – zur Logik der Kultur im Spätkapitalismus. In: *Postmoderne. Zeichen eines kulturellen Wandels*, hrsg. Andreas Huyssen und Klaus R. Scherpe, 45–102. Reinbek: Rowohlt.

Jameson, Fredric, 1991. *Postmodernism or The Cultural Logic of Late Capitalism*. London/New York: Verso.

Kaul, Susanne und Jean-Pierre Palmier, 2016. *Quentin Tarantino. Einführung in seine Filme und Filmästhetik*. Paderborn: Fink.

Kellner, Douglas, 1995. *Media Culture. Cultural Studies, Identity and Politics between the Modern and the Postmodern*. london/New York. Routledge,

Kolker, Robert, 2001. *Allein im Licht*. München/Zürich: Diana Verlag.

Krützen, Michaela, 2010. *Dramaturgien des Films. Das etwas andere Hollywood*. Frankfurt a.M.: S. Fischer.

Lash, Scott, 1990. *Sociology of Postmodernism*. London/New York: Routledge.

Lyotard, Jean-François, 1986. *Das postmoderne Wissen*. Wien: Passagen.

Maase, Kaspar, 2018. *Populärkulturforschung. Eine Einführung*. Bielefeld: transcript.

Pisters, Patricia, 2003. *The Matrix of Visual Culture. Working with Deleuze in Film Theory*. Stanford, Ca.: Stanford University Press.

Polan, Dana, 2000. *Pulp Fiction*. London: British Film Institute.

Shaviro, Steven, 1997. *Doom Patrols. Streifzüge durch die Postmoderne*. Köln: Bollmann.

Shone, Tom, 2018. *Quentin Tarantino*. München: Knesebeck.

Willis, Sharon, 2000. ‚Style', Posture, and Idiom. Tarantino's Figures of Masculinity. In: *Reinventing Film Studies*, hrsg.: Christiane Gledhill und Linda Williams, 279–295. London: Arnold.

Winter, Rainer, 1992. *Filmsoziologie. Eine Einführung in das Verhältnis von Film, Kultur und Gesellschaft*. München: Quintessenz.

Winter, Rainer, 2010. *Der produktive Zuschauer. Medienaneignung als kultureller und ästhetischer Prozess* (Zweite erweiterte Auflage). Köln: Herbert von Halem.

Winter, Rainer, 2011. „All Happy Families": „The Sopranos" und die Kultur des Fernsehens im 21. Jahrhundert. In: *Serielle Formen,* hrsg.: Robert Blanchet, Kristina Köhler, Tereza Smid und Julia Zutavern, 153–176. Marburg: Schüren.

Winter, Rainer, 2013. Fernsehserien als Kult. In: *Transnationale Serienkultur*, hrsg.: Susanne Eichner, Lothar Mikos und Rainer Winter, 67–83. Wiesbaden: VS Springer.

Winter, Rainer, 2017. *Die Kunst des Eigensinns. Cultural Studies als Kritik der Macht* (Zweite Auflage). Weilerswist: Velbrück Wissenschaft.

Winter, Rainer und Roland Eckert, 1990. *Mediengeschichte und kulturelle Differenzierung. Zur Entstehung und Funktion von Wahlnachbarschaften*. Opladen: Leske+Budrich.

Zwischen Benjamin und Lacan. Der Spiegel *Nerhegeb als mediale Bewährungsprobe*

Hans-Joachim Jürgens

Zusammenfassung

Am Beispiel der ausgesprochen erfolgreichen Buch- und Filmreihe um den verwaisten Zauberschüler Harry Potter zeigt Jürgens in Auseinandersetzung mit Benjamin und Lacan, wie in Rowlings Debütroman Harry Potter und der Stein der Weisen und in dessen gleichnamiger Verfilmung die Existenz der Möglichkeit einer emanzipierenden Wahl des reifenden Einzelnen angesichts eines faszinierenden, ja durch das Spiel mit den mächtigsten eigenen Wünschen bedrohlich-überwältigenden Mediums, des Zauberspiegels Nerhegeb, mehrschichtig zur Darstellung gebracht und zugleich verheißen wird.

Schlüsselwörter

Harry Potter-Roman · Harry Potter-Verfilmung · überwältigendes Medium · Benjamin · Lacan · Initiation · Reifung · Macht des Wünschens · Spiegelmotiv · Rahmenmotiv

In seinem berühmten Aufsatz mit dem Titel *Das Kunstwerk im Zeitalter seiner technischen Reproduzierbarkeit* schreibt Walter Benjamin, dass angesichts der zunehmenden „technischen Reproduzierbarkeit" Werke der Kunst ihrer „Aura" (1963, S. 15) verlustig gingen und an die Stelle deren „Kultwert[es]" (1963, S. 18)

H.-J. Jürgens (✉)
RWTH Aachen University, Aachen, Deutschland

L. Hieber und R. Winter (Hrsg.), *Film als Kunst der Gesellschaft,* Film und Bewegtbild in Kultur und Gesellschaft,
https://doi.org/10.1007/978-3-658-30461-4_14

zunehmend der „Ausstellungswert" (1963, S. 18; s. a. grundlegend Seiler 2006, S. 54–73) trete. Diese Entwicklung zeichnet er an einer Reihe von Beispielen aus verschiedenen Kunstbereichen nach, hält sie aber für am deutlichsten bei den Medien Fotographie und Film realisiert (vgl. Benjamin 1963, S. 17–39). Während er einerseits die Auraverkümmerung (1963, S. 13) diagnostiziert, erkennt er andererseits, vor allem aus der Filmrezeption, neues Potenzial zur Lösung jener schwierigen „Aufgaben" erwachsen, „welche in geschichtlichen Wendezeiten dem menschlichen Wahrnehmungsapparat gestellt werden" (1963, S. 41; s. a. Elsaesser und Hagener 2007, S. 107–108). Dabei grenzt sich Benjamin deutlich von zeitgenössischen Kritikern des Mediums Film ab. Am ausdrücklichsten sieht er eine Fehleinschätzung des neuen Mediums bei Georges Duhamel gegeben, der den Film betrachtet als „einen Zeitvertreib für Heloten, eine Zerstreuung für ungebildete, elende, abgearbeitete Kreaturen, die von ihren Sorgen verzehrt werden... ein Schauspiel, das keinerlei Konzentration verlangt, kein Denkvermögen voraussetzt..., kein Licht in den Herzen entzündet und keinerlei andere Hoffnung erweckt als die lächerliche, eines Tages in Los Angeles‚Star zu werden" (Duhamel, zit. n. Benjamin 1963, S. 40). Benjamin hingegen will den Film als „eigentliches Übungsinstrument" für die „Rezeption in der Zerstreuung" verstanden wissen, „die sich mit wachsendem Nachdruck auf allen Gebieten der Kunst bemerkbar macht und das Symptom von tiefgreifenden Veränderungen der Apperzeption ist". Die Kunst müsse nämlich genau bei dem Medium ansetzen, das die „Massen" zu „mobilisieren" vermag (1963, S. 41; s. a. Seiler 54–73).

In den späten 1990er Jahren, rund 60 Jahre nach Benjamins diesbezüglichen Ausführungen, mobilisierte ein noch kurz zuvor vielerorts als sterbend gedeutetes Medium die Massen – das Buch, genauer gesagt, der dickleibige, auf Fortsetzung angelegte Roman (vgl. Zimmermann 2001, S. 89). Die Rede ist hierbei von der 335 Druckseiten umfassenden Zauberergeschichte *Harry Potter und der Stein der Weisen* (Rowling 1998). Keine andere Unternehmung literarischer Natur hat in den letzten beiden Jahrzehnten einen solchen Verkaufs-, Beliebtheits- und Lesererfolg erreichen können (vgl. Bürvenich 2001; Anelli 2009; Spinner 2001a; Wikipedia 2014),[1] wie die siebenbändige *Harry Potter*-Romanreihe (Rowling 1998, 1999, 2000, 2003, 2005, 2007) der britischen Autorin Joanne K. Rowling (vgl. zur Biografie der Autorin: Fraser und Martin 2001; Rowling 1997; Shapiro 2000; Smith 2002).

Zu den ersten sieben *Harry Potter*-Büchern aus der Feder Rowlings erschien jeweils ein ebenso die Massen mobilisierender (vgl. Benjamin 1963, S. 41)

[1]Etwas relativiert wird dieser Befund bei Schneidewind (2019).

gleichnamiger Kinofilm: *Harry Potter und der Stein der Weisen* (Harry Potter and the Philosopher's Stone) 2001, *Harry Potter und die Kammer des Schreckens* (Harry Potter and the Chamber of Secrets) 2002, *Harry Potter und der Gefangene von Askaban* (Harry Potter and the Prisoner of Azkaban) 2004, *Harry Potter und der Feuerkelch* (Harry Potter and the Goblet of Fire) 2005, *Harry Potter und der Orden des Phönix* (Harry Potter and the Order of the Phoenix) 2007 und *Harry Potter und der Halbblutprinz* (Harry Potter and the Half-Blood Prince) 2009. Zum letzten Band der Romanreihe wurden zwei Filme produziert: *Harry Potter und die Heiligtümer des Todes: Teil 1* (Harry Potter and the Deathly Hallows: Part 1) 2010 und *Harry Potter und die Heiligtümer des Todes: Teil 2* (Harry Potter and the Deathly Hallows: Part 2) 2011. Insgesamt wurden die Filme für zwölf Oscars nominiert und konnten verschiedene Filmpreise gewinnen. Das Gesamt-Einspielergebnis lag weltweit über 7,7 Mrd. US$. Damit rangieren die Filme über den Zauberlehrling auf Platz 3 der erfolgreichsten Filmreihen nach dem *Marvel Cinematic Universe* und den *Star-Wars*-Filmen (vgl. Wikipedia 2014; s. a. Focus 2014). Cuntz-Leng führt aus, dass die Genese Harry Potters zur „Legende" vor diesem Hintergrund „keineswegs der alleinige Verdienst der im Januar 2007 zum Abschluss gebrachten, siebenbändigen, in 67 Sprachen übersetzten Romanreihe […] der britischen Autorin Rowling, deren Verkaufszahlen alle Rekorde gebrochen haben […], kontroverse Diskussionen auslösten, christliche Moralapostel auf den Plan riefen […] und Lesemuffel aller Altersgruppen wieder in die Bibliotheken lockten", gewesen sei, sondern auch maßgeblich mit den Verfilmungen zusammen hänge. Aufgrund der „Warner-Verfilmungen der Romane" hätte der Zauberlehrling „nicht nur ein Gesicht bekommen (Daniel Radcliffe), sondern auch seinen Bekanntheitsgrad vervielfacht" (2015, S. 17).

1 Zur Faszination von Roman- und Filmreihe

Angesichts dieser im Sinne Spinners „spektakuläre[n]" (2001a, S. 7), das heißt ebenso einzigartigen[2] wie öffentlichkeitswirksamen (vgl. Kutzmutz, S. 60–77; Kämpfe-Burghardt 2001, S. 44–59) „Erfolgsgeschichte" (Gaschke 2000), die

[2]Friedhelm Schneidewind bestreitet die Einzigartigkeit zum Beispiel durch den Hinweis auf Karl May: „Zunächst gab es schon durchaus Vergleichbares, berücksichtigt man, dass es noch kein Internet gab und es sich daher meist um nationale Ereignisse handelte. Der Rummel um Karl May (deutschsprachige Auflage über 100 Mio.) im 19. Jahrhundert war durchaus vergleichbar mit dem, was sich jetzt um Harry Potter abspielt." (2014).

im Sinne Benjamins als Mobilisierung der Massen (vgl. 1963, S. 41) bezeichnet werden kann, ist von verschiedenen Wissenschaftlern und Journalisten immer wieder ein gewisses Befremden oder zumindest Erstaunen bekundet worden. Olaf Kutzmutz sprach in diesem Sinne von einem „Erfolg, den niemand so recht erklären kann" (2001, S. 5) und verstand die von ihm organisierte „Tagung *Harry Potter oder Warum wir Zauberer brauchen. Überlegungen aller Geschmacksrichtungen*", als einen ersten zaghaften Versuch der verstehenden Annäherung (2001: Vorsatz).

Auch Konrad Heidkamp argumentierte in der Zeitschrift *Die Zeit,* dass „der Logik des Marktes" entsprechend „Harry Potter nie stattgefunden haben" dürfte, da Rowlings Romane doch „zwischen 350 und 450 Seiten dick" seien und „veraltete Hardware wie Eulen, Besen und Zaubertränke" sowie „uncoole Themen wie Freundschaft, Vertrauen und Opferbereitschaft" verwendet würden (2000). Kaspar H. Spinner betonte ebenfalls das Überraschungsmoment in der Tatsache, dass ein Kinderbuch derart erfolgreich werden konnte (2001a, S. 7).

In seinen Überlegungen „[z]ur Bedeutung des Internets für den Erfolg von »Harry Potter«" verknüpft Holger Zimmermann die Suche nach den Ursachen des „Erfolg[s]" mit Zaubermetaphern. So spricht er von einem „scheinbar magischen Rätsel, dem Werbefachleute ebenso wie Literaturwissenschaftler auf die Spur zu kommen versuchen" und fragt, ob „es die Faszination der Bücher alleine" sei, „die Millionen von Lesern zu den Abenteuern des Jungen mit der Narbe greifen ließ, eine Faszination, die man diesem Medium am Ende der Gutenberg-Galaxis eigentlich nicht mehr zugetraut hätte", oder ob „sich nicht doch irgendein geheimer, ja sogar fauler »Verkaufszauber« [...] geschickter Marketingstrategen hinter dem magischen Erfolg" verberge (2001, S. 89).[3]

Den Faszinationsbegriff zur Erklärung jenes „Publikumserfolgs ohnegleichen" (Spinner 2001a, S. 7) verwenden auch Detlef Dormeyer und Friedhelm Munzel (2005) sowie Kaspar H. Spinner (2001a, b) in ihren auf Interdisziplinarität angelegten Sammelbänden zum Thema.

Letzterer legt in seinem Aufsatz *Im Bann des Zauberlehrlings* dar, dass „der Erfolg der Harry Potter Romane [...] für alle Beteiligten völlig überraschend" gekommen „und bis heute ein ungelöstes Rätsel" sei. Seine eigenen Ausführungen versteht er vor diesem Hintergrund als „Annäherungen an dieses Rätsel". Allerdings fokussiert Spinner nicht „Fragen der Marktstrategie", da er

[3]Zimmermann rekurriert auf Kämpfe-Burghardt (2001, S. 44–59). Siehe auch Spinner (2001a, S. 7).

diese nicht für den Erfolg der Reihe für „ausschlaggebend" hält, sondern nimmt zehn „ineinander wirkende Gründe" lesepsychologischer Natur für jene „Lesefaszination" in den Blick, welche durch den jungen Zauberschüler ausgeübt wird. In diesem Sinne thematisiert er neben den Aspekten „Naive Unbekümmertheit und Klugheit", „Angstlust", „Elternlosigkeit", „Peergroup", „Sieg über das Böse und den Tod", „Die Verknüpfung von realer und fantastischer Welt", „Imaginäre Eigenwelt gegen die Unübersichtlichkeit der Wirklichkeit" und „Humor" vor allen Dingen zwei Gesichtspunkte, die für die folgenden Ausführungen von besonderer Bedeutung sind.

Die Rede ist hierbei zum einen von dem in allen medialen Harry Potter-Varianten betriebenen „Spiel mit der Identität" des kindlichen bzw. jugendlichen Helden, zum anderen von der ebenfalls in allen Rowling-Romanen und deren Verfilmungen an der Figur Harry zum Ausdruck kommenden intrapersonellen Verkettung von „Minderwertigkeitsgefühl und Grandiositätsphantasie" (2001a, S. 11–20). In diesem Sinne wisse der Held Harry Potter zu Beginn des ersten Romans nicht, wer er eigentlich ist. Zu diesem frühen Zeitpunkt der Geschichte ahnt er noch nicht, was in ihm steckt, welche besondere Bewandtnis es mit seiner Existenz auf sich hat. Harry ist sich nicht im Mindesten darüber im Klaren, dass ausgerechnet „[e]r", jener „unscheinbare, ungeliebte", lediglich geduldete und schamhaft vor der Öffentlichkeit versteckte „Junge", der ein ebenso trostloses wie Schikanen reiches Dasein am Rande einer ermüdend-trivialen Pflegefamilie fristet, „bei den Zauberern" als „eine Berühmtheit" gilt. Erst in der sich langsam entfaltenden Narration wird dem schlaksigen Helden und mit ihm den Rezipienten des Romans peu a peu klar, „wer" dieser sich als unbedeutend erlebende und zunächst auch unbedeutend anmutende Junge eigentlich „ist". Spinner verweist in diesem Zusammenhang auf den tiefenpsychologischen Umstand, dass die „Frage nach der eigenen Identität [...] im Übergang vom Kindes- zum Erwachsenenalter zu den zentralen Problemen der zyklischen Entwicklung" gehöre und „von den Jugendlichen oft krisenhaft durchlebt" werde. Vor diesem Hintergrund ermögliche es die „Figur" des zunächst verkannten Helden Harry Potter den Leserinnen und Lesern der Romane bzw. den Zuschauerinnen und Zuschauer der Verfilmungen die Teilhabe an einer

> Identitätssuche [...]; sie finden dabei wieder, was den uneingestandenen Wünschen entspricht, die fast jeder Mensch in sich trägt: man möchte ein anderer sein als der, der man in der alltäglichen Wirklichkeit ist, und man möchte von anderen erkannt und anerkannt sein. Harry Potter macht genau diese Erfahrung und kann so zur Identifikationsfigur für eine fantasierte Identitätssuche werden. (Spinner 2001a, S. 11)

Spinner verbindet in seinen Ausführungen im Rekurs auf Freud, Adler und Schmidbauer das Problemfeld „Identitätssuche" mit der Frage nach der Beziehung zwischen „Minderwertigkeitsgefühl und Omnipotenzphantasie". Dabei geht er davon aus, dass alle Menschen, auch wenn ihnen dieses aufgrund von Verdrängungsmechanismen vielleicht nicht immer bewusst ist, das Gefühl kennen würden, „schwach, ungeschickt, unsicher, unattraktiv, machtlos" zu sein und in der Folge „verkannt, missachtet, vernachlässigt" zu werden. Kompensierend male sich vor diesem Hintergrund derjenige, der sich auf diese Weise als minderwertig erlebt, „in Tagträumen aus, wie es anders sein könnte," und schaffe für die Zeit der Rezeption „beim Ansehen von Filmen, beim Lesen von Publikumszeitschriften mit ihren Geschichten von Stars und Idolen und beim Lesen von Romanen" via Identifikation und Fantasie ein imaginäres Selbstbild mit den Attributen „Stärke, Attraktivität, Bekanntheit usw." Spinner 2001a, S. 12). Die Gattung Märchen, zu der die verschiedenen medialen Varianten der Rowling-Romane um den Zauberschüler Potter eine besondere Affinität aufzuweisen haben, gestalte, so Spinner, „solche Fantasien immer wieder in besonderem Maße" (Spinner 2001a, S. 12) aus:

> der jüngste, kleinste, nicht-beachtete wird zum siegreichen Helden. In Harry Potter ist das Wechselspiel von Minderwertigkeitsgefühlen und Selbsterhöhen der Wunscherfüllung exemplarisch inszeniert: In seiner Pflegefamilie lebt Harry völlig missachtet, ein richtiges männliches Aschenbrödel; in der Welt der Zauberer aber ist er der Held. (Spinner 2001a, S. 12)

In den sozialen Medien kursiert seit einigen Jahren ein Meme aus dem Kontext der *Harry Potter*-Fangemeinde, das den identifikatorischen Wunsch zahlreicher Leserinnen und Leser aber auch Zuschauerinnen und Zuschauer der „*Harry Potter*-Saga" (Cuntz-Leng 2015, S. 17) sehr pointiert zum Ausdruck bringt. Es tritt in verschiedenen Varianten auf. Eine sei im Folgenden kurz zitiert.

> »Welche Hoffnung wirst du niemals aufgeben?«
> »Dass der Brief aus Hogwarts noch kommt.« (Visualstatements 2019)

Der Brief aus Hogwarts („"Dick und schwer war der Umschlag, aus geblichen Pergament, und die Adresse war mit smaragdgrüner Tinte geschrieben. Eine Briefmarke war nicht draufgeklebt. […] Mit zitternder Hand drehte Harry den Brief um und sah ein purpurnes Siegel aus Wachs, auf das ein Wappenschild eingeprägt war: ein Löwe, ein Adler, ein Dachs und eine Schlange, die einen Kreis um den Buchstaben H schlossen." (Rowling 2015, S. 41–42)) ist der schriftliche

Beweis, dass der aus der Ordnung Fallende ein Außerordentlicher ist. Im Internet finden sich dementsprechend ausführliche Bastelanleitungen, wie ein solcher Brief hergestellt werden kann (z. B. Do it (for) yourself 2013), oder britische Firmen bieten die Versendung des „Akzeptanzbriefes" gewerblich an (z. B. ebay 2019; s. a. Cuntz-Leng 2015, S. 335)[4]. Diese Erscheinungen sind Zeugnisse des in den Romanen und Verfilmungen transportierten und inszenierten mächtigen Wunsches, etwas Besonderes zu sein, das einen unterscheidet von den vielen anderen, den ahnungslos-ausgrenzenden Muggels, etwas, das erklärt, warum es im eigenen bisherigen Leben nicht so gut gelaufen ist, es nun aber, nach Ankunft des auszeichnenden Schreibens aus Hogwarts, endlich besser wird, da nun offenbar ist, dass einen allen nur unterschätzt haben, dass man nicht der komische Einzelne, sondern der Auserwählte ist (vgl. Cuntz-Leng 2015, S. 335).

2 Der Spiegel *Nerhegeb* im ersten Band der Romanreihe

Wünsche haben im Harry Potter-Universum eine prominente Stellung inne. Schon im ersten Band der Romanreihe, *Harry Potter und der Stein der Weisen,* wird dem Thema Wünschen in diesem Sinne eine zentrale Rolle eingeräumt und zwar bei der Begegnung mit dem Spiegel *Nerhegeb.* Beim nächtlichen, unerlaubten Durchstreifen der verwundenen Gänge der Zauberer- und Hexenschule Hogwarts betritt der werdende Held, Harry Potter, der Junge mit Nickelbrille und Stirnnarbe, der der faszinierenden Fiktionswelt Rowlings den Namen gibt, als Unsichtbarer auf Zeit, getarnt durch einen Umhang, der seinen Träger vor den Augen der anderen verbirgt, einen Raum, der „wie ein nicht mehr benutztes Klassenzimmer" wirkt. In diesem Raum scheint es nichts mehr zum Lernen zu geben, er ist seiner alten Funktion verlustig gegangen, auch die

[4]Cuntz-Leng deutet „die Vermarktung eines personalisierten ›Hogwarts Acceptance Letters‹, dessen Briefkopf individuell angepasst werden kann und damit die persönlichen Wunschvorstellungen des Konsumenten befriedigen kann" durch die Filmproduktionsfirma „Warner Bros." als geeignete Strategie, die „Sehnsucht" zahlreicher Rezipientinnen und Rezipienten „nach Einzigartigkeit bei gleichzeitigem Wunsch nach Integration in eine bestimmte Gemeinschaft Gleichgesinnter" zu befriedigen. „Durch diese unmittelbare Verzahnung des Fiktionalen mit der Realität und das Verwischen dieser Grenze unterstützt dieses Dokument die Normalisierung von Harry Potter in noch drastischerer Weise als die meisten anderen Produkte des Franchises, die ausschließlich Objekte kopieren, nicht aber modifizieren und personalisieren." (2015, S. 335)

Beschulungsmöbel sind ausrangiert. „An der Wand entlang waren Tische und Stühle aufgestapelt und im Dunkeln konnte er auch einen umgedrehten Papierkorb erkennen." Und doch befindet sich in diesem Raum vergangenen Lernens „etwas", das die Aufmerksamkeit des Helden auf sich zieht. Harry nimmt „an der Wand gegenüber", also in unmittelbarer Frontstellung, „etwas" wahr, „das nicht den Eindruck machte, als ob es hierher gehörte, etwas, das aussah, als ob jemand es einfach hier abgestellt hätte, um es aus dem Weg zu schaffen". Die konkrete Benennung des derart wahrgenommenen Gegenstandes scheint bei dieser Wiedergabe der Gedanken des Helden bewusst verzögert. Statt mit der eigentlich zu erwartenden Nennung der Bezeichnung jenes Gegenstandes, der die Aufmerksamkeit des Helden auf sich zieht, operiert die Erzählinstanz mit der zweifachen Verwendung des unspezifischen „etwas" (Rowling 2015, S. 226). Auf diese Weise wird das Erkennen durch die Rezipierenden erschwert, der Augenblick der Wahrnehmung gedehnt und Spannung erzeugt. Die Dehnung der Wahrnehmung geht einher mit der weiteren sprachlichen Mystifizierung des unspezifischen Etwas. Es wird als in doppelter Hinsicht unverortet charakterisiert. Es sieht nicht nur so aus, als würde es nicht in das ungenutzte Klassenzimmer gehören. Auch an einen anderen Ort scheint es fehl am Platze gewesen zu sein, es wurde in das ungenutzte Klassenzimmer geschafft, weil es schon an einer anderen Stelle im Weg gestanden hat, es musste quasi aus dem Weg geschafft werden, um einen Weg frei zu machen, um einen unfreiwilligen Stopp wieder in Bewegung zu überführen.

Bei diesem, den sich Bewegenden stoppenden, zunächst als unspezifischen eingeführten „etwas" handelt es sich um einen „Spiegel", der im weiteren Fortgang des Textes nach der verzögerten Bezeichnung sehr detailliert beschrieben wird. Er steht auf zwei „Klauenfüßen", also auf den Gehwerkzeugen einer Bestie. Bereits an dieser Stelle wird die Gefährlichkeit des Spiegels eingeführt, er hat Klauen, Instrumente, die dazu geeignet sind, ihr Opfer zu verletzten, zu packen, nicht mehr loszulassen. Diese gefährliche Note des Spiegels wird noch durch das Adjektiv „gewaltig" (Rowling 2015, S. 227) unterstrichen. Gewaltig ist nicht nur die Größe dieses Spiegels, der bis zur Decke reicht, sondern es geht auch eine besondere Gewalt von ihm aus, wie später offenbar werden wird. Dies scheint auch der Grund zu sein, warum er aus dem Weg geschafft werden musste, er musste aus den Augen verschwinden, um sich dem, der auf ihn traf und ihn betrachtete, nicht in den Weg zu stellen. Daran kann auch der reich geschmückte goldene Rahmen nichts ändern, auf dessen oberen Rand, quasi als Überschrift und Titel des Spiegels, der Satz „NERHEGEB Z REH NIE DREBAZ TILT NANIEDTH CIN" zu lesen steht. Die Inschrift ist in umgekehrter Reihenfolge

(„Nicht dein Antlitz aber dein Begehren“) verfasst, sie kündet von der Umkehrung der Wirklichkeit, markiert die Differenz zwischen Ist und Wunsch (Rowling 2015, S. 227).

Diese Differenz zwischen Ist und Wunsch überwältigt den Betrachtenden. Harry, der „sich dem Spiegel“ näherte, „um sich darin zu sehen und doch nichts zu sehen“, verliert beinahe die Gewalt über seinen Körper („Er musste die Hand vor den Mund schlagen, um nicht zu schreien.“ (Rowling 2015, S. 227)). Dieser Zauberspiegel schlägt Harry sofort in einen Bann, da er dem Betrachtenden die Erfüllung seines sehnlichsten Wunsches zeigt. In diesem Sinne sieht Harry sich im Kreis seiner Familie stehen. Schließlich ist er der Waisenjunge, der sich nach der Geborgenheit einer Familie sehnt, nach der Liebe der Mutter, nach dem Zuspruch des Vaters. Er ist der Junge, der als schwarzes Schaf in der ungeliebten lieblosen Pflegefamilie gilt. (Vgl. Spinner 2001a, S. 12 und 16). Die vermeintliche Anwesenheit der Eltern, ja der Großeltern und weiteren Verwandten („Harry sah zum ersten Mal im Leben seine Familie“ (Rowling 2015, S. 228)) übt einen so großen Reiz auf den Waisenjungen aus, dass er sich zunächst nicht lösen kann („Wie lange er schon so dastand, wusste er nicht. Die Spiegelbilder verblassten nicht, und er wandte den Blick nicht eine Sekunde ab, […]“ (Rowling 2015, S. 228)) und dann auch in den folgenden zwei Nächten den Spiegel aufsucht. Dies ist keine freie Entscheidung („Doch Harry hatte nur einen Gedanken im Kopf, nämlich zum Spiegel zurückzukehren. Und Ron würde ihn nicht aufhalten.“ (Rowling 2015, S. 231)), Harry steht unter dem Bann des Spiegels, vergisst dabei den Alltag und überordnete Aufgaben („Harry konnte nichts essen. Er hatte seine Eltern gesehen und würde sie heute Nacht wieder sehen. Flamel hatte er fast vergessen. Das schien ihm nicht mehr besonders wichtig. Wen kümmerte es, was der dreiköpfige Hund bewachte? War es im Grunde nicht gleichgültig, wenn Snape es stahl?“ (Rowling 2015, S. 229)). Der Spiegel ver-rückt die Perspektive des Betrachtenden, stellt sich ihm in den Weg, absorbiert Lebenskraft und Sinn.

Bereits in der zweiten Nacht nimmt Harry, wie bereits oben erwähnt, seinen besten Freund Ron Weasley mit, um diesem den wundersamen, ihn magisch anziehenden Spiegel zu zeigen. Ron sieht aber zu Harrys Enttäuschung in dem Spiegel nicht etwa Harrys Familie, sondern die Erfüllung seines eigenen sehnlichsten Wunsches, nämlich „Schulsprecher“ und „Mannschaftskapitän“ zu sein („Nein, ich bin allein, aber ich sehe anders aus, älter, und ich bin Schulsprecher!« […] »Ich bin … ich trage ein Abzeichen wie früher Bill, und ich halte den Hauspokal und den Quidditch-Pokal in den Händen, und ich bin auch noch Mannschaftskapitän!«“ (Rowling 2015, S. 230)). Hintergrund für diesen Wunsch ist das Schattendasein, das der jüngste der Weasleysprösslinge in einer Familie großer Brüder führt. Ihm gaukelt der Spiegel Ruhm und Einzigartigkeit, ja Bedeutung vor. In der dritten Nacht begegnet Harry in dem verborgenen Klassenzimmer dem Schulleiter Dumbledore, der Harry im Gespräch über den Spiegel die „Funktionsweise" (Cuntz-Leng 2015, S. 340) desselben erklärt. Einleitend erfährt der Zauberschüler, dass der „glücklichste Mensch auf der Erde […] den Spiegel Nerhegeb wie einen ganz normalen Spiegel verwenden" könnte, „das heißt, er würde in den Spiegel schauen und sich genau so sehen, wie er ist". Auf Harrys daraufhin erfolgende Deutung, dass der Spiegel zeige, „was wir wollen … was immer wir wollen" (Rowling 2015, S. 232), greift Dumbledore ambivalent korrigierend ein:

> »Ja und nein«, sagte Dumbledore leise. »Er zeigt uns nicht mehr und nicht weniger als unseren tiefsten, verzweifeltsten Herzenswunsch. Du, der du deine Familie nie kennen gelernt hast, siehst sie hier alle um dich versammelt. Ronald Weasley, der immer im Schatten seiner Brüder gestanden hat, sieht sich ganz alleine, als Bester von allen. Allerdings gibt uns dieser Spiegel weder Wissen noch Wahrheit. Es gab Menschen, die vor dem Spiegel dahingeschmolzen sind, verzückt von dem, was sie sahen, und andere sind wahnsinnig geworden, weil sie nicht wussten, ob ihnen der Spiegel etwas Wirkliches oder auch nur etwas Mögliches zeigte. (Rowling 2015, S. 232–233)

Harry läuft nicht Gefahr, vor Verzückung dahinzuschmelzen oder in der nagenden Reflexion über die Frage nach dem Ist und Kann des Gesehenen „wahnsinnig" (Rowling 2015, S. 233) zu werden. Seine Gefahr ist die Sucht, die ewige Wiederholung des Immergleichen, aus der er sich befreien muss, wenn er seiner Aufgabe und Bestimmung gerecht werden will. Sein sehnlichster Wunsch, dessen Erfüllung ihm der Spiegel zeigt, ist seine Klippe und Chance zugleich, Hindernis und Potential auf dem Weg der Reifung und Verantwortlichkeit.

Walther Rehm führt in seinem grundlegenden Werk zu Soeren Kierkegaards *Das Tagebuch eines Verführers* sehr treffend aus, dass der dänische Denker „stets sehr genau auf die Bedeutung des Wünschens achtgegeben" habe und der Überzeugung gewesen sei, „daß der Wunsch hinterlistig" verrate, „wie es innen um den Wünschenden" stehe. Als Beleg für diese These bemüht Rehm (2003, S. 78) einen Auszug aus dem 1847 erschienenen *Evangelium der Leiden,* in dem Kierkegaard ausführt, dass „Kinder […] am besten kennen[gelernt]" werden könnten,

> „wenn man sie spielen sehe, und Jünglinge, wenn man sie wünschen höre, was sie in der Zeit sein oder von der Welt wünschen könnten, und gerade dem Jüngling lerne man am besten aus dem Wunsch kennen". (Kierkegaard 1936)

Harrys Wunsch ist der Wunsch nach seiner Familie (vgl. Cuntz-Leng 2015, S. 342–343). Dieser Wunsch kann unmöglich erfüllt werden, auch nicht in der magischen Welt der Zauberer und Hexen. Der Tod hat selbst hier erschreckende Gültigkeit, kein Zauber, kein Traum, kein Wunsch kann die Verstorbenen wieder in das Leben zurückrufen. In dieser Hinsicht ist es schlecht um Harry bestellt, der Wunsch Ausdruck seines unstillbaren Mangels.

In Kierkegaards *Evangelium der Leiden* heißt es weiter zur Bedeutung des Wünschens:

> Im Wunsch fügt sich dem Jüngling alles, der Trug des Möglichen gehorcht ihm unbedingt, aber verlockt ihn gerade dadurch sein Inneres zu verraten: im Wunsch ist er ganz er selbst und der Wunsch die genaueste Wiedergabe seines Inneren. Und dass der Jüngling so im Wunsch sein Inneres verrät, ist ja eine unschuldige Sache, kann ihm gar dienlich sein, sich selbst und seine Unreife kennen zu lernen. (Kierkegaard 1936)

Dieses sich selbst Kennenlernen gelingt Harry in der „Konfrontation mit dem Spiegel Nerhegeb“ (Cuntz-Leng 2015, S. 342), er weiß künftig um seine Gefährdung, ist sich dessen bewusst, dass ihn das Verharren im Vergangenen, im Unmöglichen am Leben hindert. Fraglos gelingt ihm diese Erkenntnis nicht allein, er, der Hierophant bedarf eines erfahrenen Mysterienmeisters, der ihn einführt in die Tücken, Fallstricke und Potenziale des zauberhaft-bezaubernden Spiegels. Diese Funktion übernimmt im ersten Band Dumbledore:

> Du [d. i. Harry] kennst dich jetzt aus, falls du jemals auf ihn [d.i. der Spiegel *Nerhegeb*] stoßen solltest. Es ist nicht gut, wenn wir nur unseren Träumen nachhängen und vergessen zu leben, glaub mir.

3 Der Spiegel *Nerhegeb* in der Verfilmung des Romans *Harry Potter und der Stein der Weisen*

Cuntz-Leng betont zu recht, dass „Harry Potter das erfolgreichste Filmfranchise aller Zeiten ist“ und vertritt vor diesem Hintergrund die Ansicht, „dass sich der Harry Potter-Boom, der 2000 mit der Veröffentlichung des vierten Bandes Harry Potter and the Goblet of Fire und den Mitternachtsverkäufen im Buchhandel seinen Anfang nahm, erst durch die Verfilmungen zur sogenannten ›Pottermania‹ auswachsen konnte“, in Folge derer „eine treue, kreative und überaus heterogene Fangemeinde“ entstanden sei. Ferner hätten „[m]edienwirksame Skandale wie Plagiatsprozesse, Drogenexzesse der jugendlichen Schauspieler oder die spektakuläre Besetzung Radcliffes für die Rolle eines sexuell-verwirrten Jugendlichen in einer Londoner Bühnenproduktion von Peter Shaffers Equus sowie die Legenden, die um Rowling als alleinerziehende, arbeitslose Mutter, die den Millionenhit auf Servietten niederschrieb, gebildet und gestreut wurden", neben den Romanen und deren Verfilmungen dazu beigetragen, „Harry Potter zu einem modernen Mythos auszuformen – einem Mythos des Kapitalismus" (2015, S. 17–18).

Rowlings Harry Potter-Romanreihe ist in ihrer ursprünglichen, das heißt literarischen Variante interessanterweise ein fast kinofreier Raum. In keinem Band der erfolgreichen Reihe wird ein Lichtspielhaus zum Handlungsort. Jener theatral anmutende, abgedunkelte Raum zum Schauen bewegter Bilder, den Muggels wie Harrys kleinbürgerliche Pflegefamilie, die Dustlys, „Kino" nennen (Rowling 2015, S. 28), bleibt in der Diegese weitgehend marginalisiert.

Wohl aber sind in Rowlings Welt der Zauberer und Hexen bewegte Bilder omnipräsent. Sie finden sich auf Karten herausragender Protagonisten der Zauberer- und Hexenwelt, die die kindlichen Zauberschülerinnen und Zauberschüler mit Eifer sammeln („In den Schokofröschen sind Bildkarten von berühmten Hexen und Zauberern zum Sammeln. Ich habe über fünfhundert, aber mir fehlen noch Agrippa und Ptolemäus." (Rowling 2015, S. 114)), auf Bildnissen in dem Zauberinternat Hogwarts, wobei die auf den Bildern Abgebildeten diese Bilder zuweilen sogar verlassen können („Hermine hatte sich zu dem Porträt der fetten Dame umgedreht, um zurückzukehren, doch das Bild war leer. Die fette Dame war zu einem nächtlichen Besuch ausgegangen und Hermine war aus dem Gryffindor-Turm ausgesperrt." (Rowling 2015, S. 172)), im *Denkarium*, das Erinnerungen aufbewahrt und wieder in bewegten Bildern lebendig werden lassen kann („Man saugt einfach die überschüssigen Gedanken aus seinem Kopf, versenkt sie in der Schale und schaut sie sich je nach Laune wieder an." (Rowling 2000, S. 625)) und nicht zuletzt im Spiegel *Nerhegeb* (Rowling 2015, S. 227–233).

In der filmischen Adaption des ersten Potter-Bandes ist die Begegnung des Helden mit diesem bewegten Bild etwas anders gestaltet als in der Textvorlage. Harry betritt, in seinem tastenden Schreiten begleitet von sphärischer Hintergrundmusik einen riesigen, fast leeren Raum, über dem sich ein großes, von Säulen getragenes Gewölbe erhebt, und durch dessen große Fenster das Mondlicht dringt und die nächtliche Szene in mysteriöses Licht taucht. Als Harry schließlich, von der rechten Bildseite kommend in der Mitte des Raumes den Spiegel *Nerhegeb* entdeckt, nimmt die Musik deutlich an Lautstärke zu. Langsam schreitet Harry auf den Spiegel zu. Dieses Schreiten fängt die Kamera aus zwei Perspektiven ein. Zunächst sieht der Zuschauer über Harrys Schulter den im Halbdunkel, am Ende des Raumes stehenden Spiegel, auf den der Zauberschüler, sich von der Kamera wegbewegend, zugeht. Dann zeigt die Kamera nach einem Schnitt Harry von vorne, wie er langsam auf den Spiegel bzw. die Kamera zuläuft. Sein erwartungsvoll-angespanntes Gesicht ist von jenem Licht des Mondscheins leicht erhellt, das der Spiegel reflektiert. Als der kindliche Held an der Kamera vorbeischreitet, folgt diese ihm. Der Spiegel *Nerhegeb* gelangt von rechts, zunächst mit seinem rechten goldenen Rahmen in den Blick. Harrys Gang endet, als er voll vor dem Spiegel steht und sich in diesem, leicht verschwommen, spiegelt. Durch einen erneuten Schnitt wird der Zauberschüler nun wieder von vorne aus leichter Unterperspektive in der Halbnahen vor dem Spiegel stehend gezeigt. Sein Blick ist nach oben gerichtet. Dieser Blickrichtung folgend zeigt die Kamera nach einem erneuten Schnitt, wohin Harry schaut, nämlich auf den oberen Teil des goldenen, von Spinnenweben umfangenen und die Inschrift tragenden Teil des Rahmens. Dem Rahmen kommt aus filmwissenschaftlicher Perspektive eine besondere Bedeutung zu. Im Gegensatz zum „Fenster", das nach Elsaesser und Hagener „impliziert, dass man das gerahmte Viereck, durch das man hindurchsieht, aus dem Blick verliert", verweise „der Rahmen sowohl auf den Inhalt der (undurchsichtigen) Bildfläche, dessen konstrukthaften Charakter, wie auf sich selbst". Während also das „Fenster […] im Zeichen der Transparenz" stehe, könne „für den Rahmen" der „Begriff der Komposition stark" gemacht werden. „Wo das Fenster die Aufmerksamkeit auf ein dahinter oder jenseits Liegendes lenkt, ja im Idealfall die trennende Glasscheibe in der Vorstellung ganz verschwinden lässt," lenke, so Elsaesser und Hagener, „der Rahmen – man denke an klassische Bilderrahmen, ihre Ornamentik und Opulenz, ihre Auffälligkeit und ihren ostentativen Zeigegestus – die Aufmerksamkeit auf den Artefaktstatus und den Bildträger als solchen". Aus einer polarisierenden Perspektive betrachtet, bringe „das Fenster sich als Medium völlig zum Verschwinden und" mache „sich unsichtbar", während „der Rahmen nur noch das Medium in seiner Verfasstheit sehen" lasse (2007, S. 25) Auf diese Weise wird auch der Rahmen des Spiegels in der Verfilmung des ersten Potter-Bandes verwendet. Nach dem exponierenden Blick auf den Rahmen, nach dem Lesen der Inschrift in Detailaufnahme erfolgt ein Schnitt und die Kamera zeigt Harry in der Halbnahen, wie er den Blick von der Inschrift nach unten sinken lässt und in den Spiegel schaut. Der Rahmen strukturiert und fokussiert diesen Blick. Langsam schreitet Harry, dieser Blickrichtung folgend, noch dichter an den Spiegel heran, bis er diesen fast berührt. Die Kamera fängt diesen Geschehen in der Halbnahen aus leichter Unterperspektive von links hinten ein. Im Spiegel erscheinen, während man Harry von hinten auf diesen zugehen sieht, eine Frau und ein Mann, beide leicht lächelnd, sowie das Spiegelbild Harrys. Als der Zauberschüler den Spiegel fast erreicht hat, fährt die Kamera noch dichter an das Spiegelbild heran, zeigt Harry genau in der Mitte zwischen den beiden Lächelnden stehend. Dann erfolgt ein Schnitt und der zweifelnde Harry, der sich durch ein Umschauen über beide Schultern zu vergewissern sucht, ob die beiden Personen wirklich hinter ihm stehen, wird in der Mitte des Raumes vor dem Spiegel in der Totalen gezeigt. Daraufhin erfolgt wieder eine Darstellung des Spiegelbildes aus der Unterperspektive von vorne in der Halbnahen. Nach einem weiteren Schnitt sieht der Zuschauer in einer Detailaufnahme, über die ein starker Weichzeichner gelegt wurde, Harrys glücklich verklärtes Gesicht angesichts seines Erkennens der Eltern. Bezeichnenderweise sieht Harry in dieser Spiegelszene der Verfilmung auch nicht seine ganze Familie, wie in der Textvorlage, sondern lediglich seine Mutter und seinen Vater. In der Verfilmung erfolgt insofern eine Reduktion, eine Verdichtung auf das Zentrum seines Wünschens. Harry möchte dieses Wunschbild in die Realität übersetzen, berührt den Spiegel, als wollte er seiner Mutter die Hand geben. Aber er kann nicht eindringen, das spiegelnden Glas blockt seinen Zugriff, enttäuscht-resignierend streicht er, langsam den Kontakt aufhebend über die glatte Fläche. Der Spiegel ist nur Medium, gewährt kein Hindurch, ist ausschließlich Projektionsfläche. In der Projektion legt Harrys Mutter ihre Hand auf die Schulter ihres Sohnes. Instinktiv greift Harry, vor dem Spiegel stehend, nach dieser im Spiegelbild gesehenen Hand auf seine eigene Schulter und fasst ins Leere.

Spiegel sind aus filmwissenschaftlicher Perspektive von besonderem Interesse. Elsaesser und Hagener führen in diesem Sinne aus, dass sich „die filmtheoretische Idee des Blicks in den Spiegel – und damit in das Gesicht – als grundlegende Seinsform im Kino“ schon am Beginn des 20. Jahrhunderts nachweisen lasse (2007, S. 77), wohl aber erst in den Jahren 1965–1985 unter dem Label „Kino als Spiegel des Unbewussten“ zum „zentrale[n] Paradigma“ der zeitgenössischen „Filmtheorie“ avancierte (2007, S. 82). Allen filmtheoretischen Zugriffen, die sich seit dieser Zeit an den Konzepten Freuds und Lacans orientierten, läge Elsaesser und Hagener zufolge die Annahme zugrunde,

> dass der Körper im Kino in einen früheren Zustand regrediert: In der dunklen Umgebung des Kinosaals geht der Realitätsbezug verloren, und die Projektion, die bei Freud noch in der Vorstellung stattfindet, wird im buchstäblichen Sinne veräußerlicht; die innere Traumleinwand wird zur tatsächlichen Leinwand im Kinosaal. (Elsaesser und Hagener 2007, S. 83)

Cuntz-Leng sieht die in der Verfilmung zur Darstellung kommende „Konfrontation“ (2015, S. 342) des Helden mit dem Spiegel *Nerhegeb,* dieser filmtheoretischen

Tradition folgend, als den „Überlegungen Lacans zum Spiegelstadium als Bildner der Ichfunktion“ verhaftet (2015, S. 340–341) und deutet Harrys Verzückung beim Blick in den magischen Spiegel dementsprechend als „erste jubilatorische Reaktion“ und „Ausdruck des frühkindlichen Aha-Erlebnisses“ (2015, S. 341) im Sinne Lacans:

> Zum ersten Mal sieht sich das Kind in vollkommener Art und Weise: Der elternlose Junge wird von Mutter und Vater flankiert […]. Dass die Vollständigkeit, die ihm das Spiegelbild vorgaukelt, eine Täuschung ist, wird durch das offensichtlich irreale Wunschbild verdeutlicht – Harrys Eltern sind tot, ihre Anwesenheit im Spiegelbild entspringt Harrys Imagination und verweist auf seine Innenwelt, ganz konkret auf seinen größten Mangel und sehnlichsten Wunsch. Das Bild im Spiegel ist aber eben nur ein Bild, das sich außerhalb der Lebenswelt des Protagonisten, nämlich in der Welt des Imaginären (im Spiegel), befindet. Hier zeigt sich die Verkennungsfunktion des Imaginären, die Lacan für das Spiegelstadium beschrieben hat. (Cuntz-Leng 2015, S. 342)

Allerdings bleibt Harry nicht beim Verkennen stehen. Überwiegend mithilfe des alten Schulleiters Dumbledore, der Harry in das Mysterium des Zauberspiegels einweiht, wohl aber in ersten, tastend-vorbereitenden Schritten auch alleine (z. B. durch seine scheiternden Versuche, das im Spiegel Gesehene durch Berührungen zu fassen und seine enttäuschte Wahrnehmung und Interpretation des unerwarteten Spiegelbildes bei Ron) gelingt es ihm, sich der Macht des Imaginären zu entziehen. Insofern markiert die „Konfrontation“ (Cuntz-Leng 2015, S. 342) des kindlichen Helden mit dem Zauberspiegel die interpersonell und intrapersonell durchaus konfliktträchtige Wende von einem Zustand der Unreife, in der der magische Spiegel als „temporärer Kompensator von Mangelerfahrungen“ (Cuntz-Leng 2015, S. 341) fungiert, zu einem durch die Transformation des Ver- in ein Erkennen (s. a. zum „(V)Erkennen“: Elsaesser und Hagener 2007, S. 76) eingeleiteten Reifungsprozess, an dessen Ende junge Zauberschüler, der gänzlich unerfahren begann, nicht nur seine „Initiation“ (Cuntz-Leng 2015, S. 342) in die magische Welt der Hexen und Zauberer erhalten hat, sondern sich auch jener größeren, die eigenen Befind- und Begehrlichkeiten übersteigenden Aufgabe für die Zauberer- und Muggelwelt insgesamt zu stellen vermag.

In diesem Sinne begegnet Harry, der literarischen Vorlage entsprechend, dem Spiegel *Nerhegeb* noch einmal, und zwar am Ende der Verfilmung des Romans *Harry Potter und der Stein der Weisen.* Harry ist zu diesem Zeitpunkt aber nicht mehr derselbe. Cuntz-Leng führt aus, dass „der junge Zauberer nicht nur diverse Prüfungen gemeistert und die verschiedenen Stationen der Heldenreise erfolgreich überwunden" habe, sondern dass er auch, und das ist das eigentlich Wesentliche und für den Fortgang der Reihe existenzielle, „eine moralische Entwicklung vollzogen" habe. An die Stelle des Strebens nach „einer persönlichen Bereicherung in Form eines irrealen Begehrens nach Vereinigung mit seinen toten Eltern", tritt nun der „Wunsch, den Stein der Weisen […] vor Quirrell zu finden und damit Voldemorts Wiedergeburt zu verhindern". Dementsprechend hat sich auch das Bild, dass ihm der Spiegel *Nerhegeb* im Moment der Auseinandersetzung mit dem Schergen und Träger Voldemorts zeigt, „verändert" (Cuntz-Leng 2015, S. 343). Da Harry durch seine eigenen Erfahrungen und die Einweihung durch seinen Initiationsmeister Dumbledore weiß, wie der Spiegel funktioniert und weil er dadurch die Macht des Wissens über die Gefahren und Potenziale des Imaginären hat, ist er in der Lage, den Spiegel adäquat für sich und gegen seine Gegner zu nutzen (vgl. Cuntz-Leng 2015, S. 343).

4 Der Spiegel *Nerhegeb* als „Übungsinstrument" für die „Rezeption in der Zerstreuung"

Sowohl das Ende des ersten Romans der Reihe als auch das der entsprechenden Verfilmung propagieren insofern die Möglichkeit der Wahl des Einzelnen angesichts des faszinierenden, ja überwältigenden Mediums. Reifen heißt, sowohl bezogen auf Harry Potter als auch auf die Rezipierenden, aus dieser Perspektive, sich frei zu machen von der bezwingenden Kraft des Wünschens. Dies bedeutet im Sinne Rowlings allerdings nicht, das Wunscherfüllung verheißende Medium nicht nutzen zu dürfen. „Es ist nicht gut, wenn wir nur unseren Träumen nachhängen und vergessen zu leben" (Rowling 2015, S. 233), mahnt Dumbledore seinen gelehrigen Schüler. Diese Verhaltensdivise ist kein Verbot, das kleine Adverb „nur" impliziert durchaus die Möglichkeiten seinen Träumen nachzuhängen, wendet sich lediglich gegen eine Ausschließlichkeit des Verharrens im Imaginären. Die Nutzung des Wunsch erfüllenden Mediums ist beizeiten legitim, übt es den Rezipierenden doch in den Umgang mit dessen Gefahren und Potenzialen ein, lässt ihn reifen, versetzt ihn in die Lage, es adäquat zu nutzen. Dumbledore verwendet den Spiegel *Nerhegeb* in diesem Sinne im Vertrauen auf den Reifungsprozess seines Hierophanten als Versteck für den *Stein der Weisen* und Harry, geübt im Umgang mit dem faszinierend-überwältigenden Medium, gelingt es, ihn vor dem Zugriff Voldemorts zu schützen (vgl. Rowling 2015, S. 317).

Primärliteratur

Rowling, Joanne K.: Harry Potter und der Stein der Weisen. Digitale Edition. Pottermore Limited 2015.
Rowling, Joanne K.: Harry Potter and the Philosopher's Stone. London: Bloomsbury, 1997 (=Harry Potter und der Stein der Weisen. Hamburg: Carlsen, 1997).
Rowling, Joanne K.: Harry Potter and the Chamber of Secrets. London: Bloomsbury, 1998 (=Harry Potter und die Kammer des Schreckens. Hamburg: Carlsen, 1999).
Rowling, Joanne K.: Harry Potter and the Prisoner of Azkaban. London: Bloomsbury, 1999 (=Harry Potter und der Gefangene von Askaban. Hamburg: Carlsen, 1999).
Rowling, Joanne K.: Harry Potter and the Goblet of Fire. London: Bloomsbury, 2000 (=Harry Potter und der Feuerkelch. Hamburg: Carlsen, 2000).
Rowling, Joanne K.: Harry Potter and the Order of the Phoenix. London: Bloomsbury, 2003 (=Harry Potter und der Orden des Phönix. Hamburg: Carlsen, 2003).
Rowling, Joanne K.: Harry Potter and the Half-Blood Prince. London: Bloomsbury, 2005 (=Harry Potter und der Halbblutprinz. Hamburg: Carlsen, 2005).
Rowling, Joanne K.: Harry Potter and the Deathly Hallows. London: Bloomsbury, 2007 (=Harry Potter und die Heiligtümer des Todes. Hamburg: Carlsen, 2007).

Sekundärliteratur

Anelli, Melissa: Das Phänomen Harry Potter, Hamburg 2009.
Benjamin, Walter: Das Kunstwerk im Zeitalter seiner technischen Reproduzierbarkeit. Frankfurt a. M. 1963.
Bürvenich, Paul: Der Zauber des Harry Potter: Analyse eines literarischen Welterfolgs, Frankfurt am Main 2001.
Cuntz-Leng, Vera: Harry Potter que(e)r. Eine Filmsaga im Spannungsfeld von Queer Reading, Slash-Fandom und Fantasyfilmgenre. Bielefeld 2015.
Die Welt: Zauberer (Artikel vom 05. Januar 08). https://www.welt.de/welt_print/article1519642/Zauberer.html (14. März 2019).
Die Welt: „Pottermania" – 450 Millionen Bücher in 15 Jahren (Artikel vom 26. Juni 2012). https://www.welt.de/kultur/literarischewelt/article107271656/Pottermania-450-Millionen-Buecher-in-15-Jahren.html (14. März 2019).
Do it (for) yourself: Mein Hogwarts Brief – DIY – selber machen. Samstag, 20. April 2013. https://difory.blogspot.com/2013/04/mein-hogwarts-brief-diy-selber-machen.html (31. März 2019).
Dormeyer, Detlef und Munzel, Friedhelm (Hgg.): Faszination Harry Potter: Was steckt dahinter?, Münster 2005.
Ebay: Hogwarts Akzeptanz Brief Geburtstag Geschenk Bundle für Harry Potter Fan! 1. https://www.ebay.de/i/283069918997?chn=ps (31. März 2019).

Elsaesser, Thomas u. Hagener, Malte: Filmtheorie zur Einführung. Hamburg 2007.
Focus online: Harry Potter. https://www.focus.de/thema/harry-potter/ (26. März 2014).
Fraser, Lindsey u. Martin, Till (Hgg.): Viel Zauber um Harry. Die Welt der Joanne K. Rowling, Hamburg 2001.
Freund, Wieland: Weltliteratur von Zauberhand: Harry Potters Geschichte geht zu Ende. https://www.welt.de/wams_print/article1027881/Weltliteratur-von-Zauberhand-Harry-Potters-Geschichte-geht-zu-Ende.html (14. März 2019):
Gaschke, Susanne: Zum Beispiel Harry Potter. Ein Erfolg wider den Zeitgeist. DIE ZEIT N° 29/2000. https://www.zeit.de/2000/29/200029.harry_potter_.xml (14. März 2019).
Harry Potter Xperts: Joanne K. Rowlings Erfolgsgeschichte. https://www.harrypotter-xperts.de/jkrowling/success (14. März 2019).
Heidkamp, Konrad: Harry für alle. In: Die Zeit (23.03.2000), S. 52.
Kämpfe-Burghardt, Klaus: Vertriebszauber? Einblicke ins Potter-Marketing. In: Olaf Kutzmutz (Hg.): Harry Potter oder warum wir Zauberer brauchen, Wolfenbüttel 2001, S. 44–59.
Kierkegaard, Soeren: Das Evangelium der Leiden. Christliche Reden. o. O. 1936.
Kutzmutz, Olaf: Nachricht von Aschenputtel: Joanne K. Rowling in den Medien. In: Olaf Kutzmutz (Hg.): Harry Potter oder warum wir Zauberer brauchen, Wolfenbüttel 2001, S. 60–77.
Mende, Iris: Rowling, Joanne K.: Harry Potter. https://www.kinderundjugendmedien.de/index.php/werke/669-rowling-joanne-k-harry-potter (14. März 2019).
Rehm, Walther: Kierkegaard und der Verführer. Hildesheim 2003.
Rowling, Joanne K.: Website. https://www.jkrowling.com/de_DE/ (14. März 2019).
Seiler, Sascha: „Das einfache wahre Abschreiben der Welt“. Pop-Diskurse in der deutschen Literatur nach 1960. Göttingen 2006.
Shapiro, Marc: J. K. Rowling. Die Zauberin hinter Harry Potter, Nürnberg 2000.
Smith, Sean: Die Schöpferin von Harry Potter. Das Leben der J. K. Rowling, Hamburg 2002.
Schneidewind, Friedhelm: Das Phänomen Harry Potter: Ein Klassiker der Zukunft oder noch mehr? https://www.phantastik-couch.de/das-phaenomen-harry-potter.html (14. März 2019).
Spinner, Kaspar H.: Im Bann des Zauberlehrlings. Tiefenpsychologische und lesepsychologische Gründe für die Faszination von Harry Potter. In: Kaspar H. Spinner (Hg.): Im Bann des Zauberlehrlings. Zur Faszination von Harry Potter. Regensburg 2001a, S. 11–20.
Spinner, Kaspar H.: Minderwertigkeitsgefühl und Grandiositätsphantasie. Wie „Harry Potter“ seine Leser verzaubert. In: Jörg Knobloch (Hg.): „Harry Potter“ in der Schule. Didaktische Annäherung an ein Phänomen. Mühlheim an der Ruhr 2001b, S. 113–121.
Visuelstatements: Meme. https://www.visualstatements.net/visuals/visualstatements/welche-hoffnung-wirst-du-niemals-aufgeben-dass-der-brief-aus-hogwarts-noch-kommt/ (30. März 2019)
Wikipedia: Artikel zu: Harry Potter/Unterkapitel: Kommerzieller Erfolg. https://de.wikipedia.org/wiki/Harry_Potter#Kommerzieller_Erfolg (14. März 2014).

Wikipedia: Harry Potter (Filmreihe). https://de.wikipedia.org/wiki/Harry_Potter_(Filmreihe)#Harry_Potter_und_der_Stein_der_Weisen (26. März 2019).

Zimmermann, Holger: An Anfang war das Buch? Zur Bedeutung des Internets für den Erfolg von „Harry Potter". In: Jörg Knobloch (Hg.): „Harry Potter" in der Schule. Didaktische Annäherungen an ein Phänomen, Mühlheim an der Ruhr 2001, S. 89–98, hier S. 89.

Gestörte Rezeption: Pornografische Filmszenen als künstlerisches Mittel in Lars von Triers „Nymphomaniac"

Karolina Kempa

> *„der Bürger wünscht die Kunst üppig und das Leben asketisch;*
> *Umgekehrt wäre es besser."*
>
> *(Adorno* 2003, *S. 27)*

Zusammenfassung

In Lars von Triers Film „Nymphomaniac" (2013) wird der Zuschauer mit pornografischen Szenen konfrontiert, die in konventionellen Spielfilmen unüblich sind. Diese Szenen können als künstlerische Mittel verstanden werden, da ihnen bestimmte Funktionen im Konzept des Films zukommen: sie durchbrechen den Rezeptionsfluss. Denn pornografische Darstellungen zeichnen sich dadurch aus, dass sie beim Zuschauer körperliche und affektive Regungen erzeugen. Diese Regungen wirken unmittelbar auf die Rezeptionshaltung und verringern die Distanz zwischen Betrachter und Objekt. Stellt die Distanz zum (Kunst-)Objekt eine Forderung der modernen bürgerlichen Ästhetik dar, da sie zur Bedingung einer rationalen Reflexion über das Objekt wird, so bricht von Trier mit dieser Forderung und infolge mit ästhetisch tradierten Konzepten.

Schlüsselwörter

Lars von Trier · Nymphomaniac · Rezeptionsästhetik · Rezeptionshaltung · Pornografie · Affekt · Erregung · Ästhetik

K. Kempa (✉)
Leibniz Universität Hannover, Hannover, Deutschland
E-Mail: karolina.kempa@zew.uni-hannover.de

L. Hieber und R. Winter (Hrsg.), *Film als Kunst der Gesellschaft,* Film und Bewegtbild in Kultur und Gesellschaft,
https://doi.org/10.1007/978-3-658-30461-4_15

1 Vorbemerkungen

Für Theodor W. Adorno scheint in Kunstwerken utopisch die Möglichkeit von Freiheit auf, die empirisch von der Gesellschaft verwehrt wird. Diese Utopie artikuliert sich in Kunstwerken jedoch nicht als positiver Entwurf einer besseren Gesellschaft. Vielmehr ist es die Negativität von Kunstwerken, die ein Versprechen auf mögliche Freiheit geben (vgl. Adorno 2003, S. 204): „Kunst ist das Versprechen des Glücks, das gebrochen wird" (ebd., S. 205). Das Inhumane in der Gesellschaft zeigt sich für Adorno in den entfremdeten Beziehungen der Menschen, die Resultat bürgerlich-kapitalistischer Verhältnisse sind. In diesen würden Bedürfnisse nach Selbstentfaltung verschleiert, unterdrückt und letztlich verdrängt. Hier fungieren Kunstwerke als „Statthalter einer besseren Praxis" (ebd., S. 26), denn: „Kunstwerke verdrängen nicht; sie verhelfen durch Ausdruck dem Diffusen und Entgleitenden zum gegenwärtigen Bewußtsein, ohne daß sie es ihrerseits, wie die Psychoanalyse kritisiert, ›rationalisieren‹" (ebd., S. 88). Dies gelingt jedoch nur autonomen bzw. authentischen Kunstwerken, deren Verhältnis zur Gesellschaft Adorno als „gesellschaftliche Antithesis" begreift (ebd., S. 19). „Kunstwerke sind Nachbilder des empirisch Lebendigen, soweit sie diesem zukommen lassen, was ihnen draußen verweigert wird, und dadurch von dem befreien, wozu ihre dinghaft-auswendige Erfahrung sie zurichtet" (ebd., S. 14).

Jedoch begünstigt die Autonomisierung der Kunst auch eine Entwicklung, die Adorno problematisiert: „Ihr gesellschaftliches Schicksal wird der Kunst nicht bloß von außen angetan, sondern ist ebenso die Entfaltung ihres Begriffs. (…) Ihre reine Immanenz wird ihr zur immanenten Bürde. Autarkie ist von ihr verlangt und bedroht sie mit Sterilität" (ebd., S. 459). In dieser Bewegung zur Autarkie droht der Kunst der Verlust ihres Gehalts: „Schatten des autarkischen Radikalismus der Kunst ist ihre Harmlosigkeit, die absolute Farbkomposition grenzt ans Tapetenmuster" (ebd., S. 51). Verschreibt sich Kunst nur noch der Entwicklung ihrer eigenen Formsprache und verliert sie den Bezug zum Gesellschaftlichen, so degradiert sie zur bloßen Dekoration. Die Konsequenz, die ihr dafür droht, ist die ihrer Belanglosigkeit: „Unter den Gefahren neuer Kunst ist die ärgste die des Gefahrlosen" (ebd.). Dann wird Kunst zu etwas, dass sich nahtlos in das Bestehende einfügen lässt, das keinerlei Widerspruch mehr gegen das Falsche erhebt und sich stattdessen der Konsumierbarkeit anbietet. „Kunst soll als Freizeitbeschäftigung bequem und unverbindlich sein (…)" (ebd., S. 350).

Auch die bürgerliche Kunstrezeption versucht, den kritischen Impuls, der von Kunstwerken ausgehen kann, zu zähmen. Unter dem Vorwand der kantischen Interesselosigkeit zielt Kunstrezeption auf den Genuss, wodurch sie den eigentlichen Gehalt von Kunstwerken verkennt. Doch: „Wer Kunstwerke konkretistisch genießt, ist ein Banause; Worte wie Ohrenschmaus überführen ihn. (…) Tatsächlich werden Kunstwerke desto weniger genossen, je mehr einer davon versteht" (ebd., S. 27). Und: „Autonom ist künstlerische Erfahrung einzig, wo sie den genießenden Geschmack abwirft" (ebd., S. 26).

Es gibt jedoch auch Kunstwerke, die sich einer genießenden Rezeptionshaltung gegenüber versperren. Adorno nennt u. a. Franz Kafkas Prosastücke, denen er besagte „Kraft der Negativität im Kunstwerk" als ihr erkenntnisstiftendes Potenzial zuschreibt: „Sicherlich erweckt Kafka nicht das Begehrungsvermögen. Aber die Realangst, die auf Prosastücke wie die Verwandlung oder die Strafkolonie antwortet, der Schock des Zurückzuckens, Ekel, der die Physis schüttelt, hat als Abwehr mehr mit dem Begehren zu tun als mit der alten Interesselosigkeit, die er und was auf ihn folgt kassiert. Sie wäre seinen Schriften grob inadäquat" (ebd., S. 26).

Vor dieser theoretischen Skizze ausgehend möchte ich in meinem Aufsatz den Film „Nymphomaniac" als Kunstwerk analysieren. Es wird im Kern meiner Analyse zu zeigen sein, wie sich die pornografischen Szenen dem Genuss in der Rezeption verweigern und welche erkenntnisstiftende Qualität ihnen im Rahmen des Gesamtkunstwerkes zukommt.

2 Einleitung

Als der dänische Filmregisseur Lars von Trier 2013 seinen zweiteiligen Film „Nymphomaniac" herausbrachte, schieden sich an diesem die Geister. Der Film löste eine breite Rezeption durch Feuilleton und Publikum aus, bei der ein gewichtiger Fokus auf der „pornografischen" Inszenierung lag, die eine Debatte um „Kunst" oder „Schund" auslöste. Insbesondere das (etablierte) deutsche Feuilleton[1] stellte sich gegen den Verdacht der Pornografie und hob stattdessen auf die tiefere Bedeutungsdimensionen von „Nymphomaniac" ab. Ambivalenter fielen Meinungen und Statements durch das rezensierende Publikum aus, wie etwa auf der Website von Amazon einsehbar ist.[2] Während ein Teil des Publikums

[1]Als etabliert bezeichne ich an dieser Stelle jene Feuilletons, die in den großen deutschen Tages- und Wochenzeitungen wie *Die Zeit/ Zeit Online, Süddeutsche Zeitung, Frankfurter Allgemeine* usw. erscheinen.

[2]Ich möchte einen Trend nachzuzeichnen. Gewiss ist doch, dass Rezensionen vornehmlich von jenen Personen geschrieben werden, die eine dezidierte Meinung haben und äußern möchten. So verwundert es auch nicht, dass vor allem Bewertungen mit maximaler (bei

sich begeistert zeigte und dies vor allem mit Bezug auf die „philosophischen“, „tiefgehenden“ Dialoge begründete, wurden bei den Negativbewertungen vor allem die empfundene „Langeweile“ und „Anstrengung“, die durch eben jene Dialoge sowie insgesamt die Langatmigkeit des Films zustande käme, sowie die „unrealistische Story“ moniert.[3] Zudem kam kaum eine Rezension ohne Stellungnahme bezüglich eines Kernelementes des Films aus: der pornografischen Szenen. Aufseiten der positiv Bewertenden wurden diese überwiegend als nebensächlich deklariert; im Fokus standen für sie die „tiefsinnigen“ Gesprächssequenzen der Protagonisten, die ich im Folgenden noch erläutern werde. Die negativen Kommentare indes bewerteten die pornografischen Szenen rigoros als „nicht erotisch“ und „nicht wirklich pornografisch“, wobei auch aus Sicht der Bewertenden die Unattraktivität der Protagonistinnen bemängelt wurde. Mehrere Rezensenten gaben den ernstgemeinten Ratschlag, sich lieber einen „echten“ Pornofilm anzuschauen, da „Nymphomaniac“ in keinster Weise aufreizend oder erregend sei.

Interessanterweise stimmt aus meiner Sicht die Einschätzung bezüglich der pornografischen Szenen, soweit man mit einer bestimmten Erwartungshaltung an „Nymphomaniac“ herantritt. Denn die erotischen und pornografischen Szenen folgen keiner standardisierten Narration und Inszenierung, wie sie etwa in Pornofilmen zum Tragen kommen (vgl. Williams 1995). Und gemessen an diesen, lassen sich die pornografischen Szenen entweder als „nebensächlich“ abtun oder eben als nicht erregend etc. beschreiben.

3 Pornofilm und pornografische Szenen

Ich unterscheide zwischen pornografischen Szenen und Pornofilmen. Denn Pornofilme haben zunächst einmal eine andere Struktur, eine andere Komposition und nicht zuletzt einen anderen Zweck, als es pornografische Szenen in Spielfilmen

Amazon 5 Sterne) und minimaler (1 Stern) Punktzahl dominieren und bei beiden Extremen die Rezensionen teilweise sehr langatmig ausfallen. Vgl. https://www.amazon.de/Nymphomaniac-Vol-Blu-ray-Directors-Cut/dp/B00NH6F9GY/ref=sr_1_5?ie=UTF8&qid=1540123494&sr=8-5&keywords=nymphomaniac (letzter Abruf: 01.11.2018).

[3] Vgl. https://www.amazon.de/Nymphomaniac-Vol-Blu-ray-Directors-Cut/dp/B00NH6F9GY/ref=sr_1_5?ie=UTF8&qid=1540123494&sr=8-5&keywords=nymphomaniac (letzter Abruf: 01.11.2018).

haben. Der Pornofilm, gleichgültig ob Hardcore, „Autorenporno", feministischer Porno, Amateurporno oder Altporn (alternativer Porno), hat seinen Hauptzweck in der Darstellung sexueller Handlungen. Diese sexuellen Handlungen werden im Sinne bestimmter Fantasien vorbereitet und vorgeführt, wobei programmatisch verschiedene Praktiken durchgespielt werden, die konventionellerweise in der Ejakulation des Mannes münden (vgl. ebd.). Demgegenüber werden pornografische Szenen in Spielfilmen als Mittel eingesetzt, um etwa die Narration der Geschichte zu unterstreichen, zu vertiefen, zu brechen, voranzutreiben etc. So dienen sie etwa der Charakterisierung einer oder mehrerer Personen, sollen eine Beziehung oder Liebesbeziehung zum Ausdruck bringen oder aber soziale Verhältnisse unterstreichen, z. B. in kriminellen Milieus.

In Spielfilmen handelt es sich allerdings in der Regel nicht um tatsächliche pornografische Szenen, da die Darstellung von primären Geschlechtsorganen, Körperflüssigkeiten und Penetrationen zumeist ausgespart wird. Vielmehr werden sexuelle Handlungen eher im Sinne einer symbolischen Darstellung inszeniert, wobei es klare Grenzen gibt. Diese Grenzen changieren je nach Genre und Motiv des Filmes, wobei einige „Tabus" nur selten übertreten werden. So ist etwa das Zeigen nackter weiblicher Brüste üblich, hingegen wird man äußerst selten mit einem erigiertem Penis oder mit einer geöffneten Vagina konfrontiert. Aus diesem Grunde wäre für die meisten Filme anstatt von pornografischen eher von „erotischen" Inszenierungen zu sprechen.[4]

Gegenüber beiden Varianten, also den pornografischen und den erotischen Inszenierungen, unterscheiden sich von Triers Szenen maßgeblich. So werden die pornografischen Sequenzen durch schnell wechselnde Einstellungen und harte Schnitte unterbrochen. Beispielsweise werden mehrere unterschiedliche Sexualaktdarstellungen hintereinandergeschaltet, wobei kaum eine Szene länger als ein paar Sekunden zu sehen ist, wodurch fließende Rezeption verhindert wird. In Pornofilmen hingegen erfolgen Schnitte programmatisch zur Steigerung der Intensität und zur Steigerung der Lust beim Zuschauer. Um diese Lust zu gewährleisten, müssen entsprechende Einstellungen eine gewisse Zeitspanne lang fokussiert werden, damit sich der Zuschauer in diese „hineinschauen"

[4]Im so genannten Mainstreamfilm (in Abgrenzung bspw. zum Independent Film) kommt es äußerst selten vor, dass sexuelle Handlungen explizit dargestellt werden. Eine Ausnahme unter wenigen stellt z. B. Michael Winterbottoms „9 Songs" von 2004 dar. Hier werden sexuelle Handlungen gerne in Großaufnahme gezeigt, jedoch erfüllen die „pornografisierten" Szenen hier genau jene Funktion der narrativen Intensivierung und Vertiefung der (Liebes-)Beziehung zweier Figuren.

kann. Im Gegensatz zu sexuell-erotischen Handlungen in konventionellen Spielfilmen kommen die ansonsten tabuisierten Inszenierungen in „Nymphomaniac" ganz offen zur Darstellung. So sieht der Zuschauer zahlreiche Penisse vom unerigierten Zustand bis zum Samenerguss, (geöffnete) Vaginas, Szenen, in denen Oralverkehr, Analverkehr und genitale Penetration praktiziert wird – und dies sowohl in der Totale als auch in der für Hardcore-Pornografie typischen Nahaufnahme.

Gleichzeitig sind zahlreiche pornografische Episoden in „Nymphomaniac" an typische „narrative Muster" bzw. „Fantasien" angelehnt, wie sie in klassischen Pornofilmen vorkommen. Exemplarisch wäre hier die „Schulmädchenfantasie" oder auch „Lolitafantasie" zu nennen, also eine Verführung eines älteren Mannes durch ein „unschuldiges" junges Mädchen. Oder, um ein weiteres Beispiel herauszugreifen, ein „interracial Sandwich", also ein „gemischtrassiger" Dreier. Doch die in „Nymphomaniac" gezeigten Inszenierungen gehen nicht in der Logik eines Pornos auf, was, um zu meiner Einleitung zurückzukommen, offenbar einige Zuschauerinnen und Zuschauer irritiert und enttäuscht hat. Diese „Enttäuschung", wie ich sie bereits beschrieben habe, scheint aus einer nicht befriedigten Erwartung an den Film zu resultieren. Wenn also die pornografischen Szenen in „Nymphomaniac" nicht konventionellen Inszenierungsmustern folgen und nicht in konventionell etablierte Erzählstrukturen eingebettet sind, in denen sie eine bestimmte narrative und symbolische Funktion haben, dann müssen sie in einer anderen Perspektive analysiert werden: als künstlerisches Mittel.

4 „Nymphomaniac"

Doch bevor es um die Analyse der künstlerischen Mittel geht, möchte ich zunächst knapp den Inhalt des Films zusammenfassen: In „Nymphomaniac" wird, wie der Titel bereits nahelegt, ein bestimmtes weiblich sexuelles Verlangen verhandelt. Joe, die Protagonistin und selbsterklärte Nymphomanin, wird zu Anfang des Films zusammengeschlagen im Hinterhof eines düsteren Wohnkomplexes von einem älteren Herrn namens Seligman aufgelesen, mit nach Hause genommen und versorgt. Im Bett liegend erzählt sie dem geduldig auf einem Stuhl sitzenden Seligman „ihre Geschichte", von den ersten autoerotischen Regungen im Kindesalter und ihrer Entjungferung, über ein promiskuitives Leben bis hin zum tiefen Fall, der sie schließlich in Seligmans Obhut gebracht hat. Seligman seinerseits ist ein (hoch-)kulturell versierter Junggeselle, der seine umfassende Allgemeinbildung einsetzt, um Joes Erzählungen zu kommentieren und zu reflektieren. Neben der Gesprächssequenz (Rahmenerzählung) wird die Geschichte episodenhaft in Rückblenden erzählt, in denen Joes Erlebnisse chronologisch in acht Kapiteln zur Darstellung kommen (Binnenerzählung). Dabei sieht Joe rückblickend ihre Lust als schadhaft und moralisch fragwürdig an, bezeichnet sich gar als „schlechten Menschen". Demgegenüber vertritt ausgerechnet Seligman, der nicht nur wie ein Mönch in einer Mönchszelle lebt, sondern zudem nach eigener Aussage nie mit einer Frau zusammen war und sich selbst als asexuell bezeichnet, sexualliberale Positionen. So positioniert er sich in liberal-aufgeklärter Manier gegen die aus seiner Sicht kulturelle Verurteilung weiblicher Lust und erklärt Joes Verhalten als „natürlich". Und dies nicht ohne Grund, wie ich am Ende meines Beitrages begründen werde.

Durch Gegenstände, die sich in Seligmans Zimmer befinden, werden im Gespräch Joes retrospektive Episoden eingeleitet. So wird etwa ein Angelhaken, der an der Wand hängt und mit dem Seligman einst einen beindruckenden Fisch gefangen hat, Ausgangspunkt für Joes Erzählung *ihres* ersten „Beutefanges" im Jugendalter. Seligman indes kommentiert und reflektiert Joes Erzählungen und fügt diesen in aufklärerischer Manier Exkurse zur Kulturgeschichte bei. In diesem Sinne unternimmt Seligman einen regelrechten Parforceritt durch die abendländische Kulturgeschichte, indem er etwa auf Marcel Proust, Richard Wagner, Zenons Paradoxon, Thomas Manns „Doktor Faustus", die Polyphonie, das Schisma zwischen Ost- und Westkirche, Sigmund Freud etc. rekurriert. Doch nicht bloß das Thema der weiblichen Sexualität steht in der Auseinandersetzung zwischen Joe und Seligmann auf der Agenda. Im Gespräch werden auch weitere gesellschaftliche Diskurse aufgegriffen, wie z. B. Abtreibung, Moral, Zensur, Demokratie und gesellschaftliche Missstände im weitesten Sinne.

Die Rahmenerzählung, also das Gespräch zwischen Joe und Seligman, ist demnach fokussiert auf einen intellektuell motivierten Diskurs, einem „Versinken ins Inhaltliche". Dies wird durch das Aussparen von Filmmusik und harten Kameraschnitten unterstrichen, wodurch eine kontemplative Stille erreicht wird. Demgegenüber ist die Binnenerzählung durch zum Teil hochgradig stilisierte visuelle und akustische Arrangements gekennzeichnet.

Auf welch inhaltlich komplexem und ästhetisch ausgefeiltem Niveau der Film dabei agiert, möchte ich an einer gewählten Szene demonstrieren: So wird der erste kindliche „spontane Orgasmus" Joes beispielsweise, den sie laut ihrer Erzählung auf einer Klassenfahrt ins Grüne erlebt hat, auf beinahe magische Weise inszeniert. Dabei liegt die kleine Joe im Gras, als ihr Körper plötzlich anfängt vom Boden abzuheben und sie eine Art Heiligenschein zu umgeben beginnt. Über der Erde schwebend, tauchen zu ihren beiden Seiten zwei mythische Frauenfiguren auf. Joe deutet die eine der beiden Frauen als Jungfrau Maria mit dem Jesuskind auf dem Arm. Die andere Frau aber, die auf einem seltsamen Tier sitzt und einen goldenen Kelch in der Hand hält, sei ihr unbekannt. An dieser Stelle greift Seligman korrigierend ein: Die Frau, die Joe für die Gottesmutter gehalten habe, sei in Wirklichkeit Valeria Messalina, die „berüchtigtste Nymphomanin der Geschichte". Zu erkennen sei dies daran, dass die Figur – entsprechend der überlieferten Statue von Messalina, ihren Sohn Britannicus im Arm haltend (römische Skulptur, ca. 45 n. Chr., Musée du Louvre) – den Schleier mit zwei Fingern halte. Bei der zweiten Frau schließlich handele es sich um niemanden anders als die Hure Babylon. Insgesamt, so resümiert Seligman, sei Joes Erlebnis eine „blasphemische Nacherzählung" der Verklärung Jesu auf dem Berg Tabor (vgl. Lk 9, 28–36), bei der Messalina und die Hure Babylon an die Stelle von Moses und Elija treten. Die Position von Jesus aber werde von Joe eingenommen. Durch diese Deutung wird Joes Initiation in die Sexualität nicht nur mythisch überhöht, sondern zugleich dämonisiert.

Der (implizite) Zuschauer wird bei dieser wie auch bei weiteren Sequenzen, herausgefordert, sein kulturelles Kapital zu nutzen, um dem Narrativ zu folgen und die Anspielungen zu verstehen. Gleichzeitig wollte ich mit der Beschreibung der Szene deutlich machen, mit welchen künstlerischen Inszenierungsmitteln der Film bebildert wird. Denn neben derartigen Inszenierungen begegnen dem Zuschauer auch immer wieder die bereits angesprochenen pornografischen Sequenzen, auf die ich nun zu sprechen kommen möchte.

5 Rezeptionsästhetische Perspektive

Im Folgenden möchte ich die pornografischen Szenen in „Nymphomaniac" in rezeptionsästhetischer Perspektive beleuchten. Die Rezeptionsästhetik, um es nur knapp zu skizzieren, beschäftigt sich vornehmlich mit potenziellen Wirkungsweisen ästhetischer Artefakte und „begreift das Kunstwerk als Ergebnis einer Interaktion von Werk und Betrachter. Sie ist speziell an den Mitteln interessiert, die dieses dialogische Verhältnis auslösen und beschäftigen" (Kemp 2011, S. 388). Dabei ist sie nicht zu verwechseln mit der „Rezipientenforschung", die den historischen oder aktuellen Betrachter empirisch untersucht. Vielmehr wird von einem „impliziten Betrachter" ausgegangen, also einem bei der Konzeption des Werkes mitgedachtem Adressaten (vgl. ebd.). Dieser hypothetisch vorausgesetzte Rezipient wird im Verhältnis zum Werk betrachtet, wobei die Seite der Konstitution des Werkes, also das, was im Werk angelegt ist, zentral ist. Der implizite Betrachter stellt einen Idealtypus dar und muss daher nicht mit dem empirischen Rezipienten zusammenfallen. Eine empirisch differenzierte Analyse von Zuschauerreaktionen und Bewertungen hat einen anderen Fokus und sagt mehr über Milieuzugehörigkeit, Geschmackspräferenz, Wert- und Normvorstellung, Medienkompetenz usw. der Zuschauer aus als über das Werk. Die rezeptionsästhetische Perspektive ermöglicht demgegenüber Aussagen über ein Werk zu treffen, welche nicht bloß werkästhetische Aspekte und werkimmanente Strukturen berücksichtigen, sondern die Frage nach dessen Wirkungsweisen zu erörtern erlaubt.

6 Pornografische Szenen als künstlerische Mittel

Zunächst einmal fällt auf, dass die pornografischen Szenen wie selbstverständlich neben anderen Szenen und Sujets zur Darstellung kommen, wodurch ein gleichberechtigtes Nebeneinander unterschiedlicher Modi stattfindet. Jedoch haben sie, und dies ist entscheidend, im Kontext der Gesamtkomposition des Filmes eine andere visuelle Struktur und damit verbunden eine andere Wirkungsweise, was ich im Folgenden erläutern möchte:

Wie die US-amerikanische Filmwissenschaftlerin Linda Williams herausgearbeitet hat, zeichnen sich pornografische und besonders gewaltvolle Darstellungen dadurch aus, dass sie den Zuschauer nicht bloß kognitiv beschäftigen, sondern regelrecht körperliche und affektive Regungen erzeugen, die unmittelbar auf die Rezeption Einfluss nehmen (vgl. Williams 1991). Wenn etwa Körperflüssigkeiten zu sehen sind (zum Beispiel, wenn aus Joes Mund Sperma nach einem Oralakt fließt, vgl. Abb. 1), so könnte dies unter anderem Ekel hervorrufen. Ekel ist aber ein starker Affekt, der vor allem körperlich wirkt und gegen den man sich nur schwer rational wehren kann. Besonders drastisch gestalten sich die Erregungszustände in der Rezeption von Gewaltszenen, von denen es in „Nymphomaniac“ ebenfalls zahlreiche zu sehen gibt. So versucht Joe, nachdem sie ihre sexuelle Empfindsamkeit im Film temporär verloren hat, diese durch den Besuch bei einem Sadisten namens K. wiederzuerlangen. Joe lässt sich von K. fesseln und auspeitschen, wobei insbesondere eine Episode den Zuschauer an den Rand des Aushaltbaren bringt. Dort verabreicht K. Joe vierzig Peitschenhiebe mit einer von Joe angefertigten Peitsche, die mit sogenannten Blutknoten präpariert wurde. Der Zuschauer wird Zeuge, wie mit jedem Schlag auf das Gesäß die Haut aufreißt und sich eine Wunde nach der nächsten auftut (vgl. Abb. 2). Währenddessen stimuliert Joe schreiend ihre Klitoris an der Unterlage, bis sie schließlich zum Höhepunkt kommt. Die Brutalität und die realistische Darstellung von aufplatzender Haut bewirkt nicht nur einen Erregungszustand beim Rezipienten; es könnte sich zudem Abscheu beim Anblick einstellen, sodass unter Umständen weggeschaut werden muss.

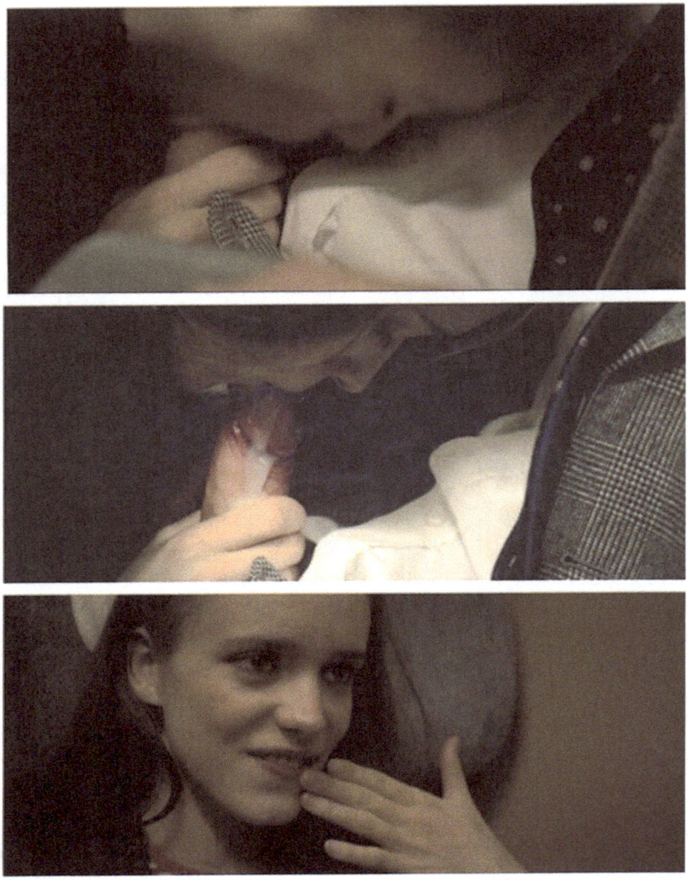

Abb. 1 Lars von Trier: Nymphomaniac Vol. I. Screenshots bearbeitet. © Stunde 00:39:54–00:40:34

In diesem Zusammenhang möchte ich Williams' Überlegungen um einen Aspekt ergänzen. Pornografische Szenen können auch auf einer Ebene körperlicher und psychischer Regungen wirkmächtig sein, die ihren Grund in der kulturellen Sozialisation haben. So können sich beim unverhofften Anblick

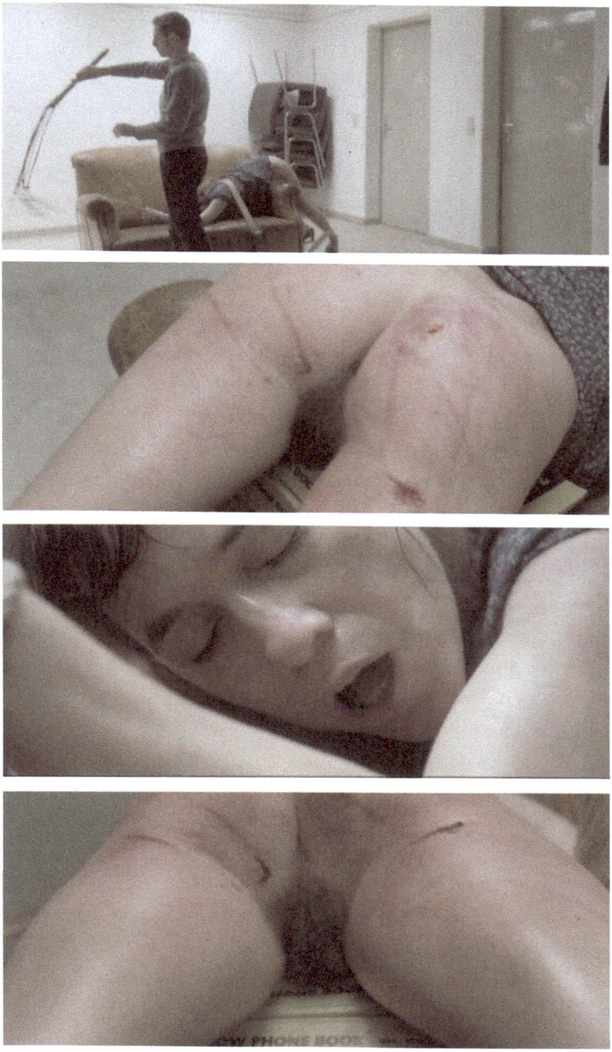

Abb. 2 Lars von Trier: Nymphomaniac Vol. II. Screenshots bearbeitet. © Stunde 01:14:23–01:15:50

pornografischer Szenen Gefühle wie Scham oder Peinlichkeit einstellen. Ein Indikator hierfür wäre z. B. ein affektives Lachen oder ein Erröten als Abwehrstrategie bzw. Ventil für eine starke emotionale Regung.

Welche Konsequenz der Einbezug solcher körperlich-affektiver Regungsmuster auf die Rezeption hat, liegt auf der Hand: Eine Rezeption der Geschichte bzw. des Filmes aus einem objektivierenden Abstand ist unmöglich. Denn körperlich-affektive Regungen ergreifen unmittelbar und verringern die Distanz zwischen Betrachter und Objekt. Eine „angemessene" Distanz stellt im Übrigen, so Linda Williams, eine Forderung der modernen (bürgerlichen) Ästhetik dar. Eine Verstrickung von Gefühlen und gar affektiven Regungen gefährdet das Gewinnen von Distanz, welche die Bedingung eines ungestörten Assoziationsablaufes darstellt. Aus diesem Grund würden auch bestimmte Filmgenres als minderwertiger betrachtet als andere. Williams nennt exemplarisch für die minderwertigen Genres die Pornografie, den Horror und das Melodram, da diese nicht bloß auf die Inszenierung des Körpers fixiert seien, sondern auch beim Zuschauer körperliche Regungen in besonderem Maße provozieren würden (vgl. ebd.).

Da wir es bei „Nymphomaniac" aber gerade nicht mit einem typischen Pornofilm oder einem typischen Gewaltfilm zu tun haben, rückt die Frage nach der Funktion der bereits angedeuteten Verwendung pornografischer Szenen in der Gesamtkomposition des Filmes in den Vordergrund. Die pornografischen Szenen führen rezeptionsästhetisch zu einer Störung, gar Unterbrechung der ruhig ausgetragenen Unterhaltung zwischen Joe und Seligman in der Rahmenerzählung. Werden, wie ich bereits zu Anfang meines Beitrags skizziert habe, sexuelle Szenen in Spielfilmen üblicherweise dazu genutzt, um etwa die Beziehung von Personen zu charakterisieren oder z. B. ihre Stellung zueinander symbolisch auszudrücken (bspw. „gestörte" oder „zärtliche" Beziehung), und findet hierbei meist eine Reduktion in der Wiedergabe sexueller Handlungen statt, etwa durch das Aussparen des Zeigens primärer Geschlechtsorgane, so zielt „Nymphomaniac" gerade auf eine Durchbrechung dieser Darstellungsweise. Und diese Durchbrechung fordert den Zuschauer heraus, eine andere Rezeptionshaltung einzunehmen.

So ist während der Rahmenerzählung, in der Joe und Seligman diskutieren, eine Rezeptionshaltung erforderlich, die kognitiv auf das aufmerksame Zuhören und Nachverfolgen ausgerichtet ist. Ein schneller Bruch aus dieser kontemplativen Rezeptionshaltung, der sich durch den unmittelbaren Wechsel bzw. Kameraschnitt in eine pornografische oder gewaltvolle Szene ergibt, wirkt verstörend. Die körperlich-psychischen Affekte grätschen in gewisser Weise in die zuvor eingenommene Haltung hinein. Die Einordnung ungewohnter sowie in ungewohnter Reihenfolge arrangierter Bilder erfordert mithin eine besondere kognitive und reflexive Leistung, da das Gesehene „aufgefangen" und in den bisherigen Kontext integriert werden will. Folgt ein Film einem gleichbleibenden Muster bzw. einem genretypischen Fluss, so kann sich der Rezipient hierauf einstellen. Dies trifft gleichermaßen auf Melodramen, Autorenfilme, Actionfilme, Pornofilme usw. zu. Deshalb ist auch die Komposition in „Nymphomaniac" so wichtig, da hier ein radikaler Wechsel unterschiedlicher, besonders herausfordernder Szenen vollzogen wird. So ist die Gesprächssequenz besonders *intellektuell* intensiv (vgl. Abb. 3), die pornografischen und gewaltvollen Szenen besonders *affektiv* intensiv (vgl. Abb. 4). Es kommt, wie es Walter Benjamin beschrieben hat, zu einer „Chockwirkung", die „durch gesteigerte Geistesgegenwart aufgefangen sein will" (Benjamin 2006, S. 67 f.).

In „Nymphomaniac" wurden also nicht ohne Grund pornografische Inszenierungen gewählt, und nicht, wie in konventionellen Spielfilmen üblich, konventionell „erotische". Erotik ist zumeist dadurch gekennzeichnet, dass sie primäre Geschlechtsorgane in erregtem Zustand, Körperöffnungen und Körperflüssigkeiten „ausspart". Folglich lässt sich sagen, dass Erotik in gewisser Weise bzw. zu einem gewissen Grad entkörperlicht ist. Und: Erotik ist etwas fürs Auge, etwas, was das Sehen ansprechen soll.[5] Nicht ohne Grund werden bestimmte erotische Darstellungen von Frauen oder Männern, die den kulturell konventionellen Schönheitsidealen entsprechen und die in „geschmackvollen Posen" inszeniert werden, als „schön" bezeichnet.[6] „Schön" ist jedoch ein ästhetisches Urteil. Und somit immer auch ein stückweit distanziert zum Objekt – ganz im

[5]Der affektive Körper wird aus meiner Sicht über körperliche „Einfühlung" oder körperliche Identifikation nachvollzogen, also über einen Erregungszustand, der nicht rational erfassbar ist. Demgegenüber ist der erotisch dargestellte Körper oftmals ein „symbolischer Körper", bei dem bestimmte Arrangements und kulturelle Semantiken erkannt und gedacht werden müssen. Der Zugang zum erotischen Körper ist der des Sehens und Verstehens, und nicht des Fühlens. Zwar kann beim Betrachten erotischer oder besser, erotisierter Körper eine Regung wie Begehren entstehen; jedoch ist hier die Subjekt-Objekt Konstellation eine andere, da der betrachtete Körper zum Objekt wird und somit in gewisser Distanz zum Betrachter steht.

[6]Diese konventionellen Schönheitsideale betreffen vor allem die Körpermaße (groß und schlank), Körperproportionen (trainiert, lange Beine) sowie das Alter (bevorzugt jung). Darüber sollten die Körper frei von Körperhaaren oder „Makeln" der Haut (Leberflecke, Falten, Rötungen, Pickel) sein. Paula-Irene Villa bezeichnet in einem Interview diese Körpervorstellungen als „Fantasie-Idealkörper" und als „skulpturale(r) Körper, wie eine Statue, alterslos, frei von jeglichen Lebensspuren". Ein nicht biologischer Körper also: „Dieser Körper ist eher eine aseptische Hülle als ein lebendiger Leib, man soll ihm nicht ansehen, dass er schwitzen, stinken, bluten kann." (Villa in: https://www.sueddeutsche.de/stil/koerperkult-beachbody-fit-und-fertig-1.2596771-3, letzter Zugriff: 16.09.2019).

Abb. 3 Lars von Trier: Nymphomaniac Vol. I. + II. Screenshots bearbeitet. © Oben: Vol. I., Stunde 00:24:01. Mitte: Vol. II., Stunde 00:06.43. Unten: Vol. II., Stunde 02:37:48

Sinne bürgerlicher Ästhetik.[7] Demgegenüber ist Porno überwiegend körperfokussiert. Porno ist darauf ausgelegt, die (körperliche) Biologie offenzulegen, das zu zeigen, was ansonsten ungesehen bleibt, etwa Körperöffnungen. Und noch weiter: Im Porno werden genau jene körperlichen Regungen immer wieder

[7]Pierre Bourdieu hat den distanzierten, „reinen" und von jedwedem Notwendigkeitsbezug befreiten Blick analysiert, der zum Imperativ bürgerlicher Ästhetik und bürgerlichen Selbstverständnisses wurde. (Vgl. Bourdieu 1982).

Abb. 4 Lars von Trier: Nymphomaniac Vol. II. Screenshots bearbeitet. © Stunde 00:34:13–00:35:12

fokussiert, die sich der Kontrolle der Darstellenden entziehen. So kann zwar ein Schlag auf den Hintern willentlich inszeniert werden, jedoch nicht die Rötung auf dem Gesäß, welches sich infolge des Schlages einstellt. Ebenso „reagiert" eine Körperöffnung (Vagina/After) beim Herausziehen von Gegenständen o. Ä. unkontrollierbar, d. h. die zuvor geöffnete Schließmuskulatur lässt sich nicht willentlich geöffnet halten oder verschließen. Im Porno wird der Körper idealtypisch zum affektierten, reagierenden, biologischen Körper. Und das wichtigste: Porno ist nicht „schön", sondern soll sexuell erregend wirken. Erregung ist aber ein Affekt und kein ästhetisches Urteil. Erregung ist unmittelbar. Deshalb wird in „Nymphomaniac“ u. a. auch deswegen auf pornografische Szenen gesetzt, und nicht auf die verklärende Variante der Erotik, da das Pornografische den Gegensatz zwischen Rahmen- und Binnenerzählung verstärkt. Bei erotischen Darstellungen müsste der Rezipient nicht oder nur geringfügig seine bisher angenommene distanzierte Haltung aufgeben.[8]

7 Was macht die pornografischen Szenen in „Nymphomaniac" zu einem künstlerischen Mittel?

In der bildenden Kunst ist es, wie Peter Bürger hervorgehoben hat, seit den historischen Avantgardebewegungen (Dadaismus, Surrealismus etc.) üblich, sich unterschiedlicher künstlerischer Mittel zu bedienen. „Bis zu dieser Epoche der Kunstentwicklung war die Verwendung der Kunstmittel eingeschränkt durch den epochalen Stil, einen vorgegebenen, nur in gewissen Grenzen überschreitbaren Kanon zugelassener Verfahrensweisen.“ (Bürger 2013, S. 23). Den historischen Avantgardebewegungen ging es dabei nicht darum, einen neuen Kunststil zu etablieren, sondern vielmehr, durch den bewussten Gebrauch, durch die „rationale Wahl“ (ebd.) unterschiedlicher Kunstmittel eine besondere Wirkung zu erzielen. Und um diese Wirkung zu erzielen, mussten die Grenzen legitimer und kanonisierter Verfahrensweisen erweitert bzw. überschritten werden. So klebten oder nähten die Dadaisten etwa Knöpfe und ähnlich „triviale“ Gegenstände auf Leinwände, was nicht den Zweck hatte, besonders schön oder tiefsinnig zu sein. Vielmehr entwerteten sie hierdurch bewusst jene Kunst, die sich der Darstellung des „Schönen“ und „Erhebenden“ verschrieben hatte. Benjamin hat den künstlerischen Praktiken der Dadaisten in diesem Zusammenhang die Erzeugung von „moralischen Chockwirkungen“ (Benjamin 2006, S. 67 f.) beim Publikum attestiert, da die damit verbundenen Wirkungsweisen eine „kontemplative Versenkung“ ins Werk unmöglich machten und so die Erwartungen an Kunstwerke nicht bloß unterwanderten. Dadaistische Kunstwerke wurden regelrecht zum „Geschoss“ (vgl. ebd., S. 66). Das bedeutet, dass hierdurch nicht ein neuer

[8]An dieser Stelle will ich auf einen weiteren Umstand hinweisen. So dienen nicht nur die pornografischen Szenen einer Störung des kontemplativen Rezeptionsflusses, sondern auch umgekehrt. Wenn Joe etwa vom Sadisten K. gepeitscht wird, taucht nach kurzer Zeit eine Einblende der melancholischen Titelmusik des Filmes auf und Joe kommentiert aus dem Off das Geschehen. Die Geräusche der Auspeitschung treten kurzzeitig in den Hintergrund.

Kunststil etabliert werden sollte, sondern dass das gesamte Konzept „Kunst“ infrage gestellt wurde. Und mit der Infragestellung des hegemonial etablierten Konzeptes von Kunst, wurden auch deren Vertreter/-innen und Liebhaber/-innen mitsamt ihren Vorstellungen und Weltanschauungen attackiert: namentlich das Bildungsbürgertum.

„Nymphomaniac“ führt diese Intention weiter. Zunächst ist der Rückgriff auf pornografische Darstellungsmodi als künstlerische Praxis im Sinne einer „Verwendung von Kunstmitteln“ zu verstehen, die, wie es Peter Bürger ausdrückt, durch den bewussten Gebrauch, durch die „rationale Wahl“ eine besondere Wirkung zu erzielen sucht. Da es sich bei Pornografie um kein gesellschaftlich legitimes Genre von Kunst handelt, ist ein Vergleich zur dadaistischen Praktik naheliegend: Auch hier findet eine Profanierung und Vulgarisierung eines Kunstwerkes, in diesem Fall des Autorenfilms, statt, mit der nicht nur eine Entwertung des Genres einhergeht, sondern auch die gewohnten Rezeptionsgewohnheiten herausgefordert werden.

Da sich in Spielfilmen narrative Muster in Bezug auf Inhalt und Form etabliert haben und der Zuschauer sich an diese gewöhnt hat, fordert ein Film, der diese Muster durchbricht, heraus. Die Erwartungen des Zuschauers werden erschüttert, da die bisherigen und eingeübten Deutungsschemata nicht mehr greifen.

Werkästhetisch gehen in „Nymphomaniac“ Form und Inhalt eine dialektische Beziehung ein. Die narrativen Ebenen erfahren ihr jeweiliges Äquivalent in der Inszenierung. So steht Seligman als Figur für den Typus des bürgerlich gebildeten, sich unvoreingenommen gebenden (weißen) Mannes, was in der kontemplativen Gesprächssequenz auch ästhetisch zum Ausdruck gebracht wird. Joe als jüngere Frau, ausgestattet mit reichlich Lebenserfahrung, steht demgegenüber für den Typus weiblicher Sinnlichkeit und sexuell ungezähmter Lust. Dies unterstützt die bildreiche Inszenierung der Binnenerzählung, in der auch die pornografischen Szenen platziert sind. Interessanterweise beansprucht Seligman mit seiner bürgerlichen Haltung und dem Verweis auf seine Asexualtität, besonders gut in der Lage zu sein, Joes Geschichte zu beurteilen. Seine Rezeption der Geschichte Joes erfolgt dabei aus der Distanz, im Sinne des „interesselosen Wohlgefallens“,[9] und nicht aus der Nachempfindung oder Identifikation. Und

[9]Hier frei nach Immanuel Kant (vgl. Kant 2003). Das „Interesse“ ist bei Kant mit einem persönlichen Wollen verknüpft, wodurch folglich das „Interesselose“ keinerlei Beimischung persönlicher Motive enthalten soll. Seligman als „asexueller“ Mann scheint den Film hinweg über keinerlei sexuelles Interesse an Joes Geschichte und folglich an Joe zu haben, weshalb er als „interesselos“ im oben genannten Sinn erscheint.

Seligman ist noch auf einer anderen Ebene distanziert – denn seine Bewertungen und Urteile erfolgen vermittelt über (sein) kulturelles Wissen und den Rekurs auf gesellschaftliche Diskurse. In dieser distanzierten Haltung zu Joes Geschichte stülpt er ihr sämtliche gesellschaftlich-diskursiven Deutungsfolien über. Mit einem fatalen Ausgang: Denn ausgerechnet der aufgeklärt-liberale Bildungsbürger Seligmann wird von seinen Affekten mitgerissen und scheut sich am Ende des Filmes nicht, Joe hinterhältig vergewaltigen zu wollen.

Was von Trier hier künstlerisch arrangiert, kann erneut auf die Dadaisten bezogen werden. So zogen

> „die Dadaisten Schussfolgerungen aus den grundlegenden Erschütterungen der existenziellen und kulturellen Orientierungen durch den Ersten Weltkrieg. Sie sahen, dass die bürgerliche Kunstwelt zwar die Idee der Humanität vor sich hertrug, aber sich dessen ungeachtet offenbar glänzend mit den unterschiedlichen Chauvinismen verbrüdern konnte und der Kriegshetze kaum im Wege stand. Für den Berliner Dadaisten George Grosz hatte die Dada-Bewegung ihre Wurzeln in der Erkenntnis, »dass es vollendeter Irrsinn war zu glauben, der Geist oder irgendwelche Geistige regierten die Welt. Goethe im Trommelfeuer, Nietzsche im Tornister, Jesus im Schützengraben – da gab es immer noch Leute, die Geist und Kunst für eine selbständige Macht hielten«; den Dadaismus sah er entstanden »als Reaktion auf die Wolkenwanderungstendenzen der sogenannten heiligen Kunst, deren Anhänger über Kuben und Gotik nachsannen, während die Feldherren mit Blut malten«“ (Hieber 2005, S. 22).

Entsprechend kommt es bei Seligman zu einem Zusammenbrechen der konventionellen Kultur. Er, der über den Film hinweg aufgrund seines reflektierten und (bürgerlich) kultivierten Habitus die Sympathie der Zuschauer auf seiner Seite haben kann, wird am Schluss zum Täter. Sein Bewandertsein in theoretischen Reflexionen zu Moral, Geist und Feinsinn bewahren ihn nicht davor, menschenverachtend zu handeln. Gleichzeitig fungiert Seligman als Alter Ego des Zuschauers, der in sicherer Distanz Joes Geschichte erzählt bekommen *will.*[10] Doch während Seligman in der Distanz bleiben kann, *sieht* der Zuschauer

[10]Zur Strategie des Filmes dürfte es dabei gehören, dass der Position von Seligman aufgrund seiner scheinbar uneigennützigen Hilfsbereitschaft, seiner Bildung und seiner kultivierten Umgangsformen durchaus die Sympathie der Zuschauer zukommt. Nicht zuletzt spiegelt sie die Wertvorstellungen eines säkularen und wertliberalen Publikums wider. Umso unvorbereiteter trifft den Zuschauer das Ende des Filmes: Seligman, der soeben Joe noch fürsorglich zugedeckt hat, kehrt in das Zimmer zurück und versucht sie zu vergewaltigen.

Joes Episoden, wodurch Schocks aufkommen und die vorhin angesprochene Rezeptionshaltung gestört wird. Diese Schocks bewirken wenigstens zeitweilig, aus der Versenkung in das Gespräch zwischen Seligman und Joe herausgerissen zu werden und ermöglichen, die ansonsten abstrakt verhandelte Diskussion über Sex, Moral, Lust usw. nicht mehr nur auf der diskursiven Ebene zu erfassen, also gedanklich, sondern affektiv. An Letzterem scheint es Seligmann bis kurz vor dem Schluss zu fehlen, weshalb seine Unterhaltung mit Joe auch sachlich distanziert und theoretisch bleibt. Hierin zeigt sich letztlich die Gewaltförmigkeit des rationalisierenden Verhandelns über Joes Geschichte, denn: „Während diskursive Erkenntnis an die Realität heranreicht, auch an ihre Irrationalitäten, die ihrerseits ihrem Bewegungsgesetz entspringen, ist etwas an ihr spröde gegen rationale Erkenntnis. Dieser ist das Leiden fremd, sie kann es subsumierend bestimmen, Mittel zur Linderung beistellen (…). Leiden, auf den Begriff gebracht, bleibt stumm und konsequenzlos (…)“ (Adorno 2003, S. 35).

Der moralische Schock am Ende des Films indes wiegt nicht weniger, denn von Trier macht in dadaistischer Manier eines deutlich: Wird Pornografie nach wie vor gesellschaftlich als ästhetisch und moralisch fragwürdiges Konzept unterdrückt, so bewahrt die Hochkultur nicht vor Unmoral. Das Zeigen von pornografischen und gewaltvollen Darstellungen wird in „Nymphomaniac“ nicht zum eigentlichen Problem einer verrohten Gesellschaft stilisiert. Diese Darstellungen sind schlichtweg einfach *auch* Teil von Kultur, wenn auch gerne als obszön verpönt. Die Unmoral steckt an einer anderen kulturellen Schnittstelle. Denn das Bewandertsein in der Hochkultur mitsamt ihren kulturellen Techniken ist kein Garant für den Einzelnen, zur Humanisierung der Gesellschaft beizutragen.

8 Schlussbemerkungen

In „Nymphomaniac“ stehen sich zwei unterschiedliche Inszenierungsweisen gegenüber, die eine klare Trennung zwischen Rahmen- und Binnenerzählung schaffen. Diese ästhetische Trennung folgt dabei dem Subthema des Films: Denn dieser ist von Binaritäten bzw. von Dualismen durchzogen, wie sie sich kulturell etabliert und manifestiert haben. So ist der erste Gegensatz bereits in der Geschichte des Filmes angelegt, nämlich im Gespräch zwischen Joe, einer *jungen Frau* mit reichlich *Lebenserfahrung* und Seligman, einem *älteren belesenen Herren*. Die Figuren sind nicht bloß in den kulturell tradierten Binaritäten *Frau vs. Mann, jung vs. alt* und *Praxis vs. Theorie* konzipiert, sondern zudem noch in *Körper vs. Geist, Populärkultur vs. Hochkultur, Mythos vs. Aufklärung, Natur vs. Kultur* und *Empfinden vs. Denken*. Und dieses Schema bestimmt auch die Inszenierung. So stehen die *pornografischen und gewaltvollen Szenen* der Binnenerzählung der *sinnlichkeitsärmeren* Inszenierung der Rahmenerzählung gegenüber. Dabei steht das Pornografische für das Obszöne, Vulgäre und kulturell Minderwertige (hier zugleich das Weibliche), das bildungsbürgerliche Gespräch für das Intellektuelle, Moralische und kulturell Hochwertige (hier zugleich das Männliche). Und wenn in dieser Analogie der Mann, also Seligman, am Schluss unmoralisch handelt, dann werden auch die ihm zugeschriebenen Qualitäten fragwürdig.

Der Film macht die Unvereinbarkeiten der genannten Gegensätze nicht bloß in der Geschichte deutlich, sondern auch ästhetisch. Die Brüche und Dualismen *wirken* durch die Inszenierung auf den Zuschauer. Dieser Aspekt ist in kunstsoziologischer Perspektive relevant: Denn der Zuschauer wird durch den Wechsel der Inszenierungsweisen *affektiv* ergriffen. Er erlebt Schocks, indem er zwischen zwei Rezeptionshaltungen pendelt, die jeweils gegensätzliche Anforderungen an ihn stellen. Die kulturell verankerten Gegensätze werden so nicht bloß narrativ verhandelt, im Sinne einer Geschichte von Gegensätzen, die es zu reflektieren gilt. Sondern sie werden affektiv erlebt, wodurch diese Gegensätze spürbar werden. Aus diesem Grund erfüllen die pornografischen Szenen als künstlerisches Mittel wichtige Funktionen im Film.

Die Negativität des Kunstwerkes, wie sie Adorno als konstitutiv für Kunst bestimmt, zeigt sich in „Nymphomaniac" vor allem darin, dass die Widersprüche der Kultur als ihr hoffnungslos immanent dargestellt werden. Die entfremdeten Beziehungen der Protagonisten/-innen zueinander münden in Gewalt, ohne dass durch diese Gewalt der Zirkel durchbrochen würde. Dieses Motiv durchzieht den Film auf unterschiedlichen Ebenen, wobei Form und Inhalt zusammengehen.

Die pornografischen wie auch die gewaltvollen Szenen sind als Teil der *Form* des Kunstwerkes zu beachten, die in Adornos Ästhetischer Theorie einen zentralen Stellenwert hat, da der Inhalt aus der ästhetischen Form spricht: „Inhaltsästhetik behält ironisch in dem Streit die Oberhand dadurch, dass der Gehalt der Werke und der Kunst insgesamt, ihr Zweck, nicht formal sondern inhaltlich ist. Dazu jedoch wird er nur vermöge der ästhetischen Form. Hat Ästhetik zentral von der Form zu handeln, so verinhaltlicht sie sich, indem sie die Formen zum Sprechen bringt" (Adorno 2003, S. 432). Vor diesem Hintergrund sind die unterschiedlichen Inszenierungsweisen in „Nymphomaniac" als Teil der Form zu beachten, da erst hierdurch das Kunstwerk zur Antithese zum empirischen Leben, zur Gesellschaft wird. Von der Form hängt ab, ob die Antithese der Kunst ihre hinreichende Formulierung findet.

Weiterhin versperrt sich „Nymphomaniac" durch seine ästhetische Struktur einer genießenden Haltung, zielt der Film doch vielmehr auf die permanente Zerstörung dieser durch kontinuierliche Eruption des Rezeptionsflusses. Was Adorno für Kafkas Prosastücke bestimmt, gilt auch für „Nymphomaniac": „Die überschauende und kontemplative Haltung (…) ist indessen unvereinbar geworden mit fortgeschrittener Kunst, die zuweilen, wie Kafka, kontemplative Haltung kaum mehr duldet" (ebd., S. 495). „Nymphomaniac" lässt den Zuschauer nicht in wohliger Distanz aufs Spektakel blicken, nicht die Geschichte von Joe unberührt rezipieren, sondern zieht ihn gewaltvoll hinein. „Nicht nur die Allegorien sind die Kunstwerke sondern deren katastrophische Erfüllung. Die Schocks, welche die jüngsten Kunstwerke austeilen, sind die Explosion ihrer Erscheinung" (ebd., S. 131). „Nymphomaniac" teilt in diesem Sinne vielfach aus.

Literatur

Adorno, Theodor W. 2003. *Ästhetische Theorie.* Frankfurt am Main: Suhrkamp Verlag.

Benjamin, Walter. 2006. *Das Kunstwerk im Zeitalter seiner technischen Reproduzierbarkeit.* Frankfurt am Main: Suhrkamp Verlag.

Bourdieu, Pierre. 1982. *Die feinen Unterschiede. Kritik der gesellschaftlichen Urteilskraft.* Frankfurt am Main: Suhrkamp Verlag.

Bürger, Peter. 2013. *Theorie der Avantgarde.* 16. Auflage. Frankfurt am Main: Suhrkamp Verlag.

Hieber, Lutz. 2005. Die US-Amerikanische Postmoderne und die deutschen Museen. In *Kunst im Kulturkampf. Zur Kritik der deutschen Museumskultur,* Hrsg. Hieber, Lutz, Moebius, Stephan, und Rehberg, Karl-Siegbert, S. 17–32. Bielefeld: Transcript Verlag.

Kant, Immanuel. 2003. *Kritik der Urteilskraft.* Hamburg: Felix Meiner Verlag.

Kemp, Wolfgang. 2011. Rezeptionsästhetik. In *Metzler Lexikon Kunstwissenschaft. Ideen, Methoden, Begriffe,* Hrsg. Pfisterer, Ulrich, 388–391. Ehemals erschienen: Stuttgart: J.B. Metzlersche Verlagsbuchhandlung und Carl Ernst Poeschel Verlag GmbH.

Williams, Linda. 1991. Film Bodies: Gender, Genre, and Excess. In: *Film Quarterly 44.* S. 2–13.

Williams, Linda. 1995. *Hard Core. Macht, Lust und die Tradition des pornographischen Films.* Frankfurt am Main: Stroemfeld Verlag.

Internetzverzeichnis

https://www.amazon.de/Nymphomaniac-Vol-Blu-ray-Directors-Cut/dp/B00NH6F9GY/ref=sr_1_5?ie=UTF8&qid=1540123494&sr=8-5&keywords=nymphomaniac (letzter Abruf: 01.11.2018).

https://www.sueddeutsche.de/stil/koerperkult-beachbody-fit-und-fertig-1.2596771-3 (letzter Abruf: 16.09.2019).

Filmverzeichnis

Von Trier, Lars. 2014. *Nymphomaniac Vol. I & II. Directors Cut.* Concorde Video DVD.

Über die Autoren

Jörn Ahrens: Prof. Dr., Professor für Kultursoziologie, Justus-Liebig-Universität Gießen & Extra Ordinary Professor of Social Anthropology, North West University, Südafrika. Arbeitsschwerpunkte: Gesellschaft, Angst, Gewalt; populäre Medien und Kulturen; Natur & Kultur; Kultur- und Sozialtheorie.
https://www.joernahrens-kultur.de/
joern.ahrens@sowi.uni-giessen.de

Olaf Behrend: Studium (Dipl.) der Soziologie und vergl. Sprachwissenschaft; ‚Junior-Manager' Marktforschung; Dozent an der VFH Thüringen, Fachgruppe Polizei; Sprachdokumentation und Beratungen zum Spracherhalt für den Indianerstamm der Nuuchahnulth, Britisch Columbia, Kanada; wiss. Mitarbeiter in Forschungsprojekten zur Arbeitsmarktreform (2005–07) und zu Mediation als politischer Kommunikation (2007–09); 2007 Promotion in Soziologie zu einem konstitutions- und subjekttheoretischen Gegenstand; seit 2009 LfbA an der Uni Siegen; 2014 Venia Legendi in Soziologie. Arbeitsschwerpunkte: Familie und Theorie der Familie bzw. der Familialität, Bildungsprozesse des Subjekts, Film, Staatlichkeit und Amtshandeln, rekonstruktive Methoden und fallrekonstruktive Familiendiagnostik.
behrend@soziologie.uni-siegen.de

Marzena Chilewski: lebt in Hamburg und arbeitet als Forscherin, Dozentin und Theoretikerin. Ihre Forschungsschwerpunkte liegen u. a. im Bereich der kritischen Theorie der Gesellschaft. Ein Hauptthema ihrer Arbeit ist das Spannungsverhältnis zwischen Ästhetik, Politik und Kultur. Marzena Chilewski ist zudem Initiatorin und Leiterin des Projekts „Residenz für Kunst, Theorie

L. Hieber und R. Winter (Hrsg.), *Film als Kunst der Gesellschaft,* Film und Bewegtbild in Kultur und Gesellschaft,
https://doi.org/10.1007/978-3-658-30461-4

und Aktivismus“ im Hamburger Gängeviertel sowie Organisatorin von Diskussionsveranstaltungen, Workshops und Veröffentlichungen u. a. zu den Themen politische Ästhetik, Rechtsextremismus und Feminismus. Derzeit promoviert sie über den Essayfilm an der Leuphana Universität Lüneburg.
marzena.chilewski@gmx.net

Carsten Heinze: Dr. rer. pol., ist Lehrkraft für besondere Aufgaben an der Universität Hamburg, Fachbereich Sozialökonomie. Er ist Organisator der AG Filmsoziologie (mit Alexander Geimer und Rainer Winter) in der Medien- und Kommunikationssoziologie der DGS sowie Reihenherausgeber (mit Alexander Geimer und Rainer Winter) im Springer VS Verlag (Film und Bewegtbild in Kultur und Gesellschaft). Seine Forschungsschwerpunkte sind Medien- und Filmsoziologie sowie Kultursoziologie. Letzte Veröffentlichungen: Herausforderungen des Films: soziologische Antworten (mit Alexander Geimer und Rainer Winter), Wiesbaden: Springer VS 2018; Medienkulturen des Dokumentarischen (mit Thomas Weber), Wiesbaden: Springer VS 2017; Populäre Musikkulturen im Film (mit Laura Niebling), Wiesbaden: Springer VS 2016.
Carsten.Heinze@uni-hamburg.de

Lutz Hieber: Prof. em. Dr. rer. pol. Dipl.-Phys., c/o Institut für Soziologie, Leibniz Universität Hannover. Forschungsschwerpunkte: Kultursoziologie, Mediensoziologie, Kunstsoziologie, Politische Soziologie, Geschichte der Soziologie. Kurator (und Leihgeber) für Ausstellungen.
www.lutzhieber.de
hieber@ish.uni-hannover.de

Hans-Joachim Jürgens: Prof. Dr. phil. Dr. paed., leitet das Lehr- und Forschungsgebiet Fachdidaktik Deutsch an der RWTH Aachen University. Seine Arbeitsschwerpunkte liegen in den Bereichen Literatur- und Mediendidaktik, systematische Leseförderung mit digitalen und analogen Medien, Ästhetische Bildung sowie Kinder- und Jugendliteratur und ihre Didaktik.
http://www.lfd.rwth-aachen.de/index.php
h.juergens@lfd.rwth-aachen.de

Karolina Kempa: Dr., studierte Philosophie und Soziologie in Hannover. Ihre Schwer-punkte sind Kultur- und Kunstsoziologie, Filmsoziologie, Gender und Queer Studies sowie Soziologie sozialer Ungleichheit. Sie arbeitet an der Leibniz Universität Hannover in der Zentralen Einrichtung für Weiterbildung (ZEW) und in der Kooperationsstelle Hochschulen & Gewerkschaften Hannover-Hildesheim.
karolina.kempa@zew.uni-hannover.de

Ralf Knobloch-Ziegan: Soziologe M.A., Leiter des Kommunalen Kinos der Landeshauptstadt Hannover.
Ralf.knobloch@hannover-stadt.de

Jochen Schäfers: Studium der Fächer Philosophie, Soziologie und Mathematik. Tätigkeit als wissenschaftlicher Mitarbeiter und Lehrbeauftragter an der Universität Frankfurt am Main. Gastdozent an der Universität Siegen. Forschungsschwerpunkte: Hegels kategoriale Familienkonzeption, soziologische Erschließung von Filmen und Professionalisierungstheorie.
schaefers@soz.uni-frankfurt.de

Irmbert Schenk: Prof. i. R. Universität Bremen, Medienwissenschaft. Bücher zuletzt: Das goldene Zeitalter des italienischen Films. Die 1960er Jahre (München 2008); Film-Kino-Zuschauer: Filmrezeption (Marburg 2010), Medien der 1950er Jahre (Marburg 2012); Film und Kino in Italien (Marburg 2014).
https://www.uni-bremen.de/kunst/personen/prof-dr-irmbert-schenk/
irmbert@uni-bremen.de

Anke Steinborn: Akademische Mitarbeiterin am Zentrum für Schlüsselkompetenzen und forschendes Lernen der Europa-Universität Viadrina, Creative Consultant und Design Thinking Coachin in Berlin; 2001–2005 Magisterstudium der Kulturwissenschaft, Filmwissenschaft und Kunstgeschichte an der Humboldt Universität und Freien Universität in Berlin sowie am Goldsmiths in London; 2013 Promotion an der Bauhaus-Universität Weimar im FB Medienkultur; Arbeitsschwerpunkte: Design- und Medientheorie und -geschichte.
www.ankesteinborn.de
mail@ankesteinborn.de

Jan Weckwerth: M.A., wissenschaftlicher Mitarbeiter am Institut für Soziologie der Universität Göttingen. Seine Forschungsschwerpunkte umfassen soziale Ungleichheitsforschung, hier insbesondere Lebensstil- und Milieuanalysen, Professionssoziologie, Kultur- und Filmsoziologie sowie politische Soziologie.
jan.weckwerth@gmx.de

Henrik Wehmeier: Studium der Germanistik und Philosophie an der TU Dortmund sowie der Universität Hamburg; anschließend wissenschaftlicher Mitarbeiter am Institut für Medien und Kommunikation und Stipendiat des Doktorandenkollegs Geisteswissenschaften der Universität Hamburg; aktuell. wiss. Mitarbeiter am Institut für Medienwissenschaften an der Universität Pader-

born, Promotionsvorhaben zur filmischen Inszenierung von Rausch und deren medientheoretischer Dimension.
henrik.wehmeier@unipaderborn.de

Rainer Winter: Prof. Dr., Studium der Psychologie, Philosophie und Soziologie, Promotion und Habilitation im Fach Soziologie. Seit 2002 Professor für Medien- und Kulturtheorie an der Alpen Adria-Universität in Klagenfurt am Wörthersee, seit 2017 Honorarprofessur an der University of International Business and Economics in Peking. (Ko-)Autor und (Mit-)Herausgeber von mehr als 30 Büchern. Mitherausgeber von „Theory, Culture & Society". (Mit-)Herausgeber von vier Buchreihen. 2020 erscheinen: Handbuch Filmsoziologie (Herausgeber mit Carsten Heinze und Alexander Geimer) und Medienkultur und die Transformationen des Selbst und der Gesellschaft. Chongqing Vorlesungen (in Mandarin).
Rainer.Winter@aau.at